跨学科社会科学译丛

主　编：叶　航

副主编：贾拥民
　　　　王志毅

编　委（按姓名拼音为序）：

常　杰（浙江大学生命科学院）

陈叶烽（浙江大学经济学院、浙江大学跨学科社会科学研究中心）

葛　莹（浙江大学生命科学院）

贾拥民（浙江大学经济学院、浙江大学跨学科社会科学研究中心）

罗　俊（浙江财经大学）

叶　航（浙江大学经济学院、浙江大学跨学科社会科学研究中心）

周业安（中国人民大学经济学院）

启真馆 出品

跨学科社会科学译丛

主　编：叶　航

副主编：贾拥民
　　　　王志毅

编　委（按姓名拼音为序）：

常　杰（浙江大学生命科学院）

陈叶烽（浙江大学经济学院、浙江大学跨学科社会科学研究中心）

葛　莹（浙江大学生命科学院）

贾拥民（浙江大学经济学院、浙江大学跨学科社会科学研究中心）

罗　俊（浙江财经大学）

叶　航（浙江大学经济学院、浙江大学跨学科社会科学研究中心）

周业安（中国人民大学经济学院）

启真馆 出品

跨学科社会科学译丛

A COOPERATIVE SPECIES

合作的物种

——人类的互惠性及其演化

Human Reciprocity
and Its Evolution

［美］塞缪尔·鲍尔斯　赫伯特·金迪斯 著

张　弘 译

ZHEJIANG UNIVERSITY PRESS
浙江大学出版社

献给

James Chaney（1943—1964）、Andrew Goodman（1943—1964）
和 Michael Schwerner（1939—1964）

目录

前 言

> 请让我这个曾经投入争斗的老人给你一份提醒：战斗犹如假定（hypotheses），如非必要绝不可增加。
>
> 托马斯·亨利·赫胥黎《写给埃德温·雷·兰开斯特的信》
>
> （1888 年 12 月 6 日）

除了对直接家庭成员的慷慨，人类就是天性自利的吗？在超过一个世纪的时间里，人类行为的社会生物学成了布满激烈争论和热烈豪言的雷区，而上述问题首当其冲。赫胥黎就是其中的一位热情参与者，正如他的绰号"达尔文的斗犬"所言。

我们将遵循赫胥黎的口头建议，而不是拿他本人作为榜样（开头的引语出自古尔德，2002，p. 120）。我们在研究当中获得了许多优秀学者的帮助，其中有不少在他们的出版物或讨论中对我们的工作提出了持续的批评，我们要感谢所有帮助过我们的人，包括：Christopher Boehm, Robert Boyd, Colin Camerer, Armin Falk, Ernst Fehr, Marcus Feldman, Urs Fischbacher, Simon Gächter, Peter Hammerstein, Joe Henrich, Kim Hill, Hillard Kaplan, Richard McElreath, Ugo Pagano, Peter Richerson, Eric Alden Smith 和 Polly Wiessner。Robert Boyd, Tanya Elliot, Alejandro Fajardo, Marcus Feldman, Laura Fortunado, Simon Gachter, Laurent Keller, Laurent Lehmann, Robert Rowthorn 和 Jeremy Van Cleve 阅读了完整的手稿，

他们的意见为改进这本著作作出无法估量的贡献。

由于对我们的思想发展作出了贡献，以及对本书早期版本的内容作出了批评，我们同样要感谢 Margaret Alexander，Kenneth Arrow，Carl Bergstrom，Bruce Bertram，Ken Binmore，Stephen Burks，Jeffrey Carpenter，Luigi Luca Cavalli-Sforza，Jung-Kyoo Choi，Timothy Clutton-Brock，George Cowan，MollyDaniell，Emma Einhorn，Steven Frank，Drew Fudenberg，Stefany Moreno Gamez，Daniel Gintis，Alan Grafen，Avner Greif，Henry Harpending，Kristin Hawkes，Kristin Howard，Keith Huntley，Sung-Ha Hwang，Kenneth Kennedy，Patricia Lambert，Kevin Langergraber，Steven LeBlanc，Olof Leimar，Iren Levina，Amara Levy-Moore，Bridget Longridge，Eric Maskin，John Mitani，Suresh Naidu，Molly O'Grady，John Pepper，Alan Rogers，Paul Seabright，Rajiv Sethi，Carlos Rodriquez Sickert，E. Somanathan，Eors Szathmary，Robert Trivers，Alina Vereshchagina，Linda Vigilant，Jon Wilkins，David Sloan Wilson，ElisabethWood，Richard Wrangham 和 Peyton Young。

我们汲取了几篇杂志文章作为本书的材料来源，包括与以下著者合著的文章，他们是 Robert Boyd，Jung-Kyoo Choi 和 Astrid Hopfensitz。这些文章包括：

"Group Competition，Reproductive Leveling and the Evolution of Human Altruism"，*Science* 314（2006）：1569-1572；

"Did Warfare among Ancestral Hunter-Gatherer Groups Affect the Evolution of Human Social Behaviors?" *Science* 324（2009）：1293-98；

"Strong Reciprocity and Human Sociality"，*Journal of Theoretical Biology* 206（2000）：169-179；

"The Hitchhiker's Guide to Altruism：Genes，Culture，and the Internalization of Norm"，*Journal of Theoretical Biology* 220，4（2003）：407-418；

"Solving the Puzzle of Human Prosociality", *Rationality and* *xii*
Society 15，2（2003）：155-187；

"The Coevolution of Individual Behaviors and Social Institutions"，
Journal of Theoretical Biology 223（2003）：135-147（与 Jung-Kyoo Choi
和 Astrid Hopfensitz 合著）；

"The Evolution of Strong Reciprocity：Cooperation in Heterogeneous
Populations"，*Theoretical Population Biology* 65（2004）：17-28；

"The Coevolution of Parochial Altruism and War"，*Science* 318，
26（2007）：636-640（与 Jung-Kyoo Choi 合著）；

和

"Coordinated Punishment of Defectors Sustains Cooperation and Can
Proliferate When Rare"，*Science* 328（2010）：617-620（与 Robert Boyd
合著）。

在表达技术性内容时，只要条件允许，我们就会在数理形式之
外同时采用文字描述，而在不牺牲清晰性的前提下，我们将完全避
免使用数学表述。附录包括了我们在正文中所采用技术的简要描述。
在首次使用某一技术术语时，这一术语将用黑体表示并给出定义。
术语定义出现的页码将在索引中以黑体表示。术语在进一步使用时
对其定义的引用，或是对附录内容的引用，将使用符号"§"加上
章号（若不在本章）和节号表示。上一段引用的文章从技术角度对
我们的模型和仿真进行了更为完整的说明。对本书的总体论证感兴
趣的读者不妨阅读第 1 章和第 12 章，以及 §2.4。读者可以在不失
主题完整性的前提下跳过以下内容：从 §3.1 到 §3.10，关于社会
偏好的实验证据；以及从 §5.1 到 §5.4，关于基于重复博弈的合作
经济模型。

我们感谢开普敦伊兹科博物馆允许我们使用在南德拉肯斯堡山
马克里尔区发现的扎门科姆斯特岩壁组画（Zamenkomst Panel）作
为本书的封面图片。也感谢桑塔费研究所的 Margaret Alexander，
Joy Lecuyer，Timothy Taylor 和 Della Ulibarri，同时也要感谢锡耶纳

大学 Certosa di Pontignano 和圣基亚拉学院的盛情款待。最后，我们感谢麦克阿瑟基金会、锡耶纳大学、中欧大学、匈牙利科学研究基金（OTKA）、美国国家科学基金以及桑塔费研究所行为科学项目为我们提供的研究资助。

美国新墨西哥州桑塔费

匈牙利布达佩斯

2011 年 3 月

1 合作的物种

无论我们认为某人是多么自私，在这个人的天赋中总是明显地存在一些本性，这些本性使他关心别人的命运，并将别人的幸福看成是自己的必需品，尽管除了因看到别人幸福而感到高兴之外，他别无所得。

亚当·斯密《道德情操论》（2000［1759］）第 1 章，p. 3

我们的良心难道真的像悲观的 H. L. Mencken（1949）所说的那样，仅仅是"一种内心的声音，它告诉我们可能有人在看着我们"？抑或是这位 20 世纪的美国散文家忽略了人性中真诚关爱他人（包括素不相识的人）并且即使在没有人看着的情况下也会作出道德行为的秉性？假如亚当·斯密对人类道德情感的肯定比 Mencken 的怀疑看法更为正确，那么，我们这种奇妙的合作性动物——**智人**（Homo sapiens）——是如何成为现在这个样子的？

在接下来的几页，我们将推出两个命题。

首先，人们之所以合作，并不仅仅是出于自利的原因，也是出于对他人福利的真正关心、试图维护社会规范的愿望，以及给合乎伦理的行为本身以正面的价值。出于同样的理由，人们也会惩罚那些盗用他人合作行为成果的人。即使付出个人成本，也要为了群体的利益而为联合项目的成功作出贡献，这样的行为会激起满足、骄傲甚至欢欣的感觉。而如果人们不这样做，那么这件事常常会成为羞耻和内疚的源泉。

其次，我们之所以变得具有这些"道德情感"，是因为在我们祖先生活的环境中（无论是自然还是社会形塑的），那些由具备合作倾向和维护伦理规范倾向的个体所组成的群体，比起其他群体更加容易生存并扩展，这使得亲社会动机能够得到扩散。第一个命题与亲社会行为的直接（proximate）动机有关，而第二个则指出了其远古的演化起源以及这些合作倾向持续存在的原因。

行为意义上的现代人出现于非洲，而合作在这些人的行为中显得非常突出。例如，有些人于9万至7.5万年前生活在如今南非伊丽莎白港附近的Klassies河口处，他们靠食用大羚羊、河马等大型猎物为生（Singer和Wymer，1982）。本书封面画有猎人及其捕猎行为的图像，这幅画出自德拉肯斯山脉附近。在那里，我们发现了一些屠宰遗骸，包括今天已经灭绝的巨型水牛（Pelorovis antiquus），它的重量可达2000千克，而它的现代后裔则要小一些，但仍然是非洲地区最为危险的猎物之一（Milo，1998）。Klassies河居民以及他们在非洲其他地区的同代人，几乎肯定曾在捕猎中合作，并且在群体成员中分享猎物。而东非地区延伸超过300千米的宝石交易的早期证据也无疑反映了早期人类合作的印迹。

像那些生活在Klassies河口的人们，其他的"狩猎猿"也可能会在追捕大猎物、分享猎物以及维持群体防卫的公共项目中合作。尼安德特人（Homo neanderthalensis）和新近发现的弗洛里斯人（Homo floresiensis）直到更新世晚期仍然活得不错，他们也会捕猎大型猎物，后者会捕猎侏儒（尽管仍然很大）象，这种象是在远离印度尼西亚海岸的弗洛里斯岛演化而成的。

其他灵长类也会从事公共项目。例如，黑猩猩会加入边界巡逻队，有些也会从事合作捕猎。雄性狒狒在食物和配偶的事情上会尊重基于邻近性的产权。很多物种能够进行合作性的喂养，帮助者会临时照顾幼儿，花费巨大的能量成本从事喂食、保护和其他照顾非亲属的行为（Hrdy，2009）。社会性昆虫，包括很多蜂类和蚁类物种，维持着高水平的合作，而且这种合作往往是在大量个体之间进行的。Kappeler 和 van Schaik（2006）总结了非人类物种其他常见的合作形式，这包括"梳理毛发或其他身体照顾，发出警报，捕猎者探测，对捕猎者和同类个体的攻击采取防卫措施，支援受伤的群体成员……［以及］雌雄同体动物之间的卵子交换"。

尽管合作普遍地存在于许多物种之中，**智人**的合作仍然是异乎寻常的，人类的合作能够超越亲近的家系亲属，甚至可以扩展到素不相识的人身上，除了社会性昆虫之外，人类的合作规模远远大于其他物种。

在接下去的几页中，我们要仔细地考察一些文化的、生物学的或其他类型的过程，正是这些过程解释了为什么人类成为这样一类异乎寻常的合作物种。

合作是指人们同别人一起从事互利活动的行为。这样的例子不仅包括对政治和军事目标的共同追求，也包括构成日常生活基础的更平凡活动：公司员工之间的通力合作，买者和卖者之间的交易，邻居之间对区域设施的共同维护。

合作行为可能给合作的个体带来超过成本的净利益，因此完全可以由自利的动机所推动。市场交易就是这样一个例子。在市场交易中，合作是一种互利，也就是说它能够给行动者和他人同时带来净利益。但是合作也可能给个体带来净成本，这意味着，行动者如果选择不合作，就可以增加自己的适应性或其他物质收益。在这种情况下，合作就构成了某种形式的**利他主义**（见 § A1）。

互利的合作或只涉及亲近家庭亲属的合作，其演化很容易得到解释。亲近家庭成员之间的合作可以通过自然选择而得以演化，这是因为，合作者的亲近遗传亲属得到了合作行为的收益，这有助于与合作行为有关的基因得到扩散。假如说个体对他人福利的有成本贡献能够在未来某个时刻得到回报，使合作成为互利的，那么合作也可以因此而得到演化。偏向于亲近家庭成员的利他模型和互惠利他（我们实际上应该把它叫作"开明的自利"）的模型，在生物学家和经济学家那里非常流行，这些模型能够解释多种形式的人类合作，尤其是那些发生在家庭之中或频繁重复的二元交互或其他小型群体交互之中的合作。

但是这些模型无法解释人类合作的两项事实：它在远大于直接家庭的群体之内发生，而且无论在现实生活还是实验室实验中，它都可以在不太可能进行重复的交互条件下发生，而在这种交互中，人们不可能由合作行为获得声誉上的收益。

对于合作行为的最简化的直接解释是，与志趣相投的人进行合作，人们可以从中获得快乐，或者感到对这种行为抱有义务。这种解释得到了广泛的实验和其他证据的支持。人们也喜欢惩罚那些盗用他人合作成果的人，或者感到有义务这么做。搭便车者时常感到内疚，假如他遭到别人的制裁，就会感到羞耻。我们把这些感觉称为**社会偏好**。社会偏好既包括对他人福利的关注——无论是正面的还是负面的——也包括维护伦理规范的愿望。

在许多人类群体中，这些动机已经普遍到足以维护社会规范的地步，而正是这些规范支持了对公共利益项目的贡献，即使在合作者为了利于他人而承担成本时也是如此。合作采取怎样的形式，以及怎么样的行为会导致同伴的惩罚，会因社会的不同而不同，但是社会偏好在维护利他合作上所扮演的关键角色是无处不在的。

由于我们确信人们至少在有些情境下会喜欢合作而讨厌不合作者，我们为自己设定的任务并不是生物学家和经济学家经常解决的那种，即解释为何人们即使在自利的条件下也会合作。我们所要寻求的解释是，为什么我们并不是纯粹自私的——为什么支撑利他合作的社会偏好会这么普遍。这一问题的直接答案可以通过考察我们的大脑进行信息处理并引发合作行为反应的过程而取得。但是，我们是如何获得以这种方式运作的大脑的呢？

早期人类环境给了我们部分答案。我们的晚更新世祖先住在大型哺乳动物丰富的非洲大草原或者其他环境中，在这样的环境里，在获取和分享食物上进行合作，能够以较低的成本产生极大的利益。

漫长的人类生活史和年幼者的长时间依赖期使得非亲属之间在儿童养育和食物供给上的合作变得有利可图。结果，群体成员若能在食物供给、儿童养育、制裁非合作者、防御敌对邻居以及真实信息共享这些事情上维护合作策略，就可以比非合作群体的成员拥有更大的优势。

　　在接下来的历史中，我们创造了新的社会和物理环境，包括由市场交换协调的劳动分工、对财产权利的尊重、规模报酬递增的生产系统（灌溉农业、现代工业、拥有网络外部性的信息系统）以及战争，这些环境所能展现的合作利益要么与以往类似，要么更高。这些现代合作形式的广度令人印象深刻，而正是这七千年来政府的出现促成了这些合作，这种政府具有实施财产权的能力，并为自利者提供为公共项目作贡献的激励。

　　但是，无论在政府出现前还是出现后，合作也可能因其他的动机而获得支持，这些动机引导人们为他人利益而承担成本，为公共项目作出贡献，惩罚越轨者，并排斥外来者。在接下去的几页，我们将提出三个理由，用以解释为何这些支持合作的利他社会偏好可以胜过全然非道德的自利。

　　首先，人类群体设计了种种方法保护其利他成员免于遭受自利者的利益剥夺。在这些方法中，最为引人注目的是回避、排斥甚至处死那些搭便车者以及其他违背合作规范者，这些行动都是具有公益性质的。其他保护利他者免于剥夺利用的群体措施还包括一些均整化实践（leveling practices），例如食物和信息的分享，这些措施将对等级性和不平等现象造成限制。

　　其次，人类采用了长期且复杂的社会化系统，引导个体内化那些能够导向合作行为的规范，这样一来，为公共项目作贡献和惩罚背叛者的行为本身就成了目的，而不再是行为的限制。规范的内化与保护利他者免于剥夺的行为一起，至少部分地抵消了为他人利益承担个人成本的那些人在竞争中的不利因素。

　　最后，群体为了资源和生存而相互竞争，这不仅是而且仍将是人类演化动力学的决定性力量。群体若拥有大量合作的成员，就往往能够在挑战中存活并侵占更不合作群体所在的地盘，从而不仅获得繁殖优势，而且通过文化传播而扩散合作行为。从群体间竞争的高度风险以及利他合作者为获得竞争成功而作出的贡献来看，为他人牺牲的行为可以得到扩散，而这里的他人已经扩展至直接家庭之外甚至完全的陌生人身上。现代民族主义就是这样一个例子。

以上就是人类变得极具群体精神、喜欢与内群体成员合作以及常常对外来者表示敌意的部分理由。通过限制群体规模和群体内部在语言、规范和其他方面的异质性，边界维护可以支持群体内的合作和交换。与此同时，内群体偏爱支撑了群体间冲突和群体间行为差异，这使得群体竞争成为有力的演化力量。

简而言之，人类之所以成为我们这样的合作性物种，是因为在实行合作的群体中，合作对其成员极为有利，而我们可以建立社会制度，以便最小化那些拥有社会偏好的成员在与同群体成员的竞争中所处的劣势，并且加强社会偏好带来的高水平合作所造成的群体层面优势。这些制度之所以能够扩散，是因为采纳它们的群体能够确保高水平的群体内合作，而这种合作反过来又有助于群体在面对环境、军事和其他类型的挑战时，能够作为一个生物学和文化实体而生存。

早期人类在他们所占据的土地和摄食生态位中并不孤独，这使得群体成员间的合作具有较大的优势。事实上，我们的祖先是在跟狮子、鬣狗、豺狗等合作性狩猎者相互竞争，这些狩猎者可能还包括其他人科物种，他们竞相捕食相同的有蹄类动物和其他大型哺乳动物。我们的祖先在群体竞争这种事上并没有什么特别的地方，他们竞争着领地和其他有价值资源，正因为如此，合作对生存来说变得至为关键。黑猩猩也会从事军队之间的致命竞争，其中的胜者将得到领地并获得繁殖优势。在狐獴和火蚁等各式各样的物种中也会如此。在建构自己的物理和社会环境上，人类也无特殊之处。海狸造坝，鸟儿筑巢，穴居动物则要建造地下通道。那么，为什么是人类，而不是黑猩猩、狮子或狐獴建立了如此异乎寻常的合作形式呢？

我们要回答的核心要点是，认知、语言及其他生理能力使我们可以在所有上述事情和别的事情上做得异常出色。这些能力允许我们制定社会行为的一般规范，树立规制这些行为的社会制度，商定这些规则以及在特定情境下该如何实施，对他人的违规行为作出警告，组织惩罚违规者的联盟。一些心理能力也同样重要，这些能力使我们能够内化规范，体验如羞耻和道德愤怒这样的社会情感，把群体成员身份建立在民族和语言这样的非亲属属性（non-kin characteristics）之上，而这又会使群体冲突变得具有成本。人类的发展可塑性和成熟的长周期也同样重要，后者是早期人类所占摄食生态位造成的结果。还有重要的一点就是，人类会使用投射性武器，这降低了群体内协调针对违规者的惩罚、捕猎大型猎物的成本，拥有广泛支持的分享规范的群体也随之获得了额外的利益，群体间冲突也变得更加致命。结果，群体层面的竞争提升为更加强大的演化力量。

我们将证明，人类生活方式和社会交互的这些独特之处有利于个体演化出与他人合作、对盗取合作成果者进行惩罚的倾向。但是，仅仅有个体层面的动机仍是不够的。为了理解我们这种合作性物种是如何而来的，除了个体的利他动机之外，群体层面制度对社会交互的规制也同样扮演了重要的角色。制度会影响与特定行为有关的奖励与惩罚，往往对采纳合作行动的人们有利，于是，就算是自涉的个体也会受到引导，为了群体的利益而行动。当然，我们并不能假定这些制度是**预先存在的**（a priori）。相反，我们将证明这些制度可以在祖先的相关生态和社会环境中与其他人类性状共同演化。

假如我们选择"合谋的物种"作为本书的标题，就没有必要强调合作仅仅是手段，而不是目标。在一些情境下，竞争——也就是合作的对立面——反而是某个给定目标的更有效手段。同理，能够解释人类间合作的个体动机和群体层面制度不仅包括那些高尚的，例如对他人的关心、公平心、领导者的民主问责制，也包括那些邪恶的，例如复仇、种族歧视、宗教偏见和对外来者的敌意。

卡特尔的价格协定和其他合谋造成的有害经济影响促使亚当·斯密提倡竞争的经济体制，在这种体制下，这些反社会的合谋将被瓦解。斯密拥护一种"看不见的手"的逻辑，这只"看不见的手"引导无数自利的生产者为了所有人的利益而协调现代劳动分工。这是互利合作最为惊人的例子之一。

6　　但是，假如说18世纪晚期给予我们一种动人的隐喻，告诉我们追求个体利益的有利影响，那么，20世纪中叶则为我们创造了两个毫不逊色的隐喻，告诉我们自利的黑暗面，它们是：因徒困境和公地悲剧。它们的逻辑颠倒了亚当·斯密的看不见的手，它们表明，即使合作对于追求共同目标至关重要，在面对自我利益时我们仍然会踌躇不前。Garrett Hardin 的公地悲剧很快就为其他学者所吸纳，因为它包含了一种早已在经济学和新达尔文综合生物学中建立起来的自利模型。Hardin 明确地指出，社会偏好在对付"冷酷"（remorseless）的环境退化时无能为力。

> 这种悲剧无法通过呼吁良心而得到解决，因为谁要是响应了这种呼吁，就只能拥有更少的孩子，而又因为良心这种能力的遗传性，这终将导致种群变得更不道德。（p. 1246）

由于"公地上的自由意味着毁坏一切"，Hardin 拥护一种现代版本的霍布斯式利维坦，他将其称作"彼此协定的互相强制"。Hardin 认为自己的贡献是"对看不见的手的驳斥"。Mancur Olson 的"集体行动的逻辑"在 n 人因徒困境中同样是不可避免的，这一逻辑表明，由于搭便车者无处不在，市民必然会消极行动，无法形成合作（Olson，1965）。

因徒困境和公地悲剧在本科教学中成为主流，但是与此同时，人类学家的田野证据和社会运动的微观历史研究却指向了一个完全不同的方向。在数个世纪甚至可能达到千年的时间里，阿尔卑斯山和安第斯山公共夏季牧场的牧民在没有政府管制的条件下避免了悲剧（Netting，1989）。工人和民主主义者在几个世纪中冒着生命的危险进行集体行动，完全无视 Olson 的逻辑（Moore，Jr.，1978；Hobsbawm，1983）。Elinor Ostrom 和她的合作者在研究中记录了全世界许多能够避免悲剧的分散化公地治理系统，经验观察和自利逻辑之间的冲突从此变得白热化起来（Ostrom，1990）。

在现实世界中，集体行动无处不在，但这与无情的自利逻辑之间却有一种紧张的关系，由心理学家和经济学家进行的一系列实验最终解决了这一问题，其中最引人注目的是 Ernst Fehr 和他的同事进行的实验（Fehr 和 Gächter，2000a；Herrmann 等，2008）。这些实验证实，自利的确是一种强大的动机，但是其他动机也同样重要。即使实验筹码有大量的金钱，我们还是发现，很多（可能是多数）实验被试都是具有公平心的，他们对待行为倾向类似的个体非常慷慨，而对违背亲社会规则的人则表现得非常厌恶。根据这些结果，公地悲剧有时可以避免，集体行为是人类历史源动力，这两个事实的证据就变得不那么令人迷惑了。而我们要解决的谜团因此就变成了这样的问题，即人类是如何成为这个样子的。

社会科学对于慷慨和公益倾向问题的兴趣增长在生物学中也同样发生了，合作行为的演化问题是《科学》杂志编辑评选的今日科学家面临的 25 个最重要问题之一（Kennedy 等，2005）。生物学经典著作，例如 Konrad Lorenz 的《论攻击性》（*On Aggression*，1963）和 Richard Dawkins 的《自私的基因》（*The Selfish Gene*，1976），又迎来了一些当今作品的加入，如：Frans de Waal 的《良善的人》（*Good Natured*，1997）、Sarah Hrdy 的《母性》（*Mother Nature*，2000）、Robert Wright 的《道德的动物》（*The Moral Animal*，1995）、Matt Ridley 的《美德的起源》（*Origin of Virtue*，1998）、Elliot Sober 和 David Sloan Wilson 的《待人》（*Unto Others*，1998）、Alexander Field 的《天性利他？》（*Altruistically Inclined?*，2004）、Joan Roughgarden 的《和善的基因：解构达尔文式自私》（*The Genial Gene：Deconstructing Darwinian Selfishness*，2009）

和 Christopher Boehm 的《道德的起源：社会选择与美德、利他和羞耻的演化》(*Moral Origins: Social Selection and the Evolution of Virtue, Altruism, and Shame*, 2011)，这些标题反映了关注点的转向。

这些最新著作令我们回想起一个世纪前彼得·克鲁泡特金的《互助论》(*Mutual Aid*)，此书把演化过程看得更加仁慈、更加温和，与后来流行的社会达尔文主义正好相反，社会达尔文主义把自然选择看成是弱肉强食并由此塑造人类行为。这些著作以及随后几页所记述的道德倾向、慷慨倾向和公益倾向皆表明，演化不仅能够培养自利，也能够推进慷慨和道德的行为，帮助我们逃离囚徒困境，避免公地悲剧，并允许我们抱有希望，建立一个为所有人追求自由和正义的社会。然而，我们将看到，这一观点的正确性并不与"红牙红爪"的演化过程相矛盾，相反，正是由于艾尔弗雷德·丁尼生的著名语词"红牙红爪"所代表的事物，这一观点才是正确的。

2 人类利他主义的演化

> 美国人……喜欢把他们生命中的所有行动解释成受到开明自利（self-interest rightly understood）的原则指引，对自我的开明关注（enlightened regard）通常激励他们协助他人。在这方面我认为他们通常没有公正地看待自己；无论在美国还是哪里，人们时常都会把行动让位给那些对人来说很天然的、无私的自发冲动。而美国人却往往不承认他们屈从于此类情感。
>
> 托克维尔《论美国的民主》（1958［1835］）第二卷第 VIII 章

就像托克维尔笔下的美国人，在生物学和社会科学中也有一项特别的传统，即通过"开明自利的原则"解释合作行为。Richard Dawkins（1976）在《自私的基因》中写道："因为我们生来就是自私的，所以我们应该试着教导慷慨和利他。"与此类似，Richard Alexander（1987）从人类行为的演化分析中推出其哲学含义，他写道："只有把社会看成追逐自我利益的个体的集合，伦理、道德、人类行为和人类心理才能得到理解。"（p. 3）J. B. S. Haldane 曾打趣说，他会冒着生命危险去救八个落水的表兄弟姐妹（数量更少则不行），从 Haldane 的打趣到现代博弈论中的俗定理（§5.1—§5.3），这一传统可以澄清，为什么帮助家庭成员、重复交互和声誉建立等途径可以给那些从事看似非自利行为的人带来适应性优势或其他利益。

而我们采用的方法则更加偏向托克维尔，而不是他笔下的美国人。为了解释为什么我们要带着你们游遍种群遗传学、实验经济学、演化博弈论和考古学等形形色色的领域，让你们踩过那些厚重术语——例如利他主义——的语义雷区，并且探索争议性的科学话题，例如基因遗传和文化传播之间的关系，我们在本章将为我们的概念策略作出解释，并为术语作出定义。

跟随 William Hamilton，我们用术语**助人**描述那些给予他人利益的行为，而把**利他**这一术语保留作一种特殊情境下的助人行为，在这种情境中，帮助者可以通过拒绝帮助而获得适应性或其他物质利益。这是 Hamilton（1975）、Grafen（1984）、Kerr 等（2004）、Matessi 和 Karlin（1984）与其他人所采用的标准生物学定义。§A1 给出了更完整的定义。在接下去的章节中，我们的模型和仿真表明，在与人类祖先所处的自然社会环境相似的条件下，这些利他的助人行为可以得到扩散。

9   2.1 偏好、信念和约束

我们将利用经济学与决策论普遍使用的**信念**、**偏好**和**约束**方法，来探索助人等个人行为的直接影响因素。根据这种方法，个人在一定的可能行动集限制下将要做什么，一方面取决于他们的愿望和目标，另一方面也要取决于他们的信念。**约束**这一术语表示某个个体的可能行动集在给定的情境下被施加的限制。**信念**表示个体对世界因果结构的表征，这包括个体的行动与各种可能后果概率之间的联系。**偏好**则表示个体对行动造成的各种可能后果进行评价时所依据的正面或负面情感。

偏好可以表述为某人的行动所能造成的世界状态集上的序关系（技术上来说，叫偏好函数）。我们假设偏好满足两个条件：它们既是完全的（任意两个状态都是可比较的），也是传递的，这意味着偏好是一致的，也就是说假如某人偏好 A 胜于 B，偏好 B 胜于 C，那么他就偏好 A 胜于 C。偏好是各种因素影响下的结果，这些因素包括：口味（例如对食物的喜好）、习惯、情感（例如羞耻和愤怒）和其他本能的反应（例如恐惧），还有个体诠释境况的方式（更确切地说，他们制定决策的方式）、承诺（例如诺言）、对伦理行为规范的内化、心理个性（例如攻击性、外向性等），以及与他人之间的情感联系。

我们能够以一种简洁的分析手法把个体的行为归结为偏好函数的最大化，即使这样做也一点没有涉及背后的心理过程（Savage，1954）。我们说个体是在他们的偏好之上行动，意思是在给定他们信念和约束的基础上，关于这些偏好的知识为他们的行动提供了简洁而准确的解释。当然，这种分析性的解释不一定总是与个体对他们自身行为的解释相一致。

偏好、信念和约束方法并没有提及决定个体行动的认知和其他过程。在某些情境下，如购买汽车，个体会进行深思熟虑的最优化，而在另外一些情境下，如饮食和伦理行为，他们可能只是遵从一些已被接受的拇指法则（rules of thumb），而没有有意识地进行最优化。我们常常用最优化模型来描述行为，这并不是因为这样的模型能够模拟行动者的认知过程（通常来说这些模型不会这样处理），而是因为它们以一种简洁且易于处理的分析方法捕捉到了个体行为的重要影响因素。

在信念、偏好和约束模型中，有一个版本不仅在经济学中，而且在整个人类行为科学的范围内都成了标准，它所引入的行为假设时常被概括为**经济人**（Homo economicus）。新古典经济学创立者之一的埃奇沃思（F. Y. Edgeworth）在他的《数理心理学》中表达了这一观点："经济学的第一原则在于，每个主体都受到自我利益的驱动。"（1881，p. 104）但是，自我利益并不必然成为偏好、信念和约束方法的一部分。偏好也可以是利他的，甚或是受虐狂的。不过，尽管自利并不是这一传统方法所预设的，在实践中，通常还是要采用自利假设。这一假设允许我们在策略情境下作出精确的预测，我们用**自利公理**这一术语将其形式化，这一公理的意思是说，人们试

10

图最大化他们的期望收益，并且相信别人也是这么做的。

但是，基于埃奇沃思的自利公理作出的预测往往无法描述人们采取的行动。事实上，我们从没有打算从其字面意义来使用这一公理。埃奇沃思在遵从上述命题的同时还提出了这样的警告，即这个公理只有在"契约和战争"中才是严格正确的。但是就算在这两个领域里，例外的情况也是极为惹人注目的，而且其证据越来越丰富，例如，Truman Bewley（2000）发现，公司在经济衰退期间不会削减工资，因为工资的削减会因工人认为其不公平而降低士气。类似地，Jessica Stern（2003）发现恐怖分子的暴力活动是由他们感知到的不公正而引发的。而神风敢死队飞行员的例子（Hagoromo Society，1973）则是人们常常受到非自利原则驱动的戏剧性例证之一，这些飞行员出于荣耀和责任感而自愿牺牲他们的性命。

经济学家维护自利公理的常用说法之一就是，这一公理是不言自明的，他们会拿出一个退一步的主张说，自然选择不会产生任何其他类型的偏好。然而，接下去的证据将表明，这一主张远远不是自明的，而且事实上它是完全错误的。

前面提到的工资设定或其他交易中公平考量的重要性就是例证之一（也可见于 Blinder 和 Choi，2000）。个体知道自己的投票只有极小的可能产生决定性影响，在这种前提下他们仍然会费心去投票，而且即使在足够富有的人群和向上层阶级移动的人群之中，他们在投票时仍会大力支持向穷人进行税收支持的收入转移，尽管他们不太可能从这些转移中获得直接的利益，这些事实同样不符合自利的自明性（Gilens，1999；Fong，2001；Fong 等，2005）。对美国大陆航空、纽柯钢铁等公司进行的研究，同样也证实对自利公理的自明性质不利，这些研究发现，即使个体自身努力所产生的额外收入可以忽略不计，而且收益分享又是分配于大量个体之间的，团队奖励仍然是有效的（Hansen，1997；Knez 和 Simester，2001）。其他的例子还包括：自愿参加危险的军事或其他类型的任务，对税法的遵从超过了能够最大化预期收入的程度（Andreoni 等，1998），在没有希望获得个人利益的前提下参与各种形式的集体行动（Moore，1978；Wood，2003），即使越轨行为具有个人优势而且不会被发现，或者如 H. L. Mencken 所说，在没人看着时，也要遵从规范和法律。

2.2　社会偏好与社会困境

　　回想一下，**社会偏好**是指对他人福利的关心和维护伦理规范的愿望。比起**自涉**（self-regarding）偏好，也就是只基于自身状态的偏好，我们更加强调**他涉**（other-regarding）偏好和**伦理**偏好，前者定义为至少部分地基于他人状态的偏好。社会偏好不仅包括对他人的慷慨和对"公平"结果的偏爱，也包括托马斯·霍布斯所说的对"显赫"的追求、托斯丹·凡勃伦所说的"财富竞争"，"攀比斗富"（keep up with the Joneses）的欲望是后者的典型代表（Veblen，1899）；还有查尔斯·霍顿·顾里的"镜中自我"，根据镜中自我，我们的自尊部分地取决于他人如何看待我们，因此，我们会试图给他人留下较好的印象，从而提升自己的主观自尊（Cooley，1902；Brennan 和 Pettit，2004）；还有亚里士多德的**性格美德**（character virtues），如诚实与勇气，它们都是促进亲社会行为的个人价值（Aristotle，2002［350 BC］）。

　　社会偏好也可以是自涉的。伦理承诺也许反映了对他人所体验状态的关心，但也并非一定如此。某人可能会为了避免欺骗别人对他们造成成本而保持诚实。但诚实也可以完全是自涉的，之所以诚实，是为了成为自己想要成为的那种人。所以，教科书上的"经济人"就不仅应该描述成自涉的，还应该描述成非道德的（amoral），尽管只要意思明白，我们还是会经常采用更简单的表述形式——自涉。

　　我们偏向于使用"社会偏好"这一术语，而不是更加常用但是意义不明确的"非自私"（unselfish）或"非自利"（non-self-interested）。"非自私"的行为跟"自私"的行为一样，是受到了个体偏好的驱动。假如我从帮助他人中得到了快乐，或者因不帮助别人会感到内疚而帮助别人，那么我同样是受到偏好的驱使而行动的，这跟我享用大餐或因害怕惩罚而帮助他人没什么两样。此外，像憎恨、嫉妒这样的自涉情感通常来说并不会在任何意义上被定义为"非自私的"。自涉偏好和他涉偏好之间的差异并不在于他涉行为的反偏好性（counter-preferential），而是在于这种行为至少部分地受到对他人所受影响的关心的激励。

我们假定社会偏好在称作**社会困境**的互动中扮演了重要的角色，在这种互动中，个体之间未经协调的行动会造成**非帕累托有效**（Pareto inefficient）的结果，这意味着存在一些可能的结果，其中至少一个成员可以在无人境况变坏的前提下变得更好。博弈论学者所建立的社会困境的例子有：囚徒困境、公共品博弈（有时叫作 n 人囚徒困境）、所谓的消耗战和其他军备竞赛类的互动、公地悲剧和公共池塘资源博弈（在这种博弈中，为公共项目作贡献意味着放弃对水产品、水资源或森林资源等共用资源的过度开采）。假如某个人尽管自己贡献较少或没有贡献，但还是从其他群体成员的贡献中获益，那么我们就把他叫作**搭便车者**。

我们来举个例子。最为著名的博弈实验叫作**囚徒困境**，它的收益结构展示于图 2.1（行参与人的收益是第一个数字）。在这个博弈中，Alice 和 Bob 只会进行一次性的交互，而且无法建立一个具有约束力的协议以决定他们的行动。这就是匿名的、非重复的**非合作博弈**（非合作的意思是指无法建立有约束力的协议这一条件，而与当事人的利益或博弈结果无关）的例子之一。实验的主试向 Alice 和 Bob 解释，他们每个人都要从两个行动中选择其中的一个，而无从知晓另外一人所作的选择，这两个行动分别是：合作（C）和背叛（D）。假如两人都选择合作，他们就同时获得 \$10（图中 C 行和 C 列交叉处所表示的），假如两人都背叛，他们就同时获得 \$5（D 行和 D 列交叉处）。除此之外，假如一个人选择了合作，而另外一人选择了背叛，那么背叛者就获得 \$15，而合作者一无所得（图中非对角线部分的收益）。

		Bob	
		C	D
Alice	C	10, 10	0, 15
	D	15, 0	5, 5

图 2.1　囚徒困境博弈

注：这里和其他收益矩阵中，行参与人收益都是第一个数字（这里是 Alice），列参与人的收益是第二个数字。

我们假设 Alice 和 Bob 都没有社会偏好，因而只关心他们自己的收益。Alice 会作如下推理："假如 Bob 合作，我就能从背叛中获得 $15，而合作只能给我带来 $10，所以我应该背叛；而假如 Bob 背叛，我可以从背叛中获得 $5，而合作却只能一无所得，所以我仍应背叛。所以不管 Bob 怎么做我都应该背叛。"Bob 当然也会得到同样的结论。于是，两人同时背叛，并获得 $5 的收益，而这一收益只是每个人都合作时可得收益的一半。所以，对 Bob 和 Alice 来说，背叛就是**占优策略**，也就是说，无论对方怎么做，这一策略都是一种**最佳反应**（即收益最大化策略）。由于无论对 Bob 还是 Alice 来说这一点都是正确的，互相背叛就是一个**占优策略均衡**，这也就是没有社会偏好条件下的预期结果。

而他涉的参与人除了关心自己的收益，也会关心对手的收益。这样的参与人也许就会作出如下推理："我对对手的合作抱有足够积极的想法，我觉得在这种情况下哪怕可以通过背叛而获取更大的收益（$15），我也宁愿选择合作。而假如我的对手选择了背叛，对我不够客气，我当然更希望选择背叛，这样不仅能增加我的所得，还能降低对手的收益。"假如 Bob 和 Alice 能够作出如此推理，相信对方极有可能合作，那么他们都将合作。于是，互相合作和互相背叛都成了这个新博弈的均衡，这个新博弈是在原博弈物质收益的基础上增加参与人对他人的关心而形成的。

　　如果每个参与人的选择都是对其他人选择的最佳反应，那么这些参与人的策略选择就是一个**纳什均衡**。我们注意到，占优策略肯定是纳什均衡，这是因为无论别的参与人怎么做，这种策略都是最佳反应。但是相反的命题并不成立。于是，社会偏好也许能够将囚徒困境的物质收益结构转化成所谓的**确信型博弈**（assurance game）的收益结构——只要确信其他人也合作，每个参与人都会选择合作，而如果没有这种确信，就不合作。因此，互相合作和互相背叛都是纳什均衡。最终得到哪个均衡结果，取决于参与人关于其他人如何行动的信念。

　　尽管无论是出于自私还是害怕遭到利用的原因，人们有着强烈的背叛诱惑，但是许多实验却发现，在囚徒困境中，相当多的被试更喜欢合作而不是背叛（Sally，1995）。现实生活中也有一个著名的案例，即流行 TV 秀"朋友和敌人"，其筹码相当之高，在这档节目中，选手们参加一个筹码在 $200 到 $22000 之间变化的囚徒困境博弈。大约一半的选手，即使在保证能够通过背叛赢得更多金钱的条件下，也要选择合作，而不管他们的对手如何做。更令人震惊的是，选手们在筹码更高时并没有增加背叛的可能性（List，2006；Oberholzer-Gee 等，2010）。

　　在实验室中也可以观察到类似的行为。Kiyonari 等（2000）让日本大学生参加一个真实货币收益的囚徒困境实验。主试将实验分为三组。第一组是一个标准的同时行动囚徒困境，其被试在不知晓对手选择的前提下选择合作还是背叛。第二组则是一个序贯的"第二参与人"囚徒困境，某个参与人需要在知道对手已经选择合作的前提下在合作和背叛之中进行选择。第三个同样是一个囚徒困境，我们把它叫作"第一参与人"囚徒困境，某个参与人将被告知他将首先作出选择，但是他关于合作或背叛的决策信息将在对手作出选择前传递给对手。主试们发现，在标准的同时行动组中有 38% 的被试选择了合作，在第二参与人组中有 62% 的被试选择了合作，而在第一参与人组中则有 59% 选择了合作。在每个组中，合作的决定都

会给被试带来 $5（600 日元）的成本。这清楚地表明，大多数被试（62%）都是条件性利他合作者。几乎有同样多的被试（59%）不仅是合作者，而且确信，在对手已确保不会遭受自己背叛的条件下，对手也会合作。而在标准条件下，由于没有这种确信，只有 38% 的被试真的选择了合作。由 Watabe 等（1996）、Morris 等（1998）、Hayashi 等（1999）、McCabe 等（2000）及 Clark 和 Sefton（2001）主持的实验也发现了类似的被试行为。

第 3 章展示了一些实验证据和其他证据，表明在我们所知的文化中社会偏好的普遍存在。同时，这些证据还表明，只受非道德的自涉偏好所驱使的人群，其比例相当有限。

2.3 基因、文化、群体和制度

我们把**文化**定义成一系列偏好和信念的聚合，它们是通过基因传递以外的途径而获得的。文化有着自身的演化力量，而不仅仅是基因和自然环境互动的结果。

另外一种研究方法认为，尽管通过文化传播的偏好和信念也许构成了行为的直接原因，但它们本身完全可以通过我们的基因组成和自然环境之间的互动而得到解释。例如，根据这种观点，我们可以对第 3 章所讨论的 Lamalera 捕鲸者作出这样的解释，即他们之所以分享有价值资源，是因为他们有着社会偏好，而他们之所以有社会偏好，是因为他们生活在这样一个地方，在这个地方，捕鲸是最佳的生活方式，而捕获大猎物的人如果能学会如何分享，就能过得更好。

自然环境和基因会影响文化的演化，这一点当然是正确的。但是同样正确的是，文化也会影响基因传递的行为性状的相对适应性。C. J. Lumsden 和 Edward O. Wilson（1981）、Luigi Luca Cavalli-Sforza 和 Marcus Feldman（1981）、Robert Boyd 和 Peter Richerson（1985）、William Durham（1991）、Richerson 和 Boyd（2004）等文献为我们提供了令人信服的例证，说明文化对基因演化的影响。Edward Wilson、

14

Charles Lumsden、Robert Boyd、Peter Richerson、Luigi Luca Cavalli-Sforza 和 Marcus Feldman 意识到了人类之中基因与文化之间的紧密互动，他们从 20 世纪 70 年代开始研究基因与文化的平行演化和相互之间的互动，开始为**基因-文化共演化**建立模型，这种共演化的概念是我们为人类合作的独特性质作出解释的第二个基础。根据基因-文化共演化，人类的偏好和信念是基因影响文化演化、文化影响基因演化的动力过程的结果，这两种影响在我们这一物种的演化过程中紧密地交织在一起。

为了看到基因-文化共演化是如何运作的，我们可以想象某种生物体是如何获取信息的。基因组编码了用于构造新生物体的信息，告诉这个新生物体如何从感觉输入得到决策输出（也就是赋予生物体一种特定的偏好结构），并且将这一编码的信息几乎原封不动地传递给新的生物体。由于对环境的学习具有成本，而且容易出错，有效的信息传递更有可能保证基因组编码了生物体所处环境中持久不变或者在时间和空间中变动很慢的信息，而不是那些临时方面的信息。环境条件中变动较快的方面可以通过为生物体提供从环境中学习的能力而得到处理，使它们在表现型上适应具体的条件。

对大多数动物来说，在信息获取过程中，基因传递和个体学习就是事情的全部。与此相反，人类还要经由社会学习过程从他人那里获得信息。为了看到如果没有社会学习，个体学习和基因信息传递是如何地不足以支撑人类生活，我们可以考虑这样一个悲哀的故事：1860 年，四个倒霉的欧洲人试图由南往北穿越澳洲大陆并返回，企图仅凭他们在不熟悉的环境中设计存活方式的能力就达到目的，他们用进口骆驼驮着当时还算精良的装备和充足的食物储备（Henrich 和 McElreath，2003）。在经历了一系列逆境之后，他们吃掉了那头可怜的骆驼，求助于觅食，徒劳地学习捕捉老鼠和鸟类，在偶然有水的地点捕鱼。尽管他们在勉力生存时从遇到的土著群体那里获得了慷慨的食物礼物，其中的三人还是死了，最后一人被沙漠中的一个 Yantruwanta 人社区救起，他在那里得到完全恢复，最终被一个欧洲搜索队找到。

因此，在人类中就存在一种中间过程，无论是基因编码还是每一世代重新从环境当中学习，都无法把握这一过程。环境条件在代代之间具有正（但不是完全的）相关性，而每一代都要通过学习获取有价值的信息，这些信息无法通过基因传递至下一代，因为这些信息并没有在种系中得到编码。在这样的环境里，动物若能通过某种非基因的信息通道传递关于当前环境状态的信息，那么就能获得好处。生物学家把这种信息叫作表观信息，它们相当普遍，而在人类的文化传播中，它们达到了一种最高等且最灵活的形式，而在其他灵长类中，却只有较低程度的表现（Bonner，1984；Richerson 和 Boyd，1998）。为了突出与**个体学习**的对比，**文化传播**也可以叫作**社会学习**，它可以采取纵向（父母到孩子）、横向（同伴到同伴）和斜向（非父母长者到年轻人）的形式传递信息。

对文化演化和生物演化平行进程的研究可追溯至 William James（1880）和 Julian Huxley（1955）。把文化看成表观传播形式的做法首先见于 Cavalli-Sforza 和 Feldman（1973）、Karl Popper（1979）和 Richard Dawkins，Dawkins 在《自私的基因》（1976）中创造了"谜因"这一术语，用于指代能够进行表型传递的完整信息单元。接着，很快就出现了许多关于文化的生物学方法的重要研究，它们都建立在这样一种想法的基础之上，即文化像基因一样，可以通过复制（代际传播）、变异和选择的过程而演化（Lumsden 和 Wilson，1981；Cavalli-Sforza 和 Feldman，1982；Boyd 和 Richerson，1985）。

Richard Dawkins 在《延伸的表现型》（1982）中为我们添加了第二种表观信息传播的基本机制，他注意到，生物体可以把环境中的人工物直接转给下一代，这样的人工物既可以是建筑物的形式，例如海狸坝、蜂窝，甚至也可以是社会结构（例如婚配和捕猎中的惯例）。为环境创造出适应性相关的特性，并在代代之间平稳地传递这一环境，这一过程以**生态位构建**而著称，它是表观传播的普遍形式之一（Odling-Smee 等，2003）。此外，生态位构建还会引起一个

15

可以称作基因－环境共演化的过程，这是由于基因导致的环境规律成为基因选择的基础，而产生突变生态位的基因变异如果可以为生态位构建者提高适应性，就更容易生存。

关于上述的过程，我们自己也为基因传递的个体行为和文化传播的群体层面制度之间的共演化建立了模型，它为我们提供了额外的例子。我们将看到（第7章），文化传播的习俗和资源分享对基因传递的利他性状在自然选择下的演化至关重要。在第10章，我们表明，通过社会学习习得有利行为的可能性会产生一种条件，使得基因传递的规范内化能力能够得到演化。人类文化连同它所支持的制度结构，就是生态位构建的实例（Laland 等，2000；Bowles，2000；Laland 和 Feldman，2004）。

在我们关于群体结构化种群的基因－文化共演化模型中，差异化复制的过程会同时影响个体性状和群体性状的频率，前者包括对同群体成员的慷慨，后者包括共同决策或财产权系统。尽管这些模型受到了生物学方法的启发，尤其是 Cavalli-Sforza 和 Feldman（1981）、Boyd 和 Richerson（1985）以及 Durham（1991），像这些作者一样，我们并不会局限于生物学解释。我们的方法可以总结如下。

第一，尽管基因信息传递在我们的解释中扮演了核心角色，非病态社会行为的遗传学大部分仍是未知的。近年来，关于人类认知和语言能力遗传基础的知识得到了大大扩展，正是这些能力使合作在人类范围内成为可能，但是，对于表达为合作行为的基因，我们几乎还没有得到任何知识，如果真的存在这种基因的话。我们没有发现"合作基因"。同时，我们也不太可能真的发现这样的基因，这是因为，根据现有的基因表达知识，以及合作行为的复杂性和文化差异，基因和行为之间存在一一映射的想法不太可能成立。于是，当我们在模型中引入基因传递，我们的推理就只能在表现型水平上起作用。在第7章中，解释利他行为的"一个基因"（A allele）就只是一种只能由父母传向子女的表现型特征，这样我们就可以避免引入人类基因传递、发育和表型表达中很多实际的复杂方面，例如二倍体繁殖、基因相互作用和发育异常。与此类似，第9章所研究的策略仅仅只是从双亲遗传而来的单倍基因型；也就是说，每个基因只有单份拷贝，只能以等概率从双亲之一遗传而来。在第10章，我们研究了人类规范内化能力的演化，"内化基因"只是从双亲那里习得的行为。

基于表现型的方法是人类和其他动物社会行为演化研究中的标准工具，我们拥有充足的理由将它作为一个解决方案，用来避开围绕着基因遗传机制的无关复杂性（Eshel和Feldman，1984；Grafen，1991；Hammerstein，1996；Eshel等，1998；Frank，1998）。此外，由于这一方法使用可观察的表现型而不是未知的基因型和发育过程作为分析的基础，它更容易解决我们在这里提出的种种经验问题。

第二，如同选择模型的传统做法那样，相对收益——无论以适应性、物质奖励、社会声誉还是其他因素为其测度——会影响种群中各种行为类型份额的演化，高收益行为往往能够增加它们在种群中的频率。由此产生的所谓**收益单调动态**就通常实现为"仿佛如此"（as if）的最优化算法，尽管我们在这样做时并没有把有意识最优化的能力交给个体。与此同时，我们也不会作出结论说由此产生的结果在任何意义上是最优的。通常而言，这些结果并不是最优的。除非在极端非现实的条件下，否则，个体最优选择的加总往往都是次优的。

收益较高的个体可以在下一期为他们的行为产生更多拷贝，这既可以是因为他们拥有导向繁殖成功的更多资源，也可以是因为个体不成比例地采纳更成功群体成员的行为。后者可以以自愿的形式发生，例如年轻人模仿明星，也可以以强制的形式发生，例如占主导地位的族群、阶级或国家将其文化强加给被征服的人群。当然，文化传播也可能青睐低收益的行为（试想一下吸烟和速食）。我们将在第10章研究社会化和规范内化时引入这一过程。

第三，由于在我们研究的行为和制度变迁过程中，正反馈非常普遍，其他方面都相同的种群可能展现出完全不同的轨迹，这反映了均衡的多重性，在存在正反馈的模型中，通常具备这种多重性。出现的结果未必就是拥有最高平均收益的那个。均衡选择的过程有可能因为时间尺度过长而导致完全相同的模型所描述的两个种群在成千上万代中表现出极为不同的行为分布。于是，决定许多可能均衡中哪个将会发生的过程，也就是**均衡选择**，将承担极大的重要地位。

第四，个体集合（例如寻食队群、民族－语言单位和国家）的出现和扩散，以及他们在生物和文化意义上的灭绝，还有随之而来的不同群体层面制度（例如产权系统、婚姻惯例和年轻人的社会化）的演化成功与失败，能够对人类演化过程产生重要的（有时候非常显著）影响。群体边界的维持（例如通过对"外来者"的敌意）和群体间的致命冲突对这一过程来说至关重要。在婚配、学习和其他活动中，群体内的非随机个体配对同样也扮演了重要的一部分。

第五，以变异、重组、发育意外、行为试验、对社会规则的有意识偏离、社会交互结构及其收益的扰动等随机影响的形式，偶然性也在人类演化中扮演了重要角色。

最后，人类合作演化的解释必须以经验证据为基础。问题并不是"哪个模型可以成立"，以数学上的一致性为准绳，它们都能成立。我们所要问的问题是，哪些事情是在人类的过去实际发生的。因此，我们需要评价各种解释的经验合理性，将它们与早期人类所处的条件作比较，这些人类生活在**更新世**时期，这大约是 160 万年前到农业出现的时候（约 1.2 万年前），尤其是这一时期最后的 100 个千年。以下是 Christopher Boehm（2007）基于 154 个寻食者社会（有一半出自民族志记录）的共同特征作出的总结，这些社会被认为接近于祖先的"高度移动性的……无储备经济系统"：

> 这种高度合作的游牧型多家庭队群通常包含了一些非亲属的家庭，队群规模尽管有季节性的变化，但通常可以有大约 20—30 个个体，家庭经常在队群之间移动。队群的社会生活呈

现一种政治平等主义，群体内的成年男性难以容忍其中的某人取得支配地位、发号施令或者诋毁别人……经济生活也往往非常平等，这是因为游牧生活和较强的分享伦理抑制了自私和裙带主义倾向……存在着地区性的社会网络……［以及］由社会和军事促进的对资源的群体防卫也极为频繁……资源的强烈不可预测性［群体冲突的原因之一］也许是又一个在风云变幻的更新世特别重要的因素。

我们将在第 6 章详细地考察有关的考古学、气候学、遗传学、民族志和历史学证据。当然，关于现代人类行为的涌现、扩散和延续的模型，必须能够应用于人类历史和史前史的整个范围，包括过去的 1.2 万年。

2.4 预览

18

在下一章，我们要考察一些实验证据和其他证据，它们表明即使在一次性交互（意味着没有重复）中，许多个体（有些条件下是多数个体）也愿意与陌生人合作，即使这样做会给自己带来成本。除此之外，他们热衷于惩罚那些试图利用他人合作成果的卸责者（shirkers）。这些发现向我们抛来了一个演化谜题，我们将在本书的剩余部分解决它，这个问题是：人类是怎样变得拥有这些社会偏好的？

在第 4 章，我们回顾了生物学家用于解释合作的常用方法，包括基于家庭或群体结构化种群的内含适应性模型，在这些模型中，合作的个体更有可能以高于完全随机的程度与其他合作者交互。我们同时还研究了一些极为不同的模型，在这些模型中，由于交互可以重复，声誉可以得到建立，帮助他人就可以为行动者带来间接的利益，以至于在长时间尺度下看似利他的行为可以受到自利的驱使，这与托克维尔笔下的美国人所作的推理相符。

　　尽管所有这些方法都对人类合作的重要特征有所把握，但是没有一个是完全充分的，至少对第 4 章所展示的简化形式来说是如此。在第 5 章我们提出了一个问题，即重复博弈论的最新进展——体现为所谓的俗定理及其相关的模型——有没有解决基于自利的模型的缺陷，我们发现答案是否定的。

　　余下的章节提供了我们的解释。在第 6 章，我们表明，在史前人类所处的社会和自然环境中，群体竞争也许可以通过为合作者带来适应性收益而成为促使利他行为扩散的强大力量。第 7 章解释了群体竞争如何促进狩猎 – 采集社会的独特制度与利他行为的倾向进行共同演化。在第 8 章我们研究了针对外来者的敌意和好战的习性得以扩散的过程，以及这一过程是如何加强群体竞争过程的，而群体竞争正是利他合作演化的关键因素。第 9 章解释了对利用同群体成员合作成果者的惩罚是如何开始涌现并扩散的。

　　在第 10 章和第 11 章，我们从解释人类合作的演化过程转到合作的直接动机上。在第 10 章我们研究了群体规范内化的有意识社会化，这种内化的能力是如何得到演化的，以及为什么内化的规范往往是有利于群体的。在第 10 章，我们研究了社会情感（例如内疚和羞耻）在维持合作中所扮演的角色，以及这些情感是如何演化的。最后一章回顾了我们的解释，并设想了合作的未来。

3 社会偏好

子贡问曰："有一言而可以终身行之者乎？"子曰："其恕乎！己所不欲，勿施于人。"

《论语》卫灵公篇二十三（公元前4世纪）

人应当成为其友之友并投桃报李。
对待他人的微笑也应抱之以微笑。
对待他人的谎言则应抱之以背叛。
一个人不应只成为他朋友的朋友，
朋友的朋友也当是他的朋友。
对待敌人的朋友绝不应仁慈。

《埃达》（1923［公元13世纪］）诗篇42、43

合作在人类之中极为普遍，这是因为人受到社会偏好的驱使：他们关心他人的福利，并看重公平和其他形式的得体行为。我们的解释是，这些社会偏好是利他合作的直接原因。在本章中，我们将证明，这些偏好确实是普遍存在的。

我们考虑一个**最后通牒博弈**（Güth 等，1982）。这是一次性的匿名博弈，其中一个被试（叫作"提议者"）先得到一笔金钱（例如 $10），主试要求他取出其中一部分（可以从 $0 到 $10）给予第二名被试（叫作"回应者"）。回应者得知提议者给出多少后，可以选择接受或拒绝这一提议。假如回应者选择了接受，这笔金钱就照着提议进行分配。假如回应者选择拒绝，那么两个参与人什么也得不到，博弈至此结束。第 2 章所介绍的自利公理为这个博弈如何进行提供了清楚的预测。由于博弈是一次性的而且是匿名的，回应者将接受任何正的金钱数量。自涉的提议者知道这一点，所以只提供 \$1，这一提议将被接受。

然而，在实际进行的博弈中，几乎从来没有观察到这一预测结果，即使是近似的结果也很少见到。实验者们已经在超过 30 个国家重复了该项实验，他们可能会对实验条件作出一些改变，在一些例子中，金钱筹码非常之大，结果，提议者往往给回应者提供了慷慨的份额，总量的 50% 往往是最常见的提议。回应者往往会拒绝低于 25% 的提议（Roth 等，1991；Camerer 和 Thaler，1995；Camerer，2003；Oosterbeek 等，2004）。

在博弈后的讨论中，拒绝低提议的回应者常常对提议者的贪婪表示愤怒，并希望惩罚不公平行为。正提议经常被拒绝的事实表明，回应者拥有社会偏好，而多数提议者拿出蛋糕中的 40% 到 50% 则说明，要么提议者也具有社会偏好，要么提议者至少相信回应者是具有社会偏好的，而这种社会偏好会激励他们拒绝低提议。一个特别有意思的问题是，怎样的人会拒绝正的提议。与实验数据最为一致的解释是，他们会受到惩罚不公平提议者的愿望所驱使，即使这意味着放弃一些金钱。尽管初看上去非常奇怪，但是这些结果和其他违背自利公理的实验结果如今已经成为常识。

我们在这里考察最近实验中的十个关键发现，并提出一个问题，即人们在自然环境下是否与行为实验中表现相同。实验室实验可以为我们对人类行为的理解增添重要的信息，这是因为，对环境的控制和主试操弄相关激励的能力使得我们能够区分关于偏好的具有细微差别的假说。Colin Camerer（2003）以及 Armin Falk 和 James Heckman（2009）为这一领域提供了概览。表 3.1 列出了我们将要进行回顾的博弈实验以及对其进行描述的页码。

表3.1 博弈实验

博弈	页码	参考文献
最后通牒博弈	19	Guth 等（1962），Henrich（2000）
囚徒困境博弈	20	Dawes（1980），Axelrod（1984）
礼物交换博弈	21	Akerlof（1982），Fehr 等（1993）
公共品博弈	22	Yamagishi（1986），Ostrom 等（1992）
带惩罚的公共品博弈	24	Fehr 和 Gächter（2000a，2002）
第三方惩罚博弈	31	Fehr 和 Fishbacher（2004）
独裁者博弈	32	Kahneman 等（1986），List（2007）
信任博弈	36	Berg 等（1995），Burks 等（2003）

3.1 强互惠的普遍性

在实验中我们经常观察到人们为了与他人合作、奖励他人的合作行为，或惩罚搭便车者而牺牲自己的收益，即使不能指望从这样的行动中获益也是如此。我们把激励这种行为的偏好叫作**强互惠**，"强"这一术语的用意在于从完全非道德的、自涉的互惠中区分开来，后一种互惠在没有回报的前提下是不会被采纳的。由于强互惠者可以通过选择不合作而增加博弈收益，如此行动的动机就是标准生物学意义上（见§A1）的利他偏好，这种偏好正是利他合作的一个重要的直接原因。

我们已经描述过一次性囚徒困境博弈，其关键特征在于，互相合作可以最大化参与人收益总和，但是不管对手如何选择，背叛对手却能够最大化自己的收益。如图 3.1 所示，每个参与人都可通过助人为对手贡献 $b > 0$ 的收益，这会给自己造成 $c > 0$ 的成本。假如 $b > c$，参与人可以从互相帮助中获取利益。然而，如果参与人是拥有自涉偏好的非道德个体，知道对手的策略选择并不能改变结果——结果应该是互相背叛。正如我们在前一章所见的，当被试确信他们的对手已经合作，或者他们自己的合作决定可以在对方作出选择前传递给对方时，就能出现高水平合作的结果，这一事实提醒

21

我们，被试都是由强互惠所驱使的。得知你的对手已经选择合作，会改变该博弈的主观收益。你仍然可以通过背叛得到更多金钱，但是对手的合作性能够激励互惠而不是剥夺利用。

	H	D
H	$b - c$，$b - c$	$- c$，b
D	b，$- c$	0，0

图 3.1　一个囚徒困境

注：帮助（H）和不帮助（D）的单期收益。我们假设 $b > c > 0$。助人会以 c 的贡献者成本向另一参与人贡献 b。

礼物交换博弈是另一个表明强互惠普遍存在的实验，Fehr 等（1997）将其设计成一种"实验性劳动力市场"进行研究。他们把 141 名被试分割为一组"雇主"和一组"雇员"。假如一名雇主雇用了一名雇员并给予工资 w，其中 $0 \leqslant w \leqslant 100$，他的利润将成为 $\pi = 100e - w$，其中的 $0.1 \leqslant e \leqslant 1$ 代表雇员的努力程度。雇员得到的收益则是 $u = w - c(e)$，其中 $c(e)$ 代表雇员的"努力成本"函数，这一函数以递增的速率递增（即 c'，$c'' > 0$）。被试将在实验部分结束后得到真实金钱支付。

雇主需提供一份"契约"，设定工资水平 w 以及想要得到的努力程度 e^*。雇主将与第一个同意契约款项的雇员建立这份契约。同时，雇主最多只能与一个雇员建立契约（w，e^*）。同意这份契约款项的雇员将得到工资 w，并供给努力水平 e，但它并不一定是约定的努力程度 e^*。实际上，即便雇员没有遵守承诺，也不会遭受处罚，所以雇员可以不受处罚地选择任何努力程度。虽然被试可以多次进行这个博弈，但每一次给定博弈中的雇主－雇员交互都是一次性（无重复）事件。

假如雇员是自涉的，那么不管接受怎样的契约，他们都将选择零成本的努力水平，即 $e = 0.1$。于是，如果自涉的雇主知道这一点，他们给出的工资就不会比使雇员接受契约的最低水平更高，也就是 $w = 1$。自涉的雇员将接受这一出价，并设定 $e = 0.1$，得到收益 $u = 1$。雇主所得的收益将成为 $\pi = 0.1 \times 100 - 1 = 9$。

然而，事实上，在实验中很少会出现这样的结果。实际上，雇主选择的需求努力程度越高，雇主和雇员的所得就越高；雇主预设了雇员的强互惠倾向，因而提出了慷慨的工资设定并因此得到更高的努力程度。

然而，上述证据并不与雇主的纯自涉性相矛盾，因为他们在雇员面前看似慷慨的行为能有效地增加自己的利润。为了看出雇主是否也是强互惠者，在这轮实验后，主试对博弈进行了扩展，允许雇主对工人的实际努力选择作出回应：雇主可以以 1 的成本令其雇员增加或减少 2.5 的收益。假如雇主完全是自涉的，那么他们自然什么也不会做，这是因为，他们不会与同一个工人再次交互，而在这种情况下，一个自涉的雇主应该知道惩罚卸责者或奖励勤奋工人仅仅是白白撒钱。然而，在 68% 的情况下，雇主惩罚了没有履行契约的雇员，而在 70% 的情况下，雇主奖励了超额完成契约的雇员。实际上，雇主还奖励了 44% 恰好完成契约的雇员。此外，当允许老板握有惩罚和奖励的权力时，雇员的努力水平明显增加，从这一事实可以看出，这些雇员能够预期他们雇主所做的行为。在上述扩展后，未履行的契约从交易中的 86% 下降为 26%，而超额完成的契约从总体中的 3% 上升至 38%。

我们可以从这一研究中得到结论，扮演"雇员"角色的被试会回报雇主看似慷慨的出价，即便他们知道以自涉的方式行事也不会带来不好的物质后果。此外，扮演"雇主"角色的被试能够预期雇员的上述行为，正是因为考虑到这一点，他们会提供更高的收益。当允许惩罚时，"雇主"会奖励好行为并惩罚坏行为，即便他们可以通过克制奖励和惩罚而最大化其收益。最后，"雇员"能够预期雇主的奖励和惩罚，并据此调整自己的努力水平。

该博弈的大量补充实验重复了这些结果（Fehr 等，2009；

Gächter 等，2011 ）。

3.2 搭便车者瓦解合作

在重复多期进行的社会困境中，被试往往在一开始处于正的高水平合作状态，但是除非群体内只有少数搭便车者，否则合作就在随后衰退至非常低的水平。

公共品博弈实验是设计用来研究这样的问题的，即人们在多大程度上可以为团队和社区目标自愿作出贡献和提供税款（Ledyard 1995 ）。以下是该博弈的一个通行变体。其中，10 名被试被告知，他们将在 10 轮实验中的每一轮在自己的"私人账户"中得到 $1，以作为每次参加的回报。在每一轮中，每当被试从他的"私人账户"中抽出 $1 供给"公共账户"，主试将会为每名被试增加半美元的最终收益。在十轮结束后，被试将得到所有的最终收益，实验就此结束。

如果在每一轮，每个人都将整个 $1 放入公共账户，产生一个 $10 的公共资源池，个体收益的总和将得以最大化。在这种情况下，主试将为每个被试增加 $5 的最终收益。在 10 轮的博弈完全结束后，每个被试将得到 $50 的支付。然而，尽管可以从其他 9 人那里获得 $4.5 的利益，参与人每次向公共账户贡献 $1，就要付出 $0.50 的成本——也就是贡献的 $1 减去从主试那里返回的 $0.50。因此，对一个自涉的参与人来说，占优策略就是不向公共池作出贡献，而假如所有被试都这样做，每人就只能得到 $10。所以，这种公共品博弈实验就是一个 n 人囚徒困境。

实际上，同囚徒困境实验（Fehr 和 Fischbacher，2002；Fischbacher 和 Gächter，2010）一样，在公共品博弈实验中，只有少数的被试符合自利公理，也就是不为公共账户作任何贡献。被试在第一轮平均大约贡献了一半的私人账户额，但是在以后的轮次中，贡献衰退至接近零的水平。

由于以下原因，这种衰退是意义重大的。自利公理的支持者往往会把实验中的他涉行为解释为被试的思维混乱，即他们对匿名交互不太习惯。因此，他们的行为其实是反映了他们的信念，即他们怎样理解其行动对各种不同后果的概率所造成的影响，而不是他们的偏好，即对这些不同后果的价值评价。在日常生活中，人们的行动通常可以被别人看到，所以即使不贡献是该博弈的占优策略，不作贡献也会造成声誉的损失，并因此损害了未来有利可图的交易。实验室的匿名性质也许太过反常，以致被试简单地采用了上述在日常生活中精明且自涉的规则。于是，公共品博弈中初始的大量贡献和接下去的衰退也许可以看成对基于信念的解释的证实：与其说被试是利他，还不如说他们仅仅是在博弈重复的过程中学会了如何最大化收益。

然而，假如这个解释是正确的，那么如果我们让同一些被试参加与此前相同的第二次多轮公共品博弈，他们就应该在一开始就拒绝作出贡献。Andreoni（1988）和 Cookson（2000）对这种预测进行了检验，发现它是错的。如果公共品博弈在多组群体中进行，在每个系列轮次结束后，群体进行重组并重新开始博弈，那么被试在每个新系列中仍然在一开始贡献约一半额度，而合作仍会在后来的轮次中衰退。如果你相信博弈中贡献的衰退是因为被试在匿名的环境中学会了收益最大化，那么你也必须相信被试在系列之间忘掉了金钱最大化行为！事实上，合作衰退的唯一合理解释是，热心公益的合作者试图报复搭便车者，而在博弈中唯一可行的报复办法就是不作贡献。针对合作的瓦解，被试往往在回顾中报告上述的理由。

Page 等（2005）的实验同样也指出，搭便车行为和对搭便车者的报复很可能是合作瓦解的起因。主试们在四个基线组和另外四组之间作出了比较，在基线组，每一组都是 16 个被试进行的 20 轮公共品博弈，而在另外四组，在三个 20 轮的博弈结束后，被试得到关于所有四个群体中其他参与人平均贡献的信息，并且可以对愿不愿意与一个或更多的其他被试一起参与博弈进行评价。相互评价较高的被试将被分配到同一群体中，而得到评价较低的被试也会被分配至同一群体。

在群体随机分配的基线组，贡献额的平均水平开始于最大的
60%，到最后一轮下降至9%，20轮的平均贡献率为禀赋的38%。
而当被试可以选择他们的搭档，合作不会随时间衰退，平均贡献率
达到了禀赋的70%。要注意这一高平均合作率也计算了低贡献者的
表现，他们被迫与其他人参与博弈。

为了理解这一结果，我们需注意，如果被试可以选择他们的搭
档，他们就有强烈的倾向选择与自己的贡献水平接近的人。这是因
为，主试总是优先满足两个同时要求与对方在一起的参与人，而不是
只有其中一人希望与对方配对的两参与人。于是，在四个经选择配对
的群体中，相互配对要求最高的那个维持了90%的平均贡献率，而
且没有衰退的趋势，除了在最后三轮，因为博弈即将结束的原因，贡
献大约下降至60%。相互配对要求第二高的群体维持了80%的平均
贡献率，并且具有同样的轮次结束效应，第三高群体则达到了65%，
但是衰退趋势相对更弱，从第一轮的75%到12轮与16轮之间的
60%，接着在最后三轮降至50%。而配对要求最低的群体表现出了通
常的衰退趋势，从最初三轮的75%到最后一轮的10%，平均为45%。
这些结果符合这样一个想法，即合作的衰退是因为相对高贡献者对低
贡献者作出了降低自己贡献的反应。而如果同群体的成员在贡献行为
上相对较为一致，这种衰退机制就会得以削弱。

这些实验表明，如果倾向于合作的个体可以优先选择与志同道
合的人在一起，那么合作就不难维持。我们将在下一章和接下去的
章节回到这一基本法则。

3.3 利他惩罚可以维护合作

在社会困境中，强互惠者通过惩罚搭便车者而引致他们接下
来的合作，从而使合作能够随时间推移得到维护。Orbell，Dawes
和van de Kragt（1986）、Sato（1987）、Yamagishi（1988a，1988b，
1992）以及Ostrom，Walker和Gardner（1992）的实验以及后来的

很多实验都表明，如果被试拥有报复搭便车者的直接方法而不是只有拒绝合作的权力，那么他们就会很好地利用这种直接方法，从而维护合作。Fehr 和 Gächter（2000，2002）为此提供了一个特别清楚的例证，他们设计了一个重复公共品博弈，在一些实验组中，被试可以对低贡献者进行有成本的报复。

Ernst Fehr 和 Simon Gächter 使用了四人群体，并引入三种不同方法分配群体成员。在**搭档组**（partner treatment）中，四名被试在总共 10 期中保持在同一个群体内。在**陌生人组**（partner treatment）中，被试在每轮过后都要重新进行随机的群体分配。最后，在**完全陌生人组**（perfect stranger treatment）中，被试不仅每轮都要重新分配，而且永远不会再次遇到同一个其他被试，因此他们知道针对低贡献者的有成本惩罚不可能为惩罚者带来任何金钱上的利益。被试将被告知他们参加的是哪一组实验。

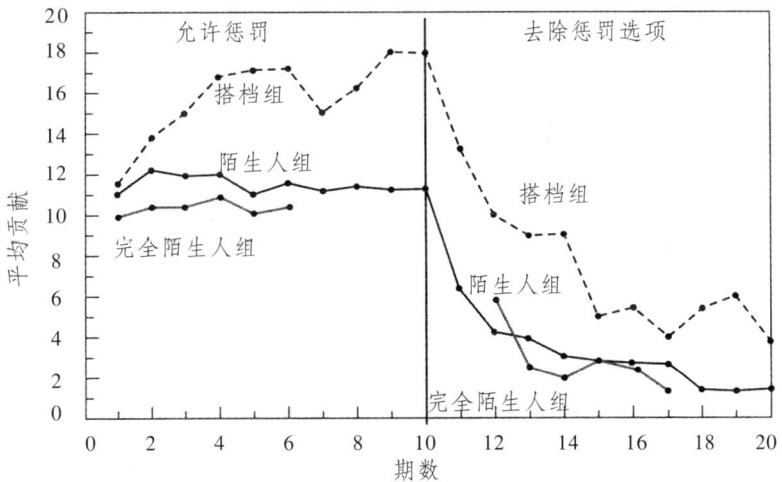

图 3.2　带惩罚的公共品博弈，平均贡献的随时间变化

注：图中同时呈现了搭档组、陌生人组和完全陌生人组，带惩罚条件的实验首先进行（Fehr 和 Gächter，2000a）。如果不带惩罚的实验首先进行，结果也是类似的。

25   Fehr 和 Gächter 分别在有惩罚和无惩罚的条件下进行 10 轮次实验。实验结果展示于图 3.2。他们发现，被试的贡献越是落在群体平均以下，他们受到惩罚的程度就越高。结果，只要允许有成本惩罚，合作就不会恶化，而且在搭档组中，尽管实验是严格匿名的，合作还是增长至几乎完全的水平，甚至在最后一轮也是如此（左图最高线）。而当不允许惩罚时，同一批被试仍旧经历了此前公共品博弈中发现的合作恶化。

       这一结果非常具有说明力，因为在陌生人和完全陌生人组中，惩罚搭便车者本身就是一种公共品，而且与贡献公共品本身并没有什么不同，它们都会以一定的成本给别人带来好处。在这两组中，不贡献和不惩罚都是占优策略（不管他人行动如何都能最大化收益）。根据这一理由，在这种背景下，我们可以说惩罚是利他的。但是，如我们所见，被试并没有同等地对待贡献和惩罚。在没有惩罚的标准公共品博弈的第一轮之后，实验被试降低了利他贡献，但是一旦允许惩罚，他们就热心地从事于针对低贡献者的利他惩罚行动。

       这种差别的部分原因在于，人们不只是抱有一种工具性的愿望，想要改变卸责者的行为，通过降低不公平程度或提高自己相对收益而影响收益分布，而且还拥有一种惩罚卸责者的内在动机。这种惩罚恶人的内在愿望与 Boyd 和 Richerson（1992）所说的报复性惩罚有点类似，又与 Andreoni（1990）的暖流利他（warm glow altruism）

26 形成对照。同时，被试也把惩罚卸责者看成是报复性的，而不仅仅是当作影响行为的工具。这一事实与最近 Falk 等（2005）的带惩罚公共品博弈实验相一致。在该实验中，博弈是一次性的，因此，改变行为的动机已被排除在惩罚低贡献者的动机之外，而且惩罚技术保证惩罚无法改变惩罚者与惩罚对象之间的收益差别（惩罚者的成本与惩罚对象遭受的惩罚相同）。尽管如此，60% 的合作者仍会惩罚背叛者。

       Drew Fudenberg 和 Parag Pathak（2010）的公共品博弈实验为我们提供了进一步的证据，表明惩罚并不是完全策略性的。像标准的博弈一样，在每轮贡献之后，被试得到关于同群体成员贡献的信息，并获许用自己的部分收益去减少群体中另一成员的收益。在通常的实验中，惩罚对象可以在每轮过后获知他们受到的惩罚水平，而在 Fudenberg 和 Pathak 的实验中，惩罚水平直到实验结束才会公布，而且惩罚者也知道这一点。因此，这种实验设计已经排除了试图改变卸责者行为的惩罚动机。与作者所说的惩罚的"纯偏好"动机相一致，被试仍然会惩罚卸责者，以至于作者得到这样的结论："主体们喜欢惩罚，'喜欢'不仅包括愤怒，也包括报复的愿望。"还有大量进一步的证据表明我们关于惩罚的非策略性模型是正确的（de Quervain 等，2004）。

3.4 惩罚的效率取决于正当性

另一个带惩罚的公共品博弈实验证实，利他惩罚可以加强群体成员间的合作。但是，这个实验提出了一个新的问题：惩罚搭便车者的群体是否可以从中获益？惩罚的成本有没有超过由惩罚带来的合作利益？ Benedikt Herrmann，Christian Thöni 和 Gächter（2008）从 15 种不同人群中选择了不太寻常的多样化被试群体，这里面既包括常见的实验地点如波士顿和苏黎世的人群，也包括很少研究的利雅得（阿拉伯半岛中部城市）、马斯喀特（阿曼首都）和成都人群，这些被试要进行一个类似于 Fehr 和 Gächter 实验的 10 期公共品博弈。与预期相同的是，虽然被试群体之间有很大的文化差异，但是在所有这些群体中，被试仍然都在第一期作出了大量贡献，同时，在没有惩罚选项的条件下，合作在后续轮次遭到瓦解。与此前的实验一样，当存在惩罚选项时，人们就会广泛地使用，尤其是在前几期。结果，贡献的瓦解并没有发生。

实验者发现了一个令人惊讶的事实，对 10 期结果进行平均，大部分实验群体在惩罚选项不可用时反而拥有较高的平均收益。他们很容易就发现了问题所在：在许多社会，大量惩罚是以高贡献

者为对象的，也许这是针对之前轮次受到惩罚的报复，作出这种
报复的被试认为之前的大部分惩罚都是由高贡献者作出的（见图
3.3）。于是，针对惩罚的报复行动导致了一种有成本的军备竞赛式
动态（arms-race dynamics），使得惩罚支出变得极为浪费。作者把
这种惩罚叫作"反社会惩罚"。其他一些实验也发现了同样的模式
（Cinyabuguma 等，2006；Ertan 等，2009）。

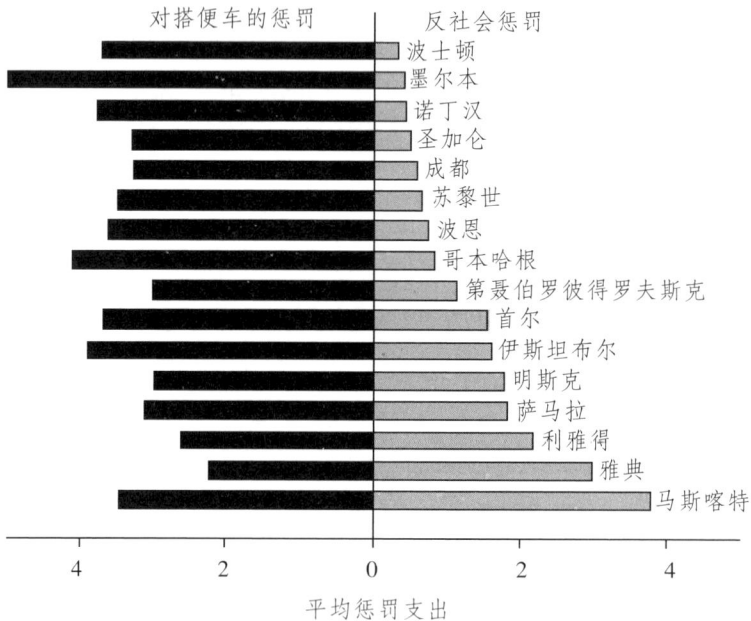

图 3.3　全世界范围内带惩罚的公共品博弈中对搭便车和反社会的惩罚

注：灰条所代表的惩罚以贡献相同或多于惩罚的人为对象。黑条所代表的
惩罚则是针对贡献少于惩罚的人。资料来源：Herrmann，Thoni 和 Gätcher
（2008）。

对数据的进一步审视显示，有两个实验群体能够随时间提高他
们的净收益，大约有一半人在倒数第二期之前获得了净利益。在多
数被试群体中，被试都会试图在最后一轮的贡献阶段搭便车而获得

好处，因为他们预期（通常情况下事实证明是错误的）此时同群体成员也会搭便车而不会惩罚。在多数被试群体中，看上去会有一个初始的学习时期，在这一时期，倾向于不作贡献的搭便车者会受到严厉的惩罚。结果就是前期轮次的净利益较低，而后续轮次会有更多合作的贡献行为，因为人们会避免在后续轮次继续遭到惩罚。然而，我们可以从图 3.4 中清楚地看到，反社会惩罚对平均收益造成的冲击相当强烈。

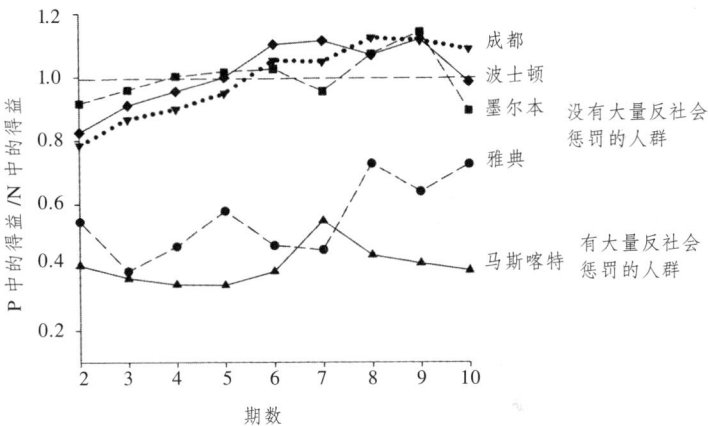

图 3.4　反社会惩罚降低平均收益

注：图中所示为允许惩罚的组中的群体平均得益除以无惩罚组的平均得益。除了终局效应（更低贡献，更高惩罚）之外，成都、波士顿和墨尔本的被试一旦达到高贡献水平（从而导致低惩罚），平均来说就可以从惩罚机会中获取利益。这种情况并没有在雅典和马斯喀特的被试中发生。资料来源：Herrmann，Thoni 和 Gätcher（2008）。

为了检验带有惩罚选项的博弈重复足够期数时净回报变得更高的可能性，Gächter，Elke Renner 和 Martin Sefton（2008）实施了同样一个博弈，只是将原来的 10 期改成超成 50 期的互动。他们发现，与上述的学习解释导致他们所作的预计相同，在初始轮次过后，除

了最后一轮不幸的终局搭便车者受到严厉惩罚之外，带有惩罚选项
28 的实验组的净利益超过了无惩罚的组，而且随着时间增长，其收益
差距也跟着单调递增（图 3.5 ）。

考虑到在大多数社会困境中，比如在邻里、工作队伍等场所，
交互的延续往往远远超过 10 期，我们可以认为，对利他惩罚降低群
体利益的忧心也许是放错了地方。Dreber 等（ 2008 ）的实验并不能
构成反生产性惩罚假说的证据，这是因为我们有进一步的理由认为，
他们的二人博弈使惩罚变得无关紧要，人们总是可以简单地通过放
弃合作报复背叛者，这可以避免对任何特定类型惩罚的需求。尽管
Gächter 等的实验纠正了早先实验中一个使人想到反生产性惩罚的
设计偏差，但是他们的设计仍然遗漏了现实世界利他惩罚的关键之
处：只有当人们根据广泛持有的社会规范认为其正当时，惩罚才是
有效的。我们将在第 9 章为利他惩罚的正当性视角建立模型。

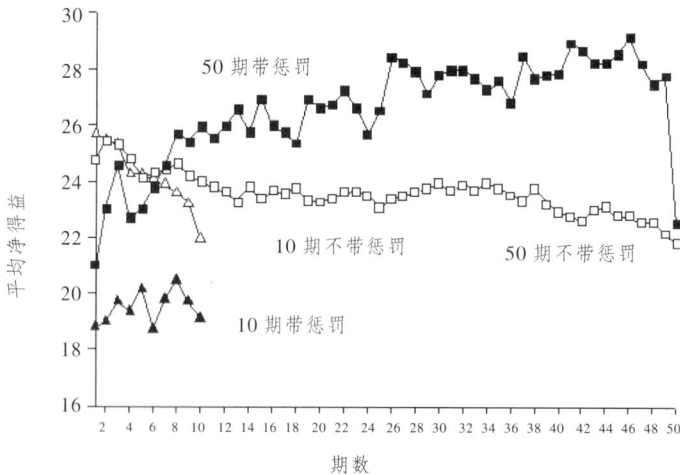

图 3.5 时间尺度效应：惩罚在长期中可以提升平均收益

注：在短时间尺度下（ 10 期），惩罚推进了合作，但是降低了平均收益，而
在长时间尺度下（ 50 期），惩罚同时增加了合作水平和平均得益。被试是诺
丁汉大学的学生。资料来源：Gätcher，Renner 和 Sefton（ 2008 ）。

Ertan 等（2009）设计了一个巧妙的实验探索了这种可能性。他们让实验被试在进行公共品博弈之前投票决定是否允许惩罚，假如投票通过，还需决定是否要对惩罚的形式作出任何限制。以下就是他们的发现。在被试第一次投票后，没有群体允许针对高贡献者的惩罚，在基线实验组中，大部分群体最终都投票允许针对低贡献者的惩罚，实验结果是高贡献率和高效率水平同时发生。在实验室里，被试通过只允许惩罚低贡献者而解决了搭便车问题。显然，由多数规则制定的惩罚系统使得惩罚不仅成为一种激励，而且成为了群体规范的信号。

上述实验为 Herrmann 等（2008）对 15 种不同文化的研究提供了一种可能的解释。即使搭便车者是陌生人，也要惩罚他们，这种做法在波士顿、墨尔本和成都都是正当的，而在马斯喀特和雅典，这却不是正当的。我们将在第 6 章看到，民族志研究显示，群体成员惩罚往往会调适至达到正当性：惩罚会通过说长道短而协调起来，而很少会只由单个个体实施。我们还会看到，在小尺度社会中，即使是采用嘲笑和流言的形式，惩罚也可以是高度有效的，而且不会对惩罚对象造成物质损失。一些实验同时还表明，除了惩罚所提供的物质激励，惩罚所传达的道德信号也是非常地重要。

3.5 纯粹符号惩罚的效率

对于他人对自己道德价值和道德意向的评价，人们往往会非常敏感，即使对搭便车者的惩罚采取的是一种同伴责备的形式而不是物质收益减损的形式，他们也会在社会困境中合作。

为了检验这一思想，Masclet 等（2003）在一个公共品博弈中允许被试在得知彼此的贡献后为其他群体成员指派一个"谴责指数"。这一谴责指数并不会造成物质上的后果，主试只会把成员的相互评估告诉他们。相对于无惩罚机会的基线组实验，只要允许表达谴责，就可以提高公共品博弈的贡献水平。

在另一个实验中，Bochet 等（2006）比较了通常的基线公共品博弈实验、带有"聊天室"条件的实验以及"面对面"条件的实验，在有"聊天室"条件下，四个群体成员可以在每轮之前通过电脑终端与另一人进行几分钟的交流，而在"面对面"条件下，群体成员需要参与面对面的交流。博弈论学者经常把后两种实验条件称为"廉价磋商"（cheap talk），因为其中作出的任何承诺都无法以任何方式强制实施。尽管如此，主试们还是发现，两种交流形式都能把贡献率提高至远高于基线的水平。令人惊讶的是，至少在实验者那代人中，聊天室交流在贡献的提高上几乎与面对面交流同样有效，而额外加入物质惩罚并不能再提高多少贡献。具体来说，（a）面对面、带惩罚的面对面、聊天室和带惩罚的聊天室全都将平均贡献率提升至 95% 以上，最后 10 轮大约为 85%；（b）只有惩罚的条件下表现较差，平均只能达到约 70%，最后一期为 60%；（c）基线组（无交流、无惩罚）表现最差，从开始的 60% 合作下降至最后一期的 20%，平均贡献大约为 48%。

上述结果与 Abigail Barr（2001）在津巴布韦的 18 个乡村社区所做的带惩罚公共品博弈实验相一致。这一实验与上一段所描述的基本相同，只是在惩罚阶段，被试没有条件降低他人收益。在贡献阶段之后，Barr 的助手将依次站到每个参与者身边，并向整个群体宣布："参与者 ＿＿＿ 号，＿＿＿ 先生/女士，贡献了 ＿＿＿。有没有人想要对此表示什么？"有四分之一的参与者被批评贡献太少（"小气"、"卑鄙"、"现在我终于知道为什么拜访你家时从来没有得到食物了！"）。5% 的被试被批评给得太多（"愚蠢"、"用钱真不小心"）。作出低贡献而被批评的人在接下去的轮次中作出了更大的贡献。此外，有些人虽然在贡献较低的情况下逃过了批评，但如果他们目击到针对其他贡献较少者的批评，他们也会提高贡献，提高的程度甚至比受到直接批评的人还高。同时，贡献较高而受批评的人会在接下去的轮次中降低贡献。如果低贡献者完全逃过了批评，贡献就会在接下去的轮次中降低。

Gächter 和 Fehr（1999）还发现，为陌生人提供一些最低程度的社会接触，让个体贡献可以得到公开观察，就能大幅提高公共品的贡献。除此之外，Gächter 和 Fehr 还让被试填写问卷以测量他们对他人合作和搭便车的情感反应程度。他们证明，搭便车在其他成员那里引发了极为强烈的负面情感。而且，在实验后的群体讨论中，其他群体成员会口头辱骂搭便车者。

这些实验再加上先前介绍的 Falk 等（2005）和 Fudenberg 和 Pathak（2009）的实验明确了两件事情。第一，惩罚的目的不仅仅是行为修正，惩罚本身也是目的。第二，惩罚对象对于惩罚的正面反应无法解释成为接下去的轮次中最大化收益的愿望，而应解释为卸责者试图纠正他在同群体成员眼中的形象。因此，自利公理既不能解释惩罚的频率，也不能解释惩罚的效率。

3.6 人们惩罚伤害他人者

人们不仅惩罚伤害自己的人，而且也会惩罚伤害别人的人。如果某个造成伤害的行为违背了社会规范，就会发生这种情况。Fehr 和 Fischbacher（2004）研究了一个第三方惩罚博弈，其中有三个参与人，我们分别把他们叫作 Alice、Bob 和 Carole。Alice 和 Bob 之间进行的博弈是一个独裁者博弈，Alice 将给 Bob 一定的金钱，Bob 在这个博弈中没有任何发言权。在实验中，Alice 将得到 100 个代币的禀赋，她可以拿出其中任意数量送给 Bob（在博弈结束后，代币会转换成真实的金钱）。第三方惩罚博弈与独裁者博弈的不同之处在于，Carole 可以作为"第三方"得到 50 个代币的禀赋，并观察 Alice 的转让额。在独裁者博弈结束后，Carole 可以对 Alice 施加惩罚点数。每一个指派给 Alice 的惩罚点数都将花费 Carole 一个代币，并对 Alice 造成三个代币的处罚。由于惩罚是有成本的，自涉的 Carole 永远不会惩罚。然而，假如存在着分享规范，那么 Carole 在 Alice 给得太少的情况下就很有可能对她进行惩罚。

在上述实验中，Alice 如果转让了 50 以上的代币就不会遭到惩罚。假如 Alice 转让的代币少于 50，那么转让额越少，惩罚就越强。一个转让为零的 Alice 平均将从 Carole 那里得到 9 个惩罚点数，因而会遭受 3 倍于此的收益损失，即 27 个代币。一个自私的 Alice 在该博弈中可能仍然偏向于不给予，但是在现实世界的情境中，由于可能存在数个 Carole，所能累积的惩罚也许足以引导自私的 Alice 给予 Bob 公平的礼物。

Engelmann 和 Fischbacher（2009）在助人博弈实验（§4.6）中研究了**间接互惠**和**策略性声誉建立**。如果 Carole 在 Alice 不公平对待 Bob 时有可能惩罚 Alice，在 Alice 好好对待 Bob 时有可能奖励 Alice，就会发生间接互惠。如果 Carole 只有在他的行为可以被他人观察，并因为这样做有助于建立一种社会行为声誉时才会表现出上述行为，就会发生策略性声誉建立。当然，除非存在间接互惠者，策略性声誉建立就不会奏效。不过，有趣的是，我们看到，即使是自涉的个体，如果他相信第三方惩罚可以导致他涉的个体对自己友好，便同样会实施第三方惩罚。在他们实验的任何时点上，只有一半的被试能够让群体观察自己的行为而形成声誉。Engelmann 和 Fischbacher 发现，尽管非策略性间接互惠看似非常重要，助人行为受到策略考虑的影响至少与前者一样多。策略性互惠者比非策略间接互惠者表现更好，而且，理所当然的是，自私类型拥有所有人中最高的收益。在不可能形成声誉的条件下，支撑间接互惠的动机就是某种形式的强互惠，而这个实验表明，人们会惩罚违背规范者，即使他们自己并没有受到该违背者的直接伤害。于是，惩罚就不仅只是对个人损失的报复性回应，而且似乎反映了更一般的伦理规范（Ule 等，2009）。

3.7 社会偏好并不是非理性

作贡献、惩罚卸责者或者作出其他基于社会偏好的行为的愿望，跟那些消费传统商品和服务的愿望一样，可以由符合标准理性定义的偏好来表征（Savage，1954；Hechter 和 Kanazawa，1997；Gintis，2009a）。从这些偏好可以推出可观察的、依赖于成本的权衡取舍，而实验证实，亲社会行为的成本越高，它们的频率就越低。

博弈实验的很多评论者将人们有时服从道德情感而牺牲物质利益的事实当作"非理性"的证据，在此处，"理性"这一术语被误用成"与自利的追求相符"的同义词。但是，与决定用什么做晚餐而比较价格时相比，被试在决定合作和惩罚时，并没有表现得更加不理性。这意味着，社会行为背后的偏好符合基本的理性公理，即传递性（一致性）和完全性。

Andreoni 和 Miller（2002）检验了亲社会选择中的"理性"，他们让 176 名被试进行某个版本的独裁者博弈。回想一下，在独裁者博弈中，Bob 从主试那里得到一笔金钱，并且要将他愿意拿出的任意比例的金钱给予另一名被试 Alice。在 Bob 作出决定后，相应金钱就会得到转让，博弈就此结束。在 Andreoni-Miller 版本的博弈中，主试会使用不同的转让成本。Bob 先得到 m 的总额，并且要以 p 的价格给 Alice 转让 π_o 的数额，自己则留下 π_s 的数额，满足 $\pi_s + p\pi_o = m$。于是，举例来说，假如 $m = 40$ 且 $p = 2$，Bob 就可以为自己保留全部 40，也可以自己保留 10 并给 Alice 转让 10，满足等式 $10 + 3 \times 10 = 40$。这里的 p 即是慷慨的价格。通过变动 m 和 p，主试可以检查被试对慷慨价格变动的反应是否符合预期，因而拥有一种"理性的偏好"。

在这个实验中，75% 的"独裁者"拿出一定的金钱，表现出他涉的行为，价格 $p = 1$ 时（一美元对一美元的转让），转让金钱的平均额度为 25.5%，这跟其他独裁者博弈的情况（Forsythe 等，1994）大致相同。此外，慷慨的价格越高，转让的金钱就会越少。举例来说，如果转让给别人的每一美元都要耗费两美元（$p = 2$），那么只有 14.1% 的数额得到转让，而如果转让的每一美元需耗费四美元，则只有 3.4% 的独裁者禀赋得到转让。因此，从某种角度来说，被试的慷慨需求对价格的反应就无异于对冰淇淋的需求。对于社会偏好的理性性质，以下的事实也同样重要。176 名被试中只有 18 个人违背了**传递性偏好**原则，也就是我们在第 2 章所说的，假如某个体偏好 A 胜于 B，又偏好 B 胜于 C，那么他必然偏好 A 胜于 C。而且，这样的违背几乎是非常少见的。实际上，98% 的个体选择都符合偏好的传递性。

类似地，Anderson 和 Putterman（2006）进行了一个带惩罚的公共品博弈实验，这一实验与 Fehr 和 Gächter（2000a）类似，惩罚不可能受到自涉偏好的驱使，他们发现，被试对别人实施的利他惩罚水平与惩罚成本呈反向变化的关系。

他涉偏好也可以支持价格响应（price-responsive）的行为，这一事实证明，我们把社会偏好表示成符合传递性偏好框架的独特动机的做法是正确的，我们不应把这种偏好看成是自成一格的非理性或是一种需要特殊决策模型的非理性模式。对许多实验被试来说，美德本身就是一种奖励，这完全不违背以下的事实，即人们在处理他们的自涉偏好时会考虑价格因素。

3.8 文化和制度也很重要

20 世纪 90 年代积累的很多实验证据表明，许多（也许是大多数）个体并不完全是自涉的，我们自然会发出疑问，对于人类行为的这种同样简单的替代性描述，即强调伦理和他涉动机的描述，是不是普遍有效的。在 20 世纪行将结束前，令我们感到印象深刻的是，遍布世界的实验室中得出的结果是多么的相似，这些实验室的地点包括北京、特拉维夫、匹兹堡、苏黎世和卢布尔雅那。**经济人**是不是索性应该替换为**社会人**（Homo sociologicus）、**利他人**（Homo altruisticus）或者我们曾经建议的**互惠人**（Homo reciprocans）？

尽管现在回答这一问题还为时尚早，但是我们猜测，这样一个通用模型将被证明是可行的。一些较新实验的结果与下述观点相符，即社会偏好之所以能够在一个种群中变得显著，深刻地依赖于人们的制度与生活方式形塑社会交互和社会学习过程的方式。我们预计，在社会偏好的性质和程度方面，应该存在较大的跨文化差异，这一结果已经得到越来越多跨国比较证据的确认。

我们已经在§3.4讨论过，在一个新近的实验中，来自世界各地的被试群体在带惩罚的公共品博弈中表现出显著的差异。我们将于此处报告一个被试群体不是大学生（此外的实验通常都是大学生）的最后通牒博弈实验，其被试来自于15个小尺度社会的成员，他们几乎没有接触过市场、政府和现代制度。与我们的同事一起，我们构建了一支由15人的人类学家和经济学家组成的团队，我们设计实验，用于探索前文报告的结果在拥有着全然不同的文化和社会制度的社会中是否普通成立的问题（Henrich等，2004）。这15个社会包括狩猎－采集者、牧民和低技术农民。

我们得到的结果有力地印证了实验中的文化差异。在巴布亚新几内亚的Au和Gnau人中，最后通牒博弈的提议额超过整个蛋糕一半的情况很常见，平均分配往往得到接受，与此同时，过高和过低的提议大约以相同的频率遭到拒绝。这种行为至少让我们团队中的经济学家感到吃惊。但是对人类学家来说，鉴于竞争性礼物交换——这是一种建立身份地位的途径——在新几内亚各种社会中（包括实验被试所在社会）的广泛实践，这一情况并不令人惊讶。与上述相反，在秘鲁亚马逊的Machiguenga人中，约有四分之三的提议额只有整个蛋糕的四分之一或更少，但是在70个提议里，只有一个遭到了拒绝，这一模式与至今为止的学生实验差异甚大。但是，即使在Machiguenga人那里，平均提议也达到了27.5%，而在拒绝可能性微乎其微的条件下，这已经远超于能够最大化提议者收益的程度。

对这一实验的分析令我们得到如下结论：行为在不同人群之间是高度可变的，没有任何一个群体表现出自利公理所预测的行为，此外，群体间行为差异似乎反映了不同社会群体日常所经历的社会

34

交互类型的差异。

最后一项结论的证据颇为引人注目。例如，巴拉圭 Aché 人的群体成员需要均等地分享得自于狩猎与采集的食物。而我们的实验中，大部分 Aché 人提议者贡献了整个蛋糕的一半或更多。同样地，印度尼西亚的 Lamalera 捕鲸人，需要在一个大型团队中共同狩猎，并且根据严格的分享规则分配他们的猎物。提议者给回应者的平均分配达到了整个蛋糕的 58%。此外，印度尼西亚捕鲸人在实验中的表现非常不同于印度尼西亚的大学生，后者曾作为另一系列实验的被试（Cameron，1999）。事实上，只要在现实生活中自愿公共品供给是一种惯例（例如，在肯尼亚的 Orma 牧民中有一种协力[Harambee] 制度，个体需要贡献资源来建立学校或修建公路），公共品博弈实验中的贡献模式就会复制真实协力制度下的真实贡献。拥有牲畜更多的人也会贡献更多。与此相反，在最后通牒博弈中，由于没有明显的现实生活参照，富有者就与其他 Orma 人表现类似。

群体拥有着典型的生活方式和惯常的交互形式，而这看上去与被试在实验中的行为有着一种对应关系，这一结果来源于以下的事实，即得体的行为同时受到习惯与生活方式的影响，而这些行为将被泛化并应用到新的情境当中，包括我们的实验。

制度可以为我们提供得体行为的线索，这一事实得到了以下的实验证据，在美国被试间进行的最后通牒博弈实验中，主试要么仅仅将博弈的名称改为"交换博弈"，要么把提议者的角色分配给在时事测验中表现较好的被试，结果，提议额变得更少，而且低提议的拒绝率也大大降低（Hoffman 等，1994b）。如果个体只是关心金钱收益，上述的实验修改就不会改变博弈的结构。交换博弈和时事测验版本的博弈中强互惠者大大减少的事实意味着，社会结构会以金钱收益以外的途径影响行为，在此例中，社会结构能够提示得体的行为（交换博弈）或者认为某些个体更"该得到奖励"（测验条件）。

最后，最后通牒博弈和带惩罚公共品博弈的实验结果显示，制度是通过激励和约束以外的途径对行为造成影响的。回想一下，在

带惩罚的公共品博弈中，实验被试非常乐意惩罚低贡献者，尽管这 35
样做时他们就采用了一种在博弈收益上较劣的策略，也就是说某个
其他策略可以保证不管其他参与人怎么做，被试都可以得到更高的
收益。不过，在标准的公共品博弈中，由于没有惩罚选项，为了公
共品而采取一种较劣策略的愿望并不是很普遍。我们的解释是，与
自然情境下的制度类似，提供一个得知他人贡献后降低其收益的选
项（没有用到"惩罚"一词），博弈结构就可以传达得体行为的信息
并影响关于他人行动的信念。

类似地，在最后通牒博弈中，充当提议者的人往往会提供接近
于最大化预期收入的提议额，这种预期取决于关于以往回应者拒绝
行为的事后经验观察。但是，作为回应者，同样的个体却很少去最
大化预期收入，这样做可确保得到任何正的提议额。举例来说，我
们在坦桑尼亚研究的 Hadza 狩猎—采集者，在最后通牒博弈中的平
均提议几乎完全就是给定经验观察的低提议拒绝率下预期收入最大
化的数额。但是，所有提议中有四分之一遭到了拒绝，20% 或更低
的提议中有超过五分之二遭到了拒绝。在这个例子中，博弈所创造
的社会角色，即提议者和回应者，显然为人们提示了不同的行为反
应。在 Hadza 人中，作为提议者，公平对待的考虑显然并不是很突
出，而对于回应者，这一点却是很突出的。

利用改进的方法以及部分研究过的小尺度社会，这里所介绍的
针对 15 个小尺度社会的研究已得到进一步的重复，这些后续实验得
出了更加显明的结果（Henrich 等，2010；Barr 等，2010）。

3.9 群体成员身份对行为的影响

在实验和自然情境下，人们通常对他人表现出不同的行为，这
取决于他们属于哪个组织、语言、民族或宗教群体。人们选择在某
些突出方面与自己类似的人互相联系（Lazarsfeld 和 Merton，1954；
Thibaut 和 Kelly，1959；Homans，1961）。这种选择所依据的最重

要属性是种族、民族身份以及宗教（Berscheid 和 Walster，1969；Tajfel 等，1971；Cohen，1977；Kandel，1978；Obot，1988）。反过来说，对于异于自己的人，人们通常寻求避免与之交互。

之所以有些人将他们的行为建立在群体成员身份的基础之上，也许是因为他们认为群体成员身份提示了他人的可能行为。或者，群体成员身份之所以重要，是因为比起另一些群体，人们更喜欢帮助某些群体的成员或与这些群体的成员交互。第一种情况涉及行动者的信念。第二种情况则是敏感于群体的偏好（group-sensitive preferences）在起作用。敏感于群体的偏好既可以是他涉的（例如关心自己群体成员的福利），也可以是自涉的（例如在陌生文化的交互中感到焦虑）。

实验室实验（学生被试）证实，群体成员身份在许多情境下都具有突出的地位。最简群体实验起始于 Henry Tajfel 和他的同事（Tajfel 等，1971），在这些实验中，被试基于某些不足道的区别（例如基于他们对保罗·克利和瓦西里·康定斯基绘画的不同偏好）而被分配至不同群体之中。内群体偏爱在这些实验中非常明显，克利的粉丝歧视并贬低康定斯基主义者，而后者也把这种内群体偏差回报给克利的热情支持者。后来的囚徒困境和公共池塘资源博弈实验发现，如果参与人属于同一个最简群体，其合作水平就要比他们不属于同一群体时更高（Kramer 和 Brewer，1984）。然而，由 Toshio Yamagishi 和他的同事进行的一系列实验（Yamagishi 等，2007）表明，被试之所以喜欢给内群体成员更多的分配，并不是因为他们对类似于自己的人抱有利他情感，而是因为他们预期可以从内群体者而不是外群体者那里获得回报。

与心理学家和社会学家所偏爱的最简群体实验形成对照，行为经济学家利用 Berg 等（1995）提出的**信任博弈**进行研究，他们通常从真实世界的族群中抽取实验被试。在这种博弈中，Alice 先得到一笔金钱，然后，她有机会转让任意的数额给 Bob，主试将把转让的金额放大至三倍（假如 Alice 给了 x，Bob 就收到 $3x$），且 Alice 知道这一点。接着，Bob 有机会将增大了的数额转让一部分给 Alice。博弈至此结束。Alice 有时被称作"信任人"和"投资人"，Bob 则叫作"受托人"。

假如 Alice 只关心收益，并假设 Bob 也有同样的自涉偏好，那么 Alice 就不会作出任何转让，因为她可以正确地推断，无论 Bob 收到多少都只会保留给他自己而不是返还。但是，在博弈匿名进行的条件下，Alice 通常会贡献一个较大的数额，同时，Bob 也会返还较大数额。

有些实验者实现了一种信任博弈，其被试可以知道对方的民族、宗教或语言身份，但在其他方面则是匿名的。Fershtman 等（2002）在比利时实现了这一博弈，被试是来源于法兰德斯和瓦隆的大学学生。法兰德斯和瓦隆的 Alice 们给圈外人的贡献都要低于给圈内人的贡献，但是，如果他们不知道对方的圈外人－圈内人身份状态，他们的贡献就不会比给圈内人的少。以色列也进行了同样的实验，充当 Alice 的超正统派犹太教徒给其他同类教徒的贡献要多于给世俗对手，并且不会区别对待世俗对手与匿名对手。

然而，圈外人歧视和圈内人偏爱的现象却并不是普遍存在的。在另一项比利时人充当被试的实验中，Bouckaert 和 Dhaene（2004）没有在比利时裔和土耳其裔小企业商人之间进行的信任博弈中发现任何类型歧视的证据。在刚刚提到的 Yamagishi 的实验中，作者发现，如果重新设计博弈，让被试意识到他们无法通过为自己群体贡献更多而提高收益，他们就会为两群体作出同样多的贡献。其他一些研究也指出，在某些情况下，内群体偏爱相当有限，甚至完全不存在。

James Habyarimana 和他的合著者（2009）在乌干达的坎帕拉贫民区——一个多民族和多语言的地区——进行了一系列实验。他们发现，在分配金钱或者在问题解决任务中选择搭档时，并没有证据表明被试更加偏爱同民族成员。他们总结道：

37

> 我们没有发现能够表明族群内部拥有共同口味、对同族成员抱有更高程度的利他或者同族身份可以影响团队生产力的证据。[相反]……在同质的民族社区中，集体行动的成功应该归结为规范和制度的影响，正是这些规范和制度促使人们制裁不作贡献者。

在这里，民族性似乎非常重要。规范也许会指示人们偏爱本民族，在公开场合，被试如果没有尊重这些民族规范，就要担心遭到制裁。值得注目的是，本民族偏爱虽在匿名的独裁者博弈中并不存在，但是当独裁者的身份成为公开信息的条件下，它却在某些被试身上表现得很明显。Habyarimana 和他的合著者（2009）对此作出解释说，被试相信如果自己没有表现得偏爱本民族，其他人就会看轻自己。

一系列其被试来自巴布亚新几内亚高地不同民族 - 语言群体的实验（Bernhard 等，2006；Efferson 等，2011）提供了进一步的证据表明群体边界的影响。我们将在第 8 章对其进行描述，在那里我们建立了一个局域性利他主义模型，群体边界与这种利他主义的演化有着直接的联系。

尽管如此，考虑交互对象的民族、种族和其他性质似乎是一项普遍的人类特质。我们似乎非常善于注意群体差异的归属标记，并认为这种标记非常明显。例如，欧裔和非裔的美国人更擅长识别自己祖先群体的面孔，而且，来自于他们自己群体的面孔会在大脑的面孔识别区域引致更大的激活程度。Elizabeth Phelps 等（2000）运用脑成像技术（功能性磁共振成像，fMRI）研究了人们对黑人和白人社会群体进行无意识评价的神经基础。他们发现，在接触（不熟悉的）非裔美国男性面孔（与接触欧裔美国人面孔相比）的条件下，欧裔美国人被试在杏仁核处表现出高度激活，这是一个与恐惧加工有关的区域。此外，杏仁核激活的程度与间接测量（内隐联想测试）的（无意识的）种族偏见相关，而与直接表达的（有意识的）种族态度无关。重要的是，如果面孔刺激属于熟悉的拥有正面评价的个体（例如马丁·路德·金或丹泽尔·华盛顿），这些模式就不会出现。Phelps 和她的合著者看到：

> 杏仁核的激活反映了处于特定文化的人们在某一时刻对于社会群体之间历史关系的社会学习过程……它是社会群体的文化评价、与社会群体成员交往的个人经历以及自己的群体成员身份［所造成的效果］。(p. 734)

由于人类对群体边界给予严切的关注，我们也可以把自己叫作"局域性的物种"。局域主义在今日有着各种形式，例如宗教偏执、种族主义和仇外情绪，它们因文化而异，并随着时间演变。但是，这种种形式也许在演化过程中享有一种共同的起源，在这一过程中，群体边界在人类身上变得突出。如同利他主义，差别对待的偏好也是一个演化谜题，因为这种偏好常常促使人们放弃互利交换或其他交互的机会。我们将在第 8 章解决这一谜题。

38

3.10 人们享受合作和惩罚搭便车者的行为

对最后通牒博弈、公共品博弈及其他社会困境中人类行为的最简洁且最令人信服的直接解释是，人们认为合作是应该做的事情，并且享受这样做，而且他们不喜欢不公平对待，并喜欢惩罚那些违背公平规范的人。一些关于自然条件下集体行动的研究与此观点相符。例如，一项民族志研究表明，在萨尔瓦多，人们可以为了反抗威权政体支持土地革命而甘冒生命的风险，研究者发现，这里的关键动机不仅包括伦理和宗教承诺，也包括想方设法修正过去不公正时的愉悦感（Wood，2003）。

最近一些脑功能成像研究为这种合作行为的享乐主义观点提供了支持性证据。利用正电子放射断层造影术（PET）、fMRI 和其他技术，神经科学家、经济学家和其他学者已经开始研究被试进行博弈实验时不同脑区域的激活（Fischbacher 等，2005）。例如，有证据表明，在最后通牒博弈中拒绝低提议的回应者会在双侧前脑岛呈现高度激活，这一区域与诸如愤怒和厌恶这样的负面情绪状态有关（Sanfey 等，2003）。Camerer 等（2005）评论道："我们不可避免要推测，脑岛正是对不平等和不公正对待产生厌恶的神经位置。"

我们关于被试享受合作的观点与如下一系列实验的结果相符，在这些实验中，相互合作与大脑中一个与奖励有关的区域的活动提升有所关联。Rilling 等（2004）发现，相互合作连同金钱回报一起加强了纹状体的活动，这一区域与决策过程的奖励加工有关，活动加强的程度要高于在个人任务中得到同样回报的情况。此外，与人类搭档互相合作所产生的纹状体激活水平要高于与电脑搭档合作的情况。De Quervain 等（2004）研究了被试在社会困境中的脑激活，这些被试有机会惩罚那些滥用自己信任的对手。在惩罚违背信任者的被试当中，作者在背侧纹状体发现了加强的活动水平。除此之外，比起实施惩罚较少的个体，实施更强惩罚的个体呈现了更高水平的激活。Tania Singer 的一项相关研究发现，在序贯囚徒困境博弈中，男性（而不是女性）被试体验到的是快乐而不是移情，尽管这些被试观察到，合作提议的背叛者因遭受自己的惩罚而感到痛苦。这可以由大脑中奖励加工部分的激活证明（Singer，2005）。

上述这些研究并没有证明合作和惩罚背叛者的行为是天生的。一些在某些文化中让人恶心的食物到了另一种文化却是一种美食。39 跨文化实验证据与以下观点一致，即社会交互中触发厌恶反应的行为同样也会随社会的不同而不同。我们依据这些研究所做的推断是关于行为的直接原因的，而不是关于其演化起源的。

神经经济学领域尚处于起步阶段，而我们的理解可能也要随接下去的工作大幅修正。但是，目前为止已知的证据表明，大脑对惩罚背叛者和相互合作成就的加工过程与其处理其他享乐行为的过程几乎相同。假如这一观点是正确的，利他合作和对背叛者的利他惩罚就无须解释为施加于行为的约束，而应解释为它们本身就是目的，寻求奖励的个体会追求这些目的，这些目的正是个体偏好的一个方面。这并不意味着伦理价值是不重要的。恰恰相反，规范违反者遭到惩罚的实验证据支持了 Trivers（1971）的见解，即行为常常受到他所说的道义攻击性（moralistic aggression）的驱使，这一解释得到了以下事实的加强，即利他惩罚不仅会指向那些伤害惩罚者的人，也会指向那些伤害别人的人。

3.11 实验和自然背景下的社会偏好

毫无疑问，如果实验室中的实验结果无法反映现实生活中的行为，那么这种结果就不会那么有趣。有一些证据表明，这些实验结果确实反映了现实生活中的行为，或者从行为实验的角度来说，这些结果具有**外部有效性**（external validity）。Edward Glaeser 等（2000）探究了在信任博弈实验中信任他人的被试是否在对待他们的个人物品时——例如把自行车借给别人——也表现出信任的问题。作者们发现，实验中的行为可以很好地预测实验室之外的行为，而常用于测量信任程度的调查问卷却几乎没有提供任何信息。

与此类似，Dean Karlan（2005）利用信任博弈和公共品博弈预测秘鲁小额信贷的借户偿还借款的概率。他发现在实验中表现得"值得信任"的个体更加不可能违约。此外，Nava Ashraf 等（2006）研究了菲律宾妇女，他们首先在基线调查中鉴别出那些表现出较低时间贴现率的妇女。然后，他们发现这些妇女更有可能开立储蓄账户，而 12 个月过后，根据实验表现分配为试验组的客户，其平均储蓄余额要比控制组的客户多增加 81 个百分点。以类似的方式，Fehr 和 Goette（2007）发现，在苏黎世的一个自行车快递员工人群体中，在实验室实验（这一实验探索了被试对于各种彩票具有怎样的偏好，也就是被试认为哪些彩票的主观预期收获价值要超过其主观预期成本，价值和成本都以瑞士法郎作为度量）中表现出更少**损失厌恶**的人也会在面对现实生活工资率变化时表现出更少的损失厌恶。Meier和 Sprenger（2010）发现，在实验室背景下显现出现状偏差的个体更有可能承担信用卡债务。

除此之外，Jeffrey Carpenter 和 Erika Seki（2011）发现，在公共品博弈实验中贡献更多的日本捕虾渔民更有可能成为合作联盟的一分子，共担成本并在许多船只间来回捕虾，而不是靠平时的私人船只捕猎。在巴西东北部的渔民那里也发现了同样的模式，他们当中的一些人仰赖大型团队出海捕鱼，团队的成功有赖于合作与协调，而另一些人则只能利用内陆水域独自捕鱼。与内陆渔民相比，出海捕鱼者在公共品博弈、最后通牒博弈和独裁者博弈中都显得更加慷慨（Leibbrandt 等，2010）。

为了得到实验外部有效性的更好测试，我们不仅需要知道被试有没有参与合作性的生产过程，也应该引入一种基于行为的个体合作性测度。巴西渔民为我们提供了这样的测试机会。虾类会被捕捉到一种大型的塑料桶状装置中。装置的底部留有一些洞口，这使得幼虾可以逃脱，从而为未来的捕猎留下余地。更小的洞口可以捕捉更多的虾，但会危害未来捕猎。于是，渔民要面对一种现实的社会困境：对每个捕虾人来说，如果别人留了较大的洞口而自己只在捕虾装置中留下较小的洞口，预期收入的现值就可以达到最大化。较小的洞口就是一种背叛，与公共品博弈相同，对自涉的个体来说，作为背叛形式，较小的洞口就是一种占优策略：无论别人会做什么，自涉的捕虾人将选择较小的洞口。但是，假如捕虾人对其他渔民抱有公益之心并且具有足够的耐心以至于对更大洞口导致的未来利益抱有正面的评价，也许他们就会抵制背叛的诱惑。Fehr 和 Leibbrandt 实现了一个公共品博弈以及对捕虾人不耐程度的实验测量。他们发现，公共品博弈中表现的合作性和耐心都可以预测明显更大的装置洞口（Fehr 和 Leibbrandt，2010）。在控制了大量其他可能影响洞口尺寸的因素后，这一效应仍然非常可观。实验测量的耐心和合作性高出平均水平一个标准差的捕虾人预计在装置中留出洞口的尺寸大小要比平均水平高出半个标准差。

在埃塞俄比亚 Bale Oromo 地区的 49 个牧民群体中进行的实验和田野研究为外部有效性提供了进一步证据，这些牧民群体需要从事森林公地管理。Devesh Rustagi 和他的合著者实现了一个总共有 679 个牧民参加的公共品博弈。他们同时还研究了牧民在合作性森林项目中的成就。实验中最为普遍的行为类型大约略高于被试的三分之一，他们是"条件合作者"，对别人的高贡献作出正面的反应。在控制了大量其他可能影响森林项目成功的因素之后，作者们发现，以新植树木的数量衡量，拥有更多条件合作者的群体比条件合作者更少的群体更有可能获得成功。这部分是因为，拥有更多条件合作者的群体，其成员花费了更多时间用于监视他人对森林资源的使用。与巴西捕虾者的例子相同，群体组成的影响不仅很大，而且是统计显著的。在一个群体中，实验中识别的条件合作者只要有 10% 的比例增加，就可以增加大约 3% 的植树率或监视时间（Rustagi 等，2010）。

但是，这些关于实验和现实世界行为关联的例证远远不是决定性的。例如，我们可以考虑独裁者博弈，其中一名被试（独裁者）得到一笔金钱禀赋，并被要求分配其中的一部分（可以为零）给予一名被动接受者。通常来说有超过 60% 的被试会分配正的数量给予接受者，数量平均大约为禀赋的五分之一。但是如果我们就此推断，60% 的个体会自发地将自己的资金转让给匿名的路人，或者这些被试会向寻求帮助的无家可归者提供他们钱包中五分之一的金钱，那我们可就大错特错了。报告自己从未向慈善项目捐献过的被试在实验室实验中却向指定的慈善项目捐出了 60% 的禀赋（Benz 和 Meier，2008）。于是，我们就有了上述实验有效性证据的反例。一个更加微妙的问题在于，关于实验有效性的研究通常在其测试中暗含了较低的有效性标准。只要在实验和现实行为之间有着统计显著的正相关性，就成了有效性的证据。更加严格的测试应当检查的是，效应值或协方差是否已经达到了我们根据有效性测度所预期的水平。

　　有效性的担忧起因于人类行为实验的四方面特征，这些特征在良好设计的自然科学实验中并不存在（Levitt 和 List，2007）。第一，实验被试通常知道他们处在研究者的显微镜之下，这可能导致他们作出的行为不同于完全匿名条件下或在邻居、家人或同事审视下的行为。第二，在实验中，与其他被试的交互通常是匿名的，并且没有机会进行持续的面对面交流，这与大多数社会交互情况不同。第三，被试群体可能与我们感兴趣的真实世界人口不太相同，这部分是招募过程和自选择所造成的。最后，许多表现出显著社会偏好证据的实验有意将交互组织成像最后通牒那样的策略性结构，为伦理和他涉行为创造了发挥的机会，而在竞争性市场和其他重要的真实世界场景中，也许并没有这样的余地。

　　我们还不清楚，行为实验的这四方面特征有没有导致人们在实验室中表现出更多的社会偏好。举例来说，大多数情况下被试都能得到一笔参与实验的出场费，这可能会吸引更多喜好物质利益的被试，而且大多数被试都是学生，这也可能造成另一种偏差。然而，现有的证据却表明，比起非学生被试，自愿参与实验的学生并没有表现得更加亲社会，如果非要问有什么区别的话，我们发现，大学生被试要比年长的非学生被试更具自涉性（Fehr 和 List，2004；Carpenter 等，2005；Cardenas，2005；Sutter 和 Kocher，2007；Bellemare 等，2008；Falk 等，2010；Burks 等，2011）。此外，研究中经常发现，年长被试表现出的亲社会性至少与大学年龄的被试一样多（Sutter 和 Kocher，2007；Bellemare 等，2008）。我们在 §A9 中报告了支持这一结论的几项研究。

　　尽管我们在把实验的行为细节泛化至真实世界时需要谨慎而为，但是这些关于有效性的担忧没有一个可以严重到让我们否认社会偏好是重要行为动机的实验证据。尤其是，如果实验中鉴别出的动机可以为现实世界中自我牺牲和慷慨的反常例子（如我们在第 2 章提到的工资设定、投票行为和税收遵从）提供一致的解释，情况就更是如此。

3.12 相互抗衡的解释

从来不为慈善作贡献的被试却会在独裁者博弈中向一个匿名者贡献一部分禀赋，不管怎么说，这一事实提醒我们，我们无法把实验中的行为直接外推至自然情境。但是，对于实验证据，人们还提出了一些更强的质疑。有些人认为，由于实验设计上的问题，社会偏好的重要性已经被大大高估并扭曲了，这尤其是因为实验者没有恰当地激励被试，也没有给他们充分的时间学习恰当的金钱最大化行为。Kenneth Binmore 和 Avner Shaked（2010）对本章的实验发现提出了尖锐的批判，他们坚持认为，"如果收益非常可观，而且被试拥有大量时间进行试错性学习，那么这种带有金钱收益的博弈就只有唯一的纳什均衡。"如果被试参与这种博弈，而且自利公理为真，那么在大多数情况下，分配都可以达到纳什均衡，"尽管有一些观点相反的花言巧语，一次性囚徒困境博弈就是一个切题的例证。"然而，实验证据却否定了这一观点。

一次性最后通牒博弈（Slonim 和 Roth，1998）和礼物交换博弈（Slonim 和 Roth，1998）的例子表明，即使在筹码较大而且参与人较有经验的情况下，仍然存在他涉行为，而且据我们所知，还没有实验证据可以支持相反的观点。与上述实验相一致的其他实验还有 Roth 等（1991）、Hoffman 等（1994a）、Straub 和 Murnighan（1995）以及 Cameron（1999）。据我们所知，Binmore 和 Shaked 提到的允许长期学习的大筹码版本囚徒困境并没有进行过实验。Binmore 和 Shaked 引用的支持性证据，即 Ledyard（1995）和 Sally（1995）实际上并没有为他们的主张提供证据。Ledyard 只是报告在不允许惩罚的情况下重复公共品博弈中合作会瓦解。这当然是真的，但是正如我们已经看到的，这并不是因为参与人"学到"了纳什均衡，而是因为合作者对其他被试的搭便车行为进行反应。此外，§2.2 描述的序贯囚徒困境的研究清楚地说明，很大一部分被试在一次性囚徒困境博弈中严格地偏好合作而不是背叛，而且如果确保他们的对手已经选择了合作，这种偏好就会更加强烈（Kiyonari 等，2000）。此外， Kollock（1998）允许被试对博弈的可能结果进行评价，结果表明，被试强烈地偏好互相合作的结果。这些结果证明，一次性囚徒困境中出现背叛的结果，往往是因为被试不喜欢遭受出卖，而不是因为自利（Bohnet 等，2008）。总之，没有经验证据可以支持Binmore 和 Shaked 的观点，即如果均衡是唯一的，被试拥有经验并且筹码够大，那么简单博弈中收益最大化者所选择的纳什均衡也会是实验被试的选择。

值得注意的是，即便在筹码变高的条件下他涉行为变得更少，如我们在 Andreoni 和 Miller（2002）的实验中看到的那样，这也并不意味着社会偏好不存在，而只是说明在成本变高的情况下被试作出某项行动的可能性会变小。如果冰淇淋是 10 美元一支而不是 3 美元一支，我们会更少吃冰淇淋，这一事实并不能否证我们喜欢冰淇淋的假说。这只能说明，我们只有有限的预算，冰淇淋与其他我们喜欢的事物一起竞争我们荷包中的份额。

对于我们已经分析过的各种博弈下的合作性行为，还有没有其他合理的解释？有人可能会认为，被试只是没有理解博弈，并由于误解而合作。显然，对于某些博弈中的某些被试，这一点的确是事实，但是一般来讲，这是不太可能发生的，因为大多数博弈都相当简单，而且实验者在允许被试参与实验之前，通常会要求他们已经理解了实验。此外，假如未能理解真的是一个问题而且自利公理为真，那么如果被试接连参加对手不同的多个最后通牒博弈，他们最终应该学会接受任何正提议，但是实验表明他们并不会这样做（Slonim 和 Roth，1998；List 和 Cherry，2000）。

另一种可能性是，匿名的、非重复的面对面交互并不是日常生活的一部分，我们应当预期，被试把实验环境混淆成重复交互，举例来说，在最后通牒博弈中，他们会为了建立一种态度强硬的声誉而拒绝低提议。

但是我们认为，这一论证是错误的。不可否认，实验被试把来自于个体经验和文化智慧的道德敏感性和实践知识带进了实验室。我们已在 Lamelera 捕鲸人、Orma 牧民和 Aché 狩猎者在我们自己的跨文化实验中表现出的分享行为中看到了这一点。但是，把一次性博弈错当成重复的，或者坚持"在匿名一次性交互中作出与现实重复交互一样的行动"这样的格言，似乎并不在被试所接受的智慧当中。我们非常有能力在可能与自己进行很多未来交互的人和不太可能有这种交互的人之间作出区分。事实上，图 3.5 和 4.4 展示的博弈终局时贡献的急剧下降表明，实验被试对这种区分相当敏感，如果他们预期到频繁的未来交互，那么比起未来交互不会发生的情况，他们会更多地选择合作（Keser 和 van Winden，2000；Gächter 和 Falk，2002）。

其他一些数据也支持了这一想法：回应者之所以拒绝正提议，并不是因为他们弄糊涂了或者错误地相信他们能够建立一种态度强硬的声誉，而只是因为他们想要惩罚不公平的提议。例如，在一个最后通牒博弈的变体中，拒绝会导致回应者一无所得，但是提议者仍能保留他所提议的份额，在这种情况下，回应者很少会拒绝提议，提议者也只会给少得多（但仍然是正的）的提议（Bolton 和 Zwick，1995）。

另一种对于实验证据的担忧在于**框架效应**（framing effects）的普遍存在性，这也是一种影响行为的收益无关因素。行动选择所处的情境为我们提供了关于得体行为的线索，大多数人都会强烈地受到这类线索的影响（Ross 和 Nisbett，1991），而且，没有理由认为，实验可以排除个体行为的这种情境依赖（context-dependent）特点。我们已经看到，博弈的名称（例如"交换博弈"）也会产生影响。另一个例子是：Andreoni（1995）表明，如果公共品博弈被设想成一个"个人投资博弈"，被试可以投资于其私人账户，那么即使这样做会对其他参与人造成成本，被试也很少表现出合作。无论实验者是强调社会合作的得益还是个人投资的得益，该博弈的实际收益结构并不会有所不同，但是合作水平却受到了不同的影响，考虑到这一

44

点，我们可以认为，合作的偏好似乎只是一种容易受到实验者操弄的脆弱承诺。

然而，假如他涉偏好——例如公平、互惠和诚实——不会敏感于框架效应，反而会非常奇怪。理由是，个体把怎样的伦理价值应用于特定情境，依赖于个体如何构思适合于该情境的社会规范，而这种构思当然会受制于实验者操弄的影响。于是，实验者能够找出在何组条件下被试会作出自私行为，这一事实并不能构成他涉偏好重要性的反面论证。

对社会偏好普遍存在性实验证据的最后一项批评是，维护他人眼中好声誉的愿望被错误地表现为他涉偏好和道德偏好。根据 H. L. Mencken，我们可以把这种批评叫作"有人在看着"的批评。需注意的是，由于博弈中行为是匿名的，这种批评并不是说，在博弈中建立声誉是一种在以后的交互中获取更多收益的方法。相反，"有人在看着"的论证是说，人们非常关心别人评价自己的方式，这无关于任何物质奖励或是因别人的评判而遭到的惩罚。这当然是真的。如我们已经看到的，Masclet 等（2003）表明，只需在公共品博弈中引入一种仅仅给予搭便车者"负面分数"的惩罚形式，就能导致更多的合作。与此类似，Rege 和 Telle（2004）表明，只需要求公共品博弈的参与人在一块公告板上写下他们的贡献额，这块公告板可以被别的参加者看到，那么即便被试不太可能再次见面，他们也会显著地增加贡献。

这种效应最不可思议的例子也许是所谓的"眼球效应"实验（eye-spot experiments），这些实验揭示了一种现象，只要存在"想象的"观察者，那么被试即使在完全匿名的条件下也会受到影响。例如，Bateson 等（2006）在为期 10 周的时间里研究了纽卡斯尔大学心理系 48 个成员在消费茶、咖啡和牛奶时向"自动贩售机"（honor box）缴纳的金额。在每两个交隔的星期，他们分别把花的图片和人眼的图片（能够直视于看到图片的人）置于贩售机的缴纳提示之上。他们发现，平均来说，人们在眼球条件下缴纳的金额要 2.76

倍于花图条件下的金额。实验者总结道，这一证据——同时得到了其他研究者的支持（Haley 和 Fessler，2005；Burnham 和 Hare，2007）——表明，"声誉维护的自利动机可许足以解释没有直接回报的合作"（p. 413）。

他们的结论完全不合逻辑（non-sequitur）。如果从人们会在有目击者的条件下表现更慷慨的事实中推出，人们只会在（有意识地或无意识地）相信被他人观察的情况下才会表现出他涉偏好，那么这种推理完全就是错误的。我们认为，个体拥有一些他们因其本身价值而支持的道德观念，而上述证据并没有违背我们的这一观点，尽管人们对其自身道德的评价高度地敏感于他们在别人眼中的状况。这一想法令我们回到了亚当·斯密（2000［1759］）：

> 自然在为社会创造人类时，就赋予人以某种使其同胞愉快并厌于触犯其同胞的原始感情。她教导人把同胞们的赞同看成**就其本身而言**（for its own sake）对他们来说是最令人满意和愉快的事，并把同胞们的不赞同看成最令人羞辱和讨厌的事（第三篇第一节段落 13，黑体为本书所加）。

社会学家 Charles Horton Cooley（1902）很久以前就研究了对他人意见高度敏感的可能缘由，他杜撰了一个新词叫作"镜中自我"（looking-glass self），用以描述个体心理福利如何取决于自尊的机制，自尊是与我们同属一个道德共同体的他人评价的产物。根据 Cooley 与后来的社会学家 George Herbert Mead（1967［1934］），我们努力取悦别人不仅是为了声誉（现在或未来的物质回报），也是为了自尊，而这种自尊依赖于他人对我们的评价。

对于镜中自我的自尊模型，有着各种不同的解释。其中，能够最好地得到证据（Leung 和 Martin，2003）支持的是一种规范的内化（internalization-of-norms）模型，根据这种模型，我们会内化那些为我们提供道德和亲社会偏好的规范，而我们的自尊则取决于我们有没有达到道德和亲社会的期望程度。尽管某些个体有能力根据个人的自我评价维护较高的自尊水平，大多数个体仍然要严重地依赖他人对自己行为的正面评价。于是，镜中自我就是个人自我评价和他人评价的一种混合产物。

因此，完全有可能的是，在眼球效应实验中，即使是处于观察之中的下意识神经信号就可以引致许多个体（其自尊依赖于他人评价）增加他涉行为。然而，不管怎么说，这并不能支持关于社会偏好的实验证据不够真实的看法。

无论我们怎么解释独裁者博弈实验中的眼球效应现象，没有迹象表明，在参与人进行策略交互的社会情境中，眼球效应会发挥作用。例如，在一个信任博弈的眼球效应实验中，眼球出现与否并没有对被试行为产生统计上显著的影响（Schneider 和 Fehr，2010）。

许多经济学家、生物学家或其他学者将会主张——如同他们已经在至少一个世纪的时间里所做的那样——超越直接家庭成员的利他行为是极为反常且短暂的。而最近 20 年来，实验证据却对这一观点形成了强烈的反驳。然而，把自利在人类动机中的地位看得至高无上的信念却从来也不需要实证检验。还不如说，因为基于自然选择过程的人类物种的演化注定会产生一个自私的物种，所以这种信念是不言自明的。如果没有关于利他偏好（除了在亲近亲属之间）起源的合理演化解释，那么在默认的情况下，自利公理就被广为接受。但是，正如我们将要看到的，自私的基因必然产生自私个体的想法是错误的。

4 人类合作的社会生物学

我们的基因就像是发迹于芝加哥的流氓团伙，在高度竞争的世界中生存了下来，有的长达几百万年。这使我们有理由在我们的基因中发现某些特性。我将要论证，对于成功的基因，它的一个最重要特性就是其无情的自私性。基因的自私性通常导致个体行为的自私性。

理查德·道金斯《自私的基因》（1976）p. 2

自私与好斗的人们无法结成一体，而无法结成一体，便万事难成。一个部落若是拥有……大量抱持勇气、富有同情心、忠诚可靠的成员，他们无时无刻不准备着警告他人可能的危险，并且帮助他人、保护他人……就会扩散并战胜其他的部落……那么，这些社会属性和道德属性就能缓缓演进并散布于整个世界。

查尔斯·达尔文《人类的由来》（1998［1873］）第五章

pp. 134–135

人类具有合作性。而我们的基因却是自私的，就如同道金斯所说的芝加哥强盗。那么，自私的基因可否造就利他的人类？我们认为答案是肯定的。

以我们所知的关于其他动物和人类演化的那些知识，前几章所确认的偏好是怎样在人类中成为普遍特征的？回想一下第 2 章，根据我们的定义，利他的行为帮助了他人，却降低了自己的适应性或物质收益。人类倾向于复制成功者，自然选择青睐更具适应性者，而收益的降低导致利他偏好在文化和生物演化过程中存在缺陷，既然如此，它们是怎样克服这种缺陷的？

我们将利用大量文献来回答这一问题，这些文献革新了我们关于社会行为的生物学思想。Dugatkin（2006）的著作是一本关于社会行为生物学领头人物的生平和贡献的入门读物，其内容涵盖了 20 世纪初的 Kropotkin 到现在的七位生物学家。Queller（1985），Dugatkin（1997），Frank（1998），Keller（1999），Kerr 和 Godfrey-Smith（2002），Rousset（2004），McElreath 和 Boyd（2006），Lehmann 和 Keller（2006），Fletcher 和 Zwick（2006），Nowak（2006），Levin（2009）以及 Sigmund（2010）提供了关于这些文献的有价值综述。

William Hamilton 的《社会行为的遗传演化》（*The Genetical Evolution of Social Behavior*）是这些重要文献的开山之作，发表于 1964 年，而他在后续文献中引入的内含适应性概念正是我们用于解释人类合作的核心思想。Hamilton 对种群社会结构的重要性给予关注，影响了整整一代学者对利他主义演化的思考。Hamilton 并没有发明内含适应性的概念（如 Haldane 的八表兄弟比喻所表明的），但他在 1964 年发表的论文中将其形式化，并深深地扩展了它的广度。

Edward O. Wilson 在其著作《昆虫社会》（*The Insect Societies*，1971）和《社会生物学：新的综合》（*Sociobiology：The New Synthesis*，1975）中发掘了社会结构的核心重要性，并将其扩展为一种研究社会行为的新的生物学方法。1970 年 George Price 发明了一种巧妙的方法，可用于分析多层次的选择过程，为我们提供了一种研究具群组结构的种群（group-structured populations）社会行为演化的方法。这种方法很快就为 Hamilton 所用，而我们在对人类合作行为的解释中也会大量用到这种方法。

Robert Trivers 不久之后跟进了研究，在《互惠利他的演化》（*The Evolution of Reciprocal Altruism*，1971）一文中，他开启了一项直至今日仍然非常活跃的研究范式，并且提出了一些人类行为的显著特征。两年之后，Luigi Luca Cavalli-Sforza 和 Marcus Feldman 发表了《文化遗传 vs 生物遗传》（*Cultural versus Biological Inheritance*，1973a），为基因 – 文化共演化过程建立了模型，而这种共演化的思想也是我们用于解释人类合作行为的特点和起源的工具之一。

同于 1973 年，John Maynard Smith 和 Price 发表了《动物冲突的逻辑》（*The Logic of Animal Conflict*）。此篇论文开创了演化博弈论的新领域，并将其用于动物行为的动力学，为我们接下来的推理提供了基本的分析技术。在 Hamilton 的初始论文发表 16 年之后，Hamilton 与他的合作者 Robert Axelrod 便摘下了社会行为科学的丰饶之角，他们共同发表了《合作的演化》（*The Evolution of Cooperation*，1981）一文，通过演化博弈论将 Trivers 的观点形式化，结合内含适应性，为原先非合作的动物种群中二元合作关系的初始涌现提供了令人信服的解释。

这些模型在逻辑和数学上都是自恰的，但是在两方面的经验适当性上却有其差别。第一，它们能否解释我们在实验和自然情境中观察到的人类合作的形式。第二，模型中的关键机制是否能够在人类的长期历史中持续运作并导致我们所观察到的显著合作行为的演化。我们发现，无论是哪方面，Hamilton 的内含适应性观念都为我们提供了合适的起点。

在下一节中我们将引入一个我们认为最合适的方法，即一个基于群体分化和竞争的模型——该模型是受 Hamilton 所启发的，并澄清何为多层选择。在 §4.1 中我们将解释多层选择如何运作，在接下去一节我们还将区分多层选择的强形式和弱形式，在强形式中群体竞争可抵消群体内利他成员的选择压力；而在弱形式中，群体竞争将在稳定的群体内均衡中作选择，这意味着针对利他成员的群体内选择压力并不存在，结果导致更高合作水平的群体被选择。接着我们将转向基于自利性助人的模型——该模型受 Trivers 所启发，我们首先（§4.4）描述一个重复二元互动的基本模型，然后将其扩展到可能具备许多潜在合作者的情况（§4.5），还将考虑助人可能会受到第三方间接奖励的情况（§4.6）。最后（§4.7）引入的模型则是基于这样的考虑：因助人行为是选择潜在配偶、同盟和敌手时对方个体一些不可观察特征的可靠信号，所以帮助他人可以增强适应性或其他利益。

在 §4.8 中，我们指出，此处探索的模型之所以可行，是因为帮助他人者更有可能获得别人的帮助。这些模型在解释行为选型如何利于提供帮助者的具体过程上有所差别。部分出于这一理由，它们在助人行为的直接动机的解释上也有所差别，这为解决人类合作演化之谜提供了进一步的线索，我们将在本章总结中考察它们。

4.1 内含适应性与人类合作

利他主义演化成功的 Hamilton 法则（Hamilton，1964）是说，在给予他人 b 的利益而自己付出 c 的情况下，须满足：

$$rb > c \qquad (4.1)$$

才可使利他主义得到自然选择的青睐，这里的 r 指的是行动者与受益者之间的遗传关联度（亲兄弟姐妹为二分之一，侄子或侄女为四分之一，表兄弟姐妹则为八分之一）。行动者与受益者之间的遗传关联度系数 r 即为 Hamilton 对社会结构的测度。r 可取各种不同的数值，当交互在完全的陌生人之间发生时其值接近于 0，而当交互发生在亲兄弟或父母与子女之间时，其值接近于二分之一。根据 Hamilton 法则，帮助他人可获得 $rb - c > 0$ 的内含适应性，假如它是正值，就意味着我们可以设想存在一种可促成助人行为的利他基因（altruistic allele），它在种群内的频率将上升。Rowthorn（2006）为 Hamilton 法则在亲兄弟姐妹中的作用方式给予了清晰的解释。本章末的表格将提供本章和接下来几章所用数学符号的总结。

然而，Hamilton 的见解其实更具一般性。他的法则抓住了所有利他主义演化模型的关键机制，一个利他基因只有当其携带者可以从与他交互者那里获取帮助时才有可能扩散。无论是强调亲兄弟姐妹或者遗传上相近个体之间优先性交互的模型，还是繁殖成功的群体竞争模型，所有成功的利他行为演化模型皆有这种正向选型（positive assortment）的特点。Rousset（2002）阐明了基于家庭和基于群体选型的共同特点。群体可以是一个部落、一个宗派或者语言共同体，只要在这些人群中，相比外人来说，其内部有着更加紧密的社会交往。在**群体选择**模型中，许多交互发生在群体内部，利他者集中于某些群体，而非利他者则集中于另外的群体，此时，利他基因的携带者就会通过与其他利他个体大量交互而获得利益。我们跟随 Hamilton，将内含适应性应用于所有的模型，在这些模型中，正向选型使得利他性状得以扩散。

上述两种内含适应性模型的变体，共享着如下特点，即交互对象之间的遗传选型和遗传关联，在这两种变体中，人们在交互过程中总是优先选取部落团队、队群成员或家庭成员作为其对象，但是，它们在社会学上的意义却是相异的，也就是说，正向选型的理由并不相同。与此同时，它们所支持的行为具有不同的形式，一种愿为亲近的家庭成员牺牲而不是其他人，另一种会为本群的成员而亡或是谋杀外来者。由于这些差别在我们对人类合作演化的解释中至为重要，为避免混淆，我们用术语**基于亲缘的选择**（kin-based selection）指代描述亲近家庭成员之间互助关系的模型，这也正是 John Maynard Smith 在他极有影响力的论文"群体选择与亲属选择"（*Group Selection and Kin Selection*）中所定义的亲属选择：个体身上有利于亲近亲属存活的特征的演化过程。

然后，作为对比，在我们所说的**群体选择**或是**多层选择**（这两个术语是同义词）中，种群中的非随机交互主要来源于比家庭大得多的群体之间的生殖隔离，而个体的主要选择压力来源于群体生存的竞争。跟亲属选择放在一起，群体选择这一术语有点显得让人困惑，它容易让人联想到为选择的过程设定了唯一的单位，群体选择模型仅仅描述了群体之间的竞争，基因或个体不会受到选择压力的影响。然而与此相反，群体选择仅仅是强调在个体或基因的演化过程当中群体身份的重要地位。由于我们的模型总是会涉及个体的相对适应性，我们更愿意使用多层选择这一术语。

亲属选择和多层选择都是 Hamilton 的内含适应性的例子，除了考虑个体行动给一种性状带来的演化成功的直接效应，它们同时还会关注家庭结构和群体结构带来的间接效应，这种效应使个体更可能与携带相同特征的个体交互。我们的"基于亲缘的选择"并非内含适应性的同义词，而是与群体选择一道，成为内含适应性的特例。因为对人类合作的独特之处抱有兴趣，所以我们不希望像通常那样，将亲属选择与内含适应性等同起来，在实践中，无论是生物学界和非生物学界，亲属仅仅指代血缘亲近的亲属，如果我们继续使用亲属选择这一术语去解释人类合作则会让人糊涂，因为人类的合作范围经常超越家庭，甚至拓展到完全的陌生人之间。

帮助亲近的家庭成员是人类合作中最突出的形式之一，而且通常是利他的。但是，人类合作最与众不同的特点之一就是它经常拓展到直接的家庭成员之外，所以，对于基于亲缘关系的利他主义，我们只是一笔带过。请记住，只有当行动者不作出帮助时适应性更高时，帮助他人才是利他的，我们也注意到，并不是所有我们所认为的亲属间利他行为的例子都是利他的。帮助遗传亲属的适应性损失可因行为中所获的直接适应性收益而得到弥补（这种情况损失 c 将是负的），这种行为显然就不是利他的。例如，当所涉及的亲属是自己的孩子或孙子女时就是这样的情况，因为他们的适应性会直接被当作自己的适应性。另外，若是其他的亲属，比如亲兄弟姐妹或父母，情况就有所不同。

基于亲缘的利他主义优先于帮助更为亲近的亲属，这种现象不仅广泛地出现在许多动物照顾后代的行为中，也出现在人类的各种

不同行为中，例如食物分享（Case 等，2000；Gurven 等，2002）、 50
谋杀（Daly 和 Wilson，1988）和移民汇款（Bowles 和 Posel，2005）。
然而，在雄性黑猩猩、雌性倭黑猩猩以及其他一些动物中，合作行
为与亲属身份的关联相对较弱（如果不是完全没有的话）（Gerloff
等，1999；Mitani，2006；Silk，2006）。关于黑猩猩，Linda Vigilant
等人（2001）写道："亲属关系也许可以解释对抗其团体时的合作行
为，却无法解释在同一团体内部的交互中雄性之间高水平的联盟与
合作。"

甚至在人类家庭内部的分配关系中，基于亲缘的选择也远不足
以解释助人行为。在一些小尺度社会食物分享的研究中，亲属利
他也只呈现出中等的效应甚至完全不存在（Kaplan 和 Hill，1985；
Gurven 等，2000a；Kaplan 和 Hill，1985；Smith 等，2002）。在现
代社会，代际遗产继承的模式在许多重要方面都并不符合内含适应
性模型的预期，例如，尽管配偶与当事人之间很少存在遗传关系，
通常也能获得大量的遗产；而不管年龄、健康性和其他预示繁殖价
值的因素，孩子们通常都能得到同样的份额。从南非而来的移民工
人会从工资中抽出部分寄回农村老家，我们对他们的研究（Bowles
和 Posel，2005）显示，只有不到三分之一的汇款分配可以归因于遗
传关联度。

然而，正如我们所说，基于亲缘选择的主要弱点并不在于它无
法解释亲近家庭成员之间的利他主义，而是在于它无法解释人类合
作远远扩展至家庭之外，甚至扩展到完全陌生人之间的形式。在对
人类合作的研究中至为关键的一点在于，如果利他主义要扩散至非
亲属之外，那么收益、成本之间的比率就非常紧要了，而 Hamilton
法则正好抓住了这一点。于是，为了解释高成本的利他主义形式为
何可以在仅有少量遗传关联的人类交互中扩散，我们就需要证明，
群体会因这些利他主义获得大量的利益。在接下来的章节中，我们
确实可以看到，当群体为了生存竞争跟其他群体或自然作对抗时，
就会是这样的情况。

我们对人类社会偏好演化的解释依赖于如下三个事实。第一，群体生活对人类的生存而言至为重要。第二，群体在演化成功方面存在差异，一些群体扩大并分散开来，另一些不是被更成功的群体吸收就是在战争或环境危机中消亡。第三，利他主义和其他社会偏好盛行的群体更擅长合作，而合作的群体更容易在频繁的群体竞争中获胜，也更容易在严重的环境危机下生存，正如我们将在第 6 章看到的，正是这种危机塑造了早期人类的境况。

群体成功的分化在人类行为和制度的演化过程中扮演了中心角色，更失败群体的成员要么复制成功群体成员，要么被他们消灭。过去 500 年来欧洲祖先往世界各地的移居以及伴随而来的习俗与制度的广为传播，11000 年之前中东的农业及先进的社会组织和行为系统往欧洲方向的扩散，都可以看成是这一过程的例证。

更合作的群体往往能够生存和扩张，这可以解释两个关键事实。第一，我们祖先中的利他个体因更高的繁殖成功率而受益，其结果便是利他主义作为一项特别的人类属性而获得传播。第二，我们的利他性情鼓励我们不仅关心和帮助亲近的家庭成员，而且关心和帮助那些与我们少有联系或完全没有联系的人们，只要他们是同一个群体的成员。

不仅是社会学家和历史学家（Parsons，1964；Tilly，1981），还有生物学家（Lewontin，1965，1970；Wilson，1977；Alexander，1979；Durham，1991；Dunbar，1993；Laland 和 Feldman，2004），都认识到了种群的群体结构性质和群体竞争会深远地影响演化这一观点。但是直到最近，大多数生物学家仍然断定，群体水平的效应对利他行为基因传播的正面影响无法抵消利他主义者在群体内部受到的选择压力，除非存在特殊的情境可以提高并维持群体之间的遗传差异并使这种差异高于群体内部的差异（Williams，1966；Crow 和 Kimura，1970；Boorman 和 Levitt，1973；Maynard Smith，1976）。他们的理由是，演化过程的速度正比于作为演化基础的差异化的程度，要使群体间选择超越群体内选择，群体间的差异必须非常之大。然而，群体通婚和其他原因所导致的基因流动被认为已经排除了这种可能。

不过，从达尔文（他的观点在开头的引语中表现得很清楚）开始，一些演化思想家就已提出，人类的演化也许是一个例外，以至于我们无法否认群体水平的演化力量（或者我们所说的多层选择）。Hamilton（1975）对达尔文的观点作出总结："他看到了这些特征……勇气和自我牺牲……在社会群体的内部会自然地遭到反向选择，而在群体间的竞争中，拥有最多这些性质的群体会成为最适于生存和增长的。"（p. 117）

在《演化的因由》（*The Causes of Evolution*）一书中，Haldane（1932）为这种情况的发生提供了一种可能的机制。他提出，在一个由同族婚配的部落组成的种群中，利他性状可以得到演化，因为如果成功的群体在达到一定的规模后可以进行"部落分裂"并产生一些后代群体，而这些群体拥有较高比例的利他主义者，那么就可以减小内群体的差异并放大群体间的差异，这一过程类似我们将在第 7 和第 8 章中建立的模型。在演化过程中，要使利他主义占多数的群体出现，并像达尔文所说的那样"扩展并战胜其他的群体"，那么，典型人类群体的适度规模大小就会扮演重要的角色。Haldane 总结道："大型随机交配种群的演化通常来说并不能代表演化的典型形式，而且关于少数物种中发生的事件，也许还给了我们错误的印象……我们的祖先是极为罕见的物种。"Hamilton（1975）吸纳了 Haldane 的建议，并加入如下思想：假如部落分裂时后代群体的成员组成的分配不是随机的，而是他所说的"联选的"（associative），那么群体间差异甚至可以更大，并且使多层选择的压力得到增强。

更近的一些研究表明，多层选择的障碍并没有原先设想的那样普遍（Uyenoyama 和 Feldman，1980；Harpending 和 Rogers，1987）。一些作者指出，比起其他动物，多层选择在人类之中具有相当的重要性，这是因为人类具有高度发展的认知和语言能力，而这带来了维持群体边界的能力，使得在大群体中形成一般化的行为规则成为可能，进而导致人类行为的文化遗传起到重要的作用（Cavalli-Sforza 和

Feldman，1973；Alexander，1987；Boyd 和 Richerson，1985，1990；Sober 和 Wilson，1994；Boehm，1997）。

这些人类独特能力的后果是，通过平等主义、风险分担、共同决策以及因循守旧的文化传播，群体内部的表现型差异得到抑制。群体内差异的缩小减缓了针对利他个体的选择压力。内群体偏爱和倾向于与相似个体交互的偏好扩大了群体之间在行为上的差异，并且正如我们即将看到的，这种差异也会少量地延伸至基因型上。内群体偏爱可以造成群体之间的冲突，也可导致群体内和群体间高水平的正向选型。其他动物也会做这些事情，但不会在所有这些事情上都达到人类这种规模。人类社会生活的所有这些特点致使群体间选择的力量相比于群体内选择得到加强。如果这是正确的，那么我们这一合作物种的演化便是结果之一。

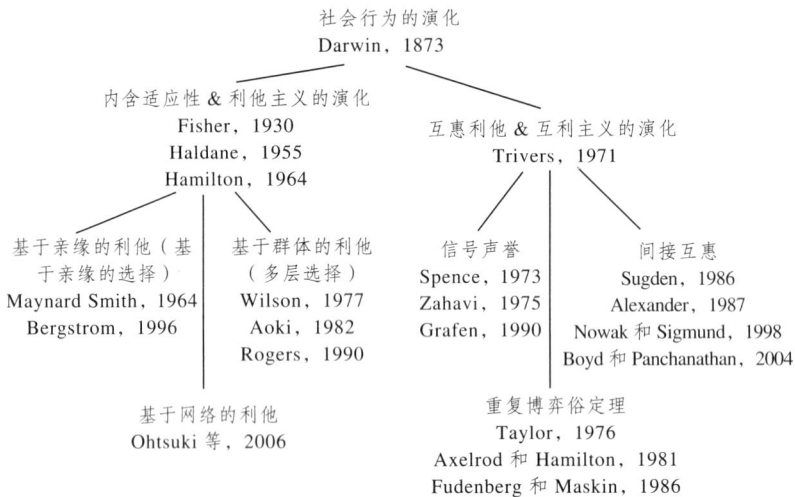

社会行为的演化
Darwin，1873

内含适应性 & 利他主义的演化
Fisher，1930
Haldane，1955
Hamilton，1964

互惠利他 & 互利主义的演化
Trivers，1971

基于亲缘的利他（基于亲缘的选择）
Maynard Smith，1964
Bergstrom，1996

基于群体的利他（多层选择）
Wilson，1977
Aoki，1982
Rogers，1990

信号声誉
Spence，1973
Zahavi，1975
Grafen，1990

间接互惠
Sugden，1986
Alexander，1987
Nowak 和 Sigmund，1998
Boyd 和 Panchanathan，2004

基于网络的利他
Ohtsuki 等，2006

重复博弈俗定理
Taylor，1976
Axelrod 和 Hamilton，1981
Fudenberg 和 Maskin，1986

图 4.1　解释人类社会合作的模型

对人类利他主义及其演化的另外一个极其不同的解释是，从长时间范围看，大部分表面上利他的助人行为其实是自利的。这种解释方法将 Trivers 的互惠利他主义当作出发点并且向我们展示，当交互频繁重复发生时，个人可以因预期在将来获得回报而在互惠形式的助人中加强自己的适应性。在间接互惠和有成本信号的模型中，这一方法的各种变体向我们表明，帮助别人不仅会得到我们所帮助对象的回报，也会从偏向于跟助人者交互的其他人那里得到回报。

图 4.1 展示了对人类合作进行解释的各种方法的概要，主要的区别在于 Hamilton 的内含适应性方法和 Trivers 的方法之间，在 Hamilton 的方法中，助人行为是真正利他的，而在 Trivers 的方法里，助人行为并不是利他的，因为它们加强了行动者的适应性（像我们在 §4.2、§4.3、§4.4 中将看到的，在 Trivers 的互惠利他助人者的种群均衡中，转变成不帮助别人会降低适应性）。Trivers 的贡献在于让我们看到，表面上利他的行为可能因它们实际上的非利他而得到演化。关于这一点，请回忆 Tocqueville 对美国人的解读。用 Trivers 的术语"互惠利他"来称呼这些行为，实际上是个谬称。

4.2 多层选择模型

多层选择模型之所以可行，是因为在利他主义占支配地位的群体中，成员拥有高于平均的适应性，为下一代作出了不成比例的贡献。我们将把多层选择应用于基因传递的过程，当然，同样的模型也可以应用到任何基于随时间差异化性状复制的过程。为了看到它是如何运作的，我们可以考虑一种单一的利他行为，它表达了某个"利他等位基因"，之所以加上引号是为了提醒我们，利他行为不大可能是单一等位基因的表达。

我们引入一种性状，某个大种群的个体可以拥有（A）或不拥有（N）它，这一种群细分为一些具有某种程度生殖隔离的群体，通常称之为**同类群**（demes）。假设利他行为要花费个体 c 的成本，并且为给定群体中随机选择的成员带来 b 的利益。这里 b 和 c 都以适应性的单位测量，并且满足 $b > c > 0$。我们可以推出，一个完全由 A 组成的群体的成员拥有 $b - c > 0$ 的期望收益，这大于完全由 N

组成的群体中成员的收益。而在任意的混合群体中，A 的期望收益却比 N 的要少 c。这一收益结构跟图 3.1 中的相同，所以这种交互是囚徒困境。

令 $p_{ij} = 1$ 代表群体 j 内的个体 i 为 A，$p_{ij} = 0$ 代表 i 为 N。并令 p 代表种群在某一给定时期开始时 A 占有的比例，p' 代表下一时期开始时的比例。定义 w_{ij} 为群体 j 中类型 i 个体的期望适应性并令：

$$w_{ij} = \beta_o + p_j \beta_g + p_{ij} \beta_i \qquad (4.2)$$

其中，β_g 和 β_i 分别为 p_j（A 等位基因在种群中的频率）和 p_{ij}（A 等位基因是否在个体 i 身上）对 w_{ij} 的影响，β_o 为基于其他因素影响的基线复制率，这些因素不在这里作考虑。在 4.2 式中，群体间和群体内选择的两种效应是可分的，因此，群体对个体的影响跟个体是否利他没有关系，而个体是否利他对自己的影响也与群体中利他主义的频率无关。两种效应可分的假设虽说并不现实，却是具有启发意义的简化。

Price（1972）证明，在这种情况下，群体中利他主义频率的变化 $\Delta p \equiv p' - p$ 可以划分为具有可加性的群体间效应和群体内效应（Frank，1997 提供了对 Price 方程的清晰解说）。我们会 §A10 中推导 Price 方程，我们得出，这一划分可以写成：

$$w \Delta p = \beta_G \, \mathrm{var}(p_j) + \beta_i \, \overline{\mathrm{var}}(p_{ij}), \qquad (4.3)$$

其中 w 为种群的平均适应性，由于我们假设种群规模不变，我们将其标准化为 1，$\overline{\mathrm{var}}(p_{ij})$ 定义为：

$$\overline{\mathrm{var}}(p_{ij}) = \sum_j f_j \, \mathrm{var}(p_{ij}), \qquad (4.4)$$

其中 f_j 为群体 j 在种群中所占的比例，$\mathrm{var}(p_j)$ 指群体 j 的遗传方差。项 $\mathrm{var}(p_{ij})$ 和 $\overline{\mathrm{var}}(p_{ij})$ 分别代表同类群间的遗传方差和加权平均（权重 f_j 取决于群体规模）的同类群内遗传方差。系数 β_G 是 p_j 的变化对同类群成员平均适应性的影响（即对 w_j 的影响）。如果我们针对群体 j 中的个体加总（利用 4.2），并除以群体规模大小，就可以看到：

$$w_j = \beta_o + p_j(\beta_g + \beta_i). \tag{4.5}$$

因而：

$$\beta_G \equiv \frac{dw_j}{dp_j} = \beta_i + \beta_g. \tag{4.6}$$

请回想一下，当采纳一种行为（例如从 N 转换到 A）降低自己的期望适应性而增加群体成员的平均适应性时，这种行为就是利他的。我们对利他主义的定义刚好对应了 Price 公式中的各项，而我们感兴趣的是 $\beta_G > 0$（利他主义对群体有利）且 $\beta_i < 0$（个体若从 N（$p_{ij} = 0$）转换为 A（$p_{ij} = 1$）会降低适应性）的情况。

可分性假设允许我们把式 4.3 中的项替换成收益：$\beta_i = -c$、$\beta_g = b$。利用这一信息、4.6 式以及 $w=1$ 的假设，式 4.3 现在可以写成：

$$\Delta p = (b-c)\,\mathrm{var}(p_j) - c\,\overline{\mathrm{var}}(p_{ij}). \tag{4.7}$$

第一项体现了群体效应，根据利他主义的定义，它是正的。第二项则代表了群体内选择的效应，同样根据利他主义的定义，它是负的。把一些退化的情形（例如零方差）放在一边，我们由此得到，当 4.7 式中两项具有相同的绝对值大小（假设构成这两项的 β 本身是稳定的）时，性状的频率将会稳定（也就是 $\Delta p=0$）。由于第二项是负的，在所有群体中 A 性状的频率总是随时间下降。但是由于 $b-c$ 为正，利他性状频率低的群体规模缩小，利他者众多的群体规模扩大，这一倾向因而得到抵消。

让我们定义**方差比率**（variance ratio）F_{ST} 来代表利他者比例的群体间方差在整个种群的方差中所占的比率，后者由群体内利他者比例的方差加上群体间利他者比例的方差得到，即：

$$F_{ST} = \frac{\mathrm{var}(p_j)}{\overline{\mathrm{var}}(p_{ij}) + \mathrm{var}(p_j)}. \tag{4.8}$$

方差比率测度了种群层面上交互的非随机性，这种非随机性是

55

由利他主义者不成比例地与其他利他者交互的倾向而造成的。方差比率 F_{ST} 正是 Sewall Wright 的**近交系数**（inbreeding coefficient），用于测度群体间的遗传分化程度。

这一比率测度了分别作为利他者和作为非利他者的情况下与另一利他者配对的概率之差，也就是 $P(A|A)$ 和 $P(A|N)$ 之差，这一差别之所以出现，是因为种群所拥有的群体结构（Crow 和 Kimura，1970）。因而：

$$F_{ST} = P(A|A) - P(A|N). \qquad (4.9)$$

§ A10 给出了该结果的一个示例。"与一个利他者配对"意味着成为随机指派的利益 b 的一个接受者，这一利益是由利他者给予同群体成员的。这种情况在拥有很多 A 的群体中更容易发生。假如 A 趋向于活在拥有更多 A 的群体中，他们就能享有比 N 更大的优势。F_{ST} 测度了该优势的大小。利用 F_{ST} 的定义（4.8）以及（4.3）的重排，我们可以得出 Δp 为零，从而利他者比例在种群中得以稳定的条件：

$$F_{ST} = \frac{c}{b}. \qquad (4.10)$$

假如 $F_{ST} > c/b$，利他者的比例将会上升，假如 $F_{ST} < c/b$，这一比例将会下降。比较式 4.10 和 4.1，我们看到，4.10 刚好是以 F_{ST} 为种群结构测度的 Hamilton 法则。

式 4.10 同时指出了能够通过这种方法得以扩散的利他主义中成本最高的形式。当群体间方差为零时（此时 $F_{ST} = 0$），A 不再不成比例地与 A 交互，从而失去优势。在这种情况下多层选择是无法起作用的，因此只有弱成本形式（即非利他的形式）的群体有利行为可以扩散。与此对照，当对所有的 j，var$(p_{ij}) = 0$ 时，群体要么全是 A 要么全是 N，个体只能与同类型的个体相遇，而与整个种群的构成无关。在这种情况下，不存在群体内的选择，群体间的选择是唯一起作用的选择力量。于是，多层选择的力量就取决于群体利益与个体成本（分别为 b 和 c）的相对大小，以及群体之间在性状比例上的差异程度。在第 6 章，我们将利用遗传学、考古学以及其他方面的数据去估算 b、c 和 F_{ST} 这些与人类早期社会行为演化相关的变量。

图 4.2 展示了种群的群体结构是如何克服利他行为的成本带来的劣势的。此图显示，方差比率 F_{ST}，也就是 $P(A|A)$ 和 $P(A|N)$ 之间的差异，在何种条件下可以使两种行为类型的期望适应性相等，并维持 p 的一个稳定值。从图中可以明显地看到，满足 4.10 式，即 $F_{ST}b = c$ 的 F_{ST} 值即满足这样的条件。两个期望适应性函数的斜率皆为 b，而它们之间的间隔为 c。正如我们已经看到的以及此图中所表明的，$P(A|A) - P(A|N)$ 的大小取决于利他行为的成本和收益 b 和 c。从图中我们可以清楚地看到，在给定水平的 b（直线的斜率）下，利他主义的成本 c（直线之间的距离）越大，就需要更高程度的正向选型 $P(A|A) - P(A|N)$，以使种群中的利他主义可以扩散。在 §A10 中，我们将提供一个数值示例以说明 Price 方程以及依赖于它的模型如何运作。

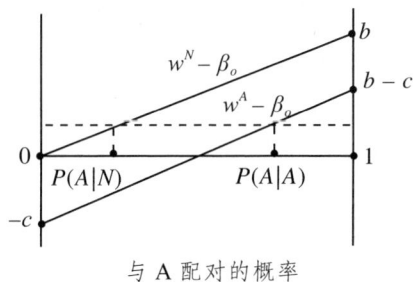

图 4.2 具群体结构的种群中利他性状的演化

注：纵轴表示种群范围内非利他者和利他者的平均适应性（分别为 w^N 和 w^A）减去基线适应性 β_o。如图所示，假如种群结构的方差比率就是与 A 配对的两种条件概率之间的差异，即 $P(A|A) - P(A|N)$，那么 p 就是稳定的，因为这时两种类型的期望适应性 $w^A = bP(A|A) - c - \beta_o$ 和 $w^N = bP(A|N) - \beta_o$ 是相等的。

Price 方程并没有提供一个完整的动力系统去描述 p 的运动。这就需要我们提供一组方程对群体内和群体间方差随时间的运动进行描述。很容易验证，在附录的数值示例里，致使 p 稳定的方差本身是不稳定的。由于在下一时期它们将是不同的，在当期使得 p 稳定的 b 和 c 的值在后续时期并不能保证稳定性。除了在一些我们不太感兴趣的退化情形中，描述相关的方差随时间演变的方程是不可实现的。这就是探索群体选择影响下的演化过程通常会借助基于主体的计算机仿真模型（在接下来的章节中）的原因。

57 4.3 均衡选择

上述的模型是我们称作**强多层选择**的例子之一，在这种选择模型中，Price 方程的第二项为负，这意味着对群体有利的性状是利他主义的，也就是说放弃助人行为可以达到更高的适应性。然而，第二项的值也可以为 0，这时给予他人好处不仅可享受他们行为带来的群体利益，而且不用在群体中承受这一行为带来的劣势。在这种情况下，我们就可以说**弱多层选择**在起作用。由这种选择过程的均衡所支撑的合作性状不再是利他主义的，这是因为合作者无法通过背叛得到更多的利益。弱多层选择有两种主要的类型。

第一类弱多层选择发生在 A 性状和 N 性状都是演化稳定策略的情况下，这时，两种内群体的稳定均衡都存在，一种全部为 A，另一种全部为 N，每一种都不会遭到表现另一类行为的小群移居者或变异者的侵入。我们将会看到，这正是通过互惠利他、间接互惠或有成本信号传递促进合作扩散时所达致的条件。这些模型提供了（非利他的）种群中合作行为稳定化的机制。请注意，在这种情况下，因为 $p_j = 1$ 或 $p_j = 0$，$\overline{\mathrm{var}}(p_{ij}) = p_j(1 - p_j) = 0$，所以 Price 方程的第二项为零。这同样也是下一节研究的重复博弈中的情况，在那里无条件的背叛和有条件的合作都是交互双方的最佳反应。但在这里，我们要对上述 A 与 N 之间的一次性二元交互模型进行扩展，为弱群体选择建立模型。在这种新的情形中，可以存在两个稳定的均衡，例如，我们可以设定，紧接着一次 A–N 交互，群体中的 A 可以试图联合惩罚 N。这里的 A 就类似上一章描述的强互惠者。假设惩罚 N 的成功概率为 A 在种群中所占的比例，并且如果惩罚成功 N 将接受 c_p 的成本。再假定 A 在试图惩罚时要承受 k 的成本。那么群体 j 内 A 的期望适应性就成了：

$$w_j^A = P_j b - c - k(1 - P_j) + \beta_o,$$

N 的适应性则为：

$$w_j^N = P_j b - P_j^2 c_p + \beta_o .$$

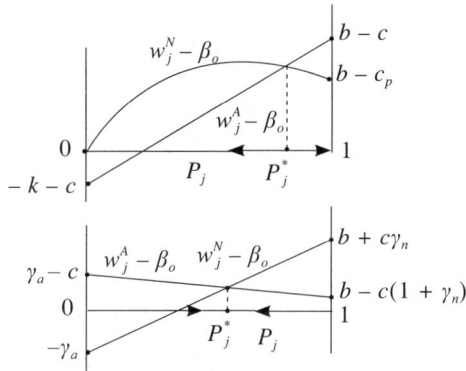

图 4.3 弱多层选择

注：横轴代表 A 在群体中所占的比例。在上半部分中，P_j^* 是不稳定的均衡并且构成了所有全 N 均衡和全 A 均衡吸引子的边界。在下半部分中，γ_a 代表 N 被社会化为 A 的比率，γ_n 代表 A 通过模仿转变为 N 的比率（因为 N 有着更高的收益），P_j^* 是稳定的均衡。两种情况下群体内选择都导致 A 和 N 的稳定分布，以致 A 不会受到群体内选择压力的影响。反过来，图 4.2 反映了强多层选择的情况，当不存在正向选型时，群体内选择会导致 A 的频率减小。

图 4.3 的上半部分给出了单一群体内的两个期望适应性函数，

在 $c_p > c$ 的情况下，惩罚对象承受的成本要大于 A 帮助同群体成员时所承受的成本。需要注意的是，如果 $p_j > p_j^*$（其中 p_j^* 是使 $w_j^A = w_j^N$ 的 p 值），A 将拥有更高的适应性（$b - c$ 而不是零）并最终淘汰 N，而如果不等式的反方向成立，N 将拥有更高的适应性并最终淘汰 A。一个由进行该交互结构的众多群体组成的种群可以同时包含全由 A 组成的群体和全由 N 组成的群体。但是由于全 A 的群体具有更高的平均适应性，再加上种群规模不变的假定，N 最终将被淘汰。Boyd 和 Richerson（1985）证明，**因循守旧的文化传播**，即模仿更常见行为的倾向也具有类似的效应，可引起群体的同质化，使得弱群体选择可支持利他性状的扩散。

　　在第二类弱多层选择中，合作的个体与其他个体共存在稳定的内群体均衡当中，而群体之间会在 A 的频率上有所差别。在这种情形中，多层选择之所以可以起作用，是因为均衡合作者数量更高的群体可以比其他群体产生更多的后代。在特定群体的均衡中，由于群体内两种类型的适应性必须相等（否则就不是均衡），Price 方程右边的第二项就为零，于是，A 性状就不必受到适应性损失。例如，在一个文化演化（而不是基因演化）模型中，非利他者有可能转变成利他主义者，他们可以经由群体仪式进行社会化而作出利他的行为，同时，利他主义者也可能重新变为非利他者，因为这样就可以避免付出合作成本 c。当这两种转变运动使两种表现型具有相同适应性时就达到了均衡。图 4.3 的下半部分就刻画了上面描述的模型。这一模型将在 §A11 中具体展开。而在第 10 章中，我们将沿着这条路线提供一个更加完整的模型。

　　图 4.3 的上半部分刻画了第一个模型，在该模型中，合作与非合作都是演化稳定策略，$F_{ST} = 1$，这意味着所有的方差只存在于群体之间而不是群体之内，所以 Price 方程右边的第二项为零。这（或者 4.10 式的条件）告诉我们，不管对他人的利益超过自身成本的部分有多么微小，利他主义都可以得到扩散。在图下半部分的均衡处（即 p_j^*）$\beta_i = 0$，这是因为不存在针对 A 的群体内选择压力，这

种情况下 Price 方程右边的第二项同样为零，4.9 式告诉我们，任何正的 F_{ST} 都足以推进利他主义的散播。

4.4　互惠利他

Trivers 的互惠利他——第二个由生物学家提出的解释合作的主导模型，同样由经济学家 James Friedman（1971）独立地提出。为了看到它是如何运作的，我们可以考虑，在一个大种群中一对互不相关的个体随机配对参与一个重复的囚徒困境博弈（§ A3）。每一期都有两种可能的行动，一种是帮助对方（H），为对方提供 b 的利益，自己承受 c 的成本，满足条件 $b > c$，b 和 c 都作为适应性来测度；另一种是不帮助（背叛 D），无须承受成本也不用提供利益。很明显，当大家都选择帮助时，每个人都可以获得 $b - c > 0$ 的净收益。但如果我们只考虑单期，那么就像我们在第二章看到的，背叛是占优策略：不管对手如何选择，不帮助总是可以获得更高的收益。

但是当博弈重复进行时这就不一定成立了。假设这一交互中的收益和成本如图 3.1 所示，再假设该重复博弈中，可选择的策略为背叛（不帮助，即无成本也无收益）和条件性合作，条件性合作即这样的策略：在第一期选择合作，在接下去的每一期都选择对方在上一期所选择的策略（有时称为**善意的以牙还牙**策略［nice tit-for-tat］，善意是指第一期选择合作）。为了研究在这种设定下助人可不可以得到演化，我们首先要考虑的是，在一个种群中，助人策略较为普遍时它们（善意的以牙还牙策略）是否可以持续。或者换个说法，帮助他人是不是演化稳定策略？接着，我们将讨论以牙还牙的助人是否可以在原先稀有的条件下变得普遍。也就是说，它是不是演化可达的。

为了探索稳定性的问题，我们首先假设种群中所有个体都是以牙还牙助人者，接着提出变异的背叛者是否可以在种群当中扩散并淘汰助人者的问题。假如不是这样，那么善意的以牙还牙就可以称为**演化稳定策略**（ESS），全部由助人者构成的种群就是不可侵入的。演化稳定策略是对其自身的最佳反应，也就是说不存在其他策略在面对它时可以表现得更好。Robert Axelrod 和 William Hamilton（1981）论证了在何种条件下条件性的合作是对其自身的最佳反应，在这种条件下，对每对条件性合作者来说，只要对方的选择与自己相同，选择助人总是可以表现得更好，当与条件性合作者配对时，背叛无法比条件性合作做得更好。当这些条件成立时，我们可以预期由随机配对的条件性合作者构成的大种群可以持续地维持合作。互相背叛在这一种群中同样是演化稳定的，因为背叛总是对背叛的最佳反应。但是，不管怎么样，只要出现了以牙还牙者支持的互相合作，它就可以达到稳定。

那么，在怎样的条件下，以牙还牙式助人才能达到演化稳定呢？假设每一轮交互之后都有 δ 的概率继续进行至少一轮的交互，那么，此博弈的预期持续期数 d 就成为 $1/(1-\delta)$。为了得到这一结果，请注意，$D = 1 + \delta D$，其中 1 代表当期交互，δD 代表预期的将来交互次数；交互继续进行的概率为 δ，如果可以进行到第二轮，那么在这一时点上预期的持续时间为 D，正如第一期那样。因此，解出这一关于 D 的方程便可得到上面的结果。

在 §A6，我们将说明 δ 也可以解释成时间贴现因子（即 1 加上经济学家所称的时间贴现率的倒数），这一因子反映了个人因不耐或其他理由而对重复交互中更接近当前时期的收益评价更高。在那里我们还将展示，低于 1 的持续可能性跟时间贴现如何组合在一起。

为了找到条件性合作成为对其自身最佳反应的条件，我们需要比较当与条件合作者配对时，条件合作者的收益，即 $b-c$ 乘上交互的期望持续时间 $1/(1-\delta)$，和背叛者的收益，即第一期获得 b，之后全部为 0，这是因为与其配对的以牙还牙式合作者在第一期之后也会跟着背叛。于是，当：

$$\frac{b-c}{1-\delta} > b. \tag{4.11}$$

时，条件性合作可以成为对其自身的最佳反应。重排该式可以
得到：

$$\delta > \frac{c}{b}.\qquad\qquad(4.12)$$

也就是说，交互继续进行的概率需超过帮助行为的成本收益之比。

　　与 Hamilton 法则（4.1）作比较，条件 4.12 清楚地指出，交互
的重复进行就类似于遗传相关性，促成了合作行为。

　　在满足式 4.12 的条件下，全部由善意的以牙还牙者构成的种群
中以牙还牙策略并不是利他的，因为采纳它就意味着最大化行动者
的预期收益，选择背叛会减少收益。但是请记住，互相背叛同样是
不可侵入的，也就是说，在由背叛者组成的种群中，采取以牙还牙
策略会得到更低的收益。在这种种群中，善意的以牙还牙策略不会
由自涉的偏好所激励，相反，这种策略是某种形式的强互惠，要由
他涉的偏好所激励。另一方面，假如式 4.12 不能满足，那么，善意
的以牙还牙策略是强互惠，这种说法便可以在种群中背叛者和以牙
还牙者的任何分布条件下成立。这使我们清楚地看到，虽然在一些
交互中，例如一次性的囚徒困境博弈或公共品博弈，我们可以要么
把一种策略视为利他的，要么认为这些策略依赖于行为在种群中的
分布，但是，这样的交互情形并不是一般的情况。

　　尽管互相背叛也是一个均衡，但是，Axelrod 和 Hamilton 表明
互惠利他可以借助基于亲缘选择而得到起步。假如交互的双方是亲
近的家庭成员，而且持续概率又足够高，那么条件合作者可以侵入
到全背叛的种群，这就解释了合作在初始稀有的情况下是如何涌现
的。一旦条件合作者变得普遍，他们的收益优势使得他们不再需要
交互双方的遗传相关性。因此，以牙还牙的均衡即是演化稳定的，
又是演化可实现的。互惠利他加上亲属利他提供了一个简单而巧妙
的机制，可以用于解释人类行动者当中合作的涌现与持续。

　　当然，上述的论证仍然不是决定性的，因为我们尚未分析当存
在行为或感知错误时会发生什么，同时也没有考虑背叛者以外的策

略的侵入。不过，事实证明，在二元交互中条件性合作策略在各种不利的条件下都是稳健的（robust），这是由于它具备三个引人注目的特征：它是善意的，也就是它从不会首先背叛；它是严厉的（punishing），它使得对手在背叛的情况下无法逃脱惩罚；它也是宽容的，假如对手从背叛转为合作，条件合作者也会回到合作。然而，其他具有这三种特征的策略经常可以胜过条件合作者（Nowak 和 Sigmund，1993）。不久之后，我们会看到，当交互在多于两个个体之间进行时，若存在行为失误或对于他人行为的感知错误，那么善意的以牙还牙会陷入麻烦，这不免让人起疑，用 Trivers 的方法解释大群体合作现象是否仍然稳健。

许多生物学家认为，互惠利他是非人类动物非亲属间合作的常见形式。正因如此，很自然地，生物学家和社会科学家将其作为对人类合作现象的标准解释。然而，在非人类动物中，互惠利他的证据却非常少见。Peter Hammerstein（2003）写道："在全世界对互惠利他和相关现象进行将近 30 年研究之后，并没有在动物界中找到多少这类例证。互惠利他的最主要障碍之一是，它要求动物在行动中不得把未来收益的贴现看得太低。然而，非人类动物却非常地不耐（Noe，1990；Clements 和 Stephens，1995；Connor，1995；Hammerstein，2003；Whitlock 等，2007；Russell 和 Wright，2008；Clutton-Brock，2009；Connor，2010）。一些行为初看上去是互惠的，而在进一步的研究中，却发现它们最好被解释为一种简单的互利，即行动者得到的利益刚好可以补偿行动的成本而不管他人的行动（Dugatkin 和 Mesterton-Gibbons，1996；Milinski，1996；Stephens 等，2002）。

非人灵长类动物也许可以提供上述一般情形的例外。有一些证据表明（de Waal 和 Davis，2003），互惠在短尾猴和黑猩猩的联盟形成中扮演了重要的角色，其中，黑猩猩在高风险的权力斗争中形成由非亲属构成的联盟，这些情况在野生和圈养的状况下皆可以观察到。在实验中可以观察到，卷尾猴会与协助自己获得食物的同伴分享更多的食物（de Waal，2000），黑猩猩会送食物给曾为自己理毛的同伴（de Waal，1997）。

　　无论在实验还是田野（field）中，都可以找到人类在重复交往中致力于合作的证据，这样的证据非常之多，而且众所周知。由Gachter 等（2011）主持的实验指出了其重要性。456 名瑞士学生被随机地指派为两种角色，类似于自然条件下雇主和雇员。他们参与一个类似于 §3.1 中所描绘的礼物交换博弈，雇主从他的利润中抽出一部分作为工资提供给雇员，作为回应，雇员需付出一定水平的"努力"（effort），这一努力有一定成本。两个不同组实验之间的对比具有很大的启发意义。在陌生人条件组实验中，每一轮参与双方都会随机重组，因而对每个参与人来说交互都是一次性的。而在搭档条件组实验中，参与双方可以维持 10 轮的重复交互。每组实验都要将重复 10 轮的博弈进行三次。在陌生人条件组中，自涉雇员的占优策略（也就是不管对方如何行动都能为自己提供最高收益的反应）是提供一单位的努力，知道这一点的雇主的最佳反应则是提供尽可能低的工资。而事实上，"雇主"提供的工资远高于最低的水平，雇员则提供了高于最低水平的努力程度，这与 Fehr 等的实验相同。图4.4 显示了雇员在两组实验中每一轮次提供的努力程度。

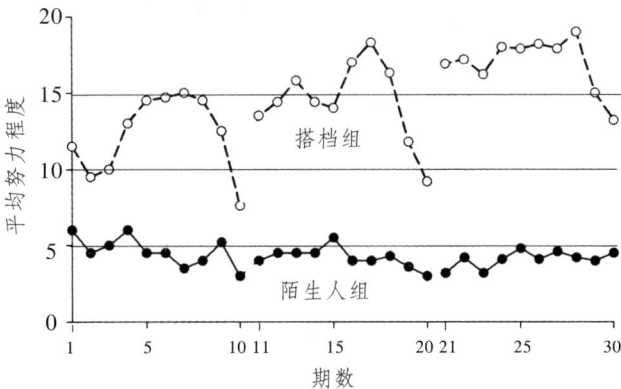

图 4.4　重复性支持礼物交换（工资－努力）实验中的合作

注：在搭档条件下双方进行 10 轮连续博弈；在陌生人条件下交互双方每一轮都会重配。资料来源：Gächter，Konigstein 和 Kessler（2011）。

63　　　令人吃惊的是，在陌生人条件下努力水平的供应远高于（四倍高）对自涉雇员来说最优的供应。但在这里，我们需要考虑一个更重要的问题，即为什么相比陌生人条件组，重复交互带来了更高的努力水平，而且除了最后一轮的突然下降，在三个10轮交互中，努力水平在节节上升。由于在最后两期中看到急剧的下降，我们可以明确地得知，重复交互促进了合作，而且，被试很容易就明白了重复和非重复交互之间的差别。最后两期的下降无法归因于学习效应，因为努力程度在第二次与第三次的重复开始时恢复甚至达到了更高的水平。最后一轮努力水平并没有跌到陌生人条件下的水平，这一事实之所以发生，是因为重复过程激活了互惠利他模型所强调的自涉动机，同时也触发了陌生人条件下无法唤起的社会偏好。

　　　至少对于人类二元交互中部分合作现象来说，互惠利他提供了令人信服的解释（Cooper 等，1996；Keser 和 van Winden，2000）。民族志对寻食者行为的记录可以佐证，我们远古祖先的许多合作形式正是采取了此种结构。寻食群体的食物分享并不是平均地汇集在整个群体的基础之上（我们称其为大锅饭式分配），而是表现为基于网络关系的分享（Kaplan 和 Gurven，2005）。因此，在二元关系中，分享体现为互惠的形式。在上述情形之中，正如 Axelrod 和 Hamilton（1981）的模型，重复交往可以给予合作者高适应性或其他的奖励，这使得助人成为某种形式的互利主义。

4.5 大群体中的互惠利他

　　　上述模型的合理性并没有扩展到群体成员可能犯错误的大型群体中。这种类型的交互无论在今天还是在过去的祖先社会中，都非常普遍，这些交互包括许多适应性相关的活动，例如共同防御、捕食、信息共享、合作狩猎与采集，以及为维护社会规范而惩罚越轨者。

　　　由于互惠利他模型是二元的，如何将它们扩展到大于两人的群体中仍然没有鲜明的答案。在本节中我们考虑一种较为合理的扩展。以牙还牙模型建立于囚徒困境之上，因此我们需要一种类似于囚徒困境——也就是说互相合作有利但背叛却是占优策略的博弈——而且参与人数 $n > 2$ 的交互。公共品博弈就是这样一个例子。在一次性的 n 参与人公共品博弈中，每个人都有两种策略：贡献或背叛。贡献可以产生 b 的利益并由所有参与人共享，但贡献者需付出 $c < b$ 的成本。值得注意的是，在 §4.1 和 4.2 当中，助人行动的利益以等概率的形式给予所有群体成员，包括助人者本人，而在此处贡献者造成的收益只会给予群体中的其他成员。这种差异仅仅是为了数学上的方便。为了在这种非二元的交互中效仿善意的以牙还牙策略，我们构建这样的策略：在重复进行的、人数 $n > 2$ 的公共品博弈的第一轮，个体选择合作，在接下去的轮次中，若前一轮中他人贡献达到足够数量就选择合作——我们很快就能看到"足够数量"的定义。

所有参与人同时决定要贡献还是背叛，接着博弈结束。很明显，倘若大家都选择贡献，那么每个人都可以获得 $b - c > 0$，但是每个人都有背叛的动机，比起作出贡献，在背叛的情况下可以少支出 c 的成本，不管他人如何选择。所以，在一次性公共品博弈中，自涉的个体选择背叛。

正如二元的情形，如果每轮后都有一个固定的概率继续博弈，把公共品博弈重复多次，那么在正确的条件下合作就可以得到维护。然而，这些条件却相当严厉。我们将证明，在此博弈中，合作的结果只有在同时满足以下条件时才会出现：群体规模较小，合作的收益较高，每个群体成员的行为都以较高的准确率传达给群体中的其他成员，行为执行的错误率较小，群体成员较为耐心，而且交互通常可以持续多轮。

互惠利他无法在多成员群体中起效的原因非常简单。在二人群体中，搭便车者的行为必定被发现，因为参与人总是可以从自己的收益情况揭示对方的行为。同样重要的是，当参与人选择背叛作为对对方的惩罚时，这一惩罚明确地指向了背叛者。然而，在大于二人的群体中，参与人无法从自己的收益中推断出谁才是背叛者。而且，报复性的背叛不仅惩罚了最初的背叛者，也惩罚了群体中的所有其他成员。此外，其他群体成员可能因为没有观察到最初的背叛，而把报复性的背叛认作搭便车者的背叛，从而导致更多的报复性背叛。

所以说，博弈参与人之间的信息结构在这些模型的可行性上扮演了重要的角色。关于他人行动的信号可能是**完美的**（完全精确的），也可能是**不完美的**（具有正概率的不精确性）。同时，这些信号可能是**公共的**（该信号被所有个体接受），也可能是**私有的**（不同个体获得不同信号，甚至完全得不到信号）——见图 4.5。像上一章那样，我们可以认为，不完美的公共信号起因于**执行错误**，之后，这一信号便要披露给所有其他参与人；而私有信号既有可能起因于有限的视野，参与人仅能观察一部分群体成员的行为，也有可能起因于某些群体成员的感知错误，由于这种错误，合作的个体在部分参与人中被当成合作的，而在另一部分参与人中却被当成背叛了。需注意，在私有信号的情况下，在给定的轮次中，合作的参与人无从得知哪个参与人收到了不准确信号而认为他是背叛者的。

为了说明把互惠利他模型扩展到多于二人群体的结果，我们将建立一个基于主体的模型（agent-based model）。在 §A2 中，我们对**基于主体模型**的结构与逻辑进行了解释。

	完美	不完美
公共	所有人收到准确信号	所有人收到同样的带噪音信号
私有	一些人收到准确信号	不同人收到不同的带噪音信号

图 4.5　信息结构

注：大多数合作模型假设了完美的公共信息，但是在所有即使是最简单的人类交互中，有些关键的信息既是私有的也是不完美的。

下面是我们建立的基于主体模型的结构。在一个大种群中，存

在 N 个群体，它们分别由 n 个成员构成，每一群体都要进行一个 d 次重复的公共品博弈。我们把这一系列的 d 轮次博弈称作一次遭遇（encounter）。在每一次遭遇结束之后，参与人们将进行随机重排，形成一组新的 n 人群体，接着进行下一次遭遇。参与人若选择合作，则为他人带来 b 的利益（每个群体中的其他成员获得 $b/(n-1)$），自己承担 c 的成本。为了将条件合作策略的定义扩展到 $n > 2$ 的群体，我们假设存在 $n+1$ 种可能的参与人类型，并把它们分别称作 $t-$ 型合作者，其中 $t = 0,\cdots,n$。在前一轮至少有 t 个其他参与人合作的情况下，$t-$ 型合作者才会合作。我们把永远不合作的 $n-$ 型合作者称为背叛者，把 $0-$ 型合作者称为无条件合作者。我们假设，在第一轮，所有人都满足 $t-$ 条件，也就是认为第一轮的上一轮所有人都合作，在这种情况下，除了永远背叛的 $n-$ 型合作者之外，大家都会选择合作。最后，我们假设试图合作的参与人有 $\varepsilon > 0$ 的概率进行背叛。我们把这种情况称作**执行错误**（execution error），把 ε 称为执行错误率。请注意，如果 $n = 2$，我们的模型可以归约为标准的条件合作模型，其中条件合作者是 $1-$ 型合作者，全背叛者是 $2-$ 型合作者，无条件合作者是 $0-$ 型合作者。

65

我们关心的核心问题是，在利益 b、失误率 ε、持续期数 d、群体大小 n 这些参数的不同设定下，该系统的长期运行可以支撑多大的合作频率。我们创建了由规模 $n = 2，4，6，8，10，12，14$ 的 25 个群体组成的种群，它们进行 25 轮（$d = 25$）的公共品博弈，其中合作可以为别人带来 b 的利益（$b = 2$ 或 $b = 4$）而自己遭受 $c = 1$ 的成本。仿真过程的开始，我们为每一个体随机指派一个 t 值，t 以等概率取值于 $t = 0,\cdots,n-1$ 的范围内。确切的初始条件并不是很重要，这是因为，一个较小的变异率即可保证没有一个策略会完全消失，而且事实上，只要在一开始所有类型都部分出现，仿真过程在几百期的短时间内就可以达到它的长期分布状态，我们把它叫作该模型的**稳定分布**（stationary distribution）。

在每次遭遇之后，5% 的个体将基于达尔文式适应性标准被新的个体取代，根据这种做法，每个人的繁殖概率都正比于其相对于整个种群中其他人的收益（在附录中解释了描述该过程的复制子动态方程）。我们进一步假设，新创建的个体具有 2% 的变异率，也就是说，在每 50 次遭遇中大约有 1 次变异。同时，我们假定执行错误率在 $\varepsilon = 0$ 和 $\varepsilon = 0.1$ 之间变化。为了在面对失误的时候促成合作，我们假设意外背叛（假设这一事实被所有群体成员所知，因而是公共信息）的个体在接下去的两轮中进行无条件的合作，这可以使合作得到恢复（这种行为叫作悔悟［contrite］）。

66 　　在图 4.6 的上面两个部分可以看到，假如 $n = 2$，$b/2 = 2$，并且错误率为 0，那么就会有全合作的结果。但是基于我们对零错误率二元交互的研究，直觉上来说，这无法扩展到大群体和正错误率的情形。甚至只要群体规模达到 $n = 4$，错误率只有 2%，合作就很少发生。我们从图 4.6 的右上部分看到，假如 $b/c = 4$，合作可以在 $n = 4$ 时得到支持，但对于更大的群体规模，只要失误率大于 4%，合作结果就很少出现。这说明，互惠利他在规模大于 2 的群体中是无法支撑合作的，除非失误率几乎不存在。

　　这些仿真过程假定，交互继续进行的概率非常之大。事实上只有最后一轮该交互不会被重复，因而交互的持续概率为 $(d-1)/d$，在我们的仿真中，它的数值为 0.96（$d = 25$）。所以，与式 4.12 中的 δ 相关的变量 $\delta = 0.96$。假如把每一期看成一年的话，根据人类的死亡率，这一数值几乎接近于上限。在这里，我们甚至撇开了低估未来价值、结束交往的其他理由，例如短视和迁徙。假如在仿真中引入关于 δ 的经验上更现实的假定，则会出现更加负面的结果。

　　然而，当把这一模型应用于真实种群时，会带来一些更不利的消息。我们假设所有的群体成员都能收到关于所有其他成员合作或背叛状况的相同信息，也就是说我们假定了**公共信号**。此外，我们还假定错误的唯一形式是执行错误，即个体在试图合作时却失败了。把公共信号换成私有信号将具有启发意义，每个群体成员分别以感知错误率 ε 收到各自的信号，这些信号告诉他们每个其他个体有没有合作。在这种新设定下，个体带有 ε 的执行失败率，除此之外，每个群体成员都有 ε 的概率将合作个体的行为误认为背叛（为阐述方便起见我们把两种失误率设为相同）。图4.6的下半部分两图展现了这种设定下的仿真结果，该图表明，$b/c=2$、$n>2$、$\varepsilon \geq 2\%$ 的情况下几乎没有合作，而当 $b/c=4$、$n>4$、$\varepsilon>6\%$ 的情况下合作也很少出现。

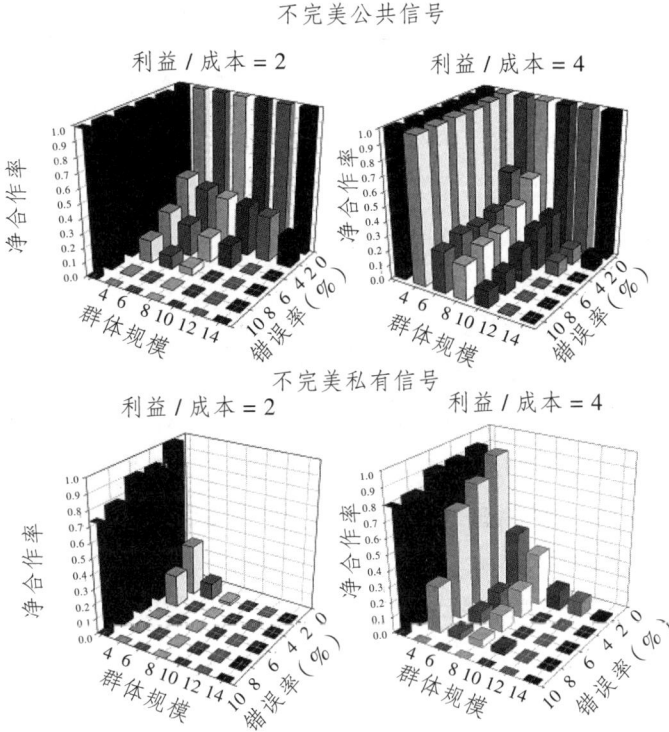

图4.6　公共品博弈中的互惠利他：群体规模、错误和信息结构的影响

注：上边两图中展示了公共信号下的互惠利他博弈中群体规模和错误率的变化对合作的影响。净合作率定义为单个轮次中试图合作的个体的平均比例。每个遭遇持续25轮博弈，因此隐含的贴现率为4%。条状图中每一条都表示对25000次遭遇的20次独立模拟中最后10000期的平均。下边两图显示了在同样参数的条件下改为私有信号的合作状况。

经济学理论的学生可能对这些结果表示惊讶，因为重复博弈理论的俗定理告诉我们，对于任何群体规模以及任何错误发生率，只要贴现因子足够高，合作就可以得以维护。在下一章中我们将证明，如果我们允许信息成为私有，或者要求合作在一个稳定均衡中得到维护，上述命题就不再成立。

4.6 声誉：间接互惠

在一个相当大的群体内，个体可以频繁地跟大量不同的对手交互，而与单个个体的交互就不那么频繁。假如与某个个体的交互必须相隔很多次遭遇，那么除非个体具有无限的耐心或者拥有好的记性，互惠利他的条件就不能成立。

能够解决这一问题并促成合作的另一种机制是，为每一个体建立一个心理账目，以记录群体成员在上一期中选择了合作还是背叛。若个体在上一期合作，我们就说这一个体具有良好的声誉，而只有当个体在对方具有好声誉的情况下选择背叛，我们才说他具有坏的声誉。因此，当个体面对坏声誉的对手时永远选择背叛也不会失去自己的好声誉状态。在这种更为一般的设定下，条件合作者策略被更改为如下的声誉策略：只有当对手处于好声誉的状态时才合作，除了因上一期意外地背叛而必须选择非条件合作的情况，在这种情况中必须恢复自己的好声誉状态。

该**声誉模型**由经济学 Robert Sugden（1986）所创造，他对生物学家 Richard Alexander（1987）提出的间接互惠思想进行了巧妙的形式化。如同条件性合作的例子，我们需要探寻的是，声誉策略在何种条件下才是对其自身的最佳反应，在这种条件下，采取声誉策略的种群不会存在个体有意选择背叛的激励。跟之前一样，个体被随机地分组，并与对手交互。我们假设每次博弈结束后都有 δ 的可能性继续进行，其中 $0 < \delta < 1$，并且个体有 ε 的概率发生意外的背叛。现在，假定所有个体都遵从声誉策略，我们来考虑处于好声

誉状态的个体境况。由于对手无法给予自己利益的概率为 ε，他能够以 $1-\varepsilon$ 的概率获得 b 的利益，并且付出成本 c。然后，该博弈可以以 δ 的概率继续进行，他以 ε 的概率进入坏声誉的状态，这是因为在上一轮中他可能意外地背叛，另外，他处在好声誉的概率则为 $1-\varepsilon$。所以，在一个采取声誉策略的种群中，处在好声誉时的预期价值为：

$$v_g = b(1-\varepsilon) - c + \delta(\varepsilon v_b + (1-\varepsilon)v_g),$$

其中，v_b 为处于坏声誉的预期价值。此式说明第一期的收益为 $b(1-\varepsilon)-c$，而假如交互继续进行（以 δ 的概率），接下来的收益则是处在好声誉和坏声誉情况下的收益的加权平均，权数分别为个体意外背叛的概率（ε）及其补值（$1-\varepsilon$）。

假如个体处于坏声誉，他就能以 $\varepsilon(1-\varepsilon)$ 的概率取得 b 的利益，这是因为，他的对手有 ε 的概率处在坏声誉中而选择给予自己利益来恢复好声誉（以 $1-\varepsilon$ 的概率）；此外，他需付出 c 的成本恢复好声誉；博弈将以 δ 的概率继续进行，此时，他有 ε 的概率继续处于坏声誉中，因为即使他付出 c 的成本，也有可能因发生错误而背叛，另外，他即将处于好声誉的概率则为 $1-\varepsilon$。所以，在这一种群中，处于坏声誉时的期望收益为：

$$v_b = b\varepsilon(1-\varepsilon) - c + \delta(\varepsilon v_b + (1-\varepsilon)v_g).$$

从上述两个方程同时解出 v_g 和 v_b，我们得到：

$$v_g = \frac{b(1-\varepsilon(1+\delta)) - c + b\delta\varepsilon^2(2-\varepsilon)}{1-\delta} \tag{4.13}$$

$$v_b = v_g - b(1-\varepsilon)^2. \tag{4.14}$$

v_g 的分子部分近似地等于每期的净期望收益（存在以 ε^2 度量的偏差），$1/(1-\delta)$ 则代表预期的持续期数。为了惩罚执行错误，每人每期将遭受 $b\delta\varepsilon$ 的损失，这一数值不会太大，除非错误率非常高。只需满足 $v_g \geqslant b(1-\varepsilon) + \delta v_b$，合作就是最佳反应，不等式的右边为当期背叛并陷入坏声誉后的收益现值。此式可以简化为：

$$\frac{b\delta(1-\varepsilon)(1+\delta(1-\varepsilon)^2+\varepsilon^2)}{1+\delta} \geq c. \tag{4.15}$$

对任意给定的 $\delta < 1$，只要 $b > c$，该不等式在 ε（$\varepsilon > 0$）充分小时成立。只要错误率比较小，ε^2 或更高阶的项就会非常地小，因此我们可以忽略它们，上式可进一步简化为：

$$b\delta(1-\varepsilon) > c \tag{4.16}$$

注意到此式与 Hamilton 法则的相似性，其中关联度 r 被替换成（通常更大的）$\delta(1-\varepsilon)$。

正如互惠利他模型，这一结果只能限制在二元交互的情况下，无法解释许多重要形式的合作。但是，Parthik Panchanathan 和 Richard Boyd（2004）提出了一个将间接互惠当作附属机制应用于 n 人公共品博弈的模型。假定大小为 n 的群体进行一个间接互惠博弈，个体采纳声誉策略并且执行错误率为 $\varepsilon \geq 0$，同时还要进行一个公共品博弈。他们首先进行一次公共品博弈，接着进行间接互惠博弈，只是这次，当且仅当他们在公共品博弈中合作时才能处于好声誉状态。间接互惠博弈结束之后，他们继续进行公共品博弈和紧随其后的间接互惠博弈，重复这一过程无数次。

为了看到这一模型为何成立，我们假设，在公共品博弈中，给予他人的利益和自己承担的成本分别为 b_g 和 $c_g < b_g$，而间接互惠博弈中助人的成本为 c，受助者的利益为 $b > c$。Panchanathan 和 Boyd（2004）证明，只要：

$$\frac{b(1-\varepsilon)-c}{1-\delta} \geq c_g, \tag{4.17}$$

那么在公共品博弈中选择贡献，在间接互惠博弈中采纳声誉策略就是对其自身的最佳反应，因而合作可以得到维护。以下的参数条件对这一结果有利：公共品博弈中合作的成本 c_g 较低，间接互惠

博弈的重复概率 δ 接近于 1，以及在间接互惠博弈中合作的净利益 b $(1-\varepsilon)-c$ 较大。

Panchanathan-Boyd 模型修正了公共品博弈中存在的两个严重缺陷。首先，在有些情况下，公共品博弈无法频繁地进行，比如当与其他群体战争时或发生饥荒时。在这些情况下，在单个时期内博弈重复的概率非常小，因此背叛的成本也会非常低。其次，就像我们先前看到的，合作者在公共品博弈中惩罚背叛者的唯一方式就是取消贡献，伤害所有其他的个体而不只是针对背叛者。Panchanathan 和 Boyd 的解决方案是，使群体成员拒绝与公共品博弈的背叛者在日常社会交换中合作。这一方案使得对背叛的惩罚成为针对性的，它能够频繁地进行，而且对惩罚者来说是无成本的（避免了扩大帮助的成本）。于是，日常社会交换被表示为一个间接互惠博弈，4.17 式成为该博弈支持公共品博弈中合作的条件。

然而，这一模型存在一个重要的缺陷，这一缺陷也存在于其他的间接互惠模型：声誉策略具有苛刻的信息要求。人们能够将惩罚指向背叛者，这使其成为对前面几节重复博弈模型的改进，但也带来了显著的代价。每一个体必须熟知群体中每个成员的当前声誉、每个成员当前对手的身份、每一个体在面对当前对手时有没有合作过或背叛过，这是由于，这些信息对于确定对手在间接互惠博弈中的状态是必需的。然而，现实世界中的二元交互往往是私密的，不会被一小群人以外的他人观察到，由此损坏了该模型放到更大规模群体时的用处。在前几节的重复博弈模型中，惩罚不是针对背叛者的，所以个体只需知道在前一期中他的当前对手有多少人背叛，而这可以从自己的收益当中推断出来。

在间接互惠的情形中尤其成问题的是，若二元交互本身是非常复杂的，一个局外人就无从得知个体的行动是不是背叛。所以在许多情况下，要想知道当前对手的声誉，将会受制于相当大的犯错可能。同样重要的是，如果个体是完全自涉的，那么他们没有理由真实地报告他们的所见所闻。尽管有一个活跃的研究领域试图解释私人信息在非道德的自涉群体中如何转换为精确的公共信息，但这里还没有介绍它。

说真话的行为对私人信息到公共信息的转换是必要的，但是假如没有社会偏好，这种行为就不会存在，又因为公共信息对简单的互惠利他模型和其间接互惠变种而言都非常关键，这些模型没有提供对非道德的自涉个体合作的充分解释。我们将在下一章的结尾处回到私人转换为公共信息的问题，在那里，我们将表明，真实社会对这一过程的实现严重地依赖于受委托进行公共信息生产和分配的那些人的社会偏好。

4.7 利他主义作为品性信号

71

另有一种互相合作的形式是如下情形的结果，在这种情形中，合作行为是个体难以伪装的其他特征的信号，例如力量、技能或勇气，这些特征在其他情况下是难以观察的。难以伪装的信号这一基本思想可以追溯至一个多世纪以前美国经济学家托斯丹·凡勃伦和他对"炫耀性消费"（conspicuous consumption）的解读，作为一种财富的象征，富人可以更容易地进行这种实践，因而是一个可信的信号。但把它应用于生物学推理却是最近的事情。

在生物学模型中，合作行为在选择中受到青睐的可能原因之一是它加强了个体择偶和建立联盟的机会。例如，分享有价值的信息，或者在守卫群体时招致危险，会被他人认为是在其他情况下无法观察的、作为配偶或盟友的积极属性的信号。在这种情况下，自涉的个体也许会因繁殖、政治或其他好处的预期，参与到有利于群体的活动中去。合作行为促使以这种方式发送信号的个体处在优势的同盟关系之中，适应性的加强和物质上的成功就会随之而来，这可以解释作为信号的合作行为的扩散。经济学家 Michael Spence（1973）建立了描述这一过程的模型，一开始，他用来解释教育证书作为信号的作用，后来，生物学家 Amos Zahavi（1975）用于解释阿拉伯鸫鹛（Turdoidas squamiceps）的助人行为。人们提出有成本的信号可以作为对某些类型食物分享行为的解释，例如提供大型的、难以捕猎的猎物，或者在祭祀节日中提供大量食物供消耗。（Boone，1998；Gurven 等，2000b；Smith 和 Bliege Bird，2000；Sosis，2000；Hawkes 等，2001）

　　间接互惠和信号模型非常相似，因为对个体合作行动的报偿同样都来源于第三方。间接互惠博弈里与好声誉的个体合作，或者信号模型里在成功的捕猎后与同伴们分享猎物，都使得观察到这些行动但不必从中得到好处的人们给予这些行动者以优势。但这两个模型在某个微妙的方面有所不同：在信号模型中，第三方作出积极的回应是因为该信号与行动者身上合意但不可观察的属性具有相关性；而在间接互惠模型中，信号（与好声誉的个体合作）本身就是一个合意的属性。在间接互惠的情形之中，我之所以跟给群体成员分享充足猎物的猎人为伍，是因为我也想要吃上一块肉。而在信号模型中，我之所以与这种人为伍是因为，他拥有如此多肉供分享这件事暗示了他具有良好的身体能力，并且可以成为好配偶或联盟伙伴。

　　跟随 Eric Alden Smith，我们在一个不包含重复和选型交互的多人公共品博弈基础上建立一个信号过程模型，其中，如果没有信号利益，合作就不会成为占优策略（Gintis 等，2001）。我们证明，为其余群体成员提供公共品，并作为一种潜在属性的真实信号发送，这一策略是演化稳定的，只要某些合理的条件成立即可。除此之外，完全不出现基于合作行为的有成本信号也是一个均衡。

　　然而，一个信号均衡不需要信号对其他群体成员产生好处。反社会行为可以实现同样的功能：殴打邻居可以证实自己的武力，这跟勇敢地保卫群体同样可信。假如信号发送可以解释利于群体的行为，我们就必须解释，为何利于群体的信号发送优于反社会的信号发送。这有几种可能的理由。比如，公共利益的水平正相关于发送信号者给信号回应者的个体利益。举个例子，比起殴打邻居的信号发送者，保卫群体的信号发送者更有可能给同伴和盟友带来利益。对群体有利的信号，例如分享猎物的行为，比起反社会信号来可以吸引更多的受众。最后，群体间对物质和适应性资源的竞争有利于处在有利于群体信号均衡的群体，而不是非信号均衡或反社会信号均衡的群体。因此，信号发送和群体竞争对于合作的效果并不是简单的相加而是协同作用。群体竞争可以解释，为什么我们观察到的信号发送往往是利于群体的，同时，信号发送理论解释了为什么任何类型的信号发送在群体内动态中都可以是演化稳定的，我们不久将看到，这提供了群体间的行为差异，因而加强了群体间竞争的力量（Bergstrom 和 Lachmann，2001）。在反社会和亲社会信号发送都是演化稳定的群体之间，后一种可以通过弱多层选择得以扩散。

4.8 正向选型

在多层选择模型里，正如基于亲缘的利他模型那样，助人行为的演化需要具有帮助他人倾向的个体能够拥有比完全随机更高的可能性从他们的交互对象那里接受帮助。这种正向选型如何出现，取决于具体的模型。Eshel 和 Cavalli-Sforza（1982）为各种选型的原因提供了初步的认识："亲缘、同类群、生态位和社会群体结构、邻居效应、异质行为以及在同伴选择时的鉴别都是对随机性偏离的可能原因……这对于理解社会结构的演化稳定性十分关键。"

对群体选择模型而言，我们从式 4.10 得知：

$$F_{ST} = P(A \mid A) - P(A \mid N) > \frac{c}{b},$$

在这里，Hamilton 法则表现为正向选型的程度，它允许利他性状在极其稀有的条件下扩散。通过回到图 4.2，我们就可以认识到这一点，我们注意到，同样的模型也可以运用于基于亲缘的选择，$P(A \mid A)$ 是利他基因的携带者与另一个该基因的携带者交互的可能性，而 $P(A \mid N)$ 为非利他基因的携带者与利他等位基因的携带者配

对的概率，因而 $P(A|A) - P(A|N) = r$。

令人惊奇的是，一个类似的表达式给出了二元交互中互惠利他演化的条件，即便该交互配对的过程完全是随机的。始于 Queller（1985），包括 Nee（1989）以及 Fletcher 和 Zwick（2006）在内的学者以不同的方式展示了这一点。为了记号上的相似性，在这里我们把善意的以牙还牙参与人（也就是条件性合作的个体）称为 A，把无条件背叛的参与人称为 N。在这种交互中，对具一定规模的群体来说，A 和 N 与 A 配对的可能性几乎相同，即 p。但是 A 基因和其合作表现型的正向选型仍然会出现，原因在于，以牙还牙是一个条件型策略，与 A 配对的 N 仅可以从对手的合作中得到一个轮次的好处，这是因为 A 作为条件合作者在第一轮后会转变为背叛。与此相反，只要交互仍在持续，与 A 配对的 A 就能从对方的合作中获得好处。在这种境况下，条件性合作可以获得演化成功的关键在于，像 Fletcher 和 Zwick 解释的那样："必须在利他基因型的个体……以及与之交互的助人表现型的个体之间存在足够的正向选型"（p. 253）。

如果我们观察到，在一个大型的随机配对种群中，A 的比例为 p，我们可以计算出，A 和 N 分别能够从对方的合作中获得多少期的利益，并把它表达为交互的总期数中所占的比例。我们将得到，前者超过 p，而后者则小于 p。交互持续得越久，A 和 N 基因型得到帮助的程度差异就越大。

接着，我们还要证明，条件合作者成为演化稳定策略的条件就是另一个版本的 $P(A|A) - P(A|N) > c/b$。我们记得，在重复囚徒困境中，这一条件（4.11式）为 $\delta > c/b$，其中 δ 为每次交互结束后交互继续的概率，b 和 c 分别是互惠利他者在合作行动中获得的利益和损失的成本。我们假定，从开始到结束的预期交互时间被标准化为一个单位，并且可以在每一期结束后获得转变行动的机会，其中，每一期的时间是预期交互持续时间的一个比例，即 $1 - \delta$。于是，在预期持续时间里总共有 $1/(1 - \delta)$ 期，其中每一期结束后有 δ 的概率继续进行。我们把 A 从其配对个体那里经历到帮助的预期

总持续时间的比例作为对类型 A 有利配对的度量。

为了确定条件合作者是不是一个 ESS，我们来研究一下 A 和 N 分别从他们的对手那里经历到帮助的期数之间的差异。A 享受到合作的持续期为 p，因为 A 有 p 的概率遇到 A，他们在预期的持续交互期间（也就是 1）内都选择合作。与此相应，N 享受到的合作持续期为 $p(1-\delta)$，这是因为 N 有 p 的概率与 A 配对，对方第一期选择合作——这一期在预期持续期中的比例为 $(1-\delta)$，而在接下去的轮次中都会选择背叛。令 $P(C|A)$ 和 $P(C|N)$ 分别代表 A 和 N 从对手那里经历合作的预期持续时间，我们就有 $P(C|A)-P(C|N)=1-p(1-\delta)$。我们设 $p=1$，研究 100% 条件合作均衡的演化稳定性，此时 $P(C|A)-P(C|N)=\delta$。因此 δ 就度量了正向选型程度，它由每一种类型所遇对手的合作行动的频率差异给出。于是，我们可以把条件性合作成为 ESS 的条件重写为 $\delta=P(C|A)-P(C|N)>c/b$。这说明，助人行为在重复交互中演化的条件跟利他合作通过基于亲缘的选择与多层选择演化的条件是一致的。

还有一系列的论文巧妙地发挥了这一逻辑，抓住了人类社会的最基本方面。目前为止，我们只研究了两种类型的社会结构：家庭，也就是拥有最近共同祖先的亲属；还有同类群，也就是由次级种群构成的大种群。不过，无论是处在哪种群体，一些个体总是选择性地亲近于其中一些个体而不是其他个体，而这种社会亲近性应该使演化动态有所不同。Ohtsuki 和他的合著者证明确实如此。

假设合作者与背叛者被安排在一个网络之中，他们每个人都跟与其直接相连的 k 个"邻居"进行公共品博弈。与前面相同，合作的个体需付出 c 的成本，并贡献 b 的利益在 k 个邻居之中平分，不管这些邻居是合作者（C）还是背叛者（D）。背叛者既不用付出成本也不会贡献利益。个体可以定期地改变他的策略，改变的规则为，以正比于某个邻居的相对适应性的概率采纳该邻居的策略。因此，个体采纳 C 策略的概率为邻居中 C 策略个体收益的总和除以所有邻居的收益总和。

通过在多种网络结构上进行全面的仿真，Ohtsuki 和他的合著者发现合作者在 $1/k > c/b$ 时可以扩散，其中 k 为参与人的平均邻居数量（即在网络中的度［degree］）。之所以出现这种惊人的结果，是因为无论邻居的规模大小如何，跟 D 相比，C 的邻居都有机会拥有多 1 个的 C。所以，邻居的规模越小，它们的组成就有更大的差异。比起大的邻居数量，小的邻居数量相对来说可以产生更大的差异，这类似于产生抽样误差的过程，其中小样本的均值差异要超过大样本的均值差异。在 Ohtsuki 等的仿真中，当我分别为 C 或者 D 时，我的 k 个邻居中任意一个为 C 的概率差异会因 $1/k$ 的不同而不同。因此，$1/k$ 正好等于 $P(A|A) - P(A|N)$，这一点确认了已在别的模型中展示的正向选型逻辑。Grafen（2007）和 Lehmann 等（2007）利用这里所采纳的内含适应性方法扩展了 Ohtsuki 及其合著者的结果。

然而，上述模型有没有解释我们观察到的人类合作形式仍是个开放的问题。由寻食者和其他小尺度社会构成的网络通常相当之大，往往包含群体内几乎所有成年人。假如个体的平均度（k）为 20，那么在该机制下，利他主义就无法扩散，除非成本不超过利益的 5%。§6.1 中描述的南非 !Kung 共同保险（被称作 *hxaro*）网络的平均交换对象数量为 17，在巴拉圭 Aché 部落，即使是定期分享小量食物的家庭也要超过 10 个，而分享大型食物的则要超过 20 个（Kaplan 和 Hill，1985；Wiessner，2002）。非洲 Pokot 和 Himba 部落的牧人之间的共保网络平均度远超过这个数字（Bollig，2006）。所以，要使某种形式的利他合作通过这种机制得到散布，它的利益成本之比必须高得出奇。

毫不奇怪的是，正向选型在间接互惠和有成本信号模型中也起到了作用。在所有情况下，正向选型的程度都决定了利他主义得到扩散的成本－利益比例的临界值。这些模型之间的差异在于正向选型出现的方式。这些结果总结于表 4.1 中。

表 4.1 正向选型、助人和利他主义

模型（引用）	法则	解释	选型原因
基于亲缘的利他（Maynard Smith，1964）	$r > b/c$，$r =$ 交互个体之间平均的遗传关联程度	$R = A$基因携带者和N基因携带者分别与另一个A携带者交互的概率差异	亲近亲属的有限散布
多层选择（Aoki，1982）	$F_{ST} > c/b$；$F_{ST} = A$基因的同类群间方差比例 $= \dfrac{\text{var}(p_j)}{\overline{\text{var}(p_{ij})} + \text{var}(p_j)}$	$F_{ST} = A$与A配对的概率与N与A配对概率的差异，这一差异产生于同类群结构。	种群的同类群结构；关联型同类群分裂
互惠利他（Trivers，1971）	$\delta > c/b$；$\delta =$交互在给定期数后不被终止的概率	$\delta = P（C\|A）-P（C\|N）=$当$p = 1$时以策略$A$或$N$为条件的、与合作对手交互次数的差异	合作行为策略性地以对手行为为条件
网络互惠性（Ohtsuki，Hauert，Lieberman和Nowak，2006）	$1/k > c/b$；$k =$网络的平均度	k逆相关于由随机网络生成的选型程度，$1/k$于是就是F_{ST}的相似物。（每个结点连同它的邻居作为一个群体）	类似于同类群结构种群；机会加上较小的规模产生较大的$P（A\|A）-P（A\|N）$

注：在所有模型中，助人行为之所以得到演化，是因为助人者具有比完全随机更高的可能得到其他人的帮助。这些模型因人口组成、社会组成和策略方面有所不同，正向选型的出现方式也有所不同。

4.9 机制与动机

在本章我们回顾了关于合作现象的两个主要的生物学解释：基于亲缘选择和多层选择模型的内含适应性，以及互惠利他和它的间接互惠和有成本信号变体。

通过其中的三个模型，互惠利他、间接互惠和有成本信号，我们可以识别出，在何种条件下帮助他人获得的适应性利益可以至少抵消付出的适应性成本。只有达到这些条件，助人行为才有可能通过这些机制得以演化。在这些情况下，由于这些机制的性质，助人并不是利他的，这是因为行动者若选择不帮助会遭受适应性损失。如果考虑不够全面，我们就会把这里的助人行为当作是利他的，从而忽略助人行为对未来交互的影响。这种行为之所以演化，是因为倘若从更全面的视角看待行动者所获得的利益，这种行为就不是利他的。同样的逻辑也可以适用于一些（虽然不是全部）基于亲缘选择的情况——例如帮助自己的孩子。

与其他模型不同的是，我们更为偏爱的模型原则上可以解释利他行为的演化，不管这种行为针对的是同群体的家庭成员还是非家庭成员。但是，它的主要结论（4.10 式）表明，至少这一过程模型的简单版本无法通过我们在本章开头描述的经验相关性测试。因为从狩猎－采集群体的民族志记录的证据上来看，人类祖先群体以 F_{ST} 为测度的遗传分化程度不太可能超过 0.10，而且可能只有此数的一半（见第 6 章）。这意味着，一项利他性状要在这里的模型所描述的过程中得到演化，利他行为对他人的利益必须比利他者的成本大过一个数量级（或两倍于此），也就是说，只有一些特殊形式的利他行为才能在这种机制下得到演化，比如危险警告或者当群体同伴成员处在饥饿边缘时的食物分享。但是，这种刻意简化的模型没有将早期人类实践的最关键方面包容在内，尤其是当面临军事或环境挑战时为群体的生存而合作。当群体面临生死攸关的困境时，合作的利益成本之比可能确实非常巨大。在接下去的章节中我们会把这些因素和其他基于实证的特征引入模型，得出更为可信的结果。

同样是解释为何人类会变得具有合作性，这些模型在造成正向选型的社会结构、策略和人口结构的机制方面有所不同，与此同时，它们又对促使人类致力于助人行为（有时是利他的）的直接动机保

76

持沉默。我们已经看到，正向选型是这些模型的共有特征，所以，每个模型的独特之处必定在于，它们如何解释正向选型出现的过程，或者它们所导出的社会偏好类型。

举个例子，假设基于亲缘的利他是助人行为获得演化成功的主要理由，那么助人当中的动机就包括对孩子或其他亲近遗传亲属的关爱，以及对他们福祉的关注，这些因素足以推动自我牺牲。与此类似，我们可以认识到，如果为助人行为的演化作出贡献的唯一机制是互惠利他、间接互惠或有成本的信号，那么助人的直接动机和促成它们的认知过程就包括个体的利益以及对同伴成员的详细行为记录。最后，我们在接下去的章节中将看到，最为合理的多层选择模型包括了战争和其他形式的群体间竞争。在这种机制下，面向群体成员的团结感和慷慨感可以得到青睐，它们远远超越了拥有最近祖先的亲人的范畴，而且，这种感觉不会扩展到其他群体的成员身上。在这些不同模型中得以演化的偏好具有一个共同的特点，即助人行为是条件性的：基于亲近遗传相关性，基于未来交互的可能性，基于声誉建立或信号发送，或者基于群体成员身份。

助人行为的确是由如此之多的直接动机所推动的，这包括母爱、开明自利与同族群或同民族的团结。这一事实与我们的观点是一致的，即每一种我们所描述的可能机制都在人类演化中扮演了重要的角色，每种机制的重要性取决于我们所考察的合作形式和人类祖先交互的生态条件与社会条件。我们在第 6 章将看到，我们可以知道或是合理猜想的事实是，从遗传、考古或其他关于远古人类条件的数据看，无论是对亲近家庭成员的帮助，还是互惠利他主义，都无法为我们这一合作物种的涌现提供充分的解释。在接下来的章节，我们将表明，基于基因文化共演化的多层选择模型可以为令人信服的解释作出贡献。

在我们转到更新世晚期人类条件之前，我们需要保证，不能过于低估基于互惠利他的模型。我们之前的分析是基于该模型的最简化形式的。在过去 20 年中，经济学家已经在重复博弈理论上取得了卓越的进展，允许我们对此建立更新的模型。那么，它们有没有解决生物学家的互惠利他模型中大群体规模、行为或感知错误以及私人信息的问题？

表4.2　符号定义

符号	意义
b	利益
β_o	基线复制率
β_g	p_j对w_{ij}的效应
β_i	p_{ij}对w_{ij}的效应
β_G	$=\beta_i+\beta_g$
c	成本
d	每次遭遇的轮次数量
δ	延续概率
ε	错误率
f_j	整个种群中群体j的比例
F_{ST}	Wright方差比率
γ_a	N转向A的转换率
γ_n	A转向N的转换率
i	个体索引
j	群体索引
k	网络中个体的平均度
p	种群中的利他者比例
p_j	群体j中利他者的比例
p_{ij}	如果群体j中的个体i为利他者，则为1，反之为0
r	关联度
t	时间
v_g	处于好声誉的预期价值
v_b	处于坏声誉的预期价值
$\overline{\mathrm{var}}\left(p_{ij}\right)$	Price方程中的群体内项
w_{ij}	群体j中个体i的适应性
w	种群范围的平均适应性
w^A	种群范围内利他主义者的平均适应性
w_j^N	群体j中非利他者的适应性

符号	意义
w_j^A	群体j中利他主义者的适应性
w^N	种群范围内非利他者的平均适应性
w_j	群体j的平均适应性
wj_j	群体j中个体i的适应性

5 合作的经济人

我们决不能指望从屠夫、酿酒师或者面包师的仁慈中获得我们的午餐，而只能从他们对自己利益的关切中来获得。

亚当·斯密《国富论》（1937［1776］）第 1 篇第 2 章

两个邻居可以同意为他们共同拥有的牧地排水；因为他们很容易了解对方的心智；而且他们肯定知道干不好自己的活所带来的直接后果，那就是坏了整个计划。但是对一千个人来说，要他们同意这样的行动计划是非常困难甚至不可能的；很难让他们在复杂的计划上协调一致，更何况是执行它。

大卫·休谟《人性论》（1964［1793］）第 vii 节 p. 304

合作行为的研究在生物学中成为研究焦点还是近几十年的事情，与此相反，经济理论自其创立至今的两个半世纪以来，都以解释人类之间的互惠互利为其主要目标，作为自愿合作的一种普遍形式，自涉个体之间的市场交换促成了这种互惠互利。这一努力在半个世纪前福利经济学基本定理的证明中达到顶峰（Arrow 和 Debreu，1954；Debreu，1959；Arrow 和 Hahn，1971），这一成果支持了斯密的如下洞见，即自涉行为可以支撑具有社会价值的经济成果。在经济学的交换模型中，个体在一组给定的市场决定的价格下最大化他们的效用，这组价格是他们无法实施控制的。因此，他们是与一组价格，而不是与其他人进行交互。作为其结果，对策略行为来说最为基本的条件，即对自己的收益取决于他人行动的认识在模型中是不存在的。个体满足于只与价格交互，而没有激励参与策略型人际交互的理由在于，交互的所有相关方面都被**完全契约**（complete contracts）所笼罩，可以由交易双方无成本地强制实施。

完全契约保证，交易双方对任何他们所关心的方面都在契约中明确地阐述并照此实行。当契约遭到违背时，我们把强制实施授权给第三方，例如法院，而受害方不用付出成本。但是，契约可能并不完全，这是因为，交易的某些方面可能无法以足够精确的方式进行描述（例如"销售鲜鱼"），或者某些协议条款是无法强制实施的，例如工人对"努力工作"的承诺，或借款方破产时对还贷的承诺。

80   在过去的半个世纪，另一股经济理论的潮流避开了完全契约的不可能性困境，并构建了一些模型，其中交易结果由交易双方采取的惩罚、威胁和其他形式的策略交互所决定。因此，这里的契约是内生实施的，例如，雇主为了监督雇员的工作绩效，利用升职承诺和解职威胁诱导雇员提供高质量的服务。针对社会困境这一问题，这些博弈论模型精炼并扩展了 Shubik（1959），Trivers（1971），Taylor（1976）和 Axelrod 和 Hamilton（1981），在这些模型中，退出合作以报复背叛者的行为可以在自利的个体之间形成合作。这些文献在 Fudenberg、Levine、Maskin 和其他人（Fudenberg 和 Maskin，1986；Fudenberg 等，1994）所发展的俗定理中达到了顶峰。这些模型的优点之一在于，不像经济学中悠久的非策略范式，它们认识到，大多数契约是不完全的，进而描绘了真实世界大多数动物（包括人类）之间的互动过程（Blau，1964；Gintis，1976；Stiglitz，1987；Tirole，1988；Laffont，2000；Bowles 和 Hammerstein，2003）。

那么，这些博弈论模型有没有为自涉个体之间的合作提供充分的解释呢？在本章，我们将展示，即便重复交互可以提供合作的个体惩罚背叛者的机会这一洞见是正确的，这些模型仍是不成功的。理由是，即使假设了非同寻常的认知能力和合作个体的忍耐水平，仍旧没有理由相信，多于两人的群体可以达到模型中所认定的合作纳什均衡，即便碰巧达到了它，其成员也会在很短的时间内放弃它。除了一些不太可能的情况，这些模型所认定的合作结果要么是不可实现的，要么是不可持续的。我们把它们叫作**演化无关**的纳什均衡。

5.1 俗定理和演化动力学

所有的俗定理都建立在一种**阶段博弈**，也就是图 3.1 所代表的交互之上，这种交互要进行不确定的次数，每一期都会以严格正的常数概率进入下一期的博弈（§A3）。阶段博弈的限制条件往往很少（需要技术化的说明），所以，公共品博弈和其他包含有成本合作的社会困境都能落入俗定理的适用范围之内。参与人收到关于他人在前一期合作还是背叛的信号，并奖励或惩罚他们，这使得合作能够成为对其他参与人的自涉最佳反应。

无论在完美还是不完美的公共信号下，俗定理都可以得到证明，它表明，在贴现因子严格小于 1（Fudenberg 和 Maskin，1986；Fudenberg 等，1994），以及信号错误足够小的前提下，一组非道德的自涉参与人可以达到任何优于最低收益的收益组合，或者可以无限地接近它，这个收益组合可作为重复博弈的均衡单期收益。

	Bob		
		C	D
Alice	C	5, 5	–3, 0
	D	8, –3	0, 0

图 5.1 Alice 和 Bob 又一次进入囚徒困境

例如，Alice 和 Bob 是非道德的自涉主体，他们进行如图 5.1 所示的囚徒困境博弈。显然，在一次性博弈中只有唯一的均衡，那就是双方皆背叛。然而，Alice 和 Bob 可以进行类似上一章讨论的互惠利他博弈，即他们可以在时间 $t = 0, 1, 2, \cdots$ 时进行阶段博弈。于是，这也是一个重复博弈，其中每个人的收益是所有时期收益的加总，在每期博弈结束后，交互继续进行的概率为 δ，$0 < \delta < 1$。回想一下，我们可以把 δ 等价地设想为一个时间贴现因子，这时，期望收益就成了未来收益流的现值（§A6）。在该博弈中，首先采取一行动系列，直到达到一定条件再采纳另一种行动的策略被称为**触发策略**。

我们能够表明，在自涉个体之间进行的阶段博弈无法达到的合作解（5，5），可以在重复博弈中达到，只要 δ 足够接近 1，且每个参与人都采取触发策略——只要对方合作自己就采取合作，一旦对方背叛，自己就永久背叛下去——即可，我们用到了§4.4节得到的事实，即对于任何满足 $0 < \delta < 1$ 的 δ，以轮次计量的博弈预期持续期数为 $1/(1-\delta)$。

现假设，参与人双方都使用触发策略。那么每个人的收益都为 $5/(1-\delta)$。假如某个参与人试图从采取不同策略中获得好处，那么必然会引发永的背叛。只要背叛一次，他的对手就会永远背叛，对此的最佳反应也是永久背叛。参与人从一次背叛中获得 8 的利益并在接下去的时期获得 0。因此，当且仅当 $5/(1-\delta) < 8$，或者说 $\delta < 3/8$ 时，背叛策略才能超越合作策略。也就是说，只要 $\delta > 3/8$，一对触发策略就无法被背叛侵入。

事实上，这个博弈有很多其他均衡。例如，可以考虑 Alice 的如下触发策略：只要 Bob 轮流地选择 D，C，D，…自己就轮流地选择 C，D，C，…，一旦 Bob 脱离了这个模式，就永久背叛。假设 Bob 采取与此互补的策略，即只要 Alice 轮流地选择 C，D，C，…，自己就轮流地选择 D，C，D，…，一旦 Alice 脱离了这一模式，就永远背叛。对于充分接近 1 的 δ，Alice 无法从偏离这一指定的策略中增加收益，Bob 也是如此。为了看清这一点，请注意，假如 Alice 可以从偏离中获益，那么只有当她本来要求合作时进行背叛才是有利可图的，这时她的收益为 0 且接下去的收益也永远为 0，而在本来需背叛时转为合作则可在第一轮获得 -3，接下去的收益全部为 0。当固守触发策略时，Alice 的收益为 -3，8，-3，8，…，为了计算这一无限回报流的期望收益，请注意 Alice 在第一期获得 -3，下一

期获得 8，接下去，她有 δ^2 的概率重新进行两期的博弈。所以如果 82
x 是 Alice 的期望收益，我们就有 $x = -3 + 8\delta + \delta^2 x$。解此方程，我们得到 $x = (8\delta - 3) / (1 - \delta^2)$。触发策略能够在 $x > 0$ 的情况下战胜背叛，这要求 $8\delta - 3 > 0$，也就是 $\delta > 3/8$。再一次地，当 $\delta > 3/8$ 时，触发策略无法被打败。

在这个基于阶段博弈的重复博弈中，所有可能的期望单轮收益表示于图 5.2。这个例子下的俗定理是说，以上所述的触发策略可以支持 OABC 之中阴影区域内的任意点作为该重复博弈的均衡，只要持续概率充分地接近于 1 即可。例如，为了到达 A 点，Alice 可采用每一期都选择合作的触发策略，而 Bob 在每 17 期中选择 7 个特定期次（例如第 1、3、6、7、12、14、16 期）进行背叛，其余 10 次选择合作。若 Bob 合作次数少于 10 次，则 Alice 受到触发，永久选择背叛。Bob 的触发策略与 Alice 互为镜像。假如持续概率为 $\delta=$ 0.98，Alice 获得 0，Bob 获得略少于 7 的收益。

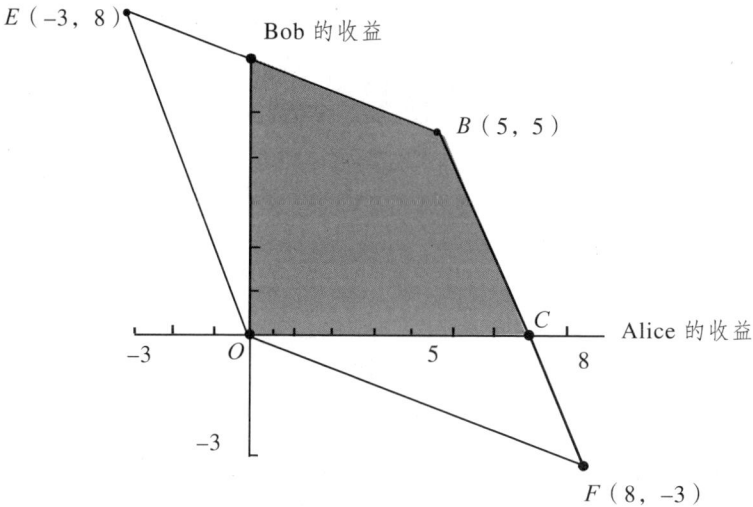

图 5.2 俗定理

注：OABC 阴影区域中的任意一点所代表的平均每期收益组合都可以被图 5.1 囚徒困境的重复博弈中的均衡所支持。

基于这个例子，我们可能怀疑，这一结果未免太过优美，以至于不像是真的。Alice 和 Bob 要怎么开始协调他们的某对触发策略？存在无穷多其他的策略对，可以实现沿着边 ABC 的那些点。为什么 Alice 不先发制人地选择 Bob 的触发策略呢？这样一来，Bob 的最佳反应就是采纳与此互补的策略，进而实现图上的 C 点，收益组合变成了 A 点的逆转。

83   如果我们要问，参与人事实上是如何协调至有效触发策略对的，或者与此相关，除了互相背叛之外的任何策略要如何才能达到，那么这一定理就无话可讲。此外，比起一对个体——例如 Alice 和 Bob——在协调策略对时遇到的困难，当群体很大时，这一问题甚至还要糟糕，正如本章引语中休谟对这类问题的观察那样；若不存在人人都遵从的社会规章制度，那么与许多独立的心灵相比，要在两个个体之间达到可行的安排要容易得多。为了理解这一协调问题是多么严重，我们需要考虑，当个体数量相当可观，而且每个人对于他人行动的信息具有错误时会发生什么。

5.2 不完美公共信息下的俗定理

在前一节中，支持俗定理的论证紧紧地依赖于信号公开且完美的假定。当触发策略被运用时，信号错误会有灾难性的后果，因为只要有一个背叛的信号，合作就瞬间瓦解直至永远。本节我们将介绍不完美公共信号下的俗定理（Fudenberg 等，1994），它提出了更加灵活的策略，可以在参与人无意中没有产生 b 的利益，或产生了这一利益却被错误地认为背叛时恢复到合作。举例来说，一个猎人可能由于运气不好或在大树下睡了一整天而没有带回猎物。在这种情况下，信号不完美的意思是，我们无法区分有意和无意的背叛（执行错误），或者对个体行为进行了错误的报告（感知错误）。表5.1 展示了这一章用到的数学符号。

我们假设，在所有 n 人群体成员都合作的情况下总期望收益为

nb，但实际实现的利益受制于随机变化，因此，群体成员无法通过观察当期的实际收益推出有多少人选择了合作。然而，每个成员都能收到不完美的公共信号（存在感知错误），背叛的信号将被准确地传递，但是当成员合作时，他有 $\varepsilon > 0$ 的概率被人误当成选择了背叛。完全的合作意味着每个参与人得到收益 $b - c$，此例中的俗定理断言，只要 δ 充分地接近于 1，那么无论群体有多大，而且无论我们希望接近完全合作的收益到何种程度，都存在一组社会交互的规则使得这种程度的合作可以达到。不完美信息下的俗定理最令人震惊的一面也许是，它真真确确地独立于群体的规模，而且不管信号不完美到什么程度，只要这一信号对背叛的预测准确性比随机瞎猜强一点就足够了。

在前一章，我们发现 n 参与人的互惠利他模型只能在很小的群体中支持高水平的合作。因此俗定理模型达到了一个远远超越互惠利他模型的效率水平。而我们应该看到，这一极高的效率水平来源于这一假定，即惩罚可以准确地指向恶人，而不是使所有参与人都从合作的崩溃中受害。

接着，我们假定被观察到背叛的参与人会在当期受到一个数值等于 p 的惩罚，这一惩罚由群体中的其他成员执行，并由惩罚者平均地承担其成本。我们还假定，参与人对惩罚的实施这一信号是公共而不完美的，也就是说，当他事实上实施惩罚时，有 ε 的概率被认为没有惩罚。假如参与人被认为没有进行惩罚，那么他也会以同一种方式遭到其他人的惩罚，惩罚的程度与背叛者相同。此模型具有如下性质，假如 Alice 被认为没有惩罚 Bob，那么 Bob 必须参与到对 Alice 的惩罚中去。此外，假如 Alice 和 Bob 都是恶人，那么他俩也必须参与到对对方的惩罚中去。这样的安排可能显得有些怪异，但是在现实世界中却有这样的例子，比如已定罪的重罪犯要支付收入税以支持对他自己的监禁。而且，即使我们改变这一假设，也不会影响结论，却要以更加复杂的论证作为代价。

假设惩罚的成本为 αp，其中 $\alpha > 0$。由于每一期中每人都有 ε 的概率发生感知错误，在一个完全合作的均衡中，每个参与人会从其他人那里观察到预期数量为 $(n-1)\varepsilon$ 的背叛，这导致了总数量为 $(n-1)\varepsilon p$ 的惩罚。由于每次惩罚都由其余的 $n-1$ 人分担，每一期中每个人都要进行预期数量为 $\varepsilon p (n-1)/(n-1)=\varepsilon p$ 的惩罚，其成本为 $\alpha\varepsilon p$。

要使合作成为最佳反应，必定满足这样的条件，即参与人无法通过有意地在某期选择背叛而后永久回到合作中获益。如果 π_c 为假定其他人合作时自己合作的单期收益，π_d 为假定其他人合作时自己背叛然后紧接着回到合作的单期收益，于是，为了维持合作，我们必须有 $\pi_c \geqslant \pi_d$，我们还假定收益相同时个体选择合作。于是我们有：

$$\pi_c = b-c-\alpha\varepsilon p-\varepsilon p \qquad (5.1)$$

$$\pi_d = b-\alpha\varepsilon p+p \qquad (5.2)$$

其中 αp 为个人在单期内的预期惩罚成本份额。注意在（5.2）中右边第二项为惩罚他人的预期成本，最后一项为主体的预期惩罚数量。在（5.2）中，成本 c 并没有出现，因为个体选择了背叛而不用付出该成本，而被惩罚的成本为 p，因为背叛者被惩罚的概率为 1。

我们可以在惩罚成本的基础上对 p 值进行选择以满足 $\pi c = \pi d$，于是就有：

$$p = \frac{c}{1-\varepsilon}. \qquad (5.3)$$

那么对每个人来说合作的收益就为：

$$\pi_c = b-c(1+\varepsilon\frac{1+\alpha}{1-\varepsilon}), \qquad (5.4)$$

其中，右边括号中的第二项就是因失误而引起的额外惩罚成本。请注意，由错误引致的无效率程度，即 $\varepsilon c(1+\alpha)/(1-\varepsilon)$，在错误不太频繁时接近到 0 而与群体规模无关。因此，直接惩罚看上去可以解决大群体的合作问题。

但这里也存在一个陷阱。由于惩罚使惩罚者承担了成本，自涉的参与人没有激励实施这一惩罚。所以，如果假设参与人都为自涉的，这一模型便会失效。我们在第 3 章已经看到，人们就算付出成本也要热切地惩罚背叛者，这就提供了一个解决问题的方案，但是这一解决方案要依赖于社会偏好而不是自我利益。我们记得，Panchanathan 和 Boyd 为了解决问题，让主体通过抵制帮助来对搭便车者实施惩罚，因为如果不这样做，就会帮到搭便车者。

因为每人的惩罚成本都是 $\alpha\varepsilon p$——其中 p 为 5.3 式如示——并且此模型预设了社会偏好，所以利他惩罚者的成本为 $\alpha\varepsilon c / (1-\varepsilon)$，在合理的参数范围内，这个数值都较小。为了拯救俗定理，我们必须实现一些机制使得自涉的参与人也有激励在均衡状态下实施惩罚。有很多潜在的方法可以实现这一目标，但是很不幸，对俗定理的证明过程未设定任何特定的激励机制，因为该证明并不是构造性的（Fudenberg 等，1994）。换句话说，作者证明了满足一定属性的均衡存在，但没有表明如何去构造它们。因此，为了探索是否可以设计一个对于自涉个体来说激励相容的合适惩罚系统，我们得构造自己的模型。这并不会过于困难，我们将建立一个我们能够设计的最合理模型，但是为了评价它的合理性，我们必须谨记，可能存在一些我们未能注意的激励结构，在它们身上并没有我们构造的机制所受的限制。下面就是我们所能设计的最好机制。

如果所有个体都选择合作与惩罚，那么惩罚信号的预期数量为 εn。$N-1$ 个参与人将惩罚每一次背叛，所以将有 $\varepsilon n(n-1)$ 针对背叛者的惩罚，这将产生另外 $\varepsilon^2 n(n-1)$ 的背叛信号（由失败的惩罚造成的信号）。紧接着，这一惩罚失败的新信号又引起 $\varepsilon^2 n(n-1)^2$ 的新惩罚事件。于是，由一期时间的合作失败造成惩罚总数量为：

$$\varepsilon n(n-1) + \varepsilon^2 n(n-1)^2 + \varepsilon^3 n(n-1^3) + \cdots = (n-1)\frac{\varepsilon n}{1-(n-1)\varepsilon}$$

因为每个人对恶人的惩罚都为 $p/(n-1)$，所以每个人每一期的总惩罚量为：

$$\frac{p\varepsilon n}{1-\varepsilon(n-1)} \qquad (5.5)$$

倘若 $\varepsilon < 1/n$，在（5.3）和（5.4）基础上我们可以得到：

$$\pi_c = b - c\left(1 + \varepsilon n \frac{1+\alpha}{(1-\varepsilon(n-1))}\right). \qquad (5.6)$$

假如 ε 远远小于 $1/n$，那么均衡收益就可以合理地接近最高可能收益 $b-c$。这是俗定理的重要预言，尽管该定理断言存在一个毫无疑问比我们这里更复杂的激励结构，此结构使得在 δ 接近于 1 的情况下式（5.6）中的分数部分要多小就有多小。请注意，δ 并没有出现在我们的公式中。这是因为我们假定对违犯的惩罚限制在单期之内，虽然这不是通常的情况。尤其是，如果 $\varepsilon(n-1) > 1$，我们必须设计出更加复杂的论证。假如我们把注意力限制在群体不超过 15 人且失误率大约处在 5% 的情况，那么 $\varepsilon(n-1) < 1$ 这一条件确实成立。

我们很容易检验，在合理的参数设置下（我们用到了 $\varepsilon = 5\%$，$c = 1$ 和 $\alpha = 1$），对一些正的收益来说的最大群体规模分别为：$n = 11$ 对于 $b = 4$，$n = 9$ 对于 $b = 3$ 以及 $n = 6$ 对于 $b = 2$。此外，以 $\pi_c / (b-c)$ 测量的均衡效率在 $b = 4$，$n = 8$；$b = 3$，$n = 6$ 或 $b = 2$，$n = 4$ 的情况下会落到 50% 以下。当然，如果惩罚的成本比被惩罚的成本低（$\alpha < 1$），那么大规模的群体也可以获得支持以维持高水平的效率。例如，若 $\alpha = 1/3$（也就是执行一单位的惩罚要付出三分之一单位的成本），那么当 $b = 4$，$b = 3$ 和 $b = 2$ 时，群体规模能够分别在 10，8 和 5 时维持 50% 的效率。但是就算这么一点好消息，在信息私有的情况（这是通常的情况）下也要灰飞烟灭。

5.3 私有信息下的俗定理

私有信号的情况更加复杂，因为参与人在探测到背叛时无法协调他们的行为。当信号为私有时，在同一个参与人身上，有些人感知到了背叛而另一些人感知到了合作。而且参与人无从得知另外的参与人所感知的信息。如果背叛者受到对手抵制合作的报复，那么 Alice 无法在以下三种情况间作出区分：Bob 为了惩罚背叛的 Carole 而背叛；Bob 出于无意而进行了背叛；由于感知错误，Alice 把 Bob 的合作当成了背叛。例如，假设 Bob 和 Alice 以 δ 的概率重复地进行如图 5.1 所示的囚徒困境博弈。我们假定 Alice 和 Bob 只有在博弈终止时才能分配到收益，因而，Alice 无法利用当前的收益决定 Bob 有无背叛，对 Bob 来说也一样。此外，我们假设当 Bob 背叛时 Alice 会收到一个正确信号，而在 Bob 合作时则有 $\varepsilon > 1$ 的概率 Alice 会收到背叛的信号。我们假设，Bob 也会如此得到关于 Alice 的信号。为了看到为什么私有信号会引发问题，我们首先来看一下，假如两个信号都是公共的，即 Bob 总能知道 Alice 何时收到一个背叛的信号，Alice 也能知道 Bob 何时收到背叛信号，问题该有多么简单。假设 Alice 采用"一个坏信号就触发背叛"（one bad signal triggers defect，OBSTD）的策略，即选择合作直到结束，除非遇到背叛信号而在所有未来轮次中永久地无条件背叛。假如 Bob 采用同样的策略，我们确实可以得到一个纳什均衡，因为当 Alice 收到一个背叛信号时，她知道 Bob 收到了同样的信号因此会在接下去背叛，对此的最佳反应也是永久性的背叛。除了允许错误发生之外，这跟 §5.1 是同样的模型。我们在 §A8 中证明，当错误率较小时得到的纳什均衡相当有效率。例如，当 $\delta = 0.9$，$\varepsilon = 0.05$ 时，假如参与人可以预先承诺无条件合作，则预期收益大约为 45，而纳什均衡中的真实收益约为 25，于是，纳什均衡的效率约为 56%。

假设错误信号是私有的。也就是说，假如 Bob 合作而 Alice 收到背叛的信号，Bob 并不会知道这一点。有人可能认为，这不会造成多大的差别，因为 OBSTD 策略可以产生相同的收益。事实也确定如此，正如我们在 §A8 所证明的。问题在于，在这种重复博弈中，OBSTD 策略对并非纳什均衡！事实上，如果 Bob 采用 OBSTD

87

策略，那么 Alice 若采用"两个坏信号触发背叛"（two bad signals trigger defect，TBSTD）策略，就能做得更好。我们在 §A8 中表明，在低错误率条件下，对 Alice 来说，TBSTD 在面对 OBSTD 时拥有更高的收益。因此原先的 OBSTD 策略对就无法构成纳什均衡。

然而，尽管当面对 Bob 的 OBSTD 策略时 Alice 的 TBSTD 策略对 Bob 和 Alice 来说都要好于 OBSTD 策略，TBSTD 仍然不能成为纳什均衡的一部分。确实，如果 Alice 选择 TBSTD，Bob 可以通过每隔一轮有意背叛而获得利益，这是因为，只要在他合作时不被误认为背叛，这么做并不会引发 Alice 的背叛。那么，私有信号下的纳什均衡究竟是什么呢？

已经有两类模型致力于解决私有信号情况的问题。第一类由 Sekiguchi（1997）及 Bhaskar 和 Obara（2002）建立，在他们的方案中，参与人在第一轮以低于 1 的概率合作，接着，他们采用一种触发策略，当首次收到背叛信号时，他们永久地背叛。为了解释第一期中的行为，以及评价均衡的效率性质，假设从第二期开始，Bob 和 Alice 进行 §5.1 中的囚徒困境博弈，其持续概率为 δ。我们在 §A8 得出，这一方案所得的均衡效率仅为 3%。

还有另外一种构造私有信号下重复博弈纳什均衡的方法（Piccione，2002；Ely 和 Valimaki，2002；Mailath 和 Morris，2006）。我们不打算描述这一办法，因为其纳什均衡要求参与人在每一期都采用严格的**混合策略**（就是说他们随机地选取各种不同的行动而不是采用单一行动），而对于参与人来说，没有理由真的使用这种混合策略，或者猜想别的参与人会使用这种策略。我们将在下一节解释为什么是这样。

5.4 演化无关均衡

俗定理没有提供任何理由让我们相信，参与人可以协调在一个该定理所证明存在的均衡之中，或者，即使碰上了这种均衡，我们也难以相信它可以长存。据此，我们认为，这里所得的均衡是演化无关的。同时，我们也没有取得进展，提供真实的动态调适过程以表现演化相关性。假设拥有关于博弈和其他参与人选择的完全知识，那么个体拥有先天倾向并能作出最佳反应这件事就是合理的。但是，当知识私有或不完美，并且无从得知其他人的选择时，最为合理的假设是，参与人无法实现俗定理所确保存在的那些纳什均衡。

一些最新的研究表明，除一些最简单的情形外，实现纳什均衡的条件相当苛刻，而且很少能够得到满足（Aumann 和 Brandenburger，1995）。实现纳什均衡的问题在于，个体可能对于其他人如何行为以及如何在事实上感知自己的行为拥有异质且不相容的信念。因此，个体的选择也许是对他人并没有实际实行的策略的最佳反应，由此产生远离于纳什均衡的博弈结果。通过这些研究，我们清楚地看到，除了最简单的情况，从理性参与人（理性意味着他们选择最佳反应）的假设出发，我们无法推导出参与人实现纳什均衡的条件。

除了这种一般的情况，假如合作中引入了混合策略（这在重复博弈的均衡中是常见的情况），那么参与人没有任何激励采取均衡策略。对参与人来说，混合策略是纯策略的概率组合，例如在硬币匹配博弈中分别以 50% 的概率选择正面或反面。在混合策略的纳什均衡中，每个以正概率被运用的纯策略必须在面对他人的混合策略时拥有相同的收益，不然的话，个体可以通过舍弃低收益的策略而获益。于是，相比于纳什最佳反应所用纯策略的任意其他组合，参与人没有激励采取纳什最佳反应。此外，其他人也知道这一点，因而没有理由期待某个参与人会采取纳什最佳反应，所以，也就没理由把纯策略的运用限制在纳什均衡中出现的策略范围内。

博弈论的创立者们对此问题有着深刻的警觉。John Harsanyi，这位与 John Nash 共同获得诺贝尔经济学奖的学者，在他提出的纯化定理（purification theorem）（Harsanyi，1973）中，为此问题提供了一个创造性的解决方案。Harsanyi 证明，在只有一个纳什均衡，且该均衡为混合策略均衡的博弈中，假如收益存在小的随机偏误，而且满足一些技术上的条件，那么参与人将在每一期都选择纯策略，但是平均而言，每一纯策略被运用的次数接近于混合策略纳什均衡中该策略的份额。该定理可用于一些简单的博弈，但不包括俗定理用到的那些重复博弈的形式，这是因为，这些博弈所需要的技术条件未能满足（Bhaskar 等，2004）。这一论证的要点在于，能够保证公共品博弈和其他社会困境有效合作的纳什均衡是演化无关的。尽管一些模型可以让个体通过历时的学习而选择纳什均衡（Fudenberg 和 Levine，1997；Young，2006），但是这些模型所需的条件仅限于简单的单次博弈，因而无法运用到重复博弈中去。

这并不是说，纳什均衡这一概念与现实无关。在演化博弈论中我们发现，动力系统的每一个受到单调动态（也就是说高收益策略拥有比低收益策略更高的增长率）——例如复制子动态——控制的稳定均衡，都是其所涉及博弈的纳什均衡。我们在这里的分析工作始于构造动力系统，终于对这一系统稳定均衡的分析，这种稳定均衡必定是阶段博弈的纳什均衡（见 §A5）。而反过来的推理则是无效的：纳什均衡并不必然在所有的演化动力学设定中都成为稳定的。

此外，假如像真实世界那样，一些信号是私有的，那么，那些需要对背叛具备灵敏协调反应的触发策略或其他策略就不再可用，因为参与人无法就过去发生了什么取得共识，从而在一个对博弈历史的共同理解下协调他们的行为。然而，即使在这种情况下，对于有着充分耐心的参与人，可以证明，在一定条件下也存在帕累托有效或接近有效的均衡（Sekiguchi，1997；Piccione，2002；Ely 和 Välimäki，2002；Bhaskar 和 Obara，2002；Mailath 和 Morris，2006），但是我们也看到，这些均衡并不能令人满意。事实上，如果存在一个私有信号下的纳什均衡，个体也没有特别的激励去实施该均衡下的策略，因为其他策略也拥有与该均衡一样的收益。此外，就如我们看到的那样，只有在私有信号近乎公有的条件下，这一均衡才能存在，这时，所有个体都能收到关于任意群体成员的大致相同的信号。而当这种情况不满足时，这个均衡就不会存在。所以，这些模型只有在所有成员都能以高准确性观察他人行动时才能解释其合作。

5.5 社会规范与相关均衡

另一种可供选择的博弈均衡概念叫作**相关均衡**（correlated equilibrium），它没有上述纳什均衡带有的弱点。假设存在一种**相关装置**（correlating device），它可以向外发出信号（私有的或公共的），给予博弈的参与人，指示他们该选择何种纯策略。相关均衡是指这样一种境况：存在一个相关装置，假如所有参与人都遵从它的指示，那么没有人可以通过切换到另一个可选策略而从中获益。

大多数论证表明，比起纳什均衡，相关均衡是更适合的博弈均衡概念（Aumann，1987；Vanderschraaf，2001；Gintis，2009a）。假设参与人对博弈、它的规则、它的收益都有着共同知识，而且对该博弈中自然事件（我们称其作自然［Nature］的行动）的概率有着共同信念，那么理性个体所选择的策略总是可以被模型化为一个适当的相关装置下的相关均衡。

相关装置这一概念有些抽象，不过，有一种相关装置是我们都熟知的，它恰好执行了向个体发送信号的社会功能，假如它受遵从就能导致有效的社会结果。这一装置就是**社会规范**（social norm），它就像是芭蕾的编舞者，可以发出精确的指令，如受遵从就可产生所需的结果。例如，城市街道网络的信号灯系统可以指示司机何时停止何时继续，通常来说只要其他人也遵守，司机遵守这些信号就是有利的，这可以避免发生事故。

举一个更恰当的例子，Alice 和 Bob 重复地进行图 5.1 所示的囚徒困境博弈。正如我们已经看到的，只要持续概率足够大，图 5.2 四边形 OABC 内的任何平均收益对都可以作为纳什均衡而被达到。一个编舞者可以通过给予参与人以明智选择的指令而实现边 ABC 上的任意一点。例如，为了达到 AB 边上距 A 三分之一的点，编舞者可以指示参与人以 5/12 的概率选择（5，5），以 7/12 的概率选择（-3，8）。Alice 从中得到 1/3 的平均收益，Bob 得到 27/4 的平均收益，这刚好是我们所需的结果。当然，现在对参与人来说没有理由在单次的博弈中遵从编舞者，但是假如博弈重复进行，而且编舞者承诺，他会指示参与人对违背编舞者命令者进行永久的背叛，那么运用俗定理的逻辑，我们就能知道，无论是 Bob 还是 Alice，遵从编舞者都是最佳反应。

在受到社会规范支持的合作均衡中，均衡策略是演化稳定的，不仅如此，社会规范本身也是一种演化适应，它们在面对与其相争的社会规范侵入时也是稳定的。社会学家（Durkheim，1933［1902］；Parsons 和 Shils，1951）和人类学家（Benedict，1934；Boyd 和 Richerson，1985；Brown，1991）发现，几乎所有社会都存在这样的社会规范，而它们正是理解策略交互的关键。借用一点社会学理论，我们断定，群体拥有指定博弈如何进行的社会规范，而且，这些规范可被群体成员识别为社会规范。学习社会规范的过程包括：学习何种行为是该规范所指示的，认识到该规范在知道它的人之间是一种共同知识，以及认识到群体成员的大部分都知道且遵从它。

社会规范并不能确保均衡，因为失误、变异、迁徙、对规范的有意违背及其他动力学因素都可能使个体拒斥由规范塑造的信念和行为。这之所以发生，是因为信念可能与个体的经验相违背，或者受规范指示的行为因不符合个人的最佳利益而被拒绝。也就是说，在给定由规范导致的信念及个体更新的条件下，由社会规范塑造的行动必须是对其他群体成员行为的最佳反应。除此之外，社会规范也不能被当作一个由中央权威所制定的**天外救星**（*deus ex machina*）来引入。相反，我们应该在不违背此要求的前提下，提供一个关于合作的"自底向上"（bottom-up）理论，而无须预先假设制度形式的合作已经存在。于是，我们就可以自由地决定社会规范的形式，因为任何被假设加强行为的制度本身也需在动力系统内模型化，除非我们有合理的理由把一个宏观水平的制度当作无问题的预设。另外，社会规范并不是固若金汤的。群体的社会规范本身也可能经历变化，为成员产出更好效益的群体有时（但不是经常）会取代那些拥有低效社会规范的群体，造成社会和人口学条件的变化，进而导致群体内社会规范的演化变迁。

5.6 消失的编舞者

基于重复博弈的经济学合作理论证明，存在着具有可欲社会属性的均衡，却把这样的均衡如何达致的问题视为一种事后补充。于是，该理论便剥离了稳定性、收敛性及其他非均衡动力学问题。俗定理跟本章开头提到的那个更加著名的福利经济学基本定理（"看不见的手"[invisible hand]）有着同样的缺陷，它致力于为分散化的市场交互建模。但是在严格的观察下我们知道，这种市场交互要求非凡的协调能力，而这种协调能力尚未得到解释，我们只是拿它作为一个**天外救星**（Kirman，1989；Ingrao 和 Israel，1990；Bowles，2004；Gintis，2007）。

与此类似，我们已经表明，对于俗定理下由报复支持的合作的情形，我们需要假设即使在没有编舞者的条件下，人们仍然可以巧妙地协调至足够制止背叛的复杂策略。就像基本定理那样，我们并没有指明这里的动力学因素。假如我们猜得没错，那么只要没有对基本理论作出大刀阔斧的改变，这一状况就不会改变。

与俗定理和基本定理相关的模型失败并不令人感到惊奇，因为它们都试图在不诉诸先存规范和合作制度的前提下解释大量自涉陌生人之间的合作，而无论在我们物种的历史和史前史中，这些规范和制度都不像是已经出现过。无论是程度还是广度，发生于大量非亲属个体之间的人类合作在生物中绝对是个例外。全球范围的分工与交换、现代民主福利国家以及当代的战争都证明了我们的独特性。这些合作形式在历史当中涌现，而在今天，它们作为自涉偏好和社会偏好交互作用的产物而得以维护。有利于合作者的群体层面治理制度和社会化对这种交互过程产生了影响，它们有助于协调人们的行动，惩罚越轨者并保护他们免受背叛者的剥夺利用。

具有上述功能的规范与制度在数千年来的试行错误中演化而来。我们可以考虑，现实世界的制度是如何解决重复博弈模型的两个基本缺陷的。

首先，我们已经看到，信息的私有性使它几乎无法协调针对恶人的惩罚。在许多狩猎－采集社会中，一些相关信息在其他社会中本来是私有的，但是通过一些合作习俗，它们便成为公共的，例如在公共场合进食的习惯使得对食物分享规范的违犯更容易被探测到。通过多条船只联合经营的日本虾类渔民会出于同样的理由，有意地在每天的给定时间卸下他们的捕获物（Platteau 和 Seki，2001）。但是，对大多数现代社会来说，因为人口数量的关系，为了把关于越轨者的私人信息转化为公共信号，通常需要民事或刑事审判以提供惩罚的基础，这些精致的流程已经演进了很多个世纪，并且依赖于共同同意的举证规则以及关于适当行为的伦理规范。但是，即便拥有这些先存的社会偏好带来的好处，这些复杂的制度还是经常无法把关于犯罪情况的私有异议转化为共同知识。

其次，在这里和前一章，我们已经看到，当热心人想要惩罚背叛者而拒绝合作时，通常会被其他人误以为自身也违犯了合作规范，进而造成螺旋式增长的背叛，在这种情况下，合作便会瓦解。为了解决这一问题，几乎所有现存的大人口社会都会创造一支专家队伍并委托他们实施更加严厉的社会惩罚。他们穿着的制服体现了实施惩罚的公益目的以及他们的职业规范，我们希望保证惩罚的力量不要用于谋取个人私利。与法庭审理程序类似，治安、刑罚等相关制度也在不完美中运行。

我们已经认识了两种自涉个体之间合作问题的解决方案——把私有信息转化为公共信息的法庭审理程序，以及使得维持秩序的惩罚合法化的专业权力团体。但是，它们都预先假设法官、警察、目击者和其他相关人员都致力于维护他涉的或道德的行为标准。很难想象，如果没有这样的保证，这些制度还能够运作。因此，只要预设了对于这些问题的先存解决方案，经济学合作模型便无法完成它们的目标，即解释非道德的自涉个体之间的合作。

为维持人类合作的复杂进程建立模型是当今科学的重大挑战之一。经济理论倾向于简约性而不是现实性，它们试图在不介入社会偏好的前提下解释合作，并且只允许对社会制度进行极简或假想的描述。正如我们看到的那样，这一研究脚步已经为我们提供了重要的见解。但是它可能已经走到了尽头。

表5.1　符号定义

符号	意义
a	惩罚与被惩罚的成本
b	利益
c	成本
δ	延续概率
ε	错误率
p	被惩罚的成本
π^c	合作的收益
π^d	背叛的收益
n	群体规模
t	时间

6 远古人类社会

在史前人类之间……生活就是不断的混战，在有限和暂时的家庭关系之外，所有人对所有人的霍布斯式战争就是世间的常态。

托马斯·亨利·赫胥黎《生存斗争：一份纲领》（1888）

p. 163

哲学家……都觉得有必要回到自然状态，然而，他们都没有成功地回到那里。

让–雅克·卢梭《论人类不平等的起源》（1755）p. 1

我们在第 3 章展示的强互惠、公平心以及其他利他和道德的偏好是不是过去演化的遗产？在这一演化过程中，以如此方式行为能否比采取非道德的自涉行为获得更高的适应性？ Trivers（2007）推理道："非公平的安排……对于内含适应性也许正好是一项沉重的成本。在这种意义上，依附于公平正义就是自利的。"（p. 77）假如 Trivers 是正确的，公平意识就可以在人类之中普遍存在，因为它可以在重复交往中给个体和他的亲近亲属带来好处，使得公平的个体得到声誉以提高他们的遗传利益。Ken Binmore（2005）正是用这种方式对公平规范的演化进行解释的。同样的推理也可以运用到慷慨以及对违犯社会规范者的惩罚上来。

Richard Dawkins（2006）也推进了这一观点，将基于亲缘的利他、互惠利他、间接互惠以及有成本信号作为四个用以解释现代人类利他行为起源的模型：

> 在大部分史前史里，人类生存于有利于这四种模型成立的条件之下……你的大多数伙伴成员都是你的亲属，比起其他队群的成员，他们在遗传上更接近于你……这是亲缘利他演化的大好机会。而且……你会在你的一生中一遍又一遍地见到同样的个体——这正是互惠利他演化的理想条件。与此同时，这些因素也是建立利他声誉以及表现出慷慨大度的理想条件。（p. 220）

因此，人类之所以变得合作，是因为在祖先的环境中，我们可以频繁地与同一群体的近亲交互，所以，以牙还牙等策略能够符合Trivers 的互惠利他条件，因而足以支持合作的结果。根据这一观点，合作可以作为一种互利而得以涌现。

　　其他学者，包括 Leda Cosmides 和 John Tooby（1992），在社会偏好的演化起源问题上也同意这一观点，但是与 Trivers 相反，他们认为在现代情境下社会偏好是降低适应性的。根据 Cosmides 和 Tooby，尽管在我们的祖先中，家庭内的合作和同群体成员间的互惠加强了合作者的适应性，但是在现代世界转瞬即逝的社会接触中，它们的表现却只是人类动机远古演化起源的非适应性遗产（maladaptive legacy）。由于我们的祖先很少碰上陌生人，我们没有必要在单次和持久的交互之间作出区分（无论在实验室还是自然条件下），从而把陌生人也当成了亲密伙伴。Dawkins 以下述方式表达了这一点："表现出慷慨而富有同情心的愿望……是远古村落生活的意外结果。"（p. 222）

　　毫无疑问，重复博弈中的声誉建立，以及亲近家庭成员之间更频繁交互的倾向，为合作的演化作出了贡献。但是，我们并不认为

94

这些机制可以提供充分的解释。首先，在第 3 章我们已经看到，现代人类能够完美地区分如下两种状况：声誉建立和报复搭便车者可以进行的状况，以及声誉建立和报复搭便车者不可以进行的状况。在后一种状况下，亲社会行为不可能只是一种失误。其次，早期人类很少接触家庭外部世界——道金斯关于自利合作繁盛的理想条件——这一设想很难与关于更新世晚期和全新世早期的已知事实相互调和。像卢梭所说的哲学家那样，Dawkins、赫胥黎这样的生物学家就像是跳入了错误的时间机器，在一个想象的祖先世界中环游了一番。

关于祖先所面临的条件，我们拥有一幅十分不同的画面，其证据虽然间接，却相当具有说服力。史前寻食者没有留下多少考古学踪迹，而历史记录关于前接触历史（precontact histories）的记载也很少能够延续半个世纪。我们能做的最好的事情，就是除新近寻食者的遗传学证据外，还要从狩猎‑采集文明的人口统计资料、更新世晚期的气候记录、关于更新世时期死亡原因的考古证据以及民族志和历史报告等等可获取的数据出发，作出推断。

我们将看到，无论是群体的预期规模，还是群体内的遗传关联度，还是寻食队群的典型人口构成，都无法支持晚更新世的人类合作可以由基于亲缘的利他或互惠利他充分解释的观点。关于更新世晚期和全新世早期的已知事实，以及从这些已知事实作出的推测表明，我们的祖先并没有生活在小型的亲近群体之中，对这种亲近群体来说，只要在很长的时间尺度下，仅仅是家庭和自利就足以成为社会的基石。事实上，我们的祖先总是四海为家、热心公益，而且非常好战。除了联盟和战争（如果赢了的话）之外，他们也从广泛的共同保险、交易、择偶等社会网络关系中受益。

在下一节，我们将回顾一些考古学和民族志证据，这些证据表明，尽管存在孤立的群体，大多数人类还是频繁地接触直接亲属以外的大量个体。在关于**民族志寻食者**（ethnographic foragers，这一名称代表历史和民族志记录中记载的寻食者）的遗传分化程度问题

95

上，这一结论与 §6.2 所回顾的寻食者数据相符。假如祖先群体真的既孤立又较小，那么群体间的遗传分化程度将比我们观察到的大得多。接下去，我们还要给出人类祖先经常陷于频繁且异常致命的群体间冲突的证据。在倒数第二节，我们要转到这样的数据，这些数据表明，经由协调的同伴压力和惩罚等重要举措可以维护前国家（prestate）小尺度社会的社会秩序，对于这一过程，我们将在第 9 章进行建模和仿真。

6.1　四海为家

根据第 4 章的仿真结果，我们的祖先群体是否够小，使得合作可以因重复交互而得以维护？

根据 Christopher Boehm（2007）的推理，一个可行的寻食队群至少要包括五名猎人。成人决策者则要三倍或更多于这一数字，这包括妇女和老人。而 Frank Marlowe（2005）从民族志记录中最类似于人类祖先的 175 个"温暖气候、无骑术"（warm climate，non-equestrian）的狩猎–采集群体中得到的平均队群规模为 37 人。就算我们把老人和年轻人排除，也会有 12 人的决策者。在图 4.6 中我们表明，即使对那些只有此规模一半的群体来说，其互惠利他也只能在极其不合理的行为或感知错误率以及极高的利他行为收益—成本比率下得到演化。

然而，与人类合作有关的数目却并不是基本寻食群体的平均规模。首先，季节性或其他形式的聚集经常发生，用于交换、婚配、社交和防卫。其次，大多数人类祖先必然生活在比平均水平更大的群体中。无论是基于文化还是基因，对一个演化解释来说，重要的是典型个体所处群体的规模，而不是比这一规模小得多的平均群体规模。所谓的典型群体规模可能与平均群体规模有着根本的差异。假设存在两个群体，一个有 10 成员，另一个有 100 成员。平均群体规模为 55。但是以总人口中份额作为权重计算的典型群体规模，即

（100×100 + 10×10）/110，是92。为了看到这一点，另一种方式是注意到100个个体有99个邻居，10个个体只有9个邻居，因而每个人的平均邻居数量为（100×99 + 10×9）/110 ≈ 91。利用这个概念，我们计算了Marlowe样本中温暖气候、无骑术群体的典型群体规模。它是令人震惊的77，比平均群体规模的两倍还要大。这种规模的群体将拥有40或更多的成人决策者。我们认为，甚至这一估计也只是过低的估计，因为在更新世晚期，跟现在相比，更多的狩猎－采集者生活在大型的、部分定居型的村落当中，地处人口密集、资源丰富的沿海或沿江环境，之后他们才遭到全新世农民的驱逐。

除了群体规模的限制，为了使重复交往能够促成合作，我们还需要更多的因素：频繁且持续的交互也是必须的（式4.11）。但是，96 与外群体的广泛接触以及灾难性人口事件表明，这些因素不太可能在更新世晚期和全新世早期成立。

像我们在第1章看到的，非洲寻食群体的远距离交易要早于现代人的流散。在澳大利亚的土著群体中，交换也相当普遍：

> 贝壳、石头、赭石、*pituri*［一种麻药］以及木制工具和武器都可以流传到数百千米之外……贝制吊坠可以穿越大陆……木制的钩状回力标见于其制造地至少1200千米以西。（Mulvaney，1976，p. 80）

土著文化实践也是交换的一部分。Molongo仪式在1893和1918年间穿越了1600千米（Lourandos，1997）。

> 交换经常包括1000人以上的季节性集会，他们进行联合食物生产活动……包括涉及范围达到直径20至30千米人类圈的狩猎活动……这些集会经常在范围上接近于地域界限，避免不法入侵和进一步的冲突。（Lourandos，1997，p. 65）

澳大利亚土著人在这方面也不免落俗。许多现代寻食者群体也在季节性的大型队群聚集中接触，这经常会涉及好几千人（Lourandos，1997，p. 65）。异族通婚也促进了陌生人之间的接触。根据 MacDonald 和 Hewlett（1999）的报告，在热带地区的狩猎－采集者中，丈夫和妻子出生地之间的平均距离为 40 千米，对某些狩猎－采集者来说这一数字还要高些，例如 !Kung（70 千米）和极寒地带的人（Arctic peoples）。在 Harpending 和 Jenkins（1974）所研究的（"纯"）!Kung 群体中，总人口中可繁殖成年成员的双亲里只有 58% 出生于同一群体。这种高流动性也可以在其他南非洲群体中观察到，例如 Hadza（Woodburn，1982），其流动性部分地源于广泛的共同保险网络，在 !Kung 部落，这种网络包括了超过 200 千米的伙伴关系。例如，为了描述 Dobe !Kung 的可能历史模式，Howell（2000）写道：

> 长距或短距的频繁迁移的模式，利用了广泛传播的亲属纽带，伴随着现有群体的形成与解散、联合与分裂，从而调整群体大小以适应可得资源。尽管几乎没有人可以在一生中走遍整个 !Kung 的范围，但近乎每个人都预计要走过很长的路径，生活于很多的不同的地方，遇到大量其他的 !Kung 人，纵然他们本身只是相对较小的群体。（p. 11）

亚利桑那州人类学家 Kim Hill（在个人交流中）指出，前接触时期巴拉圭 Aché 的社会交互已经相当广泛，可以达到每十年数百个成人接触的程度。

在这样的环境下，那些无法区分长期和短期（或一次性）交互的人将处于适应性劣势当中。看起来，我们可以安全地得出结论，除了那些孤立的寻食者群体，所有群体都经常联系于其他群体，无论这种联系是互利的还是敌对的。

我们转到灾难性人口事件的证据，冲突、环境挑战和其他原因所造成的频繁灾难性死亡事件是调和关于狩猎－采集者人口统计资料中两块确凿证据的最合理方式（Hill 和 Hurtado，1996）。首先，在 20000 年前之前的 100000 年间，人类的人口数量增长得异常之慢甚至完全没有增长，据估计，此时的增长率范围才只有早期的每年 0.002% 到晚期的 0.01%（Hill 和 Hurtado，1996）。其次，关于狩猎－采集者人口统计学的人口模型和数据表明，实际的增长率有能力超过每年 2%（Birdsell，1957；Hassan，1980；Johansson 和 Horowitz，1986）。例如，森林 Aché 部落在前接触时期以 2% 每年的速度增长了超过 40 年（Hill 和 Hurtado，1996）。假如人口崩溃经常发生的话，这两个事实——总人口长期低增长率和潜在的高增长率——就可以得到调和。

不稳定的气候肯定也是一项贡献因素。基于格陵兰冰芯的晚更新世温度变异性证据显示于图 6.1 中。西地中海的深海岩芯等数据表明，图中的气候变异性是北半球的普遍现象（Martrat 等，2004）。这些数据（为了减小测量误差而进行了 50 年期平均的平滑处理）甚至显示，平均温度的变化在两个世纪这么短的时间尺度内已达到 8 摄氏度的大小。通过对比我们发现，摧毁部分早期现代欧洲的小冰期经历了一到两度的平均气温下降，而上个世纪的急剧变暖则将平均气温提高了一度，对此我们可以拿上世纪 90 年代的空前高温和一个世纪之前作一比较（Mann 等，1998；McManus 等，1999）。

高死亡率、人口崩溃与人口散失大致构成了晚更新世的特征，而这些特征对互惠利他的演化极为不利，即使是二元交互的情况也是如此。当代寻食者的死亡风险率使时间折现因子的上限在排除了短视和意志薄弱后至多只能达到 0.98（Gurven 和 Kaplan，2007）。根据该假设，折现因子即为 1 减去死亡概率。重复博弈理论要求折现因子任意地接近于 1，而纯粹出于人口学因素的折现就会使这种理论的结果受到怀疑。假如群体中的老年成员对合作的成功至关重要，那么最大折现因子将非常之低。

除此之外，由于群体之间的频繁冲突和极端不稳的气候，群体的存续性也可能非常有限，因此，即使群体成员可以生存，他们也未必在长时间内都生活在一起。根据 Soltis 等（1995）对巴布亚新几内亚 50 年时期内 14 个群体的研究，其中的 5 个已经消失。无论是 Smouse 等（1981）所报告的雅诺马马人村庄还是 Long 等（1987）所报告的 Gainj 群体，期望的持续期大约为 3 代。晚更新世时期动荡气候条件下的群体生存期不太可能超过这一数字。

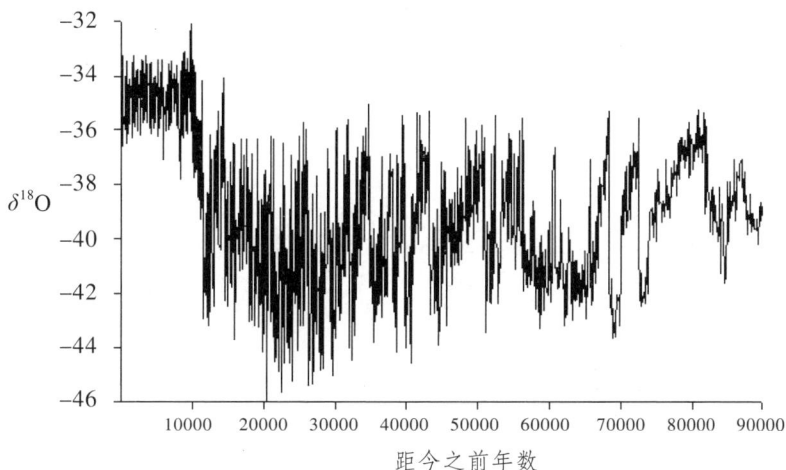

图 6.1　更新世气候变化

注：得自格陵兰冰芯（来自 http：//www.glaciology.gfy.ku.dk/ngrip/index eng. htm，并由 North Greenland Ice Core Project Members［2004］所描述），以 $\delta^{18}O$ 为度量。表面温度大致线性于图中的 $\delta^{18}O$ 信号。以摄氏度度量的温度差异大约 1.2 倍于图中的信号（Johnsen 等，1992）。

我们唯一拥有充分时长人口学记录的小尺度社会，即孤立的南大西洋特里斯坦 - 达库尼亚群岛的人群，提供了一个极端的例子（Roberts，1971）。这一人群在一个半世纪内发生了三次人口崩溃。第一次是由冲突引致的分裂所引发，导致半数以上的人口离去；第二次，一个航海事故害死了岛上几乎所有男性成员，只留下了四人；最后一次崩溃则导致了整个人口的散失，它由 1961 年岛上的火山爆发所引起。

为了总结晚更新世寻食队群有可能面对的那些不稳定的人口模式。Gajdusek（1964）写道：

> 迁徙、谋杀和自杀、战争以及屠杀、社区与队群的分裂和破碎、群体的联合与突然合并、婚配实践与禁忌上的意外社会变迁、自然事故与灾难例如地震、洪水、台风、火山爆发、干旱、饥荒和瘟疫，所有这些因素都对小型群体的遗传组成有着重大影响。（p. 121）

这些条件不太可能是互惠利他有望得到繁盛的条件（Gintis，2000）。遗传学证据也与此观点相一致。

6.2 遗传学证据

人类寻食者群体之间的遗传分化达到何种程度，是由婚配实践、选择压力、繁殖不均等性、迁徙模式、群体大小、群体分裂与融合过程以及其他长时期内的种群动态所决定的。尽管当代的寻食种群并非人类祖先群体的原始副本，关于他们的遗传学证据还是为我们提供了一面难得的透镜，我们可以借以研究史前人类的社会和人口结构。过去半个世纪收集的寻食种群遗传物质允许我们估计群体之间的遗传距离，这些群体的尺度小到基本的寻食队群，大到由很多民族 - 语言单位构成的复合种群。根据 Bowles（2006），这些估计在近期的数据中得到了放大，见表 6.1。

表6.1　狩猎–采集种群的遗传分化

种群	索引	数值
北极圈欧亚土著种群	F_{DT}	0.076
西伯利亚土著种群	F_{DT}	0.170

续表

种群	索引	数值
西伯利亚土著种群	F_{DG}	0.114
!Kung同类群（南非）	F_{DG}	0.007
南非群体	F_{GT}	0.075
南非同类群（来自18个群体）	F_{DT}	0.081
土著澳大利亚人（14个群体）	F_{GT}	0.042
Kaiadilt-Lardiil群体（澳大利亚）	F_{DT}	0.081
Asmat-Mappi（西新几内亚低地）	F_{DT}	0.056
Mbuti（中非）– San（南非）	F_{GT}	0.149
Aka（同群体不同村落）	F_{DG}	0.042
Aka（群体间）	F_{GT}	0.057
Aka（所有群体不同村落）	F_{DT}	0.097
俾格米（9个群体）	F_{DT}	0.052
俾格米（四个Baka语言同类群）	F_{DG}	0.061
土著澳大利亚人（10个阿纳姆和北方的群体）	F_{DT}	0.136
阿伊努人–爱斯基摩人（日本–阿拉斯加）	F_{GT}	0.109
阿伊努人–楚科奇人（日本–东西伯利亚）	F_{GT}	0.075
爱斯基摩人–楚科奇人（阿拉斯加–东西伯利亚）	F_{GT}	0.047

注：F_{DG}测度同一个民族–语言群体（G）内不同同类群（D）间的遗传分化，F_{GT}和F_{DT}分别测度一个复合种群（T）内不同群体和同类群的遗传分化。均值为0.080（0.041），中位数为0.075。假如排除民族–语言单位内的估计（F_{DG}），剩下的15个估计将有0.087（0.038）的均值和0.075的中位数。前15行来源于Bowles（2006）。接下来的两个（俾格米）来源于Verdu（2009），接下来的（阿纳姆和北方）来源于Walsh等（2007），最后三行来源于Cavalli-Sforza等（1994）。俾格米和澳大利亚的数据经由高变微卫星位点校正，可以跟表格中剩余部分作比较。www.santafe.edu/bowles的备忘对这些数据及其校正进行了描述。推定的非洲狩猎–采集者祖先基因聚类间（而不是观察的种群群体）的F_{ST}产生了更高的值（Henn等，2001）。

很多寻食种群是极度分化的。某些地理上邻近的群体在遗传学上所表现的差异，跟全世界范围内大多数祖先群体之间的差异相近。比起初级农业种群和技术上更先进的小尺度种群，寻食种群在遗传学上并没有表现出更多的分化。但是，我们与桑塔费研究所的Stefany Moreno Gamez和Jon Wilkins的共同研究表明，假如祖先群体确实是小型且封闭的，那么由均衡分化的标准模型所预测的群体分化程度应当远远高于我们的观察（Moreno Gamez 等，2011）。所以，遗传学数据更加符合于这样的事实，即祖先群体的规模较大，而且其组成会不停地变化。

为了看到遗传信息可以提供人口结构的线索，我们需要一点种群遗传学背景。群体间的均衡遗传分化程度需要平衡较小的群体规模所带来的效应和群体间迁徙所带来的效应，前者造成的遗传漂变倾向于加强分化，而后者则倾向于减小这种分化。于是，分化的均衡水平，记为 F_{ST}^*，就是使得两个效应刚好相互抵消的值，此时，在相关数据没有外生变化的情况下 F_{ST} 就能保持长期恒定性。作为常染色体遗传标记，假设问题中的等位基因不会经历选择和突变，并且令 m_e 和 N_e 分别代表群体间的迁移率和群体规模，那么对于较小的 m_e 来说，我们将有如下的近似（Wright，1935）：

$$F_{ST}^* = \frac{1}{1 + 4m_e N_e}. \tag{6.1}$$

分母中的迁徙率和群体规模项建立在理想化的人口学结构基础上，其群体规模为常数，男性与女性的预期后代数目相同（他们自身的数量也相等），迁徙的模式服从随机岛模型，迁徙者被随机地指派至一个群体而不管其空间或其他形式的邻近性。**变异有效的群体规模**（Variance effective group size，N_e）是指在偏离理想人口结构假设的前提（这可以从真实的人口结构中观察得到）下，使得种群在一代内由遗传漂变所导致的群体间遗传分化程度与经验研究群体相同的个体数量。因为与更现实的假设相比，理想化的人口结构可以最小化遗传漂变所导致的群体间遗传分化，变异有效的群体规模要小于观察到（所谓的人口总计［census］）的规模。而**有效迁移率**（m_e）是指随机岛模型中的一种迁徙个体比例，这种比例对群体间遗传分化所产生的效应与研究中观察到（非随机的）的群体间迁徙模式所产生的效应相同。在观察到的迁徙模式中具有非随机性，因而与随机岛模型有所偏离，这会降低迁徙的同化效应，所以，有效迁徙率要小于观察到的迁徙率。

在上述理想化的假设前提下，我们观察到的分化程度与中等群体规模和迁移率下的均衡预测相一致。但是与 6.1 式有关的假设条件不太可能与更新世时期相符。没有人类社会表现出这些理想的特点，而且，由观察所得的人口学结构所预计的遗传分化程度要高于理想条件下的分化程度。繁殖偏倚，上文所提到的易波动的种群动态在晚更新世时期肯定极为普遍，这包括稀有群体的灭绝、基于血统的群体分裂和非随机迁徙。所有这些特征都违背了 Wright 模型的假设，从而降低有效群体规模和有效迁徙率，于是，根据式 6.1，这些特征为提升群体之间的均衡遗传分化程度作出了贡献。利用关于新近寻食者群体的数据来考虑这些效应（Moreno Gamez 等，2011），我们发现，只有当群体规模和迁徙率相当大时，由均衡模型作出的预计才能与表 6.1 吻合，据此，年均迁徙者的数量必须二倍甚至三倍于上一自然段基于 Wright 的理想假设所做的计算。所以，如果观察到的遗传分化反映了种群均衡，那么这些数据就与如下的普遍看法不相符合，即我们的祖先生活在封闭的世界，社会交往仅仅局限于少量的亲属或终身的亲密伙伴之间。

更详细的研究也得出了类似的结论。例如，基于澳大利亚土著群体的遗传分化模式，Keats（1977）推断，"当地群体要行走相当长的距离，通常要为了交易的目的而接触其他的群体，这有时也包括交换群体中的人口"（1977，p. 327）。因此，从这些遗传学数据得出的推论与如下事实相符，即祖先群体的长距离交换（McBrearty 和 Brooks，2000）和敌对冲突（Bowles，2009a），以及新近寻食者（他们被认为是祖先人类的合理模型）显著水平的长距离交换和迁徙、偶然的大规模季节性聚集以及广泛的共同保险伙伴关系（Lourandos，1997；Wiessner，2002；Marlowe，2005）。

于是，这些数据就与上文的证据相一致，这些证据表明，人类祖先的条件无助于由互惠利他所导致的群体水平合作。同时，对于基于亲缘选择的模型，遗传数据也只能支持类似的负面评价。群体成员并不在遗传学上表现出亲近的关联。

尽管面向兄弟姐妹和其他亲近家庭成员的帮助在合理的收益成本比率下可以得到支持，但是典型寻食队群的亲缘关联度通常无法支持团队成员间的合作，除非收益－成本比率异常之高。我们可以考虑一个具体的例子，某个队群（只有 7 个成年成员）具有非常高的关联度，其中有一对双亲，他们有两个儿子及他们的媳妇，还有一个无关的"外来者"。假如两个媳妇是无关联的，那么该群体中平均的两两之间遗传关联度为 0.12。Hamilton 法则（4.1）表明亲缘利他只有在收益－成本比超过 8(0.12 的倒数)的情况下才能得到支持。

更严重的是，该例的群体内遗传关联度还远远超过典型的情况。对 32 个狩猎－采集种群队群组成的调查（Hill 等，2010）显示，队群中的大量成员并没有最近共同祖先，而且他们仅仅通过婚姻相互关联。作者发现，在 58 个前接触 Aché（巴拉圭）队群中，队群内成人之间的遗传关联度为 $r = 0.054$（总共计算了 19634 对成员）。这意味着，要想使得随机配对成员间的合作因 Hamilton 法则而得以扩散，收益必须达到成本的 20 倍。表 6.1 中报告的同类群间总遗传方差比率的估计表明，同类群中的平均关联程度已经排除了利他行为演化的可能，除非收益能够比成本高上一个数量级。因此，除去异常之高的收益－成本比的情况，遗传学数据使得我们无法利用家庭成员之间的合作倾向去解释群体水平的共同项目，例如狩猎、捕食与防卫。

这些数据同样也致使我们怀疑依赖于互惠利他的解释。理由是，根据图 4.6 的仿真结果，我们与 Moreno Gamez、Wilkins 从观察到的 F_{ST} 中估计的群体总计规模意味着，比起能在合理的错误率下支持高水平合作的最大群体规模，实际的成人决策者数量要大上一个数量级。我们于 §6.1 计算的典型群体规模，也就是 77，也能导致同样的结论。

当然，同样的数据对任何基于正向遗传选型的利他合作演化模

型来说都是一项挑战，这也包括多层选择模型。在下一章，我们将
看到，群体间竞争也许可以提供群体水平合作的必要额外收益。之
所以会这样，主要的愿因是，狩猎－采集群体之间的冲突非常普遍，
而且特别致命。

6.3 史前战争

尽管有一些富有洞见的研究（LeBlanc，2003；Burch，2005；
Gat，2006），但是，更新世晚期和全新世早期狩猎－采集者之间的
致命性群体冲突，就像利他主义那样，仍然是一个富有争议且充满
意识形态的话题，无论是其程度还是其后果，我们都没有取得多少
共识（Keeley，1996；Ferguson，1997）。

图 6.2　群体间差距的数据来源

注：关于群体间差异的战争和遗传数据的考古学（黑点）和民族志（空点）
证据。

经验上的主要挑战包括书面记录的缺乏，从狩猎－采集者民族
志记录中推断当时——动植物驯化及国家的产生要晚于此时——条
件的困难，以及大多数寻食者极少使用防御工事、使用捕猎其他动
物所用的武器来杀死他人的事实——因此除了骨骼遗骸之外没有留

下多少显著的考古学踪迹。

我们几乎没有先于 24000 年前的家庭间存在持久的经济和政治分化的考古学证据，这意味着，为了理解更新世晚期和全新世早期的人类，应把重点放在无正式政治结构（酋长、大人物、国家）的狩猎－采集种群上。我们排除了大量使用驯化作物和动物的种群，也就是那些放牧、初级农业、农业和骑马狩猎的种群。由于更新世晚期和全新世早期占据资源富足区域的狩猎－采集种群也许是（至少为季节性地）定栖的，我们讨论的战争不仅涉及纯粹移动的种群，也会涉及定居种群。

当说到"战争"时，我们是指某个群体的成员联合起来，对其他群体的一个或更多的成员造成身体伤害。这一术语对于人类祖先群体之间的埋伏战、报复性谋杀以及其他的敌对行动而言并不是十分理想。很多狩猎－采集者群体间的敌对接触既可能是持续的，也可能是间歇性的，只会带来偶尔的伤亡，因此更类似于黑猩猩之间的边界冲突（Manson 和 Wrangham，1991），而不是现代战争。尽管"激战"（pitched battles）也可能发生在寻食者之间，例如澳大利亚土著的两联盟之间曾发生 700 人左右战斗者的冲突（Lourandos，1997）。

利用这些定义以及一些选择标准，我们研究了所有能够获取的有关考古学和民族志资料，这些资料要么提供了相关数据，要么被引证为相关数据（表 6.2）。在 34 份资料中，有 14 份所提供的数据不那么具有代表性（例如，战争主要是发生于现代农业种群中的），要么就是不太可靠或不太充分。在三种情况下，我们可以重新估计关键信息。少于 10 人的遗迹，其骨骼证据也须排除。该数据集可能存在的偏差将于下文进行讨论。从 8 个民族志资料和 15 个考古学资料得到的结果与史前战争频繁且致命这一观点相符，但是比起基于标准资料的估计更加不符（Keeley，1996）。图 6.2 显示了我们所研究的种群。关于这些数据，以及其细节和额外说明，可参考 Bowles（2009b）。

表6.2 战争引起的总死亡比例（δ）：汇总统计

	加权平均	算术平均	中位数
考古学	0.12	0.14	0.12
民族志	0.16	0.14	0.13-0.15
所有	0.14	0.14	0.12

注：该表及表6.3的完整来源、方法以及其他细节可见于 Bowles（2009a）和 Bowles（2009b）。权重为总死亡数的平方根。

正如所有考古学数据，我们很难确保所研究的遗址对晚更新世和全新世早期的条件来说是具有代表性的。大多数考古学数据都基于一些暴力死亡的证据，例如嵌入骨头中的矛头。由于这些证据来源于埋葬物，它们几乎肯定不是代表性的：在原始的所谓立即享用（immediate return）型寻食群体中，简单地弃置尸体（而不是埋葬）才是最为典型的处理方式（Woodburn，1982）。为了寻找暴力迹象而对埋葬物进行研究，有可能出现比偶然因素所能造成的更多偏差，这是因为，跟反面的证据相比，暴力死亡的证据被认为更加有趣，或者更加值得发表。关于个体的证据更加不完全，这会引起相反方向的偏差。大多数遗骸从未被发现，这既包括完整无缺的那些，也包括残缺不全或保存较差的，除去手脚上的小骨骼后，一个成年人通常只保留100块左右的骨骼。在一个博物馆藏品集中有2185具今日加利福尼亚地区的史前人类遗骸，可以供研究者接触，除了手脚之外，它们总共只包括了12044份骨骼；超过90%的个体骨骼还尚未找到（Tenny，1990）。

此外，尽管一些骨学上的证据表明了持续性群体暴力的存在（例如同时性的埋葬，切断的四肢以及其他战利品获取的证据），我们还是很难区分群体间暴力造成的死亡和群体内发生的死亡。其他一些偏差可能会导致低估。很多战争死亡并没有留下嵌于骨中的投射物点或其他暴力踪迹："仅仅对嵌于骨中投射物点的分析可能忽略了一半的投射物攻击……而其中75%必然会造成实际伤害"（Lambert，1997）。美国军方外科医生对印第安战争时期的箭伤进行了研究，他们发现，只有少于三分之一的箭击伤了骨骼（Milner 2005），而且61%的致命箭伤位于腹部（Bill，1862）。最后，如果将取代活着的失败者造成的死亡和降低的繁殖成功率也计算在内，那么战斗死亡人数可能远远少于战争所能造成的总效应。表6.3给出了所得的估计。

多数对前现代战争的民族志研究显示，其所关心的种群在群体间具有不同寻常的好战关系，但是这种关系也许并不能很好地反映晚更新世的狩猎－采集者：所研究的种群包括巴布亚新几内亚以及部分南美低地的高地初级农业人群、北美的骑马狩猎者或定居初级农业群体。关于非骑马的寻食者，一些翔实的记录为我们提供了澳大利亚土著、爱斯基摩人等群体异常残酷的群体间冲突的例子（Morgan，1979［1852］；Melbye 和 Fairgrieve，1994；Burch，2005），但是，其中大多数都无法让我们估算所造成的死亡数目。而对于其他的群体，民族志记录则完全没有战争的迹象，但是在某些群体中，例如 !Kung 等南非洲群体，之所以如此，也许是近期国家干预的结果（Schapera，1930；Campbell，1986）。对8个种群的民族志研究允许我们对战争死亡在总死亡中所占的比例进行估计（总结于表6.4）。就如考古学研究的那样，选择偏差可能造成对战争死亡数目的夸大。另一方面，有些种群因为并不是狩猎－采集者，所以对晚更新世的寻食者来说并不完全具有代表性。

表6.3 δ的考古学证据，战争导致的成人死亡比例

遗址	距今年数	作者（年份）	δ
不列颠哥伦比亚（30个遗址）	5500–334	Cybulski（1994）	0.23
努比亚（遗址117）	14–12000	Wendorf（1968）	0.46
努比亚（接近遗址117）	14–12000	Wendorf（1968）	0.03
乌克兰Vasiliv'ka III	11000	Telegin（1961）	0.21
乌克兰Volos'ke	"晚旧石器"	Danilenko（1955）	0.22
加利福尼亚（28个遗址）	5500–628	Lambert（1997）	0.06
加利福尼亚中部	3500–500	Moratto（1984）	0.05
瑞典（Skateholm I）	6100	Price（1985）	0.07

遗址	距今年数	作者（年份）	δ
加利福尼亚中部	2415–1773	Andrushko 等（2005）	0.08
北印度Sarai Nahar Rai	3140–2854	Sharma（1973）	0.30
加利福尼亚中部（2个遗址）	2240–238	Jurmain（2001）	0.04
尼日尔格伯托	16000–8200	Sereno 等（2008）	0.00
阿尔及利亚Calumnata	8300–7300	Chamla等（1970）	0.04
法国Ilee Teviec	6600	Newall 等（1979）	0.12
丹麦Bogebakken	6300–5800	Newall 等（1979）	0.12

注：距今年数指的是距 2008 年（Bowles, 2009a）。

表6.4　战争导致的成人死亡比例（δ）的民族志证据

种群，区域	日期	作者（年份）	δ
巴拉圭东部Aché[a]	前接触（1970）	Hill 和 Hurtado（1996）	0.30
委内瑞拉–哥伦比亚Hiwi[a]	前接触（1960）	Hill 等（2007）	0.17
东北澳大利亚Murngin[ab]	1910–1930	Warner（1931）	0.21
玻利维亚–巴拉圭Ayoreo[c]	1920–1979	Bugos（1985）	0.15
北澳大利亚Tiwi[c]	1893–1903	Pilling（1968）	0.10
北加利福尼亚莫多克[d]	"土著时期"	Ray（1963）	0.13
菲律宾Casiguran Agta[a]	1936–1950	Headland（1989）	0.05
北澳大利亚Anbara[abe]	1940–1960	Hiatt（1965）	0.04

注：[a] 表示群体为狩猎者；[b] 表示海滨者；[c] 表示季节性狩猎–初级农业者；[d] 表示定栖狩猎–采集者；[e] 表示近期定居者。资料来源：Bowles, 2009a, 2009b。

表 6.2 总结的死亡数据与基于间接数据得到的晚更新世知识相　106

符，例如，正像我们已经看到的，寻食群体具有快速扩展的能力，但是直到更新世后期人口却一直几乎没有增长，而表中的数据可以调和这两个事实。此外，晚更新异常的气候波动必然造成自然灾害和周期性的资源短缺，而它们正是历史记录中狩猎－采集者群体冲突的重要预测因子（Ember 和 Ember，1992），而且它们毫无疑问地推动了长距离迁徙和频繁的群际接触，这些群体还没有建立起政治联系。鉴于这些气候记录，Boehm（2000，p. 19）写道：

> 在更新世末期，解剖学意义上的现代人类开始涌现，群体灭绝率可能急剧地上升，这是因为，在饥饿的武装猎人队群和陌生人之间无法建立政治交往的模式，从而陷于频繁的冲突之中，这种冲突既可以是地方性的，也可能发生在远距离的迁徙过程中。

Boehm 的猜想与一项关于民族志证据的统计研究是一致的。Ember 和 Ember（1992）总结道："根据无法预料的自然灾害，我们可以预测会出现更多的战争……人们——尤其在无国家的社会——试图为了防范未来的灾难而去打仗，从敌人那里获得资源。"

考古学记录中也展现了图 6.1 中所示的显著气候变异的影响。12000 年至 14000 年前某个埋葬地中大约有一半骨骼暗示了暴力性死亡的存在，Wendorf（1968）在评论中对此解释道：

> 伴随着晚更新世气候恶化及其对热带草原大型动物群造成的影响，人口压力变得极为严重，这些动物在当时正是主要的食物来源……食物来源变得越来越稀少，有利于捕鱼的聚居地数量有限，成为频繁争夺的对象。（p. 993）

关于南加利福尼亚的一个历时 7000 年的沿海狩猎－采集群体的考古学证据显示，暴力死亡发生率在气候不利和资源紧张时期会得到不成比例的提升（Lambert，1997）。

6.4 社会秩序的基础

我们相信，在祖先群体内，社会交互表现为一种冲突和合作的相互作用，这跟群体间的交互没有多大差别。然而，与群体间不同的是，群体内部的攻击行为往往会起到维护合作的作用。实验中的被试乐意惩罚背叛者，在现代自然情境下，人们会回避、嘲笑、羞辱和伤害那些违背社会规范者。小尺度社会也会出现类似的现象。我们认为，这些形式的同伴惩罚就如同群体间战争，它们不仅仅是利他合作的典范，同时也是我们祖先遏制自我膨胀（self-aggrandizement），并为其他合作行为的演化提供有利环境的实践之一。在接下去的章节中，我们将解释，在更新世晚期和全新世早期的社会生态环境中，好战的倾向和承担成本惩罚同群体内背叛者的意愿是如何得以扩散的。同战争一样，为了做到这一点，首先需要了解我们所讨论行为的性质。

Balikci（1970）报告了北极沿海地区一个孤立的狩猎人群，即Netsilik，在他们的社会中：

> 存在一些规则……根据这些规则，所有体格健全的男性必须参与狩猎，猎物的分配将依据已确立的惯例进行。所有不合规则的活动注定会引来诟病、各种形式的冲突以及频繁的社会排斥。共同体很少容忍懒惰的狩猎者。他们是闲言碎语和排斥的对象，直到有机会进行公开辩论。小气的人……也会被同等对待。（pp. 176–177）

以同样的方式，Richard Lee（1979）描绘了南非 !Kung 部落的道德世界：

　　　　!Kung 人可以指摘他人的吝啬和傲慢，这是一种最为严厉的谴责。吝啬，或没心没肺（farhearted），意味着抱着猜疑心理，把自己的物品隐匿地囤积起来，"像只鬣狗似地"守护它们。对此的矫正措施是使囤积者"直到心痛"（till it hurts）；也就是让他无所保留地慷慨付出，直到每个人都看到他已经被榨干了。为了保证此基本规则得到遵循，!Kung 人时常会威逼他人，让他们更慷慨，不要藏匿物品。（p. 458）

　　很难从这种解释中得出定量的一般化。Lee 记录的致命暴力通常与通奸等问题有关，而不是与吝啬有关。而且，与 Lee 和 Balikci 的报告形成对照，Endicott（1988，p. 118）报告了 Batek 的一个受调查者，对这名受调查者来说，只要一想到懒惰会引起怨恨进而招致排斥，他就会感到恐惧。

　　但是，我们没有理由怀疑他们调查结果的重要之处：那些囤积或偷懒的违背社会规范者将过得非常难看。Christopher Boehm（2011）对他所称的"类更新世"（Pleistocene-style）狩猎 – 采集种群的社会控制方法进行了调查，显示了那些违规者可以艰难到何种程度。在大约 300 个民族志所描绘的寻食者社会中，他选择了与晚更新世人类面临的社会和自然环境条件最相符的那些进行研究。这就排除了骑术狩猎者、依赖于宗教布道、与农民进行广泛交易、已经进行数世纪毛皮交易或大量利用储存食物的那些队群。接着，他收罗了所有与违背社会规范相关的记述，看看在没有警察和法院的小型群体中，这些问题是如何得到解决的。偷窃和谋杀在所有这些社会中都是谴责的对象，"未能分享"（failure to share）在 53 个研究的社会中有 43 个都会认为是对规范的违背，同等数目的社会会谴责"殴打他人"（beating someone）。"欺凌"（Bullying）在 34 个社会中会让人感到不悦。在大部分社会，保持距离、回避、嘲笑、奚落和流言蜚语都是对上述越轨行为的共同反应。在 20 个社会里，逐出群体时有发生，而在数目惊人的 34 个种群中，会出现由整个群体进行的针对犯人的谋杀。Boehm 得出结论："昨日的狩猎－采集者拥有足够的能力去识别搭便车者，压制他们的行为，假如不足以胁迫他们以使他们处在较好的控制之下，那么甚至可以除掉他们。"

Polly Wiessner（2005）进行一项非同凡响的研究，针对我们感兴趣的前国家社会秩序进行了唯一的一次定量研究。从 1974 年至 1996/7 年之间，她记录了博茨瓦纳西北区 Dobe-/Kae/kae 的 Ju/'hoansi 人（!Kung）间进行的 308 次三至四小时的对话。1970 年，Ju/'hoansi 人几乎完全是靠狩猎－采集来维持他们生计的。到了 20 世纪 90 年代，他们的社会完成了转型，得到了政府配给、工资，可以销售工艺品，养老金在他们的生计中占据了重要角色。在研究的对话中，有 56% 包括了对群体中一个或一个以上成员的批判，其中有五分之二极为严厉，五分之一则是嘲笑或表达了较温和的不快。剩下的五分之二是直率但并不严厉的批判。只有 7% 的对话包含了赞扬。通常来讲，批判的范围涵盖了吝啬、贪婪或懒惰，这包括与未能分享相关的避世行为、耍大牌行为、未能履行亲属义务或醉酒等行为。批判的目的在于行为修正。在 69% 的情况下被批判者本人也在场，或者在听力所及范围之内。21% 的情况下，虽然被批判者并不在场，但他的近亲在场。剩下的情形则涉及建立联盟以便在将来某个时候进行惩罚。

Wiessner 叙述了其中一幕场景："1974 年，某个备受尊重的首领、少数拥有牛只的人之一被指责耍大牌，没有分享肉食。在沉默地遭受广泛的批评之后，他发现他的一头牛表现出危险的行为，然后将之屠宰，并把肉广泛地分发开来。"另一人的耍大牌行为一开始遭人嘲笑，但当人们发现此举并不有效时，该违规者不仅无法得到他人分享的肉食，而且还要遭受严厉的批判，最后他在一段时间内离开了群体。一个捣乱的妇女被逐出群体，等她死后，她的家庭重新得到接纳并回到良好的声誉状态。而在另一个案例中，批判的目的是驱逐群体中某部分人员，让他们在 9000 米之外重新安营扎寨，之后伙伴关系得以恢复。

　　谈话的内容和指向在 20 世纪 70 年代和 90 年代间并未发生改变。在批判的发起上，男性与女性没有什么不同，但是男性在成为批判目标的数量上是压倒性的，因为他们经常从事耍大牌或破坏性的行为。地位高的（"强壮的"）群体成员更多地从事于批判，但跟"弱"成员一样容易成为批判的对象。寨子里最有头面的人物（*the n!ore kxao*）倾向于克制批判，从而促成和解，以避免群体成员的流失。

　　Ju/'hoansi 人的社会秩序在以下四个方面都是非常重要的。第一，尽管 Wiessner 强调了 Ju/'hoansi 人减轻秩序维护成本的许多方法，但是，从事规范执行的人需要承担打乱共享模式的成本。在 3% 的案例中因此发生了暴力性争吵。第二，大多数批判是由联合（三个人以上）而不是个人实施的，在批判对象威胁共同体稳定或和谐的情况下，几乎全部如此。结果是，只要利他惩罚者的数量足够多，从事越轨者惩罚的成本就相对较低。在第 9 章我们会解释，这种针对越轨者的联合惩罚是如何演化而来的。

　　第三，针对避免惩罚的人，完全不存在惩罚："在对 Ju/'hoansi 人进行研究的所有时期，我都没有观察到任何二阶惩罚。"第四，Wiessner 没有发现证据表明，惩罚违反规范者是不可观察属性——例如作为配偶、联盟同伴或竞争者的质量——的信号。处于繁殖年龄的独身个体最不可能进行惩罚，这与信号模型的预期相悖。此外，尽管调解能力可以得到较高的评价，但是频繁或严厉地进行惩罚的个体不会被寻求作为联盟伙伴，而是被认作一个 tchi n!ai，即"愤怒的、尖锐刺骨的东西"，他会被告知应适当克制。

　　其余针对前国家社会的秩序维护的研究还涉及了 Pathan Hill 部落的排斥行为、阿富汗某个基于血缘的、无首领的平均主义人群。Niloufer Mahdi（1986）写道：

　　　　一个人如果作出可能引来争执的行为，就会被他的部落或宗族抛弃，这是 Pathans 人中最突出的排斥行为。排斥具有……制止违背习惯性法律规范的行为，惩罚文化不适当的行

为，以及统一群体的功能，个人要依赖这种群体才能获得保护和经济支持。（p. 295）

Pathan 人"无论在中央治理还是各种层面的部落结构中都不承认永久性建立或起永久性作用的权威。"还不如说，社会秩序是靠同伴间惩罚来维护的。排斥是那些违反 *Pukhtunwali*（Pathans 法典）者的共同命运。

> 法典的义务最初并不会由强制力量得到守护。询问任何一个 Pathan 人为什么赞成 *Pukhtunwali*，他的答案将是 *izzat*（荣耀）。对 *Pukhtunwali* 的遵从都是自愿的。（p. 297）

类似地，排斥那些违反法典者"成为了每个 Pathan 人的义务，要么由个体来完成要么作为部落中相关的一分子来完成。"惩罚违反规范者本身也是一个规范。

Mahdi 写道，排斥可能包括"规避、排除在社会参与之外、躲开或嘲笑"（p. 295）。假如某人被规避，他可能被排除在婚姻联盟之外或者不会被邀请参与 *Jirga*（长老会）。特别地，与我们在第 3 章实验中观察到的现象一致，排斥的目的应该是一种惩罚而不是行为修正：

> 唯一一种公开进行表达的口头非难叫作 *paighor*（侮辱或嘲笑），它的目标在于使某人蒙羞。当某人被发现没有勇气或者逃避荣耀的义务时，人们经常实践这种非难。*Paighor* 并不是有意地被用于促成行动或进行修正，但是它通常可以达到这种效果。（p. 303）

在 Boehm 的调查（1993）中，惩罚可能会采取一种致命的形式，例如 *badal*（仇杀）或驱逐。作为其结果，

110

> 当一个 Pathan 人被他的群体放逐，他的境况会变得非常不利。他不仅很容易遭到 *dushman*（以他为目标的那个人）的攻击，也可能遭到任何不用担心 *badal* 的人所害。（p. 301）

Badal 可以平等地适用于亲属群体中的所有成员，这一事实提供了很强的激励使纪律在家庭内部得到维护，这可以减小亲属群体间斗争的频率，这种斗争具有更高的成本。这跟关于早期现代欧洲手艺人间合约实施的"社群责任"模型（Greif，2002）相一致。

就如 !Kung 人那样，Pathan 人的平等主义对同伴间惩罚的过程至为关键，社会交互具有永久持续的特征：

> 无论是经济还是社会的状态都不会偏离它的方向……假如某个寻求 *badal* 的人在他的 *dushman* 面前较为弱小，他会把责任交给他的儿子们并代代相传。再假如某人已经保护自己免于 *badal*，那么这种保护是否可以延伸至他的亲属或后代就成了极大的疑问，他们仍然可能成为 *badal* 的合法目标。（Mahdi 1986，p. 298）

与 Ju/'hoansi 人相同，Pathan 人也试图最小化惩罚成本。Mahdi（1986，p. 299）写道："为了缓和 *badal* 的不利之处，当荣耀已经实现而且已到达结束暴力循环的适当时机时，*Pukhtunwali* 会为人们提供通过 Jirga 来调停的机会……在申冤后，就可能实施一些条件——例如货币性补偿——来达到平衡。"

6.5 合作的考验

自托马斯·霍布斯的《利维坦》以来，把社会秩序的维护归因于国家就成了一项传统。然而，生物学意义上的现代人类存在以来至少 95% 的时间，我们的祖先却以某种方式青睐另一种规制系统，它不需要政府的协助，却可以避免霍布斯意义上的自然状态所带来的混乱，并且成为有史以来最经久不衰的社会秩序。遗传学、考古学、民族志和人口学数据皆清楚地表明，我们的祖先之所以可以做到这点，并不是因为他们把人类交往限制于少量遗传相近的亲属之间。与此同时，他们之间交往的多次重复性也无法解释这一卓越的成就。我们将在接下去的三章展示，一种特殊形式的利他主义可以跟一组制度——例如分享食物和制造战争——共生演化，这种利他主义经常导致人们对圈外人（outsider）产生敌意，并惩罚圈内人（insider）中违背规范者，而相应的制度既能保护群体中的利他成员，也能产生对生存至关重要的群体水平合作。

7 制度与行为的共生演化

虽然把惊人的时间与能量浪费在侵略性炫耀、争闹和彻底的斗争当中，种群仍然可以非常成功。这样的例子从大黄蜂到欧洲国家，应有尽有。

威廉·汉弥尔顿《人类的天生社会倾向》（1975）

学习人类社会动力学的学生很少会怀疑，国家、公司、队群等群体会受到选择压力的影响。作为一个例子，中心化的、收税的、装备武器的民族国家作为某种形式的地区治理形式在近 500 年之中便得到涌现并扩散。民族国家之所以成为主要的治理形式，是因为它能够赢得战争并且得到受军事征服威胁的那些群体纷纷效仿（Tilly，1975；Bowles 和 Gintis，1984；Bowles，2004）。群体竞争也拥有类似的过程，这也许可以解释其他一些社会安排的演化成功，例如市场、一夫一妻制、私有产权、对超自然事物的崇拜、社会等级、非亲属间对生活必需品的分享等等。在人类历史的很长时间内，这些制度都普遍存在，并且在各式各样的环境中涌现并持续。Talcott Parsons（1964）将这些安排称作**演化普遍物**（evolutionary universals），对此最可能的解释是，采纳这些安排的社会在与其他群体的竞争中获得了胜利。根据同样的道理，Frederich Hayek（1988）把市场和私有产权统一体看成是一种"扩展秩序"，把它的成功归因于文化的群体选择（cultural group selection）。

　　对人类间合作行为的演化解释来说，群体竞争以及由文化传播造成的群体制度结构差异是一个中心问题。我们之所以强调群体间竞争，是出于经验上的理由：群体冲突以及随之而来的失败者的消失与屈服是导致人类行为和制度得以涌现、扩散并持续的最强大力量（Parsons，1964；Tilly，1981；Bowles，2009b）。

　　群体的制度结构差异可以在长时间内得以持续是因为它的**惯例**（conventions）性质。所谓**惯例**，就是由几乎所有群体成员共同遵守的习惯作法，这是因为相关行为，例如分享肉类和不参与婚外交配，是在预期大多数人都采取类似行为时的相互最佳反应（Lewis，1969；Young，1995）。此处我们不打算为制度规定的行为为何是相互最佳反应建立模型，但是要提供合理的解释也并非难事（Kaplan和 Gurven，2005）。就如我们在上一章看到的那样，违背传统规范的个体可能面临排斥、回避或其他成本（Boehm，1993）。制度的惯例特性既可以解释它们的长期持续性，又可以解释它们偶尔在冲击的影响下快速终止。

　　基于学习行为的文化传播过程导致了群体层面的制度延承。复制种群中普遍的行为而不管其相应的收益几何，这种倾向对学习有着强烈的影响，尽管如此，出于简化的目的，我们暂时不考虑这种所谓的因循守旧文化传播。因此，在我们的模型中，当种群中有新的成员达到成年或迁徙而来时，他们将遵守已有的制度，这不是因为因循守旧的学习，而是因为这样做是其他人也这样做时的最佳反应。遵守群体制度带来的行为一致性让我们能够把制度看成一项群体层面的特性。与此对比，在我们的模型中，利于群体的个体性状会由一个标准的个体适应性机制而被复制，在这种机制下，利他主义者在他们所属群体内会处于选择劣势。

　　我们研究制度演化的方法类似于研究个体性状演化的方法（§2.3）。在我们的模型中，就如同个体是基因或者经社会学习的个体行为的携带者，群体也是制度的携带者，一项成功的制度，例如欧洲的民族国家，可以产生很多复制者，而不成功的那些则消失得

112

无影无踪。制度的复制可能发生于成功的群体成长和细分过程中，细分时可能会形成两个群体；或者也可能发生于拥有不成功制度的群体被军事、生态或其他挑战压垮的过程，它腾出的土地被邻近群体的殖民者所占据。

上述解释所涉及的演化机制是一种多层选择过程，这一过程既包括影响个体行为的基因传递过程，又包括群体层面制度特征的文化传播过程，制度特征也要受制于选择。因此，该模型是第 2 章所介绍的基因－文化共演化的例子之一，制度扮演了文化传播生态位的角色，它可以构成一种环境，影响基因传播性状的选择过程（Odling-Smee 等，2003）。我们将表明，这些生态位可以使遗传传递的利他倾向在稀少时得以涌现并扩散，所得的利他行为可以使那些已有这些生态位建立的群体在竞争中得以生存。

与其他群体成员分享食物和信息、协商一致的决策以及防止占优势的男性独占繁殖权的政治实践等等，这些惯例都是**繁殖均整化**（*reproductive leveling*）的例子，它正是一种生态位构建方式，为利他行为的演化作出了贡献，如我们即将看到的那样。个体在块头、健康、信息、行为等方面的差异，会影响稀缺资源的获取，这通常反映为繁殖成功上的差异。而在灵长类尤其是人类之中（Noe 和 Sluijter，1995；Pandit 和 van Schaik，2003），繁殖均整化可以使这种联系得以削弱。由于利他者得到的利益要少于其他群体成员，他们可以从繁殖均整化中获利，因为这种均整化削弱了针对他们的群体内选择压力。

在一系列生物学实体——从多细胞组织到人类祖先群体——中，繁殖均整化都对演化过程都产生了强烈的影响，因为它抑制了竞争并减少了实体间在行为或其他表现型上的差异。在一篇研究黏菌（*Dictyostelium discoideum*）的论文当中，Steven Frank（1995）写道："演化论尚未解释底层单位之间的竞争是如何在高层演化单位的形成中受到抑制的"（p. 520），接着补充道"相互监督和实施繁殖公平对逐步深化的社会复杂性的演化来说也是必不可少的"。John Maynard

Smith 和 Eors Szathmáry 注意到，很多他们所称的"演化过程的重要转型"都共同拥有一项特征："在转型之前有能力独立复制的实体可以在转型之后当作整体的一部分而得到复制"（1997，p. 6）。结果，作为高层单位组成成分的实体能够享受一个共同命运，即选择压力不再作用于低层单位而是作用于高层。

　　Christopher Boehm（1982）是第一个把这种思想应用于人类演化的学者。他写道："在寻食者祖先中，产生了群体制裁这种最有力的工具以控制个体的独断行为，尤其是那些明显地破坏合作、扰乱社会均衡的行为，而这种合作与均衡对于群体稳定是必需的。"作为其结果，"旧石器时代的人类所经历的'政治革命'创造了一种社会条件，群体选择可以在其中稳健地支持利他基因"（Boehm，1999）。与此相关，Irenaus Eibl-Eibesfeldt（1982）指出了"可以受到教育以统一价值、遵从权威，以及……道义地分享"的重要性，他认为"通过这种结合模式，群体变得如此严丝合缝以致它们可以作为选择单位。"

　　因此，规制成员间竞争的群体制度本身也要受制于选择压力。例如，超越家庭的食物分享会减少群体内物质福利的差异，对那些具有高个人成本但有利于群体的行为来说，群体内选择压力得到了削弱。采取食物分享之类均整化制度的群体，就如 Boehm 所强调的那样，为利于群体的个体性状（包括利他）的扩散作出了贡献，因此推进了面对环境危机和群体竞争时的优势。

　　我们所考虑的个体性状包括危险警告、获取和分享有价值信息以及参与群体防卫、捕猎或惩罚那些没有遵从利于群体行为的个体。所以，这些形式上利他（个体承受成本但对内群体有利）的性状可以在多层选择的影响下得以扩散，这种选择也可能涵盖那些对其他群体有害的行为。此处建立的模型（重述了 Laland 等［2000，p. 224］）最好描述成自私群体——而不是慷慨个体——的演化成功过程。尽管我们对利他主义的定义限制在内群体的范畴之内，但在我们的模型中，个体也可以与外群体成员交互：这一模型之所以成立，是因为利他者将适应性优势赋予了群体内个体，而对外来者造成了适应性劣势。因此，我们提到的"利于群体"实际上仅仅指代内群体效应。

在下一章，我们将解决这一简单构造的三个缺陷。首先，利他者的行动建立在两个非常不同的直接动机之上，即对同群体成员的慷慨和对外来者的敌意。没有什么特别的理由能够解释这一套动机与行为——我们把它们称为"局域性利他主义"——为什么会联结在一起，所以我们需要回答，这一联结是不是本身就可以得到演化。

其次，关于狩猎－采集者的民族志研究和考古学证据都表明，群体间的关系并不仅仅是好战的。我们知道群体间互利关系的重要性（例如在前一章描述的共同保险和交易关系），因此，下一章我们会采用一个更加现实的模型，其中群体成员不仅会对他的邻居造成伤害，而且还会从与其他群体的成员建立的友好关系中获益。

最后，在我们的解释中，致命冲突的频率与强度都扮演了核心角色。我们在前一章回顾了与寻食者的战争死亡率有关的考古学和民族志数据，它们可以与我们将在此处使用的其他数据一起，提供经验材料以支持我们的解释。但是我们同样希望提供一个演化解释，回答为什么战争在早期人类之间如此频繁的问题。我们把这一任务推迟到下一章。

此处我们要解决两个问题：如何解释面向非亲属、对个体有成本而对群体有利的人类社会性的演化？以及如何解释那些普遍的群体层面制度结构，例如国家、资源分享、一夫一妻制，会产生不同程度的成功？它们不断地涌现并扩散，出现于人类历史进程中一系列不同的环境中。我们对共演化过程的建模和仿真建立在这样一个思想之上，即这两个问题放在一起解决要比逐一解决更具说服力。

本章在四个方面与迄今为止提及的材料有所不同。第一，我们已经提到过，我们引入了通过文化传播的群体制度，并在一个基因－文化共生演化的模型中对其进行分析。第二，我们运用了基于选择性灭绝的群体选择模型，并且表明，比起 §4.2 考虑的那个选择性迁徙模型，它可以为利他主义的演化提供一个更为合理的解释。

第三，回想一下，利他性状可以演化是因为，与适应性最相关的交互发生于具有遗传差异的群体内，而不是在群体中的家庭成员之间。在这种情况下，我们认为比起基于亲缘的选择，多层选择能成为更好的解释。我们把这些解释当成关于助人行为演化的相互竞争的模型，但它们并不是必须如此。Axelrod 和 Hamilton（1981）证明基于亲缘的选型只要达到一定数量就可以激励互惠利他行为（善意的以牙还牙）在稀少时得以涌现并扩散。在 §7.6 我们考虑，让群体内非随机的、基于家庭的选型自身得以演化。我们表明，尽管内群体亲属偏爱是有成本的（总是与你的兄弟打猎也许无法最大化你的回报），它却可以在模型中演化，通过延缓针对利他性状的选择，它大大地扩展了使得群体间竞争能够推进利他性状演化成功的参数空间。

最后，群体选择模型的合理性是一个经验问题，因此，我们把我们的模型放到一个明确的经验检验当中。我们要询问这样的问题：在前一章摆出的考古学、遗传学等数据面前，群体遗传差异是否达到了足够的大小，以使在人类祖先所处的晚更新世和早期后新世条件下，利他者占优群体的生存优势可以成为充分有力的演化力量，使得利他主义可以以我们所讨论的方式进行扩散。对此处报告的经验估计和仿真的更全面处理感兴趣的读者可以参考 Bowles（2006，2007，2009b）和 Bowles 等（2003）。对多层选择模型不太熟悉的读者可以参考 §4.2。

7.1 选择性灭绝

选择性灭绝使得演化过程有利于利他性状，这些性状可以为群体面临军事挑战或环境危机时的生存机会作出贡献。我们可以设想一个大型的复合种群，个体生活在一个个部分孤立的子种群（称作同类群）中。假设利他者（A）采取的行动要付出 c 的成本并把 b

的利益赋予同类群 n 个成员中随机选择的个体。在 §4.1 节中，为了数学上的便利我们假设利他者不会从助人行为中获益。而在此处，利他者本人也有（$1/n$）的机会接受这份利益。可以从自己的助人行为中获益，这看上去不可思议，但实际上并不奇怪：比如，担任警戒角色所挽救的生命很可能就是你自己。

表7.1　模型与记号小结

（1）一般化的Price方程：

$\Delta p = \mathrm{var}\,(p_j)\,\beta_G + \overline{\mathrm{var}}\,(p_{ij})\,\beta_i$

（2）A增长的一般条件：

$\mathrm{var}\,(p_j)\,/\,\overline{\mathrm{var}}\,(p_{ij}) = F_{ST}\,/\,(1-F_{ST}) > -\beta_i/\beta_G$

（3）A对同类群平均适应性的效应

$\beta_G \equiv dw_j/dp_j = \kappa\,(dw_j/d\lambda)\,(d\lambda/dp_j) = 2\kappa\lambda_A$

（4）A对个体适应性的效应

$\beta_i \equiv dw_{ij}/dp_j = -(1-\tau_r)\,c + b/n + 2\kappa\lambda_A/n$

（5）本模型的Price方程：

$\Delta p = \mathrm{var}\,(p_j)\,2\kappa\lambda_A - \overline{\mathrm{var}}\,(p_{ij})\,\{(1-\tau_r)\,c - (b+2\kappa\lambda_A)\,/\,n\}$

（6）A的增长条件：

$F_{ST}\,/\,(1-F_{ST}) > -\beta_i/\beta_G = \{(1-\tau_r)\,c - b/n\}/2\kappa\lambda_A - 1/n$

（7）A的增长条件（$n=\infty$）：

$F_{ST}\,/\,(1-F_{ST}) > (1-\tau_r)\,c\,/\,2\kappa\lambda_A$

注：我们假设种群人口为常数，因此平均适应性为 $w=1$；$\mathrm{var}\,(p_j)$ = 群体间遗传方差；$\overline{\mathrm{var}}\,(p_{ij})$ = 群体内遗传方差（由 4.4 式定义）。b 和 c 是同类群成员的利益与成本；p_j = 同类群为 A 的百分比；p = 复合种群中 A 的百分比。在方程（1）中，Δp = 同类群间效应 + 同类群内效应；F_{ST} = 同类群间方差 / 总方差；κ = 每一期中同类群间竞争的概率；τ_r = 繁殖均整化的程度；方程（7）是说，$F_{ST}\,/\,(1-F_{ST})$ > 个体成本 / 群体利益。

表 7.1 总结了我们的模型与相应记号，数学符号则展示于表 7.5。A 是假想的"利他基因"携带者；没有这种基因的个体（N）不会表现出利他行为。繁殖采取了无性形式。当没有繁殖均整化时，在由全部 A 构成的群体中，A 将得到 b 的平均利益，因而可以预期会有一些后代生存至繁殖期，其适应性要比全 N 群体中的 N 高上 $b-c$。

我们希望知道在何种条件下，A 在复合种群中的比例 p 会增加。116 回想一下 Price 方程可知，利他主义能否演化，即是否 $\Delta p > 0$，取决于如下两个效应互相角逐的结果，一方面，同类群间的选择过程推进了它的传播，也就是效应 $\mathrm{var}(p_j)\beta_G$；另一方面，群体内的选择过程倾向于淘汰它，也就是效应 $\overline{\mathrm{var}}(p_{ij})\beta_i$。要使同类群间效应超过同类群内效应，从 4.3 式中我们得知必须满足以下条件：

$$\frac{\mathrm{var}(p_J)}{\overline{\mathrm{var}}(p_{ij})} > -\frac{\beta_i}{\beta_G}. \qquad (7.1)$$

（7.1）式右边项是两个适应性效应比率的负数：$\beta_i \equiv dw_{ij}/dp_{ij}$ 是对 i 来说从 N 转换至 A 带来的总适应性效应，不管它是直接的还是间接的；$\beta_G \equiv dw_j/dp_j$ 是群体 j 的 A 比例变动对群体 j 成员平均适应性的效应。当采取某个行为会降低自己的期望适应性并增加所处同类群的平均适应性时，这一行为就是利他的（§A1）。在给定这一定义的前提下，我们对 β_i 为负而 β_G 为正的情况感兴趣。（7.1）式的左边是正向选择的测度，因为假如同类群间 A 的比例有所差异（也就是说 $\mathrm{var}(p_j)$ 是正的），那么比起 N，A 更有希望与 A 进行交互。因为（直到 §7.6 之前）利他行为的同类群内利益随机地分配于所有群体成员之中，同类群在 A 占有率上的差异（也就是 $\mathrm{var}(p_j) > 0$）就是 A 可以比 N 更多地通过助人行为获益的唯一原因。

然而，如果 A 有可能通过这种原因获益，他们同时也更有可能在同类群特有的资源上进行竞争（Taylor，1992；Wilson 等，1992）。在第 4 章的选择性迁徙模型中我们允许利他者占优的同类群可以在没有资源约束的前提下增长或者送出迁徙者。但在此处，我们假定局部密度依赖约束条件（local density-dependent constraints）的一种最严格形式作用于繁殖输出：当位置已经饱和时，同类群的增长需要扩展地域，牺牲某个其他群体以获得新位置。这样，利他行为就只能通过帮助同类群获得邻地，而不能通过其他方式使利他者占优的同类群成员产生更多存活后代而得以扩散。

假如利他者占优的同类群比其他同类群更有可能在同类群间的

竞争中存活并且占据和繁衍于失败同类群腾出的土地上，那么选择性灭绝就可以使利他主义的演化得以发生（Aoki，1982）。该过程可以用 β_G 这一变量来把握，它的大小由三个因素所决定：同类群间竞争的频率，在竞争中占取优势的适应性效应，以及利他主义者对占优所作的贡献。在每一代中，都有 κ 的概率令每个同类群面临一次"竞赛"（contest）。一个竞赛即可以是敌对的交锋，也可以是没有同类群间直接交互的环境挑战。失败的同类群将被淘汰，而存活的同类群繁衍至腾出来的位置。像前一章那样，我们很少观察到这种失败群体直接消失的"全或无"形式的战争，这仅仅是为了数学上的方便。而且要注意，我们关于群体间遗传分化程度的数据，也就是 F_{ST} 这个决定群体竞争演化影响的变量，是直接从遗传学数据中估计而得的，因而它丝毫不依赖于我们关于战争所作的假设。我们将于下一章用一个更现实的模型来代表战争。

117 　　同类群拥有同样的规模（标准化为一单位），除非某个同类群占据了淘汰同类群的位置而暂时拥有规模 2（已淘汰同类群的规模为零）。存活的同类群会进行分裂，形成两个相同大小的子代同类群。令同类群在竞赛中存活的概率为 λ。请记住，κ 为群体在某一给定代中陷于冲突的概率，因此，同类群 j 在下一代拥有规模 1、2 或 0 的概率分别为 $1 - \kappa$、$\kappa\lambda$ 和 $\kappa(1 - \lambda)$，据此，它的期望规模为 $w_j = 1 - \kappa + 2\kappa\lambda$。$A$ 的盛行对于同类群下一代的期望规模具有 $\beta_G = dw_j/dp_j$ 的影响，也就是竞赛的可能性（κ），乘以存活与否对同类群大小的影响，再乘以 A 的盛行对同类群竞赛存活概率的影响。于是，$\beta_G = 2\kappa\lambda_A$。由于不存在从经验上估计 λ_A 的方法，我们考虑两个可能的值：$\lambda_A = 1$，此时模型假定当竞赛发生时全 A 和全 N 同类群分别以完全的确定性地生存或失败；$\lambda_A = 1/2$，此时全 A 同类群以 3/4 的概率生存，全 N 同类群以 1/4 的概率存活。这两种可能性见于图 7.1。

λ，群体 j 占优的概率

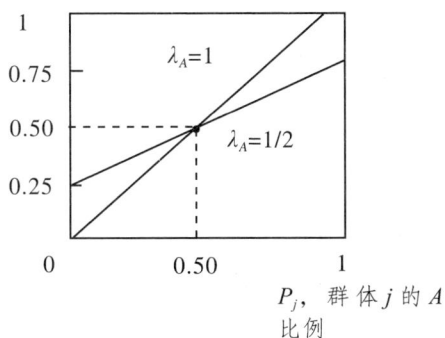

图 7.1　配对群体的一半成员为 A 时同类群 j 的生存概率，p_j 为群体 j 中利他者的比例（群体具有相同大小）

7.2 繁殖均整化

繁殖均整化减弱了群体内部针对 A 的选择压力。为了看到它是如何起作用的，假定某个 N 被替换成 A。假如不存在繁殖均整化和群体竞争，那么他的适应性会降低 c，也就是利他行为的成本。但是从 N 转换为 A 的个体也有 $1/n$ 的可能性获得随机指派的利益 b。此外，通过从 N 转换到 A，个体通过以下方式直接地为他的适应性作出了贡献：增加同类群在竞赛中生存并占据新位置的机会，这样，像同类群中其他成员那样，它的预期适应性将会翻倍。这种从 N 转换为 A 带来的额外直接效应，可以造成 p_j 的变化，也就是 $1/n$，乘以 p_j 的变化对同类群平均适应性 β_G 的影响。考虑到行动者从 N 切换到 A 对群体组成的影响，我们有：

$$\beta_i \equiv \frac{dw_{ij}}{dp_{ij}} = \frac{\partial w_{ij}}{\partial p_{ij}} + \frac{dp_j}{dp_{ij}} \beta_G = -c + \frac{b}{n} + \frac{2\kappa\lambda_A}{n}. \qquad （7.2）$$

从这一表达式可以看出，β_i 是个体从 N 转换为 A 的总效应，而不只

是维持 p_j 不变时的偏效应。在第四章，β_i 就是 $-c$；也就是说偏效应即为总效应。理由是，个体从 N 转变为 A 对行动者的适应性不起作用，因为助人行动的利益要赋予群体中的其他成员，而且不存在以群体生存为目标的群体竞争。

请回想一下，繁殖均整化是一项惯例，在大多数其他人都遵守它的时候对每个同类群成员来说遵守它都是符合自己利益的。繁殖均整化采取了扣除每个人收益中 τ_r 比例的形式，得到的总收入平均地分配给所有成员。例如，在所谓的"大锅饭"（common pot）式的食物分享中，群体可获取食物——不管是谁获取的——中有一部分被汇集起来，接着将它以相同份额分配给每个成员。这样做的作用是减小了同类群中 A 和 N 之间的适应性差异，这一差异从 $-c$ 变为 $-(1-\tau_r)c$，于是，考虑所有直接和间接效应，从 N 切换到 A 对于行动者适应性的影响为：

$$\beta_i = -(1-\tau_r)c + \frac{b}{n} + \frac{2\kappa\lambda_A}{n}. \tag{7.3}$$

为了始终让 A 成为利他的，我们需要选择参数以保证 β_i 为负。

为了看到繁殖均整化如何起作用，图 7.2 重现了图 4.2 的信息，但是取消了其基准适应性，它显示了资源分享对两种类型的收益差距造成的影响。为了使期望收益相等，与 A 交互的条件概率（以自身类型为条件）差异不再是 $P(A|A) - P(A|N) = F_{ST}$，也就是图 7.2 中实线所示的。现在它由虚线所示，为 $P(A|A)' - P(A|N)' = F_{ST}' < F_{ST}$。比较这两个图，可以看到当 $F_{ST}' = c(1-\tau_r)/b$ 时，$F_{ST}^* = c/b$。接下来的问题是，如图 7.2 所示的种群结构，由（F_{ST}）表示的遗传分化程度，以及适当的分享制度（$\tau_r > 0$），是否可以使利他者与非利他者的平均适应性 w^A 和 w^N 满足 $w^A > w^N$，从而使 p 增加。

利用 Price 方程中 β_i 和 β_G 项所用到的值，以及 F_{ST} 的定义，我们可以重写方程 7.1，并且发现，当下式成立时复合种群中 A 的份额将增加：

$$\frac{F_{ST}}{(1-F_{ST})} > -\frac{\beta_i}{\beta_G} = \frac{(1-\tau_r)c - b/n}{2\kappa\lambda_A} - \frac{1}{n}. \tag{7.4}$$

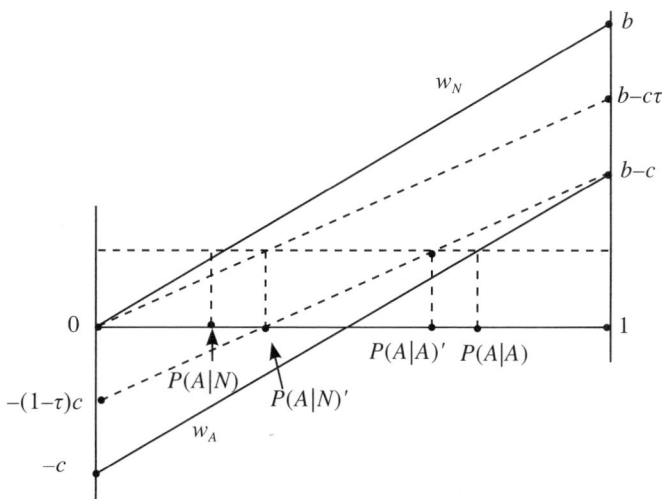

图 7.2　食物分享减小了利他性状得以演化所需要的正向选型水平。

注：此图中我们取消了基准适应性，因为它不起作用。利他者和非利他者的平均适应性分别为 w^A 和 w^N。水平轴度量了与 A 配对的概率。虚线表示的收益函数表明了群体内资源分享的效应。根据此处设定的 τ_r 值，只要 $F_{ST} > P(A|A)' - P(A|N)'$，利他性状就可以扩散，而当 $\tau_r = 0$ 时，必须满足 $F_{ST} > P(A|A) - P(A|N)$。在非随机配对的情况下（将在 §7.6 报告的仿真模型中引入）也有类似的分析，其中右边纵轴的 $b - c\tau_r$ 将被替换成 $(1-\zeta)b$，左边纵轴的 $-(1-\tau_r)c$ 将被替换成 $\zeta b - c$，ζ 为细分程度。

假如 n 较大，此式可以写成更加简化的形式

$$\frac{F_{ST}}{1-F_{ST}} > \frac{(1-\tau_r)c}{2\kappa\lambda_A}. \tag{7.5}$$

这正是利他主义通过内含适应性演化的 Hamilton 法则。这一模型指出了由种群的同类群结构引出的正向选型程度能够使利他主义

119

扩散的最低条件。为了看到这一点，请注意 Hamilton 法则 $r > c = b$（式 4.1）可以重写为 $r / (1 - r) > c / (b - c)$。7.5 式的左边项正是 Hamilton 法则中的 $r / (1 - r)$，而右边项则是个体成本与群体层面利益（类似于 Hamilton 法则中的 c 和 $b - c$）之比。

我们现在要问的是，人类祖先是否生活在式 7.4 和 7.5 得到满足的条件下。表 7.2 总结了主要的参数和经验上估计的可能参数值范围。

表7.2　参数估计

估计的参数		参数范围	注解
同类群间遗传分化	F_{ST}	0.007-0.17 **0.076**	遗传标记 （新近寻食者）
每代发生决定性（2，0）竞赛的概率	κ	0.28 0-0.50	持续性冲突死亡率的考古学与民族志估计
每百分比的利他者对同类群生存的影响	λ_A	**0.5，1**	任选的（见图7.1）
有效同类群规模（一代）	n	**32，∞**	民族志狩猎–采集者的遗传证据（第7章）
利他者的成本	c	**0.0-0.8**	取决于讨论的行为
同类群利益	b	**0.05**	紧接前者（几乎没有效应）

注：基准值由加粗体标示。非加粗的数值是可选的替代值。

120　7.3　群体间遗传分化

Wright（1950，p. 203）推测，人类群体间的均衡 F_{ST} 大约为 0.20，也就是平衡了迁徙和遗传漂变互抵效应的数值，这一数值排除了同类群间竞争作为重要演化动力的可能。例如，在选择性迁徙模型中，这种大小的 F_{ST} 值使得 b 至少要超过 c 五十倍才能使利他主义得到演化（4.10 式）。但是，正如我们在前一章看到的，F_{ST} 的很多经验估计值都非常之大。

然而，在表现为利他行为的等位基因位点上所作的遗传分化估计也许与基于中性（没有处于选择下）位点的估计——例如表 6.1——有所不同。首先，根据定义，利他基因将处于直接的选择作用下。这样一来，同类群间遗传分化至少会在长远时间中得以减弱，因为当抵消效应不存在时，A 在种群中所占频率最终会趋向于 0。然而，这一倾向在与人类同类群相关的时间尺度内并不成立。我们的仿真显示，即使针对 A 的选择力量非常强大，对于 A 在同类群中合理的初始分布，F_{ST} 在下降前仍然上升了好几十代（Bowles，2006）。在针对 A 的适度选择力量下，F_{ST} 可以在下降之前上升超过 100 代。因为像我们前一章所发现的那样，分裂和灭绝事件可以加强同类群间的差异，而这些事件的实际频率可能比此处大上一个数量级，所以高水平的 F_{ST} 似乎可以无限地持续下去。进一步的仿真显示，针对 A（$c = 0.1$）的强烈定向选择作用与高水平 F_{ST} 的无限可持续性并不矛盾，即使在同类群随机分裂而不是 Hamilton 的"关联性"分裂（"associative" fission）条件下也是如此。

其次，利他者有时可以从同类群中排斥非利他者（Wilson 和 Dugatkin，1997），从而造成 Eshel 和 Cavalli-Sforza（1982）所称的**选择性配型**（selective assortment）。这种情况下，迁徙可能也会加强同类群间差异并减弱同类群内差异（Rogers 和 Jorde，1987）。这里，选择性配型要视过去的行为而定，而这些行为本身也是利他基因的可观察表达。这样一来，N 可以模仿 A 以回避选择的唯一办法便是采取利他行为并且承担其成本。因此，在这种情形中，由"绿胡须"（Ridley 和 Grafen，1981）造成的配型所带来的不稳定性并不会出现。

尽管如此，对于选择性配型来说仍然具有一种时常被忽略的障碍：排斥 N 对 A 来说是有成本的，而相应的利益却由全体同类群成员所分享。然而，假定利他者可以承担适度的对 N 排斥，并将其作为一种公共品贡献，这也并非不合理。像我们已经看到的大量民族志证据那样，寻食者中经常发生选择性配型，他们会排斥或嘲笑那些违反行为规范的个体。最后，我们很容易证明，一个适当程度的选择型配型就足以产生高水平的同类群间差异（Bowles，2006）。

7.4 同类群灭绝和利他主义演化

综上所述，我们认为选择性配型是产生群体间遗传分化的过程之一。但是我们即将转到的结果并不依赖于这一评价；它们建基于观察到的遗传选型水平而不是假定的水平。尽管繁殖均整化的大多数形式我们无法进行获得估计，但是同类群内部资源分享水平却可以从寻食者营养获取和消耗的研究中获知。此处提及的经验数据由 Bowles（2006）所总结。在此基础上我们设 $\tau_r = 2/3$ 为基准水平并把三分之一当成另一个可能值。n 的适当值则是育种世代的同类群成员数量（约为人口总计的三分之一）。我们把 96 个成员的规模作为基准规模，也就是说，$n = 32$ 为单代成员数量。作为另外的选择，我们也会考虑非常大的（严格地说是无穷的）同类群。c 和 b 的合理数值取决于所讨论的特定利他行为。例如，与警报信号相应的 b 和 c 肯定跟防卫共同体免受敌对邻居攻击的不一样。为了使得探索各种利他行为更加方便，我们展示了给定 $b = 0.05$ 时，c 从 0.00 到 0.08 变化的结果。方程 7.4 和 7.5 清楚地表明，对于相当大的同类群来说 b 的大小并不重要。利他行为对适应性的主要贡献产生于群体竞争而不是群体内的利益。

前一章考查了更新世晚期和全新世早期敌对群体交互的程度，这允许我们估计 κ 的值，也就是在任意给定代中群体参与一次决定性战争的概率（其中失败者被淘汰而胜利者不用遭受损失）。当群体在某次冲突当中失败时，死亡就会发生，这一概率为 $\kappa(1-\lambda)$。如果没有发生战争或者发生了战争但是获胜了，那么死亡就来源于其他原因。因此，死亡中来源于战争的部分就是 $\delta = \kappa(1-\lambda)$。对各群体作平均，$\lambda = 0.5$，所以 $\kappa = 2\delta$。我们利用表 6.2 中的 δ 值来估计 κ。

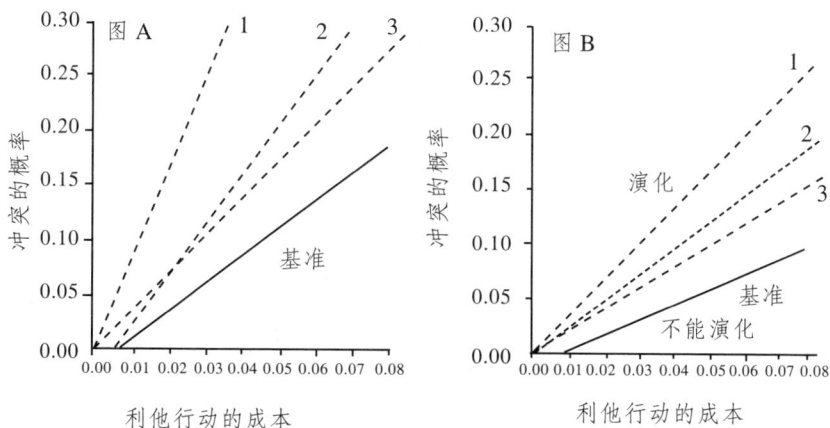

图 7.3　选择性灭绝和繁殖均整化下利他主义演化的条件

注：实线为正文中估计的基准值；$n = 32$，$\tau_r = 0{:}66$。线 1：$n = \infty$，$\tau_r = 0{:}33$；线 2：$n = 32$，$\tau_r = 0{:}33$；线 3：$n = \infty$，$\tau_r = 0{:}66$。每条线上方的点代表了根据式 7.4 与 7.5，利他行为可以扩散的 c、κ 组合。图 A 和图 B 分别采用了 $\lambda_A = 0.5$ 和 $\lambda_A = 1$。两图都满足 $b = 0.05$。

上述的参数估计总结于表 7.2。这些估计是对数十个千年之前的条件所作的推断，而且直接的证据微乎其微，所以不免会有大量错误。

把上面的警告谨记在心，我们假设，在利他基因的位点上，由早期人类人口特征与社会实践所造成的遗传分化程度为表 6.1 的中位数（0.075）。在 τ_r、n 和 λ_A 的基准值下，图 7.3 中的直线给出了满足等式 7.4 的 c 和 κ 值组合。更频繁的竞赛和更加少花成本的利他行为（直线以上的点集）可使利他主义得到扩散。虚线则表示参数值更加苛刻时的情况。比如，若 κ 的值只是从表 7.2 到 7.4 的死亡数据中推出的战争频率的一半（即假如 $\kappa = 0.14$），并且 $c = 0.05$，那么利他主义也可以在基准假设以及两种不同的生存函数下扩散，但是当同类群很大且繁殖均整化很有限时，这一点就不再成立。

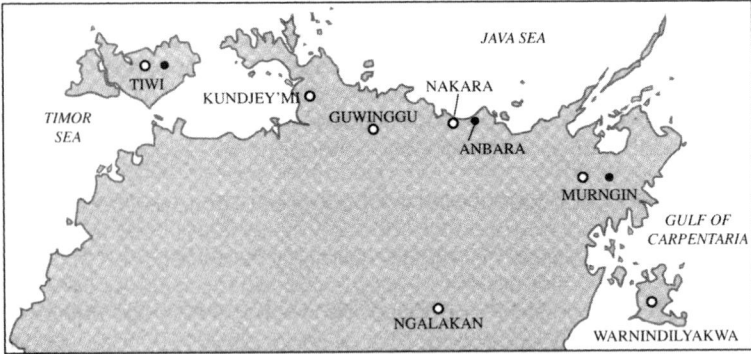

图 7.4 澳大利亚阿纳姆地的数据来源，
战争（黑点）与遗传分化（空点）的民族志证据

注：图中显示的每对群体的最大距离约为 600 千米。资料来源：Bowles
（2009a）和 Walsh 等（2007）。

7.5 澳大利亚实验场

123

为了利用新近的数据研究更新世条件下战争所造成的演化后果，我们最好选用那些彼此邻近但很少接触农人和牧人的狩猎－采集种群，并估计其遗传分化和战时死亡率。这样的群体存在于澳大利亚阿纳姆地的有史时期，而且已经得到人类学家和遗传学者的研究。很多人认为澳大利亚是更新世和早期全新世寻食者的最佳实验场（Lourandos，1997）。阿纳姆地种群岩石艺术中描绘的战士与战斗最早可追溯至 10000 年以前（Tacon 和 Chippendale，1994）。与这一地区有关的考古学、民族志和遗传学数据较易获得，这使其成为这些研究的卓越实验场。

为了评估它们的含义，我们重排 7.4 式，为了简单起见设 $b = 0$，接着，我们定义临界值 c^*，它代表允许利他行为在种群中扩散的最大成本：

$$c^* = 2\kappa\lambda_A \left(\frac{F_{ST}}{1-F_{ST}} + \frac{1}{n} \right). \tag{7.6}$$

与图 7.4 所示相对较小区域内七个原住民群体——包括 Tiwi 和 Murngin——的遗传分化估计值一道，我们采用了包括 Anbara、Murngin 和 Tiwi 在内的三个邻近寻食者群体战时死亡率大小。为了决定我们用 7.6 式计算的 c^* 值是"大"还是"小"，需注意 $c^* = 0.03$ 是一个很大的成本，当不存在群体间竞争时这一数值可导致利他者比例仅仅在 150 代内就从 0.9 降至 0.1。下面是一个与战争问题关系更加直接的说明：假设在每一代中群体以 $\kappa = 2\delta$ 的概率陷于战争，并且，一个利他的"战士"将在失败的战争中确定性地死亡，但在群体获得胜利的战争中死亡的概率为 0.20，而一个非利他成员虽然在失败的战争中同样确定性地死亡，但不可能在获胜的战争中死亡。当然，这一死亡假定对利他者极为不利。假设利他者在和平时期没有繁殖优势，则 $c = 0.26$，或者利用表 6.2 中估计值的算术平均，$c = 0.028$。

为了计算 c^* 我们使用估计值 $F_{ST} = 0.040$，这是澳大利亚原住民的估计值中最低的一个，而且比表 6.1 中的狩猎 - 采集群体估计的平均值还要低很多。在两种 λ_A 值的假设下，对这些种群的 c^* 估计值清楚地表明，假如群体像 Murngin 人那样好战，那么群体间竞争就可以战胜群体内针对利他行为的选择。哪怕群体类似于更加和平的 Anbara，相当高成本的利他主义在此机制下也可以得到扩散（$\lambda_A = 1$ 时，$c^* = 0.015$）。

表7.3　利他性状在何时能够扩散

	Murngin	Tiwi	Anbara
$\lambda_A=1$	0:066	0:032	0:015
$\lambda_A=0:5$	0:033	0:016	0:008

注：每个数字都是给定的遗传分化程度和死亡率下利他性状能够扩散的最大成本 c^*，群体间敌对行动（δ）发生在三个阿纳姆地狩猎 - 采集种群之中。对于 Murngin、Tiwi 和 Anbara，我们估计（表 6.4）的 δ 分别为 $\delta = 0.21$，$\delta = 0.10$，和 $\delta = 0.04$。

7.6 制度与利他的共生演化

图 7.3 和表 7.3 中的数据清楚地表明，对很多种群来说，在一些合理的参数值下，即使在竞赛不太频繁的情况下，遗传分化也足以传播有成本形式的利他主义。即使群体灭绝是因群体成员未能在环境危机中合作而导致的，这一结论也是成立的。

因为人类中利他主义的初始传播可能仅仅是由大量晚更新世同类群中的一小部分所推动的，上述的数据与推理说明，选择性同类群灭绝也许构成了利他主义演化的部分解释。图 7.3 表明，比起不存在繁殖均整化的情况，当存在高水平的繁殖均整化时，这一解释更加成立。为了看到这一点，可以比较一下线 1 与线 3，或线 2 与实线基准之间的差别。它们表明，为了创造利他行为可以得到演化的生态位，经由文化传播的实践扮演了重要的角色，这也许就可以解释为什么在其他物种中未能发现人类利他的独特之处。

但是到此为止，我们还没有为基因和群体层面制度的动力学演化建模。我们仅仅只是假设了经验上合理的战争和繁殖均整化水平，而没有解释它们的演化。

在接下去以及下一章中，我们将为利他主义和那些特殊人类制度的共生演化建模。因为这一过程包含了高度复杂的、作用于两个层面——个体与群体——的选择过程，群体内和群体间选择效应是由群体层面制度的演化内生决定的，所以这里的动力学无法通过 Price 方程从数理解析上进行把握，事实上，并不存在可以得到解析解的数学处理方法。基于主体的模型（§A2）才是具有启发性的。

我们的目标是看到，支持"利他基因"演化的文化传播的群体层面制度是否自身也可以演化，即使维护这些制度对采纳它们的群体造成了一定的成本。自然地，我们会考虑繁殖均整化。但首先要引入群体社会结构的另外一个方面，即群体内相似类型更有可能互相交往的倾向（比起完全随机的情况）。由此产生的非随机配对——有时称作分片化（segmentation）——之所以发生，是因为分享居住地的倾向导致个体不成比例地与兄弟姐妹或其他最近共同祖先的亲属交互，或者是因为人们有时有能力把他人的类型作为交互的条件，例如可以把对方的类型建立在对方过去行为信息的基础上。

我们接着假设，除了资源分享制度，群体也存在分片化，因此，某个利他者助人行为的利益并不会给予某个从群体中随机抽出的个体，而是会以高于完全随机的概率给予某个利他者。为了看到这是如何发生的，假设群体非常之大。令 $\zeta_j > 0$ 为群体 j 的分片程度，也就是（同一群体内的）A 和 N 分别接受到 A 帮助的条件概率之间的差异。于是，群体 j 内 A 获得利益的概率为 $\zeta_j + (1 - \zeta_j) p_j > p_j$，$N$ 的相应概率则为 $(1 - \zeta_j) p_j < p_j$。因此，对利他者来说，利他者存在于群体内的预期利益不再是 $p_j b$ 而是 $\{\zeta_j + (1 - \zeta_j) p_j\} b$，而对非利他者来说，这一预期利益仅为 $(1 - \zeta_j) p_j b$。所以，当不考虑繁殖均整化时，同一个群体中 N 和 A 之间的预期收益差不再是 c，而是 $c - \zeta_j b$。于是，分片化就减小了利他者的适应性劣势，因为他们可以不成比例地从其他利他者那里获得利益，而 N 却不成比例地无法获得利益。倘若 $\zeta_j > c/b$，A 将在平均意义上做得比群体中的 N 更好，作为其结果，A 不会承受任何繁殖劣势。为了讨论经典（强）群体选择的问题，我们假设 $\zeta_j < c/b$。如同资源分享，分片化也是一项惯例，并且经由文化传播。

通过同时考虑分片化和资源分享，群体内 N 和 A 之间的预期收益之差现在就成了 $(1 - \tau_r)(c - \zeta_j b)$，从中我们可以得知，两种制度都妨碍了群体内部针对 A 的选择。

由 ζ 和 τ_r 表达的两种制度在群体之间并不相同，而且它们也会在群体存活差异化所导致的选择压力之下进行演化。在我们的仿真模型中，当冲突发生时，拥有更高总收益的群体将获胜。跟上面展示的模型一样，失败群体的成员将死去而胜利群体将随机选择自己的复制品占据失败者所在的位置。该位置上的新住民将采纳其父代胜利群体的制度。制度也会受到随机变异的影响，每一期，τ_r 和 ζ 都会随机地增加或减小。分片化和资源分享都会让采纳它们的群体承担成本。更加分片化的群体可能无法享受多样化或规模经济的好处，而资源分享可能会降低获取（将被分享的）资源的激励。我们不会正式地模型化这些成本，但是仍会把握它们的影响，当实现更大的 ζ 和 τ_r 值时，群体平均利益得到了降低。

表7.4　此仿真的关键参数

	基准值	值范围
平均群体规模（$n=N/g$）	20	7–47
迁徙率（m）	0.2	0.1–0.3
冲突的概率（κ）	0.25	0.18–0.4
变异率（e）	0.001	0.1–0.000001

注：复合种群规模为 N，它由 g 个群体组成；n、m、κ 和 e 是每代的数值。其他参数：利益 $b=2$，成本 $c=1$；基线收益 $=10$。我们通过改变 N 来改变群体规模。基于正文中解释的理由，当 $\tau_r \in [0, 1]$ 时，我们把 s 限制在不超过 0.5 的范围之内。实施这些制度的成本为（$\zeta^2 + \tau_r^2$）/2，因此，假如群体同时承担两个制度且其成本为仿真中通常观察到的值（如 $\zeta=0.2$，$\tau_r=0.1$），则其每个成员都将承担一个显著的"制度成本"（0.025），这一成本是利他行动本身个人成本的四分之一。

与 Astrid Hopfensitz 和 Jung-Kyoo Choi 一道，我们为一个 20 群体的人工种群进行了仿真（Bowles 等，2003）。我们选择一个相当之高的利他成本，$c=0.1$，并且不允许 A 从自己的亲社会行动中获益；也就是说，$b=0.2$ 会给予群体中随机选择的其他成员。如此一来，在一个群体内，当 $\zeta=\tau_r=0$ 时，A 的后代比 N 要少上 10%，这使我们的仿真成为对我们解释的苛刻测试。仿真中选择的上述及其他参数基准值展示于表 7.4，它们的选取建立在经验合理性的基础之上。我们在每次仿真开始时（在时点 0）设定，利他者和制度皆不存在，看看它们在一开始稀有时能否扩散。

7.7 基因－文化共演化仿真

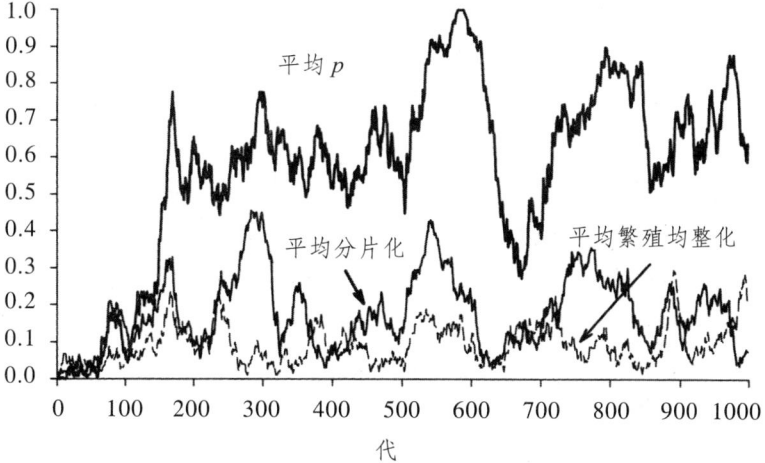

图 7.5 均整化、群体内分片化和利他的共演化

注：图中显示了仿真中由 1200 个体组成的种族－语言群体的 1000 代历史，参数采用了表 7.2 中的基准数值。种群平均利他者频率为 p。同时显示了 20 个群体间平均的繁殖均整化（也就是资源分享 τ_r）和分片化水平 ζ。利他主义和两项群体制度在初期都是稀少的（设定为零）。之所以选择这一特定的时间范围是因为它揭示了在很多次运行中观察到的长期动力学模式。

图 7.5 展示了上述模型的某个仿真实例。p 早期的上升由 ζ 和 τ_r 的机会性增长所支持（100 期到 150 期之间）。当 A 在复合种群中的比例 p 达到一个高水平时（例如 532 到 588 期）ζ 和 τ_r 两者都开始下降，这通常引起 p 的急剧下降。ζ 和 τ_r 的下一次上升将随机地发生。这种周期性模式之所以产生是因为如下的理由。当种群被等分成 A 和 N 时，很多群体同样是近似等分的，此时 $\overline{\mathrm{var}}(P_{ij}) = P_j(1 - P_j)$ 达到了其最大值，此时，Price 方程（4.3）的群体内选择项也达到了最大化。其结果是，较高的 τ_r 和 ζ 可以因妨碍群体内选择而带来有

利作用，这一有利作用在种群近似地等分成 A 和 N 时达到最大。根据类似的推理，当 p 远高于 0.5 时，保护 A 的制度带来的利处就会没有多少价值。而当 p 很高时，制度对其承担者来说仍是有其成本的，拥有高度分片化和资源分享的群体很可能会在冲突中输给其他群体，他们曾占据的位置被胜者的后代所居住，这些胜者通常只具备较低水平的制度变量。结果，ζ 和 τ_r 两者都会下降。

我们来看一下，在这些仿真中 A 的扩散是否是因为从 N 转换为 A 造成的直接适应性利益抵消了其成本。看上去，这是有可能的，因为共生演化下的资源分享和分片化水平降低了有效成本。我们发现，如果不存在制度（$\tau_r = 0 = \zeta$），从 N 转换为 A 的直接利益（关系到当冲突发生时群体存活可能性的增加）大约为成本的八分之一，而当 τ_r 和 ζ 达到仿真中的平均水平时，直接利益上升到了成本的三分之一。因此，即使资源分享和分片化具有降低成本的效果，A 行为仍旧是利他的。

当群体层面制度没有与其共生演化时，个体层面的利他主义可不可以得到演化？为了回答这一问题，我们将 ζ 和 τ_r 的值在所有时期都设定为 0。在这样的处置下，利他主义在大量仿真实现中都没有得到演化。同时，我们也考察了当种群中的利他者比例 p 约束为 0 时，这些制度是否可以演化。结果，它们同样无法演化，因为制度是有成本的，所以当种群中不存在利他者时，这些制度无法实现有利于群体的功能，导致采纳高水平分享制和分片化的群体在陷于冲突时失败。

最后，我们想要知道，我们的仿真在关键变量发生变化时有多么敏感。为了做到这一点，我们让群体规模在 7 到 47 间变化，每一种规模都要运行 10 个 50000 代，并保持其他参数在它们的基线水平上。我们在三种条件下进行仿真：约束两种制度都不演化，只约束一个制度不进行演化，对两种制度都不进行约束。另外，我们在同样条件下考察迁徙率从 0.1 到 0.3，冲突率从 0.18 到 0.51 变化时的情况。结果见于图 7.6。

　　第一张图表明当两种制度都受到约束（"无制度"），群体规模为每代 7 个体时（等价于约 21 人的非常小的寻食队群大小），高水平的利他主义可以得到支持，但当群体规模大于 8 时，利他者的频率会少于 0.3。这是一个利他主义极其不容易得到演化的假想场景，这种规模的群体将肯定地拥有远高于基准值 0.2 的迁徙率。把 $p > 5$ 时的群体规模当作基准，我们看到，当不存在制度时临界规模为 8，而当同时存在两种制度时，只要是小于 22 的群体规模都会有 $p > 0.5$。对于迁徙率来说，结果也是类似的。没有制度时，为了支撑 $p > 0.5$，要求（每代）迁徙率不超过 0.13，而两种制度都可以自由演化时，临界迁徙率变成了 0.21。第三张图表明，当群体间冲突显著减少时，制度也可以支持高水平的利他主义。对于此图的"纵向"解读也极有启发意义：例如，第三张图告诉我们当 $\kappa = 0.3$ 时，p 在没有制度时要小于 0.2，而当两种制度都可以演化时则要超过 0.8。

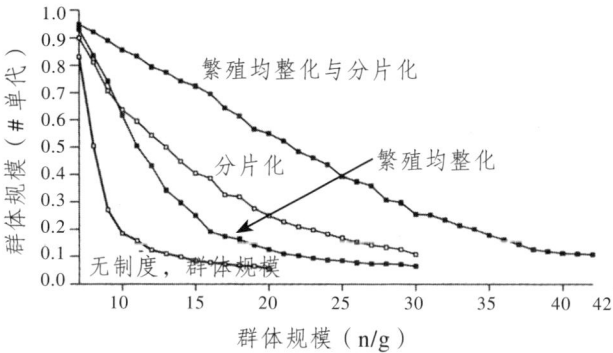

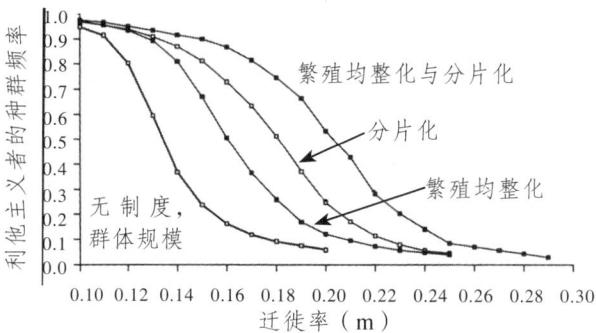

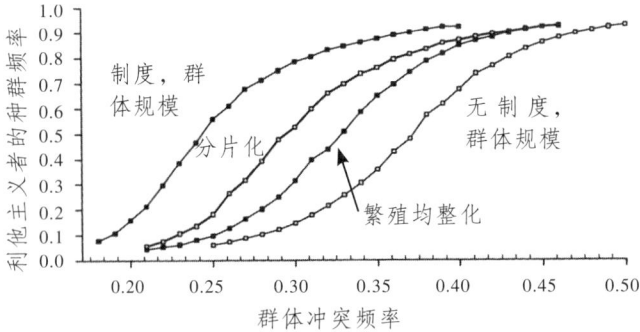

图 7.6　群体层面制度扩展了利他行为能够占优的参数空间

注：每个数据点代表超过 10 次的 50000 期仿真中利他主义者的种群平均频率，其中每一个的参数值都显示于横轴。每次运行都始于 $p = \tau_r = \zeta = 0$。带有"无制度"（No Institutions）标签的曲线给出了 τ_r 和 ζ 约束为零的仿真运行。其他曲线则表示一个或两个制度可自由演化时的仿真运行。曲线之间的水平距离表示群体层面制度所导致的参数空间的扩大。曲线间的纵向距离则表现了制度对 p 的影响。

130　7.8　均整者与战士

我们已经表明，在带有繁殖均整化的选择性灭绝模型中，利他主义可以得到扩散，而至少在一部分早期人类群体中，模型所采用的群体间遗传分化、群体冲突模式等假定条件是存在的。我们同时也描绘了一个过程，在该过程中，繁殖均整化和群体内分片化等制度提供了一种环境，使得具有个体成本但有利于群体的性状得以演化，同时，这些制度也可以在种群体得到扩散，因为它们为利他主义的演化成功作出了贡献。

我们的仿真已经表明，假如实现群体内资源分享和正向选型的群体层面制度可以自由地演化，那么群体层面的选择过程将支持个体的利他行为和这些制度的共生演化，即使在这些制度会对采纳它们的群体造成极高成本时也是如此。而当这些群体制度不存在时，只有当群体间冲突非常频繁、群体规模非常之小、迁徙率低得难以置信时，群体选择压力才会支持利他性状的演化。我们的仿真同时也显示，无论是利他行为还是繁殖均整化和群体内选型制度，都可以在它们极其稀有时涌现并扩散。请回想一下，p、τ_r 和 ζ 在我们仿真的一开始都设定为 0，如图 7.5 所示，三者都可以从初始条件中得到演化。

对于此过程而言至关重要的是，食物分享以及其他形式的繁殖均整化并不要求利他偏好预先存在：遵从这些惯例是自利个体的最佳反应。所以，像我们在第 4 章所见的那样，禁止独占食物供给的规范可以因二元网络交互的重复性特征或违犯者承受不良声誉而得到维护。在这种二元或群体较小的设定下，第 4 章为互惠利他和间接互惠的成功所列出的条件——公开和高质量的信息下频繁持续的交互——很容易就可以得到满足，这允许食物分享制度的引入，尤其是在相对较小的亲近个体网络中。事实上，在第 1 章我们已经看到，某种食物分享制度似乎是人类行为的较早期发展之一，它是伴随着转向大型肉食的饮食结构变迁共生演化而来的。正如 Axelrod 和 Hamilton 所证明的，这一规范一经建立，就可以在更大的、更加没有亲近关联的群体中持续。本章已经表明，这种规范具有推进利他偏好传播的效果，这些偏好包括针对越轨者的公益性惩罚，因此，即使群体规模比我们考虑过的更大，它也能够使繁殖均整化稳定下来。

尽管上述这些推理具有推测性质，但是晚更新世的社会和物理环境有可能恰好落在可支持图 7.6 共演化轨迹的参数空间之内。假如真是这样，那么带有内生制度的多层选择模型也许至少可以提供关于这一关键时期个体利他行为和群体资源分享、分片化和其他制度演化的部分解释。

这一模型的主要因果机制——非亲属间制度化的资源分享、群体内的选型、群体间的冲突——暗示了人类特有的认知、语言和其他能力在此过程中具有核心作用，这些能力也许有助于解释人类非亲属间实现的显著水平的合作。同样的观察也暗示了这种模型和仿真在其他动物身上只有有限的适用性。不过，我们曾看到，繁殖均整化在其他一些物种中也是存在的，而其他形式的群体内差异减小化也不是人类所独有的。此外，对于没有遗传关联的相邻群体需要竞争资源的物种，以及群体灭绝非常普遍的物种来说，也许也适用于类似的模型。在这些情况下，对个体有成本而对群体有利益的行为也许可以通过增加群体规模——我们尚未考虑这一效应——或者其他方法来为群体成功作出贡献，作出贡献的方式是避免群体灭绝或者从相邻群体那里获得资源。

这样的例子包括一些社会性哺乳动物，例如善于合作的猫鼬（*Suricata suricatta*），其群体灭绝率与群体规模呈负相关，有些年的灭绝量达到观察群体的一半以上（Clutton-Brock 等，1999）。类似地，火蚁（*Solenopsis invicta*）及大量其他蚁类物种会将多个无关联的蚁后联合起来形成群体，并针对相邻群体实行幼雏抢夺或其他形式的敌对活动，其成功率正比于群体规模（Bernasconi 和 Strassmann，1999）。黑猩猩的群体间冲突死亡率可能类似于与我们对人类所作的估计，更强大的群体获得领地以加强其适应性（Nishida 等，1985；Manson 和 Wrangham，1991；Mitani 等，2010）。我们从这些或其他物种中——例如狐獴的合作性繁殖或只有中度相关的雄性黑猩猩的群体内合作——观察到的合作水平是否可以部分地由我们模型中起作用的因果机制所解释，这一有趣的问题我们至今还未探讨。

我们的仿真显示，支持利他个体演化的生态位构建的两个方面，即繁殖均整化和群体内分片化，可以同利他主义共生演化。而致命群体冲突在这里的解释中也扮演了重要角色，但无论是推进它的动机还是群体交互的结构，我们至今还尚未试图解释，而很可能正是它们导致了致命性冲突。该问题的解释正是我们接下去的任务。

表7.5　符号定义

符号	意义
b	利益
c	成本
β_i	N转换为A的成本
β_G	dw_j/dp_j
F_{ST}	Wright方差比率
g	群体数量
i	个体索引
j	群体索引
κ	同类群间发生竞赛的概率
λ	同类群在竞赛中存活的概率
λ_A	d_z/dp_j
N	复合种群规模
n	群体规模
p	A在复合种群中的比例
p_j	A在同类群j中的比例
p_{ij}	假如i是一个N，则 = 0；假如i是一个A，则 = 1
τ_r	繁殖均整化程度
$\overline{\mathrm{var}}\,(P_{ij})$	群体间遗传方差
w_j	群体j成员的平均适应性
w^A	利他者的平均适应性
w^N	非利他者的平均适应性
ζ	分片化程度
ζ_j	群体j的分片化程度

8 局域主义、利他与战争

他相信上帝有爱，

爱乃造物的终极法则，

但自然尽带着红牙红爪，

叫嚣着反对他关于爱的信条！

　　　　艾尔弗雷德·丁尼生《悼念集》（1984）颂歌 56

对艾尔弗雷德·丁尼生来说，爱和宗教虔诚使人类战胜暴力和顽固的本性。然而到了 19 世纪后期，像查尔斯·达尔文（1998 ［1873］）和卡尔·皮尔逊（1894）这样的科学家们都认识到，战争是一种有力的演化力量，有点矛盾的是，它可能恰好能够解释人类的社会团结和针对同群体成员的利他主义。前一章我们已经确认，群体间冲突可能对利他主义的演化作出了贡献。

难道丁尼生勋爵错了吗？

爱乃利爪之子？

争斗乃造物之源？

信条延续了整个生命

就不要让自然也受这污浊

通过战争在人类中扩散利他主义的思想可追溯至达尔文，我们尚未对它进行系统性的探讨。在上一章的大多数模型中，当我们考虑群体间冲突，它的程度是预先假定的而不是由估计得到的。为什么外群体敌对性和致命的群体遭遇普遍存在于早期人类之中，这一问题仍未获得解释。

新近的一些文献表明，圈内人偏爱（insider favoritism）可以在以下几种条件下得以演化：它促进了一般化交换（Yamagishi 等，1999），或者当拥有相似规范者交互时支持更高的收益（McElreath 等，2003），或者协调了特定交互方式的有效选择（Axtell 等，2001），或者改进了群体成员间的交流以促进亲社会规范的非正式实施（Bowles 和 Gintis，2004）。至于为什么群体边界深深地影响了人类行为，与此问题相关的演化解释可以从 Nettle 和 Dunbar（1997）以及 Hammond 和 Axelrod（2006）中找到。然而，很少有人注意到，针对圈外人的敌意和其他条件也许可以解释人类战争的极端致命性和普遍性。

在第 3 章的实验中，我们已经认识到圈内人偏爱对人类行为的重要性。其他的证据也显示，比起"圈外人"，个体更愿意选择同群体成员成为朋友、交易伙伴或者其他的合作人，在有价值资源的分配中也是如此（Brewer 和 Kramer，1986；McPherson 等，2001）。

作为这些证据的一个典型，我们来考察一个"第三方惩罚"实验，被试是从巴布亚新几内亚著名的好战之地内两个邻近的（但现在并没有敌对）语言群体中招募的（Bernhard 等，2006）。我们回想一下，在第三方惩罚博弈（§3.6）中，Alice 可以从她的禀赋中拿出一部分给予 Bob，然后另外一个观察者（Carole）可以选择付出她禀赋的一部分惩罚 Alice，以表达对 Alice 财富转移度的不满。在实验中，所有可能的内群体、外群体匹配组合都会被实施，因此，三个个体可能来自同一群体，或者也可能只有先行者和第三方是同一群体的，另外也可能是接受者和先行者、第三方和接受者的组合属于同一群体。

新几内亚被试中的先行者会给予内群体成员更多，而且这一结果无关于对第三方惩罚程度的预期。但是给予外群体成员的数额也是很大的。吝啬的先行者在另外两个参与人都属于另一个群体时受到的惩罚最为严重。第三方在三者同属一个群体时也会热心地惩罚不够大方的先行者。第三方在接受者属于另一群体时同样会惩罚同一群体的先行者，甚至在先行者和接受者都来自另一群体时也是如此。

如果我们记得，人类祖先群体的成员不仅与其他群体斗争，同时也要依赖于他们，在需要信息、配偶以及交易物品时获取帮助，那么这些结果就不再令人感到惊讶了。我们说利他主义有时是局域性的，意思是它会体认到群体边界，而不是说它会一直止步于这一界线。为这一复杂偏好的演化进行建模，并且揭示它们是如何演化而来的，正是当下我们为自己设定的任务。

群体间攻击行为和群体内偏爱与利他主义类似，每种行为对行动者个体而言通常是有成本的，这带来了战斗中死亡的风险，或者在回避他人时失去了有益的联盟、婚配、共同保险和交换的机会。在格陵兰岛定居的挪威人（Norse peoples）消失于 1400 年左右，在他们消失前近五百年的生存斗争史戏剧性地说明了局域主义的危险。他们与因纽特人无法和谐共存而处在敌对关系之中，这也许能够解释为何他们从来没有学会建造船只、捕鱼和狩猎等技术，正是这些技术为因纽特人度过小冰期提供了生存基础（McGhee，1984）。

在随机混合的种群中（也就是即不存在正向选型也不存在负向选型），无论是局域主义还是利他主义都不太可能在有利于高收益性状的选择过程——不管是文化的还是基因的——中存活。但是，假如在我们的祖先那里能够满足以下三个条件，局域性利他主义就可以在早期现代人类中涌现并扩散：多数利他者是局域性的且多数局域主义者是利他的，大多数局域性利他者与其他的局域性利他者处在同一群体中，以及祖先生活的环境中对资源的竞争有利于拥有大量局域性利他者的群体，这些利他者乐意为了同群体成员的利益而参与到与圈外人进行的敌对冲突当中。这些群体利益可以抵消群体内部针对局域主义和利他主义两者的选择，在某种意义上，这种情形与上一章所研究的单纯利他主义类似。

尽管局域主义和利他主义也许是以这种方式共同演化的，但是，无论利他主义还是局域主义，要想独自地演化是不太可能的。一个拥有宽容利他者的种群不会与他们的邻居斗争，而只有局域主义者的种群则经常引发敌对冲突却不会为了群体的利益而甘冒生命的风险。所以，若我们想要解释利他主义和局域主义的根源，就必须由一个共演化过程来说明。但是不像上一章我们所研究的文化传播制度和基因传递行为倾向的混合动态，此处我们将探索两种基因传递个体性状——局域主义和利他主义——的共生演化，两者都为另一方的演化成功提供了条件，它们可以共同解释为什么早期人类的战争是如此频繁且致命。

8.1 局域利他与战争

同 Jung-Kyoo Choi 一起，我们建立了一个同时包含群体内和群体间互动的寻食者种群模型，其中的个体可以选择采取两方面的行为：是否利他主义，以及是否局域主义（Choi 和 Bowles，2007）。一个与此相关的种群遗传分析模型出现于 Lehmann 和 Feldman（2008），它包括了"好战"（我们的局域主义）和"勇气"（我们的利他主义）。如此一来，总共就有四种行为类型：局域性利他者，宽容的（非局域性的）利他者，局域性非利他者，以及宽容的非利他者。（两种类型的）局域主义者对其他群体的成员抱有敌意。但是只有局域性利他者才会参与战斗，这是因为非利他者不会为了给予同群体成员以利益而承受个人成本。假如不存在群体间敌对，群体中宽容的成员将从群体间交换、风险分担以及诸如此类的互利交互中获益，正如第 6 章所提到的那样。

模型中有两种类型的选择在起作用。群体内选择有利于宽容的非利他者而倾向于淘汰局域主义利他者（宽容的利他者和局域主义的非利他者也是如此）。与此相对照，由群体间冲突导致的选择性灭绝却可能有利于局域性利他者。理由是，假如对外来者的敌意和为同群体其他成员的利益而牺牲的意愿对于成为一个有效的战士来说是必要的，那么拥有许多局域性利他者的群体就更容易赢得冲突，替代那些局域性利他者更少的群体。

为了澄清战争、局域主义和选择性灭绝的角色，像前一章那样，我们不会为利他主义传播的其他机制进行建模，如选择性移民（Rogers，1990）。所以，与 Maynard Smith 的干草堆模型（haystack model）和 Wilson 的性状群体模型（model of trait groups）相比，我们的模型不存在邻地扩展，高度利他的群体不会为下一代贡献更多的复制子（Maynard Smith，1964；Wilson 和 Dugatkin，1997）。如同第 7 章的模型，我们的设定对利他主义的演化不太有利，因为它等价于那些局部密度依赖型选择正好抵消掉利他主义群体利益的模型（Taylor，1992；Wilson 等，1992）。

136　　　假如发生战争，局域性利他者就会收到一份直接利益，因为他们可以共享群体在敌对遭遇中生存概率增加的好处，正是他们的"战士"身份提高了这一概率（相对于拥有更多其他类型的群体）。然而，对一些合理的群体规模和冲突频率来说，这一直接利益要比成本小上一个数量级。因而我们的局域性利他者确实是真正利他的：如果他们变成宽容的非利他者，就可以提高适应性。

跟前一章一样，在每一代中，利他者（A）以成本 c 为公共品作贡献，其价值（b）平均地分享于 n 个成人群体成员之间。公共品可以指代任何给予全体群体成员以利益的行为，但是不包括捕食和防卫，因为我们要为其独立建模。非利他者无须作贡献。由于我们假设 $b > c > b/n$，为公共品作贡献提升了群体的平均收益而降低了贡献者本人的收益，因此，这一行为是有利于群体且真正利他的。不作贡献是占优策略，不管群体内 A 如何分布，N 的收益都比 A 高出 c。表 8.2 总结了本章的数学记号。

在每一代中，每个群体的成员与其他某个群体的成员进行交互，这种交互要么是合作性的，从中可以享受第6章所描绘的交换、共同保险及其他和平交互的利益，要么是敌对形式的，如图8.1所示。当群体冲突不存在时，每一个宽容成员（T）从每个配对群体的宽容成员那里获得一份净利益，这份利益来自于交易或风险分担。而局域主义者不会得到这种类型的利益。结果，不存在战争时，无论T在群体中的比例如何，给定群体中T的预期收益都要超过P，因此T是占优策略。这就是A和P面对群体内不利选择的原因。表8.1展示了不存在群体冲突时的收益结构。

表8.1　不存在群体间敌对交互时四种行为类型的期望收益

	局域者	宽容者
利他者	$bf_i^A - c$	$bf_i^A - c + gn_j f_j^T$
非利他者	bf_i^A	$bf_i^A + gn_j f_j^T$

注：群体i中利他者的比例为f_i^A。所有成员得到公共品的利益，bf_i^A。两种类型的宽容参与人从非敌对群体交互中得到利益，$gn_j f_j^T$，g是非敌对群体交互的利益，n_j是其他群体的群体规模，f_j^T是其他群体中宽容者的比例。在我们的仿真中，此表的基准参数值为：$c = 0.01$，$b = 0.02$，以及$g = 0.001$。

假如局域主义成员在至少一个群体中占有充分大的比例，群体间交互就可能出现敌对性。敌对性造成战争的概率正比于两个群体中战士（局域性利他者）数量的不平衡程度（$|\Delta_{ij}|$）。当某一方有充分的可能获胜时，两群体更加可能动用武力，它反映了这样的事实，即人类与其他灵长动物类似，假如群体势均力敌，他们会试图避免代价高昂的冲突（Wilson等，2001）。群体在战争中存活的概率与战士数目的相对数量成正比。当冲突发生时，失败群体的一定比例成员会被淘汰（这一比例为某个常数乘以局域性利他者在两群体中的比例之差），代之以从获胜群体中随机抽取的复制品。我们在遥远过去的敌对群体交互也许比我们此处的模型更加持久，而不是偶发的，但是即使考虑到这一点，也不会改变模型的因果机制。

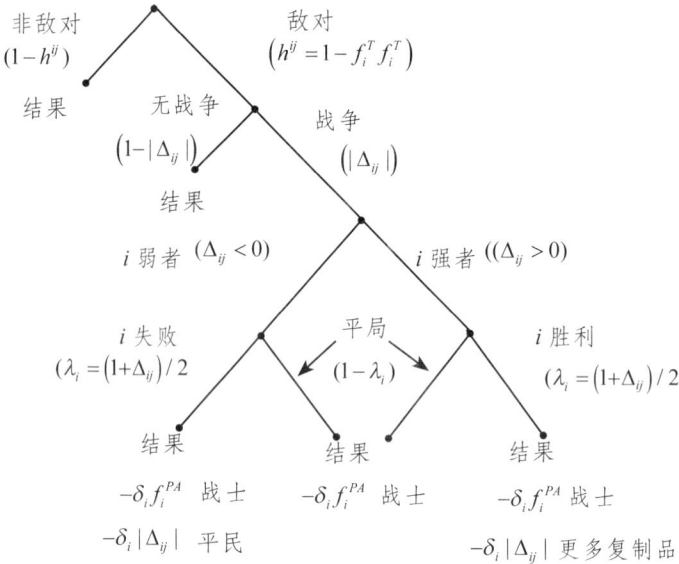

图 8.1 群体间交互

注：记号：f_i^T、f_j^T = 群体 i 和群体 j 中宽容者的比例；$h_{ij} = 1 - f_i^T f_j^T$ = 群体 i 和群体 j 的交互中敌对交互的概率；f_i^{PA}, f_j^{PA} = 群体 i 和群体 j 中局域利他者的比例；$\Delta_{ij} = f_i^{PA} - f_j^{PA}$；$|\Delta_{ij}|$ = 敌对交互成为战争的概率；δ_f = 死去战士（PA）的比例（在我们的基准仿真中 $\delta_f = 0.14$），$\delta_c |\Delta_{ij}|$ = 失败群体中的平民死亡率（在我们的基准仿真中 $\delta_c = 2.5$）。跟公共品和群体间和平交互有关的收益如表 8.1 所示。

　　行为的代际传递过程既可以是文化的，拥有高收益者可以被下一代不成比例地进行复制；也可以是基因的，收益代表了繁殖成功程度。在每一代中，每个群体的成员被随机配对产生后代，其预期数量正比于父母两人的收益占群体收益的份额。

　　为了避免局域主义和利他主义的虚假共演化（这常常与两种行为的统计相关性有关），我们假定了一种强烈地倾向于分离两种行为的代际传递过程。于是，我们假设在婚配中不存在选型，这样一来

局域性利他者就不会比完全随机更有可能与另一个局域性利他者相
配，而且我们也允许完全的重组，这样由 PA 和 TN 组成的父母将以
等概率拥有所有四种类型的后代。除此之外，这一过程还会由变异
所修正：每个成员的后代都存在一个 μ 的概率从四种类型中随机选
择一种来继承，而不管他们父代的类型。非变异复制则以 $1 - \mu$ 的概
率发生。在每一代中，每个成员都有某个概率（m）移民到随机选
择的群体。

这一复制过程反映了所有位置都已经占满的假设，因此，群体
人口只有在通过地域扩展增加承载能力的前提下才可能增长。

8.2 局域性利他与战争的涌现

我们运用基于主体的计算机仿真模型来探索该模型的一些属性，
模型的参数范围被调准到类似于晚更新世和早期全新世人类环境的
程度。

和前一章的仿真一样，由于模型中存在机会要素，例如哪些群
体相遇、谁迁徙、迁徙到哪里、竞赛是敌意的还是非敌意的、谁获
胜，仿真种群中四种类型的组成结构时常在变化。在仿真过程中，
历史有着绝对的重要性：每一期的种群分布都受到上一期分布的强
烈影响。但是，假如该模型的仿真运行很长时期（以及很多次），种
群将会有更多的时期处在某种组成结构中而不是其他的结构，而这
一点独立于我们初始设定的种群组成结构（从技术上讲该模型是各
态历经的）。图 8.2 总结了稳定分布。条形的高度代表了利他者和局
域主义者在种群中占有所示比例的频率（我们把局域性利他者的比
例呈现于图 8.4）。

在很长时期里，仿真中的种群都把很长时间花在拥有大量局域
主义者和大量利他者的状态中（右上角的条形集合），或是花在拥有
大量宽容者和大量非利他者的状态中（左下角的条形集合）。拥有大
量利他者和少量局域主义者的状态难以发生，拥有大量局域主义者

和少量利他者的状态也是如此。在前一种情况下——接近于图中 b 点——种群中高水平的局域主义者支撑了高水平的群体冲突，从而使群体间选择成为一种可畏的演化过程，结果维护了群体中高比例的利他者。这种情况正好重现了第 7 章战争与利他主义的协同作用（见图 7.6）。与此相对，当种群处在宽容非利他者占多数的状态时，很少有战争发生。结果，群体内选择压制局域主义者和利他主义者占据主导地位，从表 8.1 的收益中可以预期，这严重地限制了利他者和局域主义者在种群中的份额。

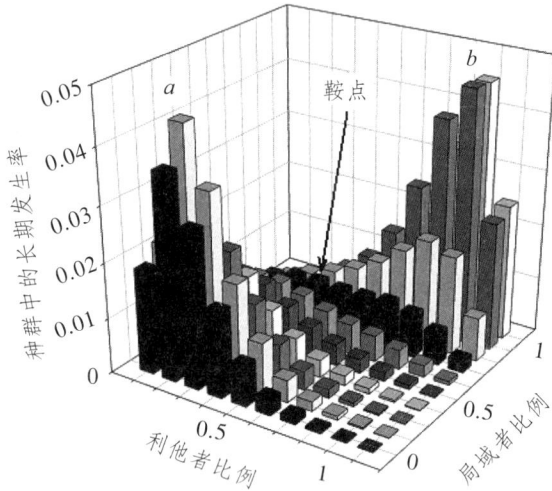

图 8.2　局域利他者和宽容非利他者的结果以高频率发生

注：这些频率是我们模型暗含的马尔可夫随机过程的稳定分布的近似，它们由该模型的大量实现得到。本仿真用到了表 8.1 的基线参数，迁徙率和变异率分别为 $m = 0.3$ 和 $\mu = 0.005$。平均群体规模为每代 26 个成员。

在此模型中，局域主义和利他主义之所以演化，并不是因为局域性利他者刻意地与相似类型来往，而是因为群体内交互（其中有可能合作）正是以正向选型为特征的。之所以会出现这样的情况，是因为局域性利他者（比起种群范围随机匹配的情况）更有可能存在于拥有局域性利他者的群体。与此相反，敌对交互以负向选型为其特征，这是因为由多数局域性利他者参与（并获胜）的战争倾向于淘汰那些拥有更大比例其他三种类型的群体。这是势均力敌的群体倾向于避免战斗这一事实的结果。当种群中局域主义者的数量充分大，以致敌对冲突时常发生时，利他者和局域主义者就容易同时得到扩散。类似地，当宽容个体在种群中变得普遍时，他们就可以从合作交互的正向选型中获益，这是因为多数人都处在可以从和平群体关系中获益的群体之内。

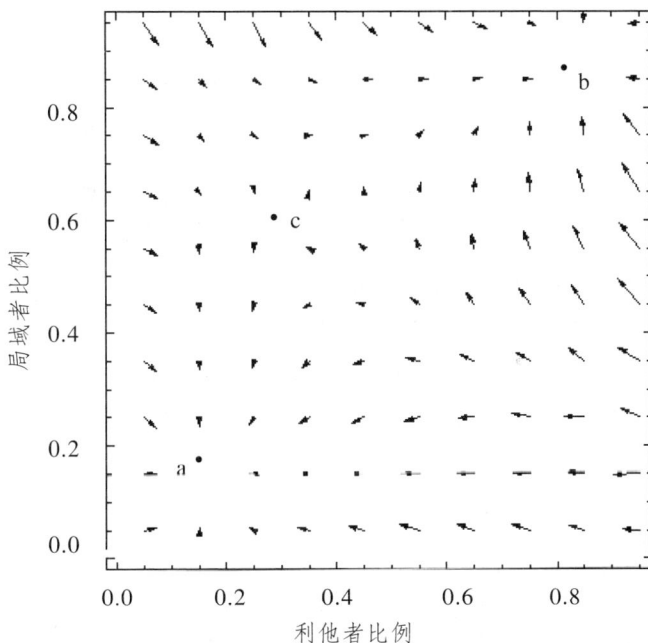

图 8.3　概率转移动态

注：参数值与之前相同。每个箭头都代表每种状态下的预期变化，这一变化得自于利用状态空间中不同状态的初始类型分布的五百万次模型仿真得到的马尔可夫过程转移矩阵。箭头的长度表示作用于状态空间中该点的选择压力强度。当两种频率都接近 15%（点 a）或者 A 和 P 的频率接近（0.95，0.75）（点 b）的领域时，就会出现渐近稳定状态。点 c 则是鞍点。

140　　　图 8.3 的箭头给出了箭头根部代表的种群构成所产生的预期运动方向。更长的箭头表示当利他者频率不高时针对局域主义者的强烈选择以及局域主义者频率不高时针对利他者的强烈选择。

群体间关系的范围与性质在本模型中是内生决定的。因此，通过可得的经验信息对战争的致命性和群体间交互的其他方面进行比较，可以为模型及其参数选择的合理性提供一个检验。在所有状态下，平均而言，宽容个体（T）与其他群体的宽容成员进行非敌对交互而得到的利益共计 0.016。这一数值可以与每个利他者为公共品作贡献而给同群体成员带来的 0.02 的利益作一比较。之所以图 8.2 和 8.3 中 T 在靠近 b 时利益很少，是因为在这些状态下大多数交互都是敌对的，而且即使是在和平交互中，其他群体也很少有 T。在靠近 b 处，群体可以预期每隔 7.1 代参与一次战争，因此，每一代的战争概率就是 0.14，假如输掉了战争，群体将遭受大约 40% 的人口死亡；假如获胜，则遭受的死亡约为 10%，而且死亡者都是 PA 类型（只有战士才会在胜利的战争中死去）。因此，在 b 的邻域，每代大约有 3.6% 的总人口在战事中死去。

这些统计数字提供了我们所寻求的现实性检验：能够令利他主义和局域主义获得支撑的群体间冲突水平和战争死亡率远低于第 6 章从考古学和民族志数据中作出的估计。因此，我们可以相当自信地认为，我们的结果并不要求群体间敌对性拥有不合理的高水平。

图 8.4 呈现了从接近 a 的状态到接近 b 的状态的转换过程。无论是局域主义者的比例还是利他者的比例，都不太可能大大超过局域性利他者的比例（当然，它们也不可能小于局域性利他者的比例），这一事实表明，即便局域性和利他性的“等位基因”没有任何遗传上的联结，它们仍然会在模型中的选择压力下表现出相关性。

图 8.4 的左边两图表现了单次仿真的同一时期跨度，展示了图 8.2 和 8.3 中从接近于 a 的状态到接近 b 的状态的转换。前 300 代中利他者（A）、局域主义者（P）和局域性利他者（PA）（图 8.3 上方二图的黑线）的人口频率较低，这意味着群体参与战争的可能性

约为每代 5%（图 8.4 下方图）。战争不频繁的结果之一便是，表 8.1
中的群体内和平时期收益——此时宽容非利他主义是占优策略——
成为种群动态的主导力量，这使得利他者、局域主义者和局域性利
他者的比例保持在低水平。接着，在大约 33800 代时，局域性利他
者比例的某次机会性上扬导致了战争可能性的急剧上升（图 8.4 下
方图），这反过来支撑并扩大了局域性利他者人口频率的上升，进而
推进种群离开宽容非利他的和平状态而靠近局域性利他的战争状态。
与此类似，右边的两图展现了一次和平、宽容和自利的发端。

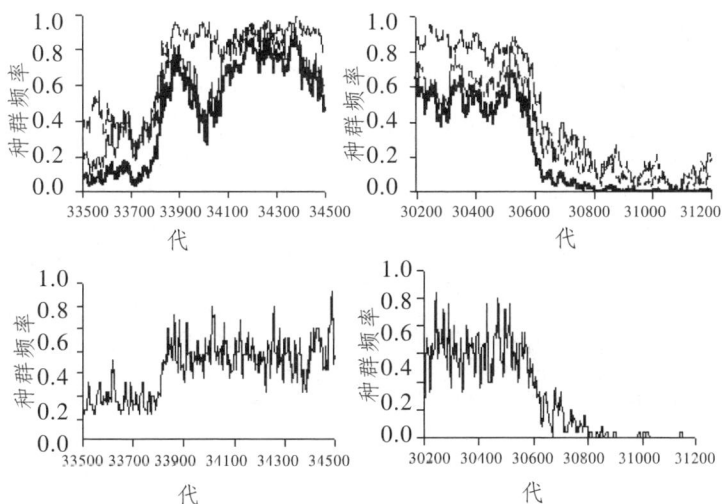

图 8.4　战争与和平的发端

注：在上面两图中，三条线中的最低一条代表种群中局域利他者的临界比
例。左边两图展示了一次战争的发端，也就是从图 8.2 和 8.3 中近于点 a 的
状态向近于点 b 的状态的转变。右边两图则展示了从战争状态到和平状态的
相反转变。

图 8.5 显示了种群局域性利他者的比例与战争频率之间的关系。
左图表明，当种群中有 30% 至 80% 的人口为局域性利他者时，战

争最为频繁。理由是，当局域性利他主义频率较低时，敌对群体交
互罕有发生，而局域性利他者具有高频率时，敌对行动几乎总是发
141　生，但是，群体之间战士数量的不平衡性（战争发生的前提条件）
却是很罕见的。右图表明当战争更加频繁时，局域性利他者比例也
会更高。

在 Choi 和 Bowles（2007）中，我们考察了这些结果对参数变
化的敏感性。我们发现，局域性利他者和战争的频率跟群体规模和
迁徙率成反比。这符合 Price 方程（4.3）的预期，因为放大这些种
群结构参数减少了类型分布的群体间差异，进而弱化了选择性灭绝
的效果。影响群体内和群体间选择的各种参数也具有预期的效果：
战争和局域性利他主义与失败者的损失程度成正比，同时与非敌对
交互的利益（g）和利他主义的成本（c）成反比。

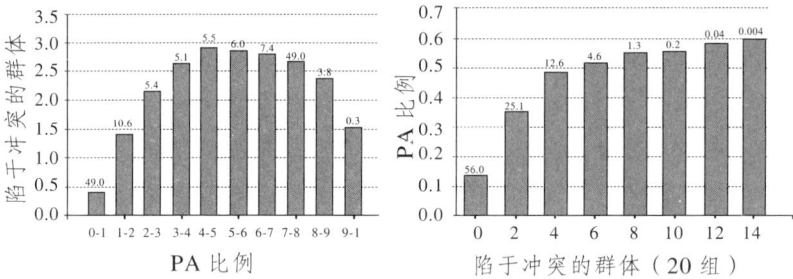

图 8.5　局域利他者与战争

注：种群中的高频率局域利他者支撑高频率的战争，反之亦然。每个条形顶
部的数字代表 50000 代内各种 PA 比例的百分比以及战争发生的百分比。

142　## 8.3　仿真与实验中的局域性利他主义

近期的一些实验可不可以为我们关于局域性利他和战争的解释
提供检验的机会？如何用实验来检验一个演化模型，这一问题并没

有显而易见的答案。通常，我们的解释架构会转向另一个方向：我们会问，是否存在一个合理的演化模型能够解释实验中观察到的行为的涌现和持续。在这种架构中，检验模型的合理性就成为了表明在我们所知早期人类生活环境的参数集下，实验中观察到的行为是否可能演化的问题。但是一些精心设计的计实验，包括某些意外的和不幸的自然实验，却允许我们从相反的方向思考；它们所提供的证据与我们给出的演化解释相符。

我们从本章开头提到的在巴布亚新几内亚进行的第三方惩罚实验（Bernhard 等，2006）开始。假如实验中的被试群体由我们演化模型中的四种行为类型构成，那么也许他们可以重现先前观察到的结果。我们预期宽容的利他者会同时为圈内人和圈外人的利益而承担成本，并且惩罚违反规范者。鉴于群体间互利关系的重要性，利他者对规范违反者的惩罚也会针对外群体成员，而不仅仅是圈内人。但是，局域利他者将优先为内群体成员作贡献，而且，他们对伤害同群体成员者所施加的惩罚要严厉于受害者不是圈内人的情况。我们的模型表明，这种针对圈外人的恶意行为可以通过在敌对群体间竞赛中惠泽其他群体成员而得以演化。在实验中，由于我们假定惩罚对象遭受的成本是惩罚者的三倍，针对外来者的惩罚增加了同群体成员的相对收益。

我们也可以在实验中考虑其他的演化影响：我们可能认为，群体成员与圈内人的遗传相关性要高于圈外人，这一事实可以解释赠予行为的群体偏私性（group favoritism）。但是在非重复交互实验的情况下，它却无法解释赠予行为本身。理由是，实验中由礼物获得的利益完全被赠予者的成本所抵消（也就是 4.1 式中所有项都满足 $b = c$），因而这种行为无法通过基于亲缘的选择得以演化。在这种情形中，Hamilton 法则要求赠予行为不能减少赠予者的内含适应性，因而赠予者和接受者必须是完全遗传等同的（$r = 1$），而且就算真的这样，赠予行为仍然是选择中性的！此外，如果我们假设这些被试的祖先生活在具有寻食者群居队群典型大小的群体中，那么直接适应性利益就无法解释针对规范违反者的惩罚以及针对圈外人的更严厉惩罚。

144 　　Bernhard 等（2006）的实验表明，实验中观察到的行为类型也许是我们先前所描绘的选择性灭绝共演化过程的结果，而假如只存在一种单一的演化过程（在这一过程中对待亲近家庭成员的慷慨可以得到演化），那么这些行为就不太可能涌现并扩散。因此，在这些基于内含适应性的模型当中，我们看到了多层选择的解释合理性。

　　一个看似比基于亲缘的选择更具合理性的替代解释建立在互惠利他和声誉的基础之上。这种解释认为，尽管博弈是匿名的，被试还是把实验中的博弈映射到了日常生活的经验之中，并且采用那些预期可以获得声誉利益的行为，这与他们的自涉偏好相一致。另一个来自巴布亚新几内亚的实验（Efferson 等，2011）受到了局域性利他主义模型（起初在 Choi 和 Bowles［2007］中得到展示）的启发，允许我们对基于声誉的解释得到的预测和此处的群体灭绝多层选择模型得到的预测进行比较。

　　Efferson 和他的合著者在两个不同的族群——Ngenika 和 Perepka——成员中实施了一个单次匿名信任博弈实验，其中投资者和受托人要么属于同一族群，要么属于不同族群（p. 3.9）。回想一下，在信任博弈中"投资者"Alice 可以拿到 m 的禀赋，她取出其中的 m' 转让给"受托人"Bob；然后，主试将 m' 翻倍并将这一数额授予 Bob。Bob 接着可以选择将 $2m'$ 中的任意比例回赠给 Alice。假如 Alice 把她的整个禀赋 m 都送给了 Bob，那么我们就说她信任 Bob。此时 Bob 将得到 $2m$，倘若他是值得信任的，他将回赠一个相当大的比例，例如一半。在这种情况下，每个人都可以获得 m 的收益。然而，假如 Alice 不信任而 Bob 没有转让，她仍然得到 m，但是 Bob 就一无所得了。最后，假如 Alice 信任 Bob，而 Bob 却是非道德且自涉的（也就是说他不值得信任），那么他将保留整个 $2m$，此时 Alice 只有零收益。

　　同时，主试还会向每个 Alice 询问，在各种假设的 Alice 初始转让条件下她们预期可以在 Bob 那里得到多少回赠。如同其他的信任博弈实验，这一实验的结果违背了以自利公理为基础的预测：无论是 Bob 还是 Alice 都远比这些公理成立的情况下更加慷慨。请注意，我们可以排除基于亲缘利他的解释，因为即使两个参与人同时把双方想象成有着兄弟姐妹或父母孩子的关系（$r = 0.5$），Hamilton 法则也不会预测 Alice 进行转让。Alice 可以推断，在任何情况下回赠都是 0，这是由于 Bob 的行为只是回送这些钱，Bob 的成本就恰好等于 Alice 的收益。因此导致 Alice 转让任何数量的唯一激励就是提高 Bob 的适应性。然而，由于 Bob 得到的收益只是投资者成本的两倍，rb 就不可能超过 c，而这只需假定 Bob 和 Alice 不是同卵双胞胎！

不过，我们最为感兴趣的还是基于声誉的解释以及基于局域性利他的解释。考虑一下 Alice 的选择。一个局域性利他的 Alice 将在圈外人而不是圈内人面前做出非道德而自涉的行动。而一个自利的、重视声誉的 Alice 却会做出相反的行为。因此，自涉且拥有声誉意识的参与人在博弈中面对同族群对手时，将根据对 Bob 回赠反应的预期来决定他们的转让额度，他们会避免过高的转让额，因为这样不仅不会得到回报，而且会获得易于遭受剥削的声誉。

与此相对，一个局域性利他的 Alice 在面对同族对手时，其转让额度则无关于预期的回赠数额。而当面临圈外人时，则会呈现相反的模式：局域性利他的 Alice 的转让额将取决于预期回赠，因为当与圈外人来往时，慷慨声誉的价值并不存在，或者至少低于与圈内人来往的情况。

在实验中，由局域性利他的 Alice 模型作出的预测得到了确认，而自利 – 声誉的 Alice 模型则与实验结果相悖。在 Bob 身上也有类似结果。例如，假如他是自利且关心声誉的，那么他就不会做出回赠行为，因为那样做会导致自己得到比 Alice 更少的收益；而当 Bob 是局域性利他者时，他有时会做出对自己不利的回赠行为。在这些以及其他测试中，Bob 的行为同样也符合局域性利他 Bob 模型作出的预测，并与自利－声誉的 Bob 模型相悖。

最后，一系列实验表明，战争或群体冲突可以加强无论是实验还是自然环境下发生的亲社会行为。尽管这些证据与我们由局域性利他主义解释作出的预期相一致，但它们并不能成为对该模型或仿真的检验，我们在模型和仿真中所表明的与其说是局域性利他主义在群体冲突中得到加强，还不如说是群体冲突解释了它的演化成功。然而，由于利他主义在冲突时期所促成的那些行为可以解释它的演化成功，我们认为群体冲突也许能够触发更多的利他主义。

由 Gneezy 和 Fessler（2011）进行的研究提供了这一效应的证据。其作者分别在以色列－真主党战争之前、战争期间和战争之后，在一个没有参与过军事服务的以色列成人市民群体中实施了信任博弈和最后通牒博弈。他们发现，虽然战前和战后的实验结果在统计上无法区分，被试们在战争期间却表现出更强烈的社会偏好。他们还发现，战争期间最后通牒博弈中的低提议更有可能遭到拒绝，而在信任博弈中，Alice 会给予 Bob 更慷慨的转让，而且这一转让得到的回报是战前或战后的 5 倍。

另一项研究也给出了实验和自然条件下的证据。Maarten Voors 和他的合著者（2011）研究了布隆迪种族清洗暴力活动期间发生的大规模滥杀行为以及这些行为对个体之于邻居的利他行为所造成的影响。300 名被试来自 35 个随机选择的村庄，其中 26 个曾在 1993 年至 2003 年的 Hutu-Tutsi 冲突期间经历过致命的种族暴力活动。这些被试参与到一项实验中，他们可以在自己和来自同一村庄的另一个匿名个体之间分配金钱。在控制了一些人口学及社区差异的前提下，暴露于种族暴力之下的村庄，其个体在实验中对他们的邻居表现出更多的行为利他性。对于那些经历过暴力的个人来说这一点也是成立的。那些本身就受到过攻击的个体也会更加利他。作者提供了具有说服力的理由使我们相信如下论点，即从群体间冲突到群体内利他（而不是相反的方向）才是因果作用的方向。群体间暴力对实验中行为具有意想不到的效果，并且这一效果是巨大的。村庄遭受攻击行为数量的每一个标准差差异大约会带来利他行为的半个标准差的增加。遭受暴力与社区组织的高参与率也是显著相关的。

最后，还有一个实验为我们提供了群体冲突和合作演化的可能关系，它并没有依赖于利他者——当他是局域主义的——是自愿的战士这一事实，而是依据于针对同群体搭便车成员的利他惩罚受到群体冲突所刺激这一现象。Sääksvuior、Puurtinen 以及他们的合著者实施了一系列 8 人公共品博弈，既可以带有惩罚选项也可以没有惩罚选项，同时，参与这些博弈的群体成员收益既可以依赖于群体竞争的结果，也可以独立于其他任何群体的效率。我们回忆一下 §3.3 描述的带惩罚公共品博弈，它是一种 n 人囚徒困境博弈，在博弈中群体成员可以在公开每个成员对公共品的贡献之后，选择支付一定的数额用于减少其他成员的收益。在带有群体竞争的实验当中，拥有更多公共品贡献的群体将得到一份奖励，这份奖励是公共品贡献群体差异的两倍。只要惩罚是可能的，群体竞争就可以加强针对群体中卸责成员的惩罚，从而，带有惩罚选项的群体就可以战胜没有这一选项的群体。一个令人着迷的额外结果是，惩罚选项极大地减小了群体内收益差异，而这一点也许可以通过前一章所研究的繁殖均整化而加以解释。作者总结道："这些结果支持了群体间竞争在有成本惩罚和人类合作涌现中的重要意义。"

8.4　曾经的"红牙红爪"带给我们的遗产

在我们的研究方法中，我们把**智人**（Homo sapiens）看作时而好战的物种，又把局域性利他主义看成人类行为的普遍成分。同时，我们也看到，战争本身也为人类利他主义的传播作出了贡献。一开始，我们在这一令人不安且震惊的结论面前感到畏缩。然而，仿真加上史前战争的数据却为我们讲述了一个令人信服的故事。

但是，对于人类利他主义的演化，战争真的是必要的吗？利他主义难道不能在没有致命群体冲突时得以演化吗？或者说，它难道就不能采取宽容的形式而不是局域主义的形式？此处以及第7章所提供的解释之中最关键的元素在于，拥有更多利他者的群体能够在挑战中存活，渐渐渗入甚至淘汰那些更加不合作的群体。更合作群体的高存活能力并不一定非得是战争的结果。晚更新世的混乱气候使得那时的群体即便没有与其他群体直接对抗，也会面临巨大的挑战。假如拥有大量利他者的群体比起更加不合作的群体更有可能克服这些环境挑战，那么他们就有机会占领那些空出来的位置，这些位置原先居住的群体已经消失，这些群体由更不利他、更不合作的个体组成。这一过程可以重现我们此处建模的战争的结果。由此，我们可以回到达尔文，并且重写第4章的引语，"社会及道德属性"本就可以"演进并散布到整个世界"，而且这并不需要任何部落"战胜其他部落"。

尽管利他主义可以通过这种机制在不存在群体冲突的情况下得以演化，但我们并不认为现实真的如此。我们拥有频繁的致命接触的证据，而且，合作的群体更有可能在这些挑战中存活的假设是合理的，这说明，战争——当然它也要与环境挑战相结合——在我们这一特殊的合作性物种的演化当中扮演了至关重要的角色。而且，致命群体接触是早期人类条件的一部分，关于这一点的证据是强而有力的。

尽管受到局域主义所限的利他主义形式是我们的遗产之一，但它未必就是我们的命运。利他主义和局域主义虽然拥有着共同的演化（无论是文化的还是基因的）起源，但是，这一事实并不意味着它们俩是不可分离的事物。宽容的，甚至反局域主义的利他主义例证同样非常之多，这包括：一些群体间行为实验的被试行为，许多国家的选民为了给予穷国人民税收支持的经济援助而进行选举上的支持，所有祖先群体中人们参与反种族主义的政治运动，当然也包括我们这本书所要献给的三位年轻人。

表8.2　符号定义

符号	意义
b	利益
c	成本
δ_f	死亡战士的比例
δ_c	失败群体中平民的死亡比例
Δ_{ij}	$=f_i^{PA}-f_j^{PA}$
f_i^A	群体i的利他者比例
f_j^T	群体j的宽容者比例
f_i^{PA}	群体i中局域利他者的比例
g	非敌对群体交互的利益
h_{ij}	群体交互中敌对交互的概率
$i,\ j$	群体索引
m	迁徙率
μ	变异率
n	群体规模
n_j	群体j的规模

9 强互惠的演化

> 我做我现下所做事情的动机仅仅是为了个人复仇。我并不期待要通过这件事情来完成什么……当然，我要对整个科学和官僚建制进行复仇……但这是不可能的，我得让自己满足于一星半点的复仇。
>
> 泰德·卡辛斯基《大学炸弹客日记节选》（1998）

前面两章已经表明，在更新世晚期和全新世早期人类可能经历的条件之下，群体成员之间某种无条件形式的利他合作可以得到演化。但是我们也知道，在实验和日常生活中，利他主义很少是无条件的。例如，在重复公共品博弈中，当不存在其他的追索方法时，利他合作者对搭便车者的反应只能是拒绝自己的贡献。但是，具有高级认知能力的动物可以比仅仅转身离去做得更好。他和同群体成员可以联合起来对付背叛者。同时，正如我们在第6章看到的那样，我们可以在非中心、非国家的社会秩序中广泛地见证到这一点。

合作的倾向和惩罚背叛者的意愿共同构成了我们用"强互惠"这一术语所指称的事物，也正是这两者的组合构成了我们物种所展现的大范围合作的关键。在这里，我们即将展示，即便付出个人成本也要惩罚违反社会规范者的意愿是如何演化而来的。

惩罚降低了搭便车者的得益，即便是完全自利的个体也可能因此被诱导至合作。因此，拥有更多惩罚者的群体可以维持更高水平的合作。只要惩罚者自己可以通过不做惩罚而提高收益，那么惩罚就是利他的。同时，对于惩罚的对象来说，惩罚同样是有成本的。然而，不同于无条件的利他主义，惩罚者的成本在惩罚者变得普遍时会大大减少。这是因为当惩罚者变得普遍时，惩罚的威胁足以制止搭便车行为，因而惩罚者很少需要承担惩罚成本。结果，惩罚者的存在可以支撑群体合作，只要这样可以给群体带来适度的优势，便可以抵消惩罚的个人成本。

因此，只要强互惠者在群体中普遍存在，那么由于更合作的群体拥有更高的平均收益，大多数强互惠者会发现，用于对付偶尔背叛的直接惩罚成本是很容易得到弥补的。在 Price 方程（4.3）中，上述命题意味着强互惠者个体的成本 β_i 很小，因此，为了使种群中强互惠者的比例得到稳定，无论是合作带来的群体层面利益还是群体间差异——正是它们构成了群体间选择项 $\beta_G \mathrm{var}(p_j)$ ——的大小都无须太大。这大体上就是我们在 Boyd 等（2003）中（同 Robert Boyd 和 Peter Richerson 一道）对合作演化所作的解释。

不过，在这一解释中，存在着两个重要的问题。首先，就算惩罚可以支撑高水平的合作，惩罚还是可能降低群体成员的平均收益，因为也许惩罚者和惩罚对象的成本超过了合作带来的得益（Fehr 和 Gächter，2000a；Bochet 等，2006；Cinyabuguma 等，2006；Herrmann 等，2008）。当惩罚者不仅把目标指向卸责者，而且还指向合作的群体成员时，这一问题会更加突出，而这样一种情况正在实验中经常发生的。

其次，惩罚要如何开始涌现，同样是一个谜题。惩罚者为了生存，对背叛者的惩罚必须达到足够的数量，因为这样才能诱导合作，使得其收益不仅能够弥补惩罚成本。稀有的惩罚者在数量上无法超过他们的惩罚对象，因而无法从数量优势中获益，因此，惩罚搭便车者的成本非常巨大。此外，他们通常是独立地承担惩罚成本，而不是与其他惩罚者分担（Boyd 和 Richerson，1988，1992；Panchanathan 和 Boyd，2003；Boyd 等，2003）。

当然，这两个问题都产生于不现实的人为假设，惩罚是根据现有的模型——包括我们自己讨论过的模型——和实验中的方式实现的。在这些模型中，惩罚是无条件的、无协调的个人行动，是由背叛行为自动引发的。同样地，除少数例外（Ostrom 等，1992）之外，实验中的个体无法协调惩罚。但是，正如我们在第 6 章所见的那样，民族志证据显示，个体很少独自地对违背社会规范者进行惩罚。惩罚通常是以集体的形式发生的，而且，部分地由于这个原因，惩罚传递了同伴谴责的信息。假如在行为实验中可以进行交流，或者给予被试集体惩罚的选项，那么惩罚便常常是有效率的，因为惩罚不仅提升了平均收益，而且很少会以合作成员为其对象（Ertan 等，2009），这与人类学证据相一致。

我们在这里将利用关于惩罚的两项特点来解决上面两个问题，这两项特点皆以经验为基础。首先，惩罚是在群体成员之间经由协调的，惩罚是否发生，取决于其他愿意参与惩罚的成员数量。这也就是生物学家称作"群体感应"（quorum sensing）的例子之一，细菌和其他生物体也会发生这种现象（Miller 和 Bassler，2001；Diggle 等，2007），当这种现象发生时，细菌直到它们已经达到足够的数量，足以战胜生物体的免疫反应时，才会打开（"turn on"）活性。我们的惩罚者在稀有时会避免惩罚，而且只会承担最少的成本来发出信号，表示愿意惩罚。这样一来，当惩罚者在数量上没有大大超出惩罚对象时，他们就避免了惩罚成本。其次，与"人多力量大"及"分而治之"这些格言相符，惩罚拥有一种规模报酬递增的特点，因此，在惩罚者数量增加时，惩罚某个特定对象的成本会降低。只要加上这两个特点，先前模型中的问题就可以得到解决。我们的模型——改编自 Boyd，Gintis 和 Bowles（2010）——表明，只要其中的遗传关联程度与来自狩猎－采集种群的新近遗传学数据相一致，惩罚就可以在稀有时扩散，并且，在惩罚变得普遍时，它可以增加群体的平均适应性。但是，与不进行惩罚时相比，惩罚者会降低自己的适应性，所以惩罚行为是利他的。我们利用基于主体的模型进一步地刻画了这种因果过程，用以解释以强互惠为动机的条件性惩罚是如何获得演化成功的。

9.1 协调惩罚

我们考虑一个大型种群，它由一些大小为 n 的群体组成，个体在其中进行重复的交互。群体是随机形成的，因此不存在遗传选型。我们在稍后会引入经验上合理的群体间遗传选型。群体在初始时期会经历三个阶段：首先是**信号阶段**，惩罚者可以用 q 的成本发出信号，表明他们惩罚背叛者的意图（我们将在下面描述这些策略）。发送信号的成本足够高，以至于惩罚者不会仅仅发送信号而不去惩罚；接下来将是**合作阶段**，在这一阶段中，个体可以选择合作或者背叛。合作将给合作者带来 c 的成本，并且给每个群体成员带来 b/n 的利益。如同往常，我们假设 $b > c > b/n$。要是没有惩罚选项，那么这种交互就是公共品博弈（n 人囚徒困境），不合作就是占优策略。表 9.2 总结了本章所使用的数学符号。

最后将迎来**惩罚阶段**，个体可以与其他惩罚者相互协调，进而执行惩罚。为了在模型中描述惩罚者在惩罚某个对象时的期望成本，我们将采用一种概率性兰彻斯特法则，该法则描述了冲突双方数量与双方胜率之间的关系（Lanchester，1916；Engel，1954；Hwang，2009）。惩罚的期望成本取决于跟惩罚对象遭遇的可能后果。我们将以下述方式来考虑这一点。我们假设，当且仅当惩罚阶段陷入一个和局，也就是无论惩罚者还是惩罚对象都无法获胜时，才会由惩罚者团队中随机选择的一名成员来承受惩罚的成本 k，在这种情况下，惩罚者和惩罚对象都要承担成本。我们进一步假设和局将以 $1/n_p$ 的概率出现，其中的 n_p 代表与单个惩罚对象对抗的惩罚者数量。那么，单个的惩罚者在面对单个惩罚对象时，总会遇上一个和局。如果加入一个 n_p 的惩罚者团队，那么其惩罚成本便是和局概率（$1/n_p$）乘以和局的情况下作为惩罚成员承担成本的概率（k/n_p），也就是 k/n_p^2。

在接下去的时期里，不会再有信号阶段，因为这时参与人已经知晓群体中惩罚者的数量。合作和惩罚阶段仍然得到保留，在每个上述两阶段结束之后，交互将以 δ 的概率进入下一期，因此群体的期望持续期数为 $1/(1-\delta)$。交互结束后，群体当即解散。当所有群体都解散时，新的群体将从种群中形成，并且重复上述的过程。

群体并不是永久性地存续，而是周期性地从大型种群中抽取个体而重新创造，这样的种群结构在社会演化模型中使用得非常广泛，包括那些导致附随行为（contigent behavior）演化的重复交互模型（Axelrod 和 Hamilton，1981；Nowak 和 Sigmund，1998b）。这样的模型在解析上易于处理，我们可以利用它们逼近更加现实的结构，在这样结构中，持久性群体之间的广泛基因流（extensive gene flow）导致了群体内较低的关联度。在这些模型的第一期，个体之间没有共同历史，因此，他们无从得知其他群体成员的策略情况，而在持久性群体的模型中，情况则是相反的。为了解决这一信息问题，标准做法之一是，引入一个初始的"信息收集"期，个体在其中可以表现出与接下来的时期不同的行为。这看上去并不是一个现实的假设。但是，即使是在持久性群体这种更加现实的设定之下，个体也会变化、死去，或者离开群体并由迁徙者或后代所取代。这意味着，行动者通常必须处理这样的境况，即某些群体成员的过去行为是无从得知的，这与此处模型第一期的情况类似。此处的模型代表了惩罚演化的一个最差情形，这是因为，它最大化了他人策略的不确定性，因此最大化了惩罚者用来判定是否已经达到充分数量以保证惩罚得以实施的成本。

个体可以拥有两种可遗传的策略之一：**惩罚者策略**（Punisher）**与非惩罚者策略**（Nonpunisher）。稍后，我们会引入**撒谎者策略**（Liars）和**机会主义策略**（Opportunists）以检验模型的稳健性，撒谎者发出惩罚意愿的信号但并不惩罚，而机会主义者也会发出信号，但只有当必须有他们参与才能确保必要人数时，才会进行惩罚。

在群体生命期的第一期，惩罚者发出他们愿意惩罚的信号，而非惩罚者不会这样做。接着，假如至少 τ（$0 < \tau < n-1$）的其他群体成员发出了信号，惩罚者就以 $1-\varepsilon$ 的概率合作，以 ε 的概率背叛，然后惩罚任何不合作的个体。我们把拥有阈值 τ 的惩罚者称为 τ-惩罚者。在第一期如果只有少于 τ 的其他个体发出信号，那么惩罚者会背叛，并且不进行惩罚。非惩罚者不会发出信号，也不会进行合作和惩罚。结果，当群体中至少有 $\tau+1$ 个惩罚者时，他们将受到惩罚。我们假定惩罚对象所接受的成本为 p，它大于合作的净成本 $c-b/n$，因此，平均而言，当预期有惩罚时，合作是收益最大化的行动。ε 比例的个体仍然选择背叛，这可能是出于失误，也可能是因为合作对某些个体而言有着更大的成本，即使他们预料到将被惩罚也不会合作。假如背叛者在最后一次背叛发生时受到了惩罚，那么不管是什么类型都要以 $1-\varepsilon$ 的概率合作，以 ε 的概率背叛。假如至少有 τ 的其他个体在最后一次背叛发生时进行了惩罚，惩罚者便选择惩罚背叛者。

对惩罚的演化来说，非惩罚策略在我们的祖先中也许是一个可能的状态。他们不进行合作和惩罚，也不会回应未经核实的惩罚威胁。然而，一旦他们受到了惩罚，他们就在接下来的时期中合作，避免更多的惩罚。要注意的是，合作是可选择的（facultative choice），它并不是遗传下来的行为。有人或许会担心，只有当惩罚与合作之间以基因多向性或其他方式相互链接时，惩罚才会得到演化。但是在我们的模型中，第一期过后，惩罚者与非惩罚者刚好会在同样的条件下进行合作，也就是说，他们会在预期不这样做会遭到惩罚时合作。这样一来，合作与惩罚之间的链接便非常薄弱了。在 Boyd，Gintis 和 Bowles（2010）中，我们表明，对于惩罚的演化，甚至这种弱链接也不是必要的。在上述社会交互之后，个体将进行繁殖，繁殖率正比于他们的个体收益与种群平均收益之比，这为我们带来了一些方程，描述自然选择如何随时间改变两种类型的频率。

我们首先考虑群体随机形成的情况（也就是说群体成员关联度

为 $r = 0$ ），而不是考虑能够达到合理的群体间遗传差异的群体形成方

152　式。在大多数参数设定下，存在两个长期演化结果，见于图 9.1 中的
实心点，它们体现了惩罚者的均衡频率与必要人数阈值之间的函数
关系。例如，A 图说明，假如阈值为 8，那么种群在没有惩罚者，或
惩罚者频率为 60% 时，就是一个稳定均衡（实心点），而当种群中
只有少于 24% 的惩罚者（空心点），选择的力量就会淘汰他们，若
惩罚者多于 24%，他们的数量就会扩展至 60%。从技术上讲，空心
点构成了两个稳定均衡吸引盆的边界，这很像图 8.3 中的点 c。

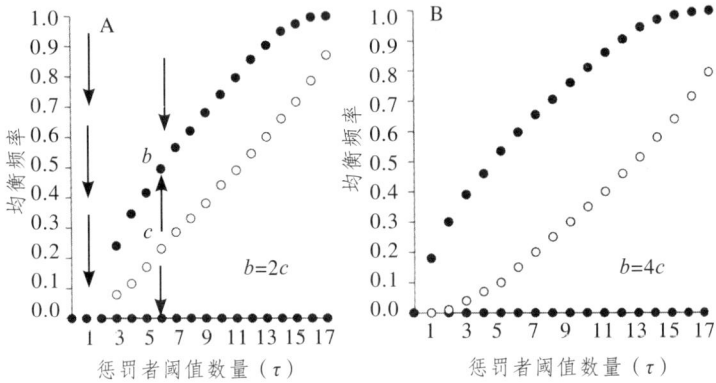

图 9.1　两种 b 值之下惩罚者的均衡频率。

注：对于每一个 τ 值，实心点给出了惩罚类型的局部稳定均衡频率，空心点
则给出了内部的不稳定均衡频率。在 A 图中，当 $\tau < 3$ 时，只有种群没有惩
罚者时才是稳定均衡。对较大的 τ 值来说，则有两个稳定均衡频率，零以及
惩罚者与非惩罚者共存的策略混合状态。箭头表示在实心和空心点上下的地
方自然选择的作用。在这些情况中，不稳定均衡代表了惩罚要得到选择的
青睐必须首先达致的频率。在利益 b 较大的 B 图里，当阈值为一个（其他）
群体成员时，惩罚策略就可以在稀有的情况下扩散，达到 10% 的均衡种群
频率。基准参数：$c = 0.01$，$q = k = p = 1.5c$，$r = 0$，$a = 2$，$q = k = p = 1.5c$，
$\varepsilon = 0.1$，$n = 18$，$T = 25$。

图 9.1 横轴上的黑点表明，当 $b = 2c$ 时，无论在哪种阈值下，完全非惩罚者是稳定的。当惩罚者很稀少时，他们在群体中通常是孤单的，他们付出了信号成本却无法收获合作的利益，因此适应性低于非惩罚者。图 9.1 中的两部分皆表明，愿意独自进行惩罚（$\tau = 0$）的惩罚者无法侵入全非惩罚者的种群，这是因为，即使 $b = 4c$，合作的利益也不够大，使单个的惩罚者能够补偿发出信号并惩罚群体中每个其他个体的成本。这里，我们假设并不存在这种"独行侠"条件，因此，只有两个或两个以上的惩罚者才会进行惩罚。不过，图 B 中横轴上的空心点表明，当利益较大时（$b = 4c$），阈值为一个（其他）群体成员的惩罚策略（即 1 – 惩罚者）可以在稀有时扩散，而黑点则表明种群将达到 10% 的均衡频率。我们将会看到，当引入经验上估计的遗传选型程度时，惩罚者在阈值水平为零到四的条件下就可以在稀有时扩散（图 9.2）。

所以，对于很多的阈值水平，惩罚者与非惩罚者混合共存也是演化稳定的。只有在正好拥有 $\tau + 1$ 个惩罚者的群体中，惩罚者才具有相对于非惩罚者的适应性优势。这是因为，在这些"阈值群体"（threshold groups）之内，为了维持惩罚与合作，每一个惩罚者都是必不可少的。而在少于 $\tau + 1$ 个惩罚者的群体内，惩罚者浪费成本发出信号，但是因为他们并不惩罚，所以就像其他群体成员那样，他们无法享有合作的利益。而在超过这一临界惩罚者数量的群体内，惩罚者通过把策略转换为非惩罚，就可以像其他群体成员那样享受相同的合作收益，而不必付出信号与惩罚的成本。这意味着，在随机混合的种群之中，除非群体当中正好有 $\tau + 1$ 个惩罚者，而且合作带来的利益足以抵消惩罚者在信号和惩罚上所花费的成本，否则选择的力量就不会青睐 τ – 惩罚者。除此之外，惩罚者在这些临界群体中享有的优势必须达到充分的大小，使得这一优势足以抵消大于或小于临界惩罚者数量的群体中惩罚者所承受的收益劣势。

惩罚者与非惩罚者的稳定混合能否存在，取决于惩罚阈值 τ 的大小。当这一阈值太小时，即使在阈值水平上，惩罚也不会进行，

153

此时非惩罚就是唯一的进化稳定策略。而当阈值较高时，在阈值群体之中，惩罚将得以支持，这意味着，假如这样的阈值群体足够普遍，惩罚就可以得到青睐。因此，随着复合种群中惩罚频率从零开始增加，拥有阈值数量惩罚者的群体也开始增加，同时，惩罚者的期望适应性也跟着增加（图9.2）。一旦阈值群体达到足够的比例，

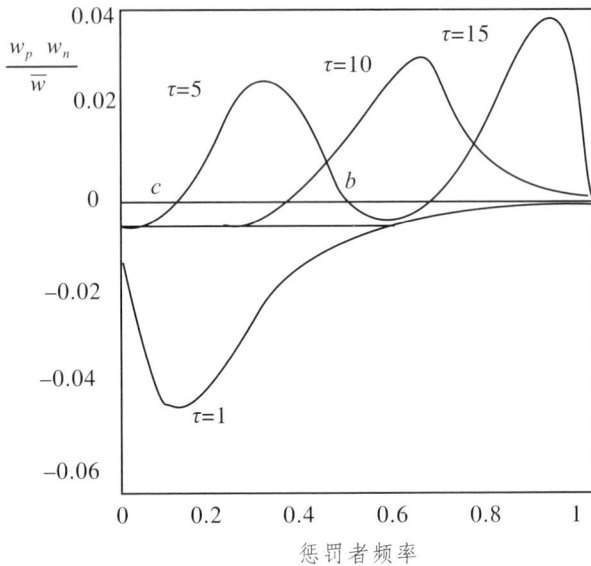

图 9.2 惩罚者（W_P）与非惩罚者（W_N）的适应性差异作为惩罚者频率的函数（$b=2c$）

注：当这一差异为正时，惩罚者会增加频率，而当它为负时，惩罚者会减少频率。当这一差异为零时，就会出现均衡。当这函数从上方与横轴交叉时，均衡就是稳定的，反之就是不稳定的。所以，图中的零交点就对应于图9.1图A中的实心或空心的内点。例如，本图的点 c 就是 $\tau=5$ 时的内鞍点，对应于图9.1图A中的空心点 c，而点 b 就是内稳定均衡，对应于图9.1图A中的实心点 b。当 $\tau=1$，这一阈值水平下的惩罚不会在任何惩罚者频率下得到支持，因此，惩罚者频率从零增加会降低他们的相对适应性。对于较大的 τ 值，阈值上的惩罚会得到支持，增加惩罚者频率即会增加他们的适应性。这将导致惩罚者和非惩罚者共存的稳定混合均衡。参数与图9.1图A相同。

惩罚者在这种群体中的优势就足以弥补他们在其他群体中的劣势。于是，自然选择就会增加惩罚者的频率。这一论证体现于图 9.1 的非稳定均衡（空心点），以及图 9.2 中每个函数与横轴的最左交点 *c* 处。

复合种群中惩罚者频率的进一步增长最终会降低阈值群体的比例。其结果是，惩罚者与非惩罚者的适应性将会相等，此时，会有一个稳定的多态（混合）均衡（图 9.1 实心点，以及图 9.2 横轴上的最右交点，即点 *b*）。如果 τ 增加，那么惩罚者在多态均衡中的频率也会增加，但是，为了让选择能够把种群带往这一均衡，最小初始惩罚者频率也要相应地增加，这使得均衡在惩罚者一开始稀有时更加难以达到。

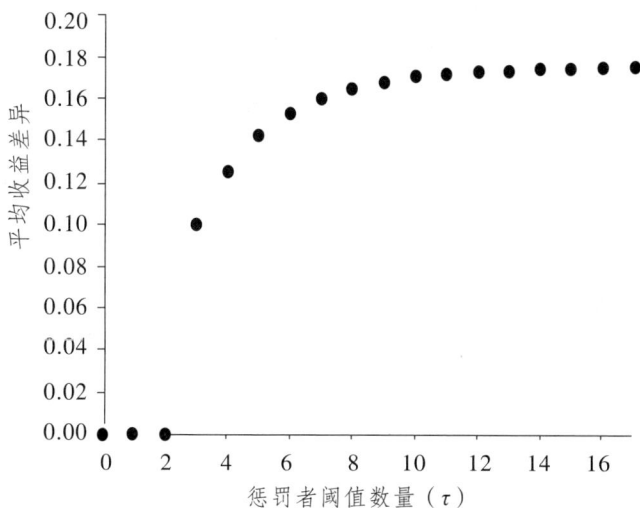

图 9.3　平均适应性差异

注：惩罚者出现的混合均衡和非惩罚者独占均衡之间的平均适应性差异。混合均衡总是有着更高的平均适应性，但是只需很小的阈值就可以接近最大的利益差异。参数与图 9.1 相同。

在稳定的多态均衡处，惩罚不是利他的。惩罚者转变为非惩罚者，平均来说并不会改变他的收益。若群体是随机形成的，那么经过群体间的平均，惩罚的长期利益正好可以补偿其成本。然而，拥有惩罚者的群体是互利的（图9.3），那些拥有均衡惩罚者频率的种群，平均适应性要高于没有惩罚者的种群。

以上的结果严重地依赖于两个参数：惩罚的规模经济水平，a，以及惩罚者为发送惩罚意愿的信号而付出的成本，q。让我们首先考虑前者，假设 $a = 1$（规模报酬不变），此时惩罚背叛者的总成本将独立于惩罚者数量，这要求在惩罚变得演化稳定之前，需要更高的惩罚频率（Boyd 等，2003）。这一点支持了我们的如下直觉，即递增报酬是非常关键的，因此，协调惩罚这一概念就变得非常重要。

为了保证信号诚实，信号的成本 q 必须超过一个最小值，为了得到这一最小值，我们引入第三种策略，即撒谎者策略。撒谎者可以在不付出成本的条件下"开启"（turning on）惩罚过程而从中获利。在第一期当中，撒谎者发出他们是惩罚者的信号，付出信号成本，接着，他们进行合作，避免第一期的惩罚。然而，他们并不惩罚，因此避免了相关的成本。在接下去的时期，撒谎者计算第一期发出信号的其他群体成员的数量，假如这一数量超过 $\tau + 1$，他们就合作。由于撒谎者从不惩罚，在第一期过后，他们的行为就像是非惩罚者，得到非惩罚者的收益。在均衡处，惩罚者与非惩罚者拥有同样的适应性，因此，只要撒谎者在第一期的期望收益大于非惩罚者，那么他们就可以侵入种群。这样一来，我们就可以决定信号成本 q 的最小值了，也就是使撒谎者略微劣于非惩罚者的 q 值。在所有此处表述的结果中，我们在计算中用到的 q 值都满足这一条件。

为了探索遗传选型的影响，现在，我们放弃群体随机形成的假设，进而假定群体的遗传关联度为 $r > 0$。这样一来，个体就更有可能与相似于自己的个体交互，而不是进行完全随机的交互。图9.4展示了假定 $r = 0.07$ 时的均衡行为，这一假定正是寻食群体平均关联度的大致估计（Bowles，2006）。在较小的阈值下（$\tau < 4$），唯

一的稳定均衡是一个惩罚者与非惩罚者混合的均衡，也就是说，惩罚者在稀有时可以侵入。也正因为这样的种群结构（群体间遗传差异），惩罚在多态均衡处也可能是利他的。我们在 Boyd 等（2010b）中说明，假如利益 – 成本比稍高一些，那么在群体规模较大（$n =$ 72）以及关联程度较低时，这样的结果也可以保持成立。然而，对于适度的遗传选型程度，高阈值的惩罚策略无法侵入到低阈值的惩罚者种群。因此，在这一模型当中，不存在逐步提升阈值水平的演化过程。所以，该模型预测，只有少数的个体会参与到惩罚当中，这与民族志观察相符。然而，即使 $\tau = 3$，也就是 18 人当中的至少有 4 人参与惩罚，群体也只能达到最大合作得益的大约三分之二，这一最大得益在更大的阈值下即可达到（图 9.3）。

与大多数惩罚演化模型不同，这一模型不用受到"二阶搭便车"问题的困扰，当存在二阶搭便车时，合作但不惩罚的个体将胜过惩罚者。为了明白这一点，我们考虑一个新的策略，即附随型合作者策略（Contingent Cooperators），只要存在 $\tau + 1$ 个个体发送信号，附随型合作者就在第一期选择合作，但是并不惩罚。附随型合作者在第一期避免惩罚，否则，他们的表现就像是非惩罚者，因此，他们的适应性要高于非惩罚者。结果，他们便可以侵入惩罚者 – 非惩罚者的多态均衡，替代那些非惩罚者。不过，由于他们仍然会对惩罚作出回应，而惩罚也仍然对惩罚者有利，种群就演化至惩罚者与附随型合作者共存的稳定均衡，而且其他的二阶搭便车类型是无法侵入到这一均衡的。在这一新的均衡中，惩罚者的频率大致相同于原先的惩罚者 – 非惩罚者均衡。

在我们的模型中，惩罚的初始扩散在群体遗传差异的合理水平之下发生，进而导致持续且高水平的合作。这一结果依赖于惩罚的附随性以及递增报酬的存在。我们的模型与 Hauert 等（2007）并不相同，在他们的模型中，种群会循环往复地处在由合作、背叛和选择完全退出交往这三种策略所组成的时期当中，最后一种策略会侵入全背叛的阶段，接着又受到合作者的侵入。尽管他们的模型适用于某些形式的合作，不过我们认为，对人类合作的特点与动态来说，此处的模型是更为现实的表征。

9.2 真实人口中的利他惩罚

在我们的模型当中仍然有两个地方并不现实：群体只有短暂的生命，它们能够持续的时间跟群体成员进行单个重复交互的时间相同；而遗传选型的程度要么假设为零，要么外生地给定一个估计值。接下去，我们将用基于主体的计算机仿真模型来探索更加现实的人口学结构，遗传选型程度不再是模型的假设，而是模型的结果。我们假设复合种群由大量队群规模的子种群所构成。这一复合种群将维持相当长的代数（通常为 100000 代或更多）。当子种群形成时，它将坚持经历所属种群的整个历史，除非它的规模已经变得太小，以至于无法维持更新世条件下的生存。我们只研究每一代中正在繁殖的那些成员，他们大约占到整个种群的三分之一。我们分别设定平均与最小的群体规模，在这些规模下，分别有 30 和 8 个的繁殖成员。尽管我们保持群体数量与整个种群规模保持不变，群体的规模及其组成仍然会在出生、死亡和迁徙的过程当中历经变化。

当个体要么以 q 的成本发送信号，要么不发送信号时，新群体成员的类型便成为公共信息。我们假设行为是遗传基因的表达，而且个体是单倍体（个体只拥有每个基因的单份拷贝），但是繁殖却是二倍体的（个体以相同的概率从他的双亲当中继承每个基因）。最后，我们假设 $\tau = 6$，尽管从图 9.1、9.2 和 9.4 当中可以清楚地看到，更小的 $\tau = 6$ 值可以更快地导致惩罚者侵入非惩罚者种群。

我们假设，在群体形成后的第一期，所有惩罚者向所有其他成员发出自己类型的信号，其成本为 q。在随后的时期，迁徙、出生与死亡将导致一些惩罚者消失，并且将出现一些我们假设为类型未知的其他个体（迁徙者和新生者）。另外，当已知惩罚者的数量为 τ 或更少，但已知惩罚者加上未知类型个体的数量大于 τ 时，若未知类型个体是惩罚者，则他们会发出惩罚意愿的信号，其成本同样为 q。

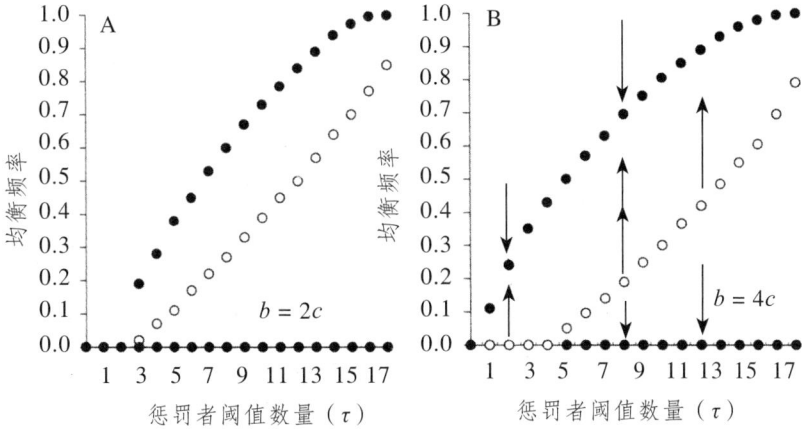

图 9.4　经验估计的遗传选型水平下随附型惩罚的演化

注：阈值水平为 τ、带有适度选型（$r = 0.007$）以及两种 b 值下的惩罚者均衡频率。如同图 9.1，对于每一个 τ 值，实心点给出了惩罚类型频率的局部稳定均衡，空心点则给出了不稳定的均衡频率。A 图表明，如同无选型的情况，对较大的 τ 值来说存在两个均衡，但是惩罚者无法在稀有时侵入并增长。图 B 表明，对于 $0 < \tau \le 4$ 的情况，稀有的惩罚者可以侵入非惩罚者的种群，而且唯一的稳定均衡是一个惩罚者与非惩罚者的混合，其中合作可以在多数群体得到支持。对于较大的阈值，则存在两个稳定均衡频率，即零和惩罚者与非惩罚者共存的混合策略。在这种情况下，不稳定均衡（空心点）标志着惩罚者在得到选择青睐前必须首先达到的频率。参数与前图相同。

我们假设每一代要进行 25 期，也就是说每一期大致相当于一年。这与解析模型中的 $T = 25$ 和 $\delta = 0.96$ 相对应。在每一代中，个体平均有两次机会配对并繁殖，因此每期的繁殖率为 $\rho = 0.04$。所有基线参数列于表 9.1 中。

表9.1　基线参数

变量	值	描述
a	2	惩罚的规模报酬递增程度
b	0.04	合作利益
c	0.01	合作成本
k	0.015	惩罚成本
p	0.015	被惩罚的成本
ρ	0.04	每期繁殖率
μ	0.001	变异率
ε	0.03	执行错误率
m	0.003	每期迁徙率
	0.30	迁徙至其他群体的新生者比例
	250	群体数量
τ	6	惩罚者的阈值数量
n	30	平均群体规模（繁殖期成员数量）
	8	最小可支撑群体规模
w_0	0.95	基线适应性

注：除非另有说明，所有仿真都用到了这些参数。需注意 n 代表繁殖代（reproducing generation）成员数量。每一代都有 25 期。

　　每一代，群体的数量都为 250，整个种群的规模为 7500。我们假设 70% 的新生者将位于父代群体，另外 30% 则布置于种群中随机选择的地方。这意味着，总迁徙率为每代 0.3 + 0.003 × 25 = 37.5%，或者每期 1.5%。这就允许存在部分的异族通婚和随机迁徙。另外，我们还假设，当群体变得足够小时，它就会由额外的迁徙重新注入人口，新人口来源于更大和更成功的群体。这种重新注入也是一种迁徙，它成为其他迁徙形式的补充。与更新世人口学结构一致（Hassan，1973；Bocquet-Appel 等，2005），我们研究的是一个没有增长的种群，因此，死亡率被设定为每期 4%。为了避免因所有人合作而惩罚者不用承担成本的人为情况，我们假设个体有 3% 的概率在试图合作的时候失败，从而做出背叛的行为。这意味着在给定的某期当中，30% 人群体至少发生 1 次背叛的概率为 60%。

我们的每次仿真都从只有非惩罚者的种群开始，因此，惩罚者只能通过新生者的随机变异进入种群。我们假设，后代从其父代的基因型变异的概率为 0.001。不管父代类型如何，突变者为非惩罚者的概率为 0.97，为惩罚者的概率则是 0.03。因此，7500 人繁殖成员的复合种群在 100 代的时间里，平均会有 750 人的突变者，其中惩罚者有 $750 \times 0.03 = 22.5$ 人。我们通过一个线性变换将收益标准化，于是，收益 π 将在零和一之间变化。我们假设基线适应性 $w_o = 0.95$，据此，选择系数 $1 - w_o = 0.05$ 将作用 π，因此，个体适应性将由 $w_o + (1 - w_o) \pi$ 决定，作出标准化之后，便可以保持种群规模不变。我们发现，更强的选择强度（$w_o = 0.85$）可以延长期望的爬升（takeoff）时间（惩罚者在稀有时将更加劣势），但是我们结果的其他方面不会受到实质的影响。

9.3 强互惠的涌现

在解析模型中，我们利用关联度系数来形成群体，该系数是从民族志的狩猎－采集种群估计而得的（表 6.1），也就是 $r = 0.07$，或者也可以设定 $r = 0$。而在仿真当中，群体间遗传差异程度是由迁徙模式和群体规模分布所产生的，它可以随时间而变化，它不仅反映了配对和迁徙当中的随机因素，也反映了我们所选择的参数。我们的策略是采纳一个参数集合，它不仅在经验上是合理的，而且仿真产生的群体间遗传差异与表 6.1 所估计的（即 0.08）一致。举例来说，图 9.5 报告的仿真，其估计的 F_{ST} 值为 0.078。仿真当中相当可观的群体规模（每代 30），以及群体间迁徙率（每代 37.5%），可以产生经验中估计的群体间遗传差异水平，这一事实与我们同 Moreno Gomez 和 Wilkins 的共同研究——§ 6.1 报告了这一研究——所预测的一致。于是，我们保证不会为了使惩罚策略受到青睐而在仿真中偷偷地引入过高的正向选型程度。

图 9.5 展示了该模型演化过程的单次仿真，它显示了 6000 代（150000 期）。惩罚者基因并不会固化下来，因为在惩罚者比例远超必要人数阈值 $\tau = 6$ 的群体中，非惩罚者拥有比惩罚者更高的适应性。在惩罚者涌现并扩散之后，长期的平均非合作比例为 15%，其中有五分之一是出于行为失误，剩下的则是因为在一些群体中，惩罚者比例由于迁徙、出生和死亡的过程而跌到必要人数以下。

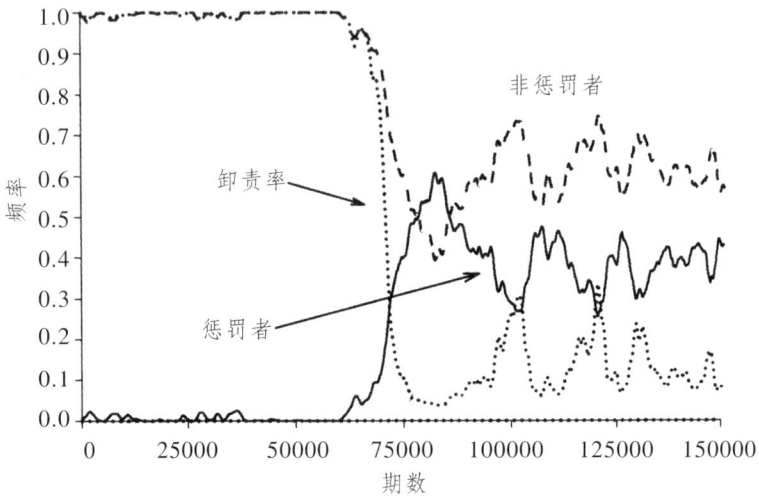

图 9.5 惩罚者的成功侵入与合作的稳定化

注：合作爬升的时间我们定义为 20% 或更少的非合作者，取决于变异过程所设定的惩罚者产生率。在图示的仿真中，变异率为 $\mu = 0.001$，3% 的变异者为惩罚者。在该仿真中，选择过程的强度为 $1 - w_o = 0.05$，必要人数水平为 $\tau = 6$。平均 F_{ST} 为 0.078，在 75000 期过后，F_{ST} 的标准误为 0.006。

为了更好地理解爬升过程以及紧接下去惩罚者策略的演化，我们可以回想一下两个变量，它们都出自演化过程的 Price 分解，在第 4 章，选择效应被分解为群体内和群体间的线性可加项。第一项为 β_G，即群体中惩罚者的比例对群体平均期望适应性的影响，第二

项为 β_i，即个体自己的类型（是惩罚者或不是惩罚者）对个体适应性的影响。假如 β_i 为负，那么惩罚就是利他的，而同时，β_G 可能是正的，假如存在大量的惩罚者，那么群体就可以支持高水平的合作以及平均而言群体成员的较高适应性。

160

图 9.6 展示了这两个系数的平均移动过程，在该过程中，持续的合作从零开始起步。该图只表现了 30000 期过后的动态，此时，合作已经得到巩固，而且惩罚是利他的：群体内项系数在多数时期都是负的。同时，在合作得到巩固之后，群体间项系数是正的，这意味着平均而言，比起只有少量惩罚者的群体，高频率惩罚者群体的成员拥有适应性优势。内生产生的群体间遗传差异程度由以下的条件所决定：大多数惩罚者都处在高频率惩罚者群体中，正如方程 4.3 所描述的，他们的群体内劣势刚好可以得到弥补。

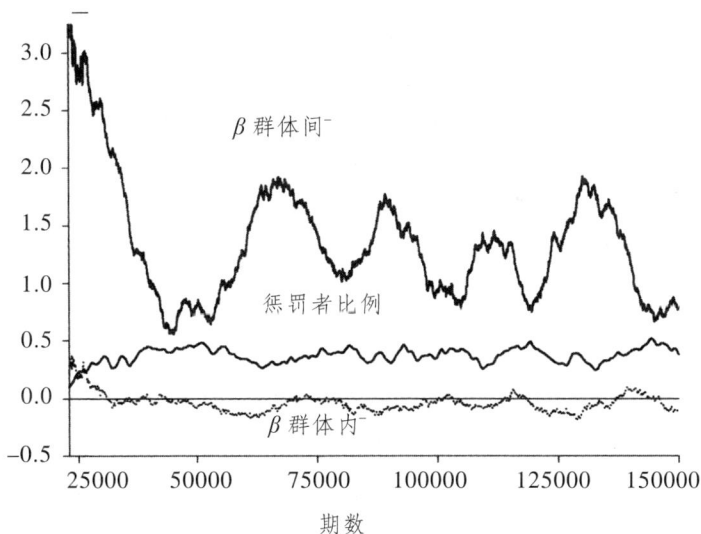

图 9.6 惩罚者的群体间（β_G）和群体内（β_i）系数

注：β_G 和 β_i 在随附型惩罚爬升之前都是正的，但是爬升之后，β_G 是较大的正值且 β_i 在大多数时期都是负值，这表示，除了初始扩散期间，一旦随附型惩罚变得普遍，它就是利他的。

惩罚者的爬升正好发生于多数惩罚者因为好运而集中到**引爆点群体**（tipping group）时，这种群体刚好拥有七个惩罚者，所以只要他们当中的任何人转换为非惩罚者，就不再达到阈值，此时惩罚便停止，合作便崩溃。所谓**群聚度**（bunching statistic），即惩罚者存在于这样一种群体的概率，其中只要某个个体从非惩罚者转向惩罚者，就可以推动群体从低于必要人数的状况变为高于必要人数，或者反过来说，从惩罚者变为非惩罚者就可以推动群体从高于必要人数的状况变为低于必要人数。该统计量通常在爬升阶段呈现快速可持续的增长，之后，当惩罚者频率超过 25% 时，便回落到较低水平。

161

值得注意的是，如果我们假设没有必要人数的限制，即惩罚者总是惩罚，并且保持其他基线参数不变，那么即使我们在模型开始处设定极高的惩罚者频率（75%）而使模型偏向惩罚者，惩罚者还是会受到非惩罚者的侵入而被逐出。在大约 50000 期过后，合作率总是趋近于零。

我们发现，直到合作建立之后，惩罚者类型才是利他的。理由是，当惩罚者稀有时，大部分惩罚都是于引爆点群体进行的，在这种群体中，单个惩罚者的背叛即可导致合作的崩溃。反之，当惩罚者在种群之中固化之后，多数惩罚者都处在高于必要人数阈值的群体之中，在这种群体中，他们无疑是利他的（任何单个惩罚者都可以通过转换为非惩罚者而获益）。

另外，我们注意到，假如群体没有达到必要惩罚人数，这一点也是真的：惩罚者可以通过转换为非惩罚策略而获益，尽管他无法预先知道这一点。假如必要人数超过了最低满足的水平，单个的惩罚者若选择转换为非惩罚策略，就可以同时省下信号成本和参与惩罚的成本。这样一来，我们就可以设想一种新的类型，让他胜过惩罚者，我们把他叫作**机会主义者**（Opportunist）。在超出必要惩罚人数的群体中，他会背叛，除此之外，他的行为与惩罚者完全一样。

162

然而，在合作均衡中，在超出必要人数时不惩罚的策略——我们称作机会主义策略——是无法取代惩罚者的。这是因为，如果机会主

义者 / 惩罚者比率较高，那么在合作变得普遍时，大部分合作群体都将超过必要惩罚人数，而且会拥有较高的机会主义者 / 惩罚者比率。如果机会主义者转换为非惩罚者策略，必要人数就不再达到，合作也会跟着消失。因此，当机会主义者众多时，他们将主要处在非合作的群体之中，从而只拥有较低的适应性。

我们在图 9.7 中表明，机会主义者事实上无法在非惩罚者和惩罚者构成的种群中得到普及。该图表明，机会主义者在合作稀少时做得不错，这是因为，只在当自己的惩罚对于达到必要人数为必要时，他们才会惩罚。但是，当合作变得普遍，机会主义者在群体中取代惩罚者后，他们全部都会背叛，而在失去合作之后，他们便由非惩罚者所取代，这又是因为非惩罚者无须付出信号成本。这一情况发生在仿真过程大约进行到 40000 期时。

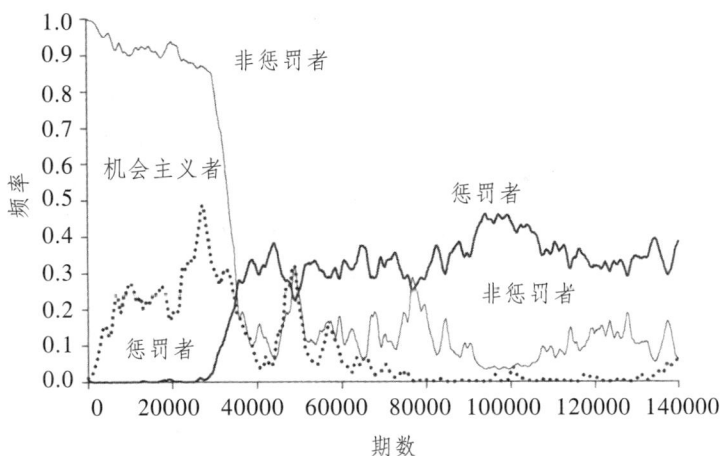

图 9.7 在惩罚者和非惩罚者组成的种群中机会主义者的动态

注：我们注意到，在非惩罚者的种群体，机会主义者表现相当不错，但是最终惩罚者会逐占上风，机会主义者被驱离种群。图中的值代表了单次的模型仿真，参数为表 9.1 中的基线参数。

我们还可以设想一种更为复杂的机会主义类型策略（Opportunisttype strategy），它不需要所有机会主义者都去支持必要惩罚人数，而只需其中的某些支持便可，他们均等地选择他们之中的一部分进行背叛，而保留另外一部分继续与惩罚者合作。然而，这样的策略需要得到强化，才能对付那些先占的机会主义者，机会主义者只是简单地拒绝惩罚，迫使这种更为精致的机会主义者共同承担所有的惩罚成本。这就代表了一个严重的二阶搭便车问题，就算利用必要人数类型策略（quorum-type strategy）或其他我们所能想象的策略，这一问题也无法得到解决。也许在自然之中已在某些生物演化出这种策略，但是在人类之中显然并不存在这种策略。

163

有关此模型运行的更多细节可见于 Boyd 等（2010a）和§ A12。

9.4 为什么协调惩罚能够成功

这一模型之所以能够使利他惩罚稳定在高水平，关键之处就在于正向选型，然而，该正向选型却并不在于，惩罚者基因型更有可能处在基因型类似的群体当中。惩罚者能够成功是因为这样的事实，即群体感应造成了基因型－表现型之间的相关性：当惩罚者基因变得普遍时，他们更有可能得到其他成员合作行动的利益，而不管他们的基因型是否为惩罚者。正如我们在第 4 章所看到的，为了使自然选择青睐利他基因型，就必须存在这样的相关性（Queller，1992；Fletcher 和 Zwick，2006）。我们的仿真表明，这种情况确实是成立的。当一种高水平合作状态达到之时，在群体之间，表现型性状"合作比例"（fraction cooperated）和基因性状"惩罚者比例"（fraction Punisher）之间表现出强烈的正相关性，拥有大比例惩罚者的群体，其适应性远高于惩罚者频率正好高于阈值或低于阈值的群体。

基因型－表现性之间的相关性十分关键，正是惩罚者能够协调他们活动的事实加强了这种相关性。除非惩罚者在群体中的频率足够高，使惩罚更加划算，否则惩罚者就不会惩罚。这就需要群体成员之间进行真实的交流，以决定哪些成员进行了背叛，哪些又没有，以及有多少惩罚者将分担惩罚成本。因此，我们的模型并没有解决这个问题，即当信息为私有时，合作要如何维护。恰恰相反，我们的模型依赖于预先存在的真实交流规范。

我们已经建立了一个基因传递过程模型。但是在人类之中，利他惩罚性状显然是受文化传播过程所影响的，这带来了人类特殊性的又一理由。从几乎所有群体成员都为惩罚者的状态退化，进而导致非惩罚者数量在群体中爬升，这种情况常见于我们的仿真。但是，假如存在一种文化更新，它不仅对收益差异作出反应，而且对群体中的类型频率作出反应，从而使更普遍的行为更容易得到复制，那么上述过程就可以减缓甚至停止。Guzman 等（2007）向我们展示了这种类型的因循守旧文化传播，即使是超大规模的群体（超过1000人），这种文化传播也可以支持利他惩罚的演化。作者同时展示，在这种环境下，参与因循守旧更新的遗传倾向也可以同利他惩罚共生演化。

9.5 分散化社会秩序

164

正如我们所见，合作演化若要得到完整的解释，就必须解释为什么惩罚卸责者的策略在稀有时可以增长。我们在第四章看到，Axelrod 和 Hamilton（1981）在针对成对互惠的经典研究中已经表明，在二元交互的情况下，一个小量的非随机选型，例如弱关联群体成员间交互的倾向，就足以撼动非合作的均衡而不能撼动合作均衡。此处我们已经提出，想要成为惩罚者的成员（would-be Punishers）之间进行协调，也许可以达成类似结果，允许惩罚者在稀有时得以涌现，进而扩散针对卸责者的惩罚行为。于是，我们的模型为某种环境的涌现和最终的稳定提供了解释，也许正是这种环境在人类祖先之中支持了高水平的合作，这些人类祖先生活于更新世时常迁移的寻食队群。我们并不知道，人类强互惠倾向的演化过程是否正如我们所描述。然而，我们的模型和仿真皆表明，事实也许真的如此。

假如合作真是通过这一路径演化的，那么不足为奇的是，正如Cosmides 和 Tooby（1992）和其他人所表明的，侦测骗子的能力正是人类的高级认知能力之一。首先，人类只需利用惩罚者的极低成本就可以在越轨者身上实施惩罚。尽管身体大小、力量和精力通常能够决定动物争斗的结果，但是就算对胜者来说，胜利也经常引致大量的成本，而在人类社会，通过利用协调，以及隐秘且致命的武器，即便是少量的攻击者也可以战胜大部分强大但孤立的对手，而他们只需付出很低的适应性成本。Bingham（1999）正确地强调，比起其他灵长类动物，人类在使用棍棒和抛掷投射物上具有超乎寻常的能力，他引用了 Goodall（1964）、Plooij（1978）关于人类相对优势的论述，以及 Darlington（1975）、Fifer（1987）和 Isaac（1987）关于人类演化中这些性状重要性的论述。Calvin（1983）主张，人类在处理快速手部 – 臂部运动的神经机制上是超乎寻常的，这有助于他们精确地投掷石块。

我们的模型也许能够同时解决实验所提出的未解之谜：尽管为公共品作贡献和惩罚不作贡献者都是利他行为，被试对后者表现得更为热心。正如我们第 3 章所见的，Ernst Fehr 和他的合作者所做的实验——还有 Fudenberg 和 Pathak（2009）——表明，对规范违犯者实施惩罚是一项强烈的人类动机，而且该动机与修正惩罚对象行为的愿望基本无关。一些实验被试热衷于惩罚越轨者，这一事实也许正是我们模型化的进化过程的结果，正如被试自己的解释以及行为神经实验所表明的。

与第 4 章和第 5 章所描述的重复博弈方法相比，我们的模型表现出深刻的不同之处。首先，我们的模型与第 6 章所展示的寻食者社会的经验事实相一致。其次，正如在第 3 章和第 6 章所见，不像俗定理所援用的把简单事情复杂化（Rube Goldberg）的假想策略

（第 5 章），模型中的主要因果机制——也就是针对规范违犯者的利他惩罚——在经验观察中相当普遍。

需注意的是，与第 5 章我们所批评的模型一样，我们假设信息是公共的。所有群体成员都看到同样的信号。同样的，假如信号并非由所有群体成员直接观察而得，那么他们就只能从观察他们的成员那里得到信号的真实报告。在第 5 章将近结束时，我们指出，这一假设与自利行为的假定难以协调，因为个体总是可以通过歪曲地表达他人行动的信息而获得一些利益。我们观察到，在现代的大尺度社会，通过司法程序把私有信息转换为公共信息这一做法已经演进了好几个世纪，而且，如果我们预先假定法庭官员、陪审团成员以及执法人员严格地遵守职业道德标准，那么就排除了不受限制追求自利的行为。只有在关键时刻人们可以超越自利时，这些模型才能成立。用"长时间尺度上的自利"来解释貌似慷慨的行为，这一做法之所以失败，正是因为上述的原因。

同样的推理可以也可以放在我们的模型身上，这一模型通过针对搭便车者的惩罚来解释合作的演化。正如我们所见，我们的模型需要伦理以及其他相关的动机，才能够使公共信息的假设变得合理。小尺度祖先群体为了把私人信息转化为公共信息，发明了一些其他途径，例如：八卦消息，全体或者大部分成员参与的群体讨论，以及在公共场所用餐的行为。尽管我们还没有探讨这一过程是如何演化的，但是我们认为，伴随着针对搭便车者的惩罚，也许已经产生了一种讲真话的规范。这并不意味着个体总是诚实的，而是说，存在一种有效的方法来惩罚那些支吾其词的人，而且诚实的声誉在早期人类社会中是一项有价值的资源。我们无法相信，即使在没有一种信息分享系统（在这种系统当中，讲真话会得到奖励，而说谎会受到惩罚）的前提下，有效的集体惩罚也可以得到演化。

我们把关注点完全放在惩罚上，惩罚者与非惩罚者在能够最大化其适应性时——根据卸责有可能受到的惩罚——能够以相同的方式作出贡献，至于为何人们会为公共品作贡献这一问题，则丝毫没有提及。但是，假如我们放开适应性得到有意识最大化的假定，并且引入经验上更为合理的直接动机，那么我们假设的这种适应性最大化是如何发生的，就成了一道谜题。卸责的利益是当下的，而惩罚则到后来才会发生（如果真的发生的话）。人类对适应性的最大化过于没有耐心，因此即使正确地知道卸责所造成的未来后果，他们也无法正确地衡量这些后果。

我们认为，羞耻这类社会情感的演化可以由以下方式进行解释：这些情感有助于讲真话的行为，而对信息的准确公开来说，讲真话是至关重要的；另外，社会情感能够加强未来惩罚的当下动机显著性（motivational salience），因此弥补了想要成为卸责者的人因缺乏远见而造成的适应性降低。如果同群体成员当中存在利他惩罚，那么某些不耐程度将导致个体在卸责并不能最大化其适应性时也会选择卸责行为，在这种情况下，如果他能感受到羞耻和内疚，并受这些感受的推动，就能抑制自己做出卸责行为，从而提升适应性。Christopher Boehm（2007）把这种过程称作**允准选择**（sanctioning selection）。在第 11 章我们处理社会情感的问题时，我们会回到这一点上来。

如果个体产生了一种内化群体有利规范的能力，并且在违背这些规范而受惩罚时感到愧疚，而且群体也为了这一目的而致力于其社会化实践，那么无论是这些个体还是群体，都可以在演化过程中得到青睐。我们将在下一章表明，情况确实如此。

表9.2　符号定义

符号	意义
a	惩罚的规模报酬递增程度
b	合作利益
β_G	群体间系数
β_i	群体内系数
c	合作成本
δ	时间贴现率
ε	执行错误率

续表

符号	意义
k	惩罚成本
m	每期迁徙率
μ	变异率
n	平均群体规模（繁殖代成员数量）
n_p	惩罚者数量vs.单独对象
p	被惩罚的成本
p_j	群体j内的合作者频率
q	发送惩罚意愿信号的成本
ρ	每期繁殖率
r	时间贴现率
τ	惩罚者的阈值数量
T	阶段博弈的重复次数
w_o	基线适应性

10 社会化

社会在其自身的形象中塑造着我们，不停地为我们灌输宗教、政治和道德信念，控制着我们的行为。

埃米尔·涂尔干《论自杀》第 3 章（1951［1897］）

pp. 211–212

Leges Sine Moribus Vanae.（没有道德指导的法律等于一纸空文。）

贺拉斯《颂歌》（c. 24–25 BC）III. 24

除反复试行错误外，偏好既可能得自于先天遗传的倾向（例如喜好甜食的口味），也可能得自于文化传播的社会学习过程（例如更喜好米饭而不是土豆），这种学习的来源可以是父母、其他长者或者我们的同伴。我们在 §2.3 看到，基因传递与文化传播的过程在许多方面都是类似的，在 Cavalli-Sforza 和 Feldman（1981）及 Boyd 和 Richerson（1985）关于文化演化的经典研究中，这一事实已得到充分的利用。他们的模型充分利用了基因和文化过程的最主要相似点，即无论是来自父母的社会学习还是基因遗传，都可以表达为性状的随时间复制过程。此外，还有两个相似之处值得注意。

首先，对甜食或米饭的偏爱，无论它是出自文化还是基因，都会激活大脑中处理奖赏的相同脑区。而甜食的偏爱在人类之中显然比米饭的口味更加普遍。但是我们无法作出有意义的判断，告诉我们哪种偏好更加深刻地根植于人类之中，或者比起另一种偏好处在更加基本的层面上。学习的过程很容易就可以改变基因传递的甜食口味（例如，对甜食的恶心体验就能够压倒喜爱甜食的遗传倾向）。同样，文化学习的性状——例如美国南部重视荣誉的文化（Nisbett和 Cohen，1996）——具有生理学层面上的相关性，几乎所有人类在遇到身体危险时都会提升肾上腺素水平，与此类似的是，当来自美国南部（而不是北部）的欧洲男性受到侮辱时，他们的睾丸素水平会得到提高。

其次，在物质资源的获取上得到成功的人，可以在下一代中为他们的性状产生更多份拷贝，这一过程也许是出自他们在成功程度上的不同，即他们可以产生更多活到繁殖年龄的后代，也可能是因为他们拥有更强的资源控制能力，拥有更高的社会地位，或者出于其他的理由而使得他们更有可能作为文化典范而获得复制学习。在前一章，我们设定了这样一个演化过程，在该过程中，假如种群内某种行为类型的期望收益超出平均，那么这一类型的频率就会增加。这种所谓的收益单调模型（payoff-monotone models）提出了一个具有挑战性的（即便是高度简化的）谜题，我们正要解决这一谜题，即：人们的偏好导致他们作出降低收益的行动，而假如他们选择其他行动，就可以做得更好，那么，我们该如何解释这类偏好的演化？在第 7 章到第 9 提出的模型中，利他性状可以克服他们在群体内的收益劣势，这首先是因为，在利他者众多的群体中，群体成员享有极高的收益，其次是因为，群体发明了一些制度，并通过文化将这些制度一代代地传播下去，这些制度缓和了群体内选择压力，使得利他者不再容易遭到淘汰。

文化传播提供了一种额外方式，使得某些偏好的适应性劣势得以克服。在《病态社会》（*Sick Societies*）一书中，Robert Edgerton（1992）整理了一系列例子，正如该书的标题所示，在这些例子当中，文化践踏了适应性利益，造成了令人不快的后果。前工业社会的城市提供了一个例子。在现代医学出现之前，这些城市取得了文化上的成功，稳定地吸引着移民群体放弃乡村生活，进入城市享受都市生活。但是这类城市在生物学意义上却失败了，就连社会精英阶层也无法维持繁殖自己的人口。第二个例子是人口结构的转型，经过这一转型，小型家庭的偏好在许多种群中通过文化传播而流行起来，尽管这一偏好明显地降低了适应性（Zei 和 Cavalli-Sforza，1977；Kaplan 等，1995；Ihara 和 Feldman，2004）。

但是，假如文化传播过程可以使人选择维持小型家庭而限制其适应性，或者选择不利于生存的生活环境，那么它必定也可以同时克服利他社会偏好的收益劣势。这正是我们在此处要探索的可能性。我们面临的谜题是，为什么人类和其他动物可以发展这些能力来克服适应性上的不利之处，因为初看上去，这些能力本身必然会在自然选择下陨灭。

10.1 文化传播

当人们想要或者感到有义务去做某些事情，使他们减少存活后代，或者以其他方式降低其内含适应性时，文化传播就战胜了适应性。所以，我们的解释就必须包括行为的直接原因，即偏好。在这里和下一章，我们要偏离前 3 章所建立的框架，在这种框架中，我们完全是关注于适应性和行为，而没有探讨动机的问题。当然，我们很容易地就可以把直接原因关联到我们已表明可以得到演化的种种行为上。由道德激起的愤慨，也许正是第 9 章强互惠者针对背叛者惩罚的可能动机之一，Robert Trivers 把它称作"道义攻击性"；而群体荣誉和外群体敌意则可以为第 7 章和第 8 章所研究的行为提供心理学基础。我们的模型表明，激励这些行为的种种偏好可以在基于适应性的演化过程中得以演化。我们试图理解，利他偏好在文化传播的影响下是如何演化的。

我们需考虑两项事实。首先，对个体来说，基因遗传的表型表达（phenotypic expression）所依赖的发展过程是高度可塑且无法预料的。作为该事实的一个例证，尽管人类祖先群体在遗传上很相似（Feldman 等，2003），他们的行为在许多重要的方面却都是不同的。我们已在第 3 章考察了这种行为多样性的实验证据。这种发展可塑性能够解释，为什么人类是世界上存在范围最广泛的物种之一，他们几乎可以在全世界任何环境中存活并谋得一份生计。

其次，这种发展过程经由长者、教师、政治领导和宗教人士的主导而变得高度结构化，这可以促成特定类型的发展而阻挠其他方面的发展。在 Edgerton 描述的许多病态社会中，社会化过程影响了发展过程，导致一些直接动机诱导人们参与一些具有危害的实践，例如抽烟，而在新几内亚高地，人们会食用死去亲属的大脑（Cavalli-Sforza 和 Feldman，1981；Durham，1991；Edgerton，1992）。这两种情况都会使个体以高概率染上不治之症。但是，在多数社会，社会化不仅可以使有助于个体福利的行为更加可欲，这些行为包括：节制、未雨绸缪、个人卫生护理等等；也可以加强有利于他人的行为，例如，它可加强利他社会偏好以及我们发现在人类中普遍存在的个人美德。

在本章中，我们分析了这样一个过程，在该过程中，社会规范得到内化，也就是说，人们会把规范视作本身就是值得追求的偏好，而不是行为的约束或者某个目的的工具性手段。因此，内化就成了文化传播的一个方面，内化影响的是偏好而不是信念和能力。出自亚伯拉罕·林肯的一段话正好把握住了规范内化这一观念："当我做好事时，我感到好受。当我做坏事时，我感觉很糟糕。这就是我的信仰。"

文化传播有很大一部分可以模型化为信息传递的过程。在 Barry Hewlett（1986）所研究的中非洲 Aka 部落中我们可以看到，群体成员——经常是作为孩童——受到教导，告诉他们如何才能达到特定的目标，例如获取并准备食物，或者演奏音乐。我们则把关注点集中在这样一个过程上，通过该过程，社会层面的"应当"（oughts）

转化为社会成员的"需要"（wants），这样一来，杰里米·边沁的著名说法，即"义务"（dutys）和"利益"（interests）之间的鸿沟便能够得以缩小。所以，我们所要研究的问题是，为什么是价值而不是事实信息得到了传播，这些价值包括：因纽特人之间的慷慨（Guemple，1988），以色列集体农庄中儿童之间的社会团结（Bronfenbrenner，1969），以及跨文化视角下儿童之间对敌意的控制。我们把这些关于"应当"的行为规则称为规范，此外，假如这些规则已经内化，我们就称其为偏好。

尽管为了达到规范内化的目的，需借助一种稍有不同的社会制度组合，规范的内化跟文化传播的其他方面还是具有充分的相似之处，使得我们可以利用 Boyd 和 Richerson 以及 Cavalli-Sforza 和 Feldman 的模型。我们设想了偏好对文化传播可能产生的三种影响途径，并且建立模型，研究为什么它们之间可以相互影响，进而对他涉偏好和伦理偏好的演化起到有利作用。第一，我们模型化了性状从父代到子代的纵向传播过程。父代身上拥有高适应性的性状将得到演化，这相当于高适应性的基因享有高于平均的存活率。第二则是斜向传播，这包括父代当中的非父母成员向年轻人的传播，这发生于邻居、教师和精神领袖所带来的大量人际交流之中，通过这些人，年轻人将受到社会化的影响，把特定的规范内化（Cavalli-Sforza 和 Feldman，1981）。最后则是基于收益的社会学习过程，经由这一过程，人们在其生命历程当中可以周期性地比较自己的行为和其他个体的行为，并且采纳那些相对来说使主体更加成功的行为。我们要考虑收益对规范采纳的影响，这种影响可以对抗个体的过度社会化，根据这种过度社会化，社会化仅仅为了消极且不加鉴别的目的而向个体灌输规范（Wrong，1961；Gintis，1975）。

跟随 Boyd 和 Richerson（1985），我们认为斜向传播可以是因循守旧的，年轻人倾向于采纳父代当中最为普遍的行为，而不管其收益如何。在这种情况下，我们得到的动力学就不再单调于适应性或福利。假如种群中几乎所有人都是利他的，那么因循守旧的文化传播就可以战胜利他者所承受的收益劣势，并且允许这些利他者在种群中持存。同时，因循守旧也可以稳定那些降低收益而且对他人无益的行为，例如吸烟。确实，对于 Edgerton 所描述的许多问题行为的长久持续来说，这就是一个最简的解释。当群体内针对低收益行为的选择力量较弱或者不存在时，因循守旧就可以为较大的群体间行为差异作出贡献。如果因循守旧的力量很强，弱群体选择（§4.2）即可以使利他偏好得以稳定。

因循守旧的文化传播可以因各种理由而出现，这既包括一种演化的社会学习策略，使个体把性状在种群中的频率看成其可欲性的指标，也包括一些种群层面的制度安排，决定如何处理年轻人的有意识社会化，其具体内容反映了种群中何种类型更占优势。出于经验上的理由，我们更加强调后者：多数社会都会投入大量时间和资源去处理年轻人的社会化，使他们作出有利于他人的行动。要充分地解释社会偏好，就必须考虑这一事实。

为什么内化的规则是利他的？ Linnda Caporeal 和她的合著者（Caporael 等，1989）以及 Herbert Simon （1990）提出，之所以利他主义可以在种群中扩散，是因为利他主义是整个文化传播规范组合体当中不可分割的一部分，总的来说，这一组合体对个体来说是具有优势的。Simon 用可教性（docility）一词来称呼内化这种社会规范组合体的能力，并且解释道，利他行为的演化正是如下事实的结果：激励个体作出利他行动的规范是与有利于个体的其他规范耦合的，这些规范拥有足够的好处来弥补利他行为的个人成本。在这种情况下，假如利他主义与具有优势的其他性状之间存在多向性关联，搭了这些性状的顺风车（hitchhike），那么它的扩散方式就与基因传递劣势性状的演化方式没有什么差别。

我们希望探讨这一推理，并且提出两个问题，在这两个问题上，上述的推理还不够完整：首先，我们有必要解决这一谜题，即内化规范的能力是如何演化的。其次，我们希望对"多向性类比"作出解释，在这一类比当中，对个体有成本的利他主义和有利于个体的其他规范之间是不可分割的，为此，我们建立了一个模型，明确地将规范看作是行为的文化表达和表型表达。

这两项挑战促使我们建立模型，明确地研究内化规范的遗传倾向和规范的性质之间是如何相互作用的，正是前者导致后者得以出现。在§10.2，我们构造了一个纯表现型模型，在该模型中，有效的社会化使得降低适应性的规范——无论是抽烟还是为公共品贡献——可以在种群之中得到维护。对这一结果来说，学校、故事叙述等社会化功能主体的有效程度十分关键，而这又进一步依赖于我们内化规范的能力以及对社会化的接受程度。因此，在§10.3 中我们又为内化的遗传基础建立了模型，并且指出在何种条件下种群会处于一种均衡，在该均衡中，个体拥有"内化基因"（internalization allele）并且习得提升适应性的规范。在§10.4 和§10.5，我们重新把§10.2 中的降低适应性规范引入§10.3 的模型，并研究在何种条件下这种规范可以搭着内化基因的顺风车而形成一种稳定的种群均衡，在该均衡中，所有个体都同时表现出降低适应性规范和提高适应性规范。在这里，与§10.2 的模型类似，社会化过程的有效性跟针对降低适应性规范的选择力量之间的对比变得十分关键。

最后，在§10.6 中，我们将解释，为什么对个体来说降低适应性的规范通常会提高群体成员的平均适应性，也就是说，这种规范是利他的。之所以会这样，是因为一些群体拥有提高成员适应性的规范，从而可以在竞争中战胜另外的群体，这些失败群体的规范既对其承担者制造了成本，又对群体造成零或负的利益。由于降低适应性的规范能够在种群中得到维护（§10.4），弱多层选择便足以保证上述结果。所以尽管存在 Edgerton 所提供的例证，社会化制度通常还是能够促成亲社会偏好。

但是，培养一种内化规范的能力对个体来说是有成本的，而且维护一种内化借以发生的制度对社会来说也具有成本。那么，为什么演化有利于承担这些成本的情况，而不是依赖基因传递来支持对个体有利的规范？我们在§10.7 提出了一个答案，它运用了 Boyd and Richerson （2000）的推理，并且扩展了第 2 章的解释：偏好的文化传播使人类可以区别于其他动物，灵活地适应快速演变的环境，并且对个体适应性最大化的结果进行修正，使其有利于群体成员的平均适应性。

10.2 社会化与降低适应性规范的存活

让我们来设想这样一个群体，在该群体中，成员可以采纳或不采纳某个特定的文化规范 A。我们把采纳这一规范者称作 A - 类型，并把不采纳这一规范者称作 S - 类型。S - 类型适应性为 1，而 A 类型只有 $1-s$ 的适应性，其中 s 为适应性损失，因此，采纳 A 具有成本。A 规范不一定是利他的，尽管它的记号为 A（也就是 altruistic 的首字母）；稍后，我们将研究，在何种条件下它确实是利他的。现在我们所关心的是，个体从 S 转换到 A 时会遭受适应性损失。我们假设，在每一代中个体都会随机地进行配对择偶，并产生正比于其适应性的后代，接着便死去。每个家庭都会把文化规范传给他们的后代（我们称作**纵向传播**）。斜向文化传播也会发生，因为 AS 和 SS 家庭的 S- 类型后代易于受到促进 A 规范的社会化制度的影响。于是，AA 父母的后代为 A- 类型，SS 父母的后代为 S 类型，AS 家庭中（同 SA 家庭一样）有一半的后代为 A - 类型，另一半则为 S - 类型。表 10.7 总结了本章用到的数学符号。

当 S 后代遇到一个从种群之中随机选取的"文化典范"时，就发生了社会化，在每一代中，这种情况在每个成员身上都会发生一次。假如这一典范是 A（概率为 p），那么该后代就以 $\gamma > 0$ 的概率转变为 A。

结合斜向和纵向传播，我们发现，下一代中 A - 类型比例的变化可以由下面这个很眼熟的复制子方程给出（见 §A5）：

$$\Delta p = p(1-p)\frac{\gamma - s}{1 - sp}, \qquad (10.1)$$

172

在这里，p 为种群中 A 的频率，Δp 为一定离散时间内该频率的变化。$1 - sp$ 项为种群的平均收益，γ 为斜向传播率，$\gamma - s$ 则为同时考虑斜向和纵向传播时 A 超过 S 的选择优势（如果为负则为劣势）。s 不利于 A 的演化，因而代表了对 p 的演化造成的适应性效应，而 γ 可以对抗针对 A - 类型的选择力量，因而代表了斜向传播的效应，10.1 式正好刻画了这两种效应之间的张力。式 10.1 表明，当 $s = \gamma$ 时，这两个效应刚好相互抵消，此时 A- 类型的种群频率就会稳定下来（$\Delta p = 0$）。

接着将发生基于收益的更新。每个群体成员 i 观察随机选择的其他成员 j 的适应性和类型，如果他发现 j 的适应性更高，就有可能转变为 j 的类型。然而，关于两种策略之间适应性差异的信息并不是完美的，而且个体的偏好函数不能完全地反映其适应性，所以，一个较为合理的假设是，收益之间的差异越大，个体就越有可能感知到这种差异，并改变自己的类型。具体来说，我们假设 A 个体转换为 S 的概率为 η 乘以两种类型之间的适应性差异，其中 $\eta > 0$。η 项代表了收益差异导致类型转变的力量大小，自然地，它在我们的解释当中扮演了重大的角色。

在上述基于收益的更新之后，种群中 A 的期望比例为：更新之前的比例 p 减去 A 中转变为 S 的比例。而后者是 A 中观察到 S 的比例（即 $p(1-p)$）乘以这种情况下转换发生的概率。于是我们得到：

$$p' = p - \eta s p(1-p). \qquad (10.2)$$

现在，我们就可以结合 A- 类型比例变化的三种来源，在 10.1 的基础上加上 10.2 式所描述变化，得到：

$$\Delta p = p(1-p)\frac{\gamma - s}{1 - sp} - \eta p(1-p)s \qquad (10.3)$$

右边的第二项代表基于收益更新的影响，这种更新降低了利他规范的频率，这使它区别于斜向和纵向文化传播机制，这两种机制则表现于第一项中，它们可能对利他规范有利，也可能相反，这取决于 $\gamma > s$ 还是 $\gamma < s$。

毫不奇怪，当利他行为的个人成本更高时，A 规范得以涌现的条件就更加苛刻，这表现了社会化制度及规范内化心理机制跟基于收益更新之间的张力，后者引导个体转换到高收益的行为，而不管这些行为对其他人或整个社会的影响。

当我们研究全 A 均衡在何种条件下才可以全局稳定时，这种张力就表现得非常明显。当全 A 均衡全局稳定时，无论种群从哪个可能的状态出发，种群动态都将走向全 A 均衡。为了达到全局稳定，基于收益更新的强度 η 必须小于斜向传播大小和 A 规范适应性成本之间的差异，这一差异由 s 来标准化，即：

$$\eta < \frac{\gamma - s}{s}. \tag{10.4}$$

然而，假如：

$$\frac{\gamma - s}{s} < \eta < \frac{\gamma - s}{s(1-s)}, \tag{10.5}$$

那么全 S- 类型均衡和全 A- 类型均衡都是局部稳定的，这意味着两个均衡周围都存在一个邻域，如果种群的状态从均衡的状态改变为邻域中的任一状态，那么种群动态仍会回到均衡。A- 类型均衡的吸引盆，也就是种群动态最终会收敛至全 A 均衡的邻域状态集，将会在 η 增大时缩小。最后，假如

$$\eta > \frac{\gamma - s}{s(1-s)}, \tag{10.6}$$

那么全 S 的均衡就是全局稳定的。

因此，假如相对于基于收益更新的强度（η）和利他成本（s），由社会的社会化过程（γ）达成的规范内化足够强大，那么 A 规范均衡就可以稳定。事实上，A 规范存在一个净流入 γ，即斜向传播率，以及几项净流出，包括：由 A 的适应性成本 s 造成的流出，以及个

体通过复制那些更为成功的自涉个体而从有成本的 A 规范转变为 S 行为所造成的流出，其流出率为 ηs。假如上述的净差额有利于 A 规范的净流入，也就是说 $\gamma > s + s\eta\,(1 - s)$，那么全 A 均衡就至少是局部稳定的。

10.3 基因、文化和规范内化

然而，如果采纳一个规范会导致自己作出降低适应性的行动，那么人们（或任何动物）怎么会内化这些规范呢？这里我们将分两步来回答这一问题。我们将解释，为什么内化降低适应性规范的能力——这种能力可以纠正人类的不耐和意志薄弱——可以得到演化，即使这种内化能力是有成本的。在下一节，我们将证明，当内化规范的能力得到演化，并且社会发展出社会化实践来践行这种内化时，人们就更容易内化那些降低适应性的规范，比如前一节的 A 规范。当我们说降低适应性的规范可以搭上规范内化的顺风车时，指的就是上述的意思，之所以能够搭上这种顺风车，是因为存在提高个体适应性的规范，规范内化可以因此得到演化。

174　　这里我们假设文化性状只能通过纵向传播习得。§10.2 中模型化的性状的斜向传播和基于适应性的转换将在 §10.4 和 §10.5 重新引入。

为了简化分析，我们假设存在一个控制规范内化能力的基因位点，并且规范内化是单个基因的表达，我们把它叫作"内化基因"，如同往常，之所以要给它加上引号，是为了提醒，这种基因型 – 表现型的简单映射在很大程度上只是一种简化。我们还将假定，每个个体在该位点上只拥有一份拷贝（也就是单倍遗传），这份拷贝是以相等的概率从父母双方那里遗传而来的。双倍遗传的模型——每个位点有两份等位基因——与单倍遗传模型差不多拥有同样的性质，但是会更复杂一些，Gintis（2003a）完整地构建了这种模型。没有这种基因的个体无法内化规范，而拥有这种基因的个体则有能力做到这点，但是，他们要不要内化规范，既取决于其成本和收益，也取决于个体的个人历史，这包括他遇到过那些文化典范。在本节中，我们假设内化的规范是加强适应性的，并推导在何种条件下内化规范的基因是全局稳定的，从而能够在稀有时扩散。

假设我们考虑的规范为 C（例如清洁［Cleanliness］），它能造成 $1 + f > 1$ 的适应性，而没有这种规范的表现型——记作 D（例如肮脏［Dirty］）——则只有基线适应性 1。对应这两种规范，存在一个位点放置基因 a 或 b。基因 a 使个体能够内化规范，b 则相反。我们假设拥有 a 会导致 u 的适应性成本，其中 $0 < u < 1$，这是由于，对内化规范这种能力来说，需要一些生理上和认知上的前提条件，而这些条件都是有成本的。我们假设 $(1 + f)(1 - u) > 1$，这样，规范 C 的利益就足够弥补内化基因的成本。现在，个体特征就不仅表现在他的基因上，也表现在他的表现型上（他是 C 还是 D）。这样一来就存在三种"基因－表现型（phenogenotypes）"，它们的适应性总结于表 10.1 中。

表10.1　三种基因-表现型的适应性

个体基因-表现型	个体适应性
aC	$(1 - u)(1 + f)$
aD	$1 - u$
bD	1

注：这里的 u 代表拥有内化基因的适应性成本，f 代表拥有规范 C 的适应性价值；bC 是不可能出现的，因为只有拥有 a 时，个体才可能内化 C。

基因－文化共同传播的规则如下。如果家庭的基因－表现型为 $xyXY$，那么后代就等可能地遗传 x 或 y，其中的 x 和 y 分别可以是 a 或者 b，X 和 Y 分别可以是 C 或者 C。基因型为 a 的后代等可能地遗传 X 或 Y。而基因型为 b 的后代总是拥有有无规范表现型 D。表 10.2 展示了这里的转换表，其中 $\beta \in [0, 1]$ 度量了 C 的文化传播强度。我们假定文化传播是无偏差的（即 $\beta = 1/2$），除非另有说明。

表10.2 表现型遗传由基因型控制

家庭类型	后代基因－表现型频率		
	aC	aD	bD
aaCC	1		
aaCD	β	$1-\beta$	
aaDD		1	
abCD	$\beta/2$	$(1-\beta)/2$	1/2
abDD		1/2	1/2
bbDD			1

注：abCC、bbCC 和 bbCD 之所以没有被列出，是因为 bC 是不可能出现的，个体必须首先拥有 a 基因才能内化 C 规范。注意 $\beta \in [0, 1]$ 测度了 C 的文化传播强度。

175 　　如同以往，家庭是随机配对形成的，雄性和雌性是无区别的（有重组，但性别只有一个），而后代基因型遵从孟德尔分离定律（后代以相等的可能性从父代双方那里继承基因）。家庭可以由家庭基因型和家庭表现型共同刻画，前者表现为两个成员的基因模式，后者则表现为两个成员的规范模式。

　　于是，总共就有三种家庭基因型，aa、ab 和 bb。我们同时假设，只有父母的表现型性状是与传播过程有关的，而不用管具体由父母中的哪一个表达了这些性状。如此一来，就存在三种家庭表现型，CC、CD 和 DD，并总共有 9 种可能的家庭基因－表现型，但只有其中的 6 个才能真正出现（因为基因型为 b 的父代只能具有 D 表现型）。表 10.3 展示了每种家庭基因－表现型后代的频率，其中 $P(i)$ 代表父母的基因－表现型频率，$i = a$C, aD, bD。例如，aaDD 基因－表现型可以以两种方式出现：父亲 aC 和母亲 aD，或者倒过来。这两种情况的概率分别为 $P(a$C$)P(a$D$)$。这一基因－表现型的适应性为 $(1-u)^2(1+f)$，因为父母同时拥有 a 基因，承受了 u 的成本，其中之一又拥有 C 性状，得到 f 的适应性收益。因此，在下一代的整个种群中，由该基因－表现型的后代构成的份额就可以由表 10.3 的第二行给出。

表10.3 基因–表现型频率

基因–表现型	频率
$aaCC$	$P(aC)^2(1-u)^2(1+f)^2\beta_o^2$
$aaCD$	$2P(aC)P(aD)(1-u)^2(1+f)\beta_o^2$
$aaDD$	$P(aD)^2(1-u)^2\beta_o^2$
$abCD$	$2P(aC)P(bD)(1-u)(1+f)\beta_o^2$
$abDD$	$2P(aD)P(bD)(1-u)\beta_o^2$
$bbDD$	$P(bD)^2\beta_o^2$

注：β_o 为基线适应性，该值的选择保证频率之和为一单位；bCC 和 bCD 没有被列出，这是因为 bC 是不可能出现的。

当每种基因–表现型的频率在代代之间保持恒定不变时，就达 176 到了均衡。在当下例子中，我们只需考虑两种基因–表现型，即 aC 和 aD，因为 bC 是不可能出现的。又因为总概率必然等于1，我们得到 $P(bB)=1-P(aC)-P(aD)$。这一系统总共有三个均衡，在其中，整个种群都由单一的基因–表现型所占据。它们分别是：aC 均衡，即所有的个体都内化提高适应性的规范；aD 均衡，即尽管内化基因存在，但是表现型 C 并不出现；bD 均衡，即内化基因和规范皆不存在。

在别的地方（Gintis，2003b），我们已经证明如下断言，这些断言都与该系统中各种均衡的稳定性有关。aD 均衡是不稳定的；aC 均衡是局部稳定的，这意味着系统在从均衡附近的状态出发时会回到该均衡（§A4）；对于无规范的均衡 bD，如果 $(1-u)(1+f)<2$ 则局部稳定，如果相反方向的不等式成立则不稳定。以下的两种条件都使得 bD 均衡不稳定，在这两种条件下，所有个体都内化提高适应性规范的 aC 均衡就成为全局稳定的，这意味着系统无论从哪里出发都会走向这一均衡。第一个条件是 $(1-u)(1+f)>2$；第二个条件是文化传播偏差系数 β 充分大于 1/2。我们认为前一种条件不太合理，因为这需要 $f>1$，而该适应性系数很少会如此之大。然而，后一种条件却是相当合理的，因为它只需要父母当中的一人以很高的概率给所有后代灌输规范（"妈妈教我保持干净。爸爸却是个懒汉"）。请注意，有偏差的纵向传播，即 $\beta > 1/2$ 的情况，可以产生跟前一章斜向传播（$\gamma > 0$）一样的效果。

10.4 作为搭车者的内化规范

现在，我们加上第二个表现型性状，它可以具有两个状态。内化的规范 A 由群体来颁布，对接受它的个体造成 s 的成本，$0 < s < 1$。无规范状态 S 是中性的，不会对接受它的个体施加成本。这样一来，个体的表现型就可以成为 SD（不内化任何规范）、SC（只内化加强适应性的规范）、AD（只内化降低适应性的规范）和 AC（同时内化降低适应性的规范和提高适应性的规范）四种之一。

我们假设 A 的文化传播规则与 C 相同：a 个体从其父母那里继承表现型，而 b 个体总是采纳无规范的表现型 SD。此外，与先前一样，斜向传播也同时存在。现在有两种基因型和四种表现型，这可以产生 5 种可能出现的基因－表现型，我们记为 aAC、aAD、aSC、aSD 和 bSD；以及三种不会出现的基因－表现型，它们是 bAC、bAD 和 bSC，这是因为 b 个体必定是无规范的，也就是说必定是 SD。我们用 $P(i)$ 来代表基因－表现型 i 的频率，其中 $i = a$AC, $\cdots$, SD。

如同以往，家庭是随机配对形成的，且后代基因型遵从孟德尔分离定律（后代以相等的可能性从其父母那里继承基因）。如前一节，我们假设只有父母的表现型性状与传播过程有关，而不管具体由哪一方表达了性状。于是便有九种家庭表现型，它们可以写成 AACC、AACD、AADD、ASCC、ASCD、ASDD、SSCC、SSCD 和 SSDD。于是就有 27 种家庭基因－表现型，我们可以写作 aaAACC、$\cdots$、bbSSDD，其中只有 14 种可能出现。例如，aaAACC 代表父母双方都拥有内化基因 a，并且同时内化降低适应性规范和提高适应性规范。同理，aaAACD 代表父母都拥有内化基因 a，并且都内化降低适应性的规范，但只有其中一人内化提高适应性规范 C。作为最后一例子，abASCD 代表父母之中有一人带有内化规范而另一人没有，而拥有内化规范者会同时内化降低适应性规范 A 和提高适应性规范 C。我们把家庭基因 - 表现型 j 的频率记作 $P(j)$，并假设种群的规模足够大，以便我们勿略随机漂变。为了说明的目的，我们在表 10.4 中展示了部分基因 - 表现型的频率。

表10.4　部分基因-表现型的频率

基因-表现型	频率
P $(aa$AACC$)$	$P(aAC)^2(1-u)^2(1+f)^2(1-s)^2\beta_o^2$
P $(aa$AACD$)$	$2P(aAC)P(aAD)(1-u)^2(1-s)^2(1+f)^2\beta_o^2$
P $(ab$ASCD$)$	$2P(2aAC)P(aSD)(1-u)^2(1+f)(1-s)\beta_o^2$
P $(bb$SSDD$)$	$P(aSD)^2\beta_o^2$

注：β_o 为基线适应性，该值的选择保证频率之和为一单位。举例来说，为了理解这一计算，我们可以考虑基因 - 表现型 abASCD 的例子。这可以由两种方式产生：（1）aAC 母亲和 bSD 父亲，或者（2）bSD 母亲和 aAC 父亲。无论哪种情况，父母当中其中之一的适应性为（$1-s$）（$1+f$）（$1-u$），另一人的适应性为 1。

文化传播的规则与以往相同。假如家庭的基因 - 表现型为 xyXYZW，其中 x 和 y 分别可以是 a 或 b，X 和 Y 分别可以是 A 或 S，Z 和 W 分别可以是 C 或 D，那么，后代将等可能地继承 x 或 y。一个 a 后代等可能地继承 X 或 Y，并且等可能地继承 Z 或 W。b 基因型的后代总是拥有无规范表现型 SD。当拥有 S 表现型的 a 个体因学习种群中其他 A- 类型而不是因父代社会化而采纳 A 表现型时，就发生了斜向文化传播，这种 a 个体在遗传上有能力内化，但在文化上却是自私的。如果种群拥有更多 A- 类型（p），或者社会的斜向传播制度（γ）更有效力，那么就更有可能发生斜向文化传播。每个 aA 个体以 γp 的比率进行转换，因此 A 表现型可以通过这种机制增长 $\gamma p(1-p)$，其中 $1-p$ 为 aS- 类型在种群中的频率。我们注意到，斜向传播在本模型中是非对称的：假如种群存在 A- 类型，S- 类型就可以经由学习而成为 A- 类型，但是，即便种群中占主导地位的是 S- 类型，反过来的情况也是不可实现的。

我们假设，基因和表现型的适应性以及它们之间的交互都是乘数性的。于是，一个 aAC 个体将从内化能力中承受 u 的成本，从持有规范 C 当中获得 f 的收益，并从持有 A 规范中遭受 s 的适应性损失。结果，个体得到的适应性便是 $(1-u)(1+f)(1-s)$。如果不存在正向选型，$(1-u)(1+f)(1-s)>1$ 就是降低适应性规范能够演化的必要条件，所以我们假设这一不等式成立，也就是说，因拥有表型 C 而得到的个体直接适应性利益必须足够大，以同时弥补拥有内化基因和表达降低适应性规范的成本。能够以正频率出现的基因–表现型的适应性展示于表10.5。

表10.5　五种基因–表现型的适应性。

基因–表现型	适应性
aAC	$(1-u)(1-s)(1+f)$
aAD	$(1-u)(1-s)$
aSC	$(1-u)(1+f)$
aSD	$(1-u)$
bSD	1

依据如上所述的基因和文化传播规则，我们能够根据这些表现型的适应性来判断，在表10.5所示的基因–表现型的任意频率组合下，基因和文化传播的组合影响所能造成的频率改变为多少。当每种基因–表现型的频率在代代之间恒定不变时，种群就处于均衡之中。我们可以通过四个方程来确定可能的种群均衡，这些方程之中的每一个分别使得 aAC、aAD、aSC 和 aSD 的频率保持不变，bSD 的频率则为1减去其他频率之和。这些方程表明存在五个均衡，在这些均衡中，整个种群都只拥有单一的基因–表现型。这些均衡分别是：aAC 均衡，即所有个体都同时内化降低适应性的规范和提高适应性的规范；aAD 均衡，即只内化降低适应性的规范；aSC 均衡，即只内化提高适应性的规范；aSD 均衡，即个体虽拥有内化规范的基因，但不会实际地内化任何规范；bSD 均衡，即个体没有内化能力，无论降低适应性的规范还是提高适应性的规范都不会由父

母传递给后代。但 aAD 均衡和 aSD 均衡都是不稳定的，所以不会在演化过程中存活，因而我们可以忽略它们。

Gintis（2003a）分析了余下几个均衡——即 aAC、aSC 和 bSD——的稳定性。当 $s < \gamma$ 时，两个 a 均衡都是稳定的。这个不等式代表了一个关键的条件，它表明，除非斜向传播的效力足够大，足以克服表达降低适应性规范的损失，否则降低适应性的规范就无法达到演化稳定。群体若能以较高的水平表达降低适应性规范，就能够解决降低适应性规范的稳定性问题，解决的途径是增加斜向传播的效力，使得降低适应性规范的转入率可以抵消 A–类型的低适应性。

所以，aSC 均衡——该均衡中虽然可以做到内化但降低适应性的规范没有真正内化——在 $\gamma < s$ 时稳定，而在这一不等式相反方向成立时不稳定，这件事情一点也不令人感到惊讶。这加强了前一段解释的说服力。此外，与单表现型情况相同，bSD 在 $(1-u)(1+f) > 2$ 的情况下不稳定，而根据上面的解释，这种情况是不太可能发现的。均衡 aSC、aAC 和 bSD——即所有单一类型的同质种群——之所以稳定，是出于两个理由。第一，在个体进行社会化的斜向传播过程中存在着一种正反馈，当内化基因可以普遍表达时，这种正反馈就强大到足以弥补 A–类型的适应性劣势，而当种群不存在内化基因时，这种正反馈是不会发生的。这就解释了为何一个稳定均衡种群要么全是 S 要么全是 A。第二，bSD（"无内化无规范"）均衡之所以稳定，是因为 a 和 C 是互补的，也就是说，如果没有 C，a 就无法在稀有时扩散，反之亦然。我们还未确定是否存在稳定的混合策略均衡，但基于上述的理由，我们很怀疑它们能够存在。

这一分析表明，假如 $s < \gamma$，适应性较劣的表现型 A 可以在稳定均衡中与提高适应性的表现型 C 共存。我们认为 A 搭上了 C 的顺风车，这是因为，C 的适应性价值使得内化基因 a 在演化中变得可行，而一旦该基因以高频率出现，由于 A 的适应性成本 s 要小于斜向传播效应 γ，规范表现型 A 就会变得演化可行。

179

10.5 降低适应性规范的基因 – 文化共演化

为了简化基因 – 文化之间的互动过程，前一节的分析并没有包含针对降低适应性规范 A 的一个明显挑战：当人们更新其行为时，他们不仅在学校、长者和其他斜向传播承载者的影响之下进行更新，也会把注意力投向自己和其他类型个体得到的收益，这必定会降低 $A-$ 类型的优势。现在，我们把 § 10.2 所构建的基于收益的更新动力学引入到我们的基因 – 文化模型当中，允许个体从低收益的策略转向高收益的策略，我们将表明，这么做将导致一种类似于 § 10.2 无遗传模型的结果。在当前设定下，存在四种表现型，但是只有 a 个体会复制其他表现型，因为只有他们才有能力内化规范，而非内化者却没有愿望模仿内化者。

令 XY 和 WZ 分别为表现型 AC、AD、SC、SD 中的两个。我们假设拥有 XY 表现型的 a 个体遇上 WZ 类型个体的概率为 p_{wz}，p_{wz} 为种群中 WZ 表现型的比例，在这种情形下，如果 WZ 类型的适应性高于 XY，该个体就以 η 的概率转换为 WZ。因此，与 § 10.2 相同，参数 η 度量了从低收益表现型转向高收益表现型的趋势强度。

加入基于收益的文化更新之后，我们并没有改变单一基因 – 表现型的均衡，因为当所有均衡都只包含单一基因 – 表现型时，在均衡处，个体从不会遇到不同表现型而向它转换。我们发现，aAD 和 aSD 均衡仍然是不稳定的，而且基于收益的更新并没有影响无规范均衡 bSD 的稳定性条件。而降低适应性规范均衡 aAC 的稳定性条件 $\gamma > s$ 现在变为：

$$\eta < \frac{\gamma - s}{1 - \gamma}\left(\frac{1}{s} - 1\right). \qquad (10.7)$$

请注意无明确遗传学的模型中全 A 均衡条件（10.4–10.6）之间的相似性。我们断定，即使社会化的效果超过 $A-$ 类型的适应性损失，一个充分强大的基于收益更新过程还是足以破坏 aAC 均衡的稳定

性。降低适应性规范的内化均衡 *a*SC 的稳定性条件在包含基于收益 180
更新的情况下从 $s > \gamma$ 变为：

$$\eta > \frac{\gamma - s}{s(1 + \gamma - s)},$$

当该不等式在反方向成立时，该均衡就是不稳定的。因此，在这种
情况下，$s > \gamma$ 仍能保证 *a*SC 的稳定性，但是现在对于充分大的 η，
即使 $\gamma > s$，该均衡也仍旧是稳定的。

加入基于收益的更新只能通过一条唯一的重要途径改变模型的
稳定性属性：充分强大的基于收益更新过程能够促使降低适应性的
内化均衡 *a*SC 变得稳定，却不能使同时拥有两种规范的均衡 *a*AC
稳定。这里，一种直觉的看法是，降低适应性规范 *A* 给个体施加了
适应性成本 *s*，从而导致个体放弃了它。这种情况发生的比率越高，
那么为了补充群体中 *A*-类型的存量，斜向传播力量 γ 就必须越大。

10.6 内化规范如何成为利他规范？

正如我们所见，内化的规范可能降低群体成员的适应性。反社
会的规范之所以可能出现，是因为，只要在一定的基于收益更新过
程强度（η）下，这些规范对个体的成本（*s*）不是太高，那么一旦
内化基因在演化中固化，就没有任何事物可以阻止对群体有害的表
现型规范得到涌现。这些有害规范的演化直接降低了种群的总体适
应性。

但是，根据 Brown（1991）和其他人所表明的，几乎所有种群
都存在一种趋势，在长期中维护一些文化制度以促进有利于社会的
规范，同时避免反社会规范，并且维护 *A*-类型以支持这些社会规
范。对于为什么有利于社会的规范能够占优的最合理解释便是弱群
体选择：一个社会若能促进有利于社会的规范，就能比做不到这一
点的社会拥有更高的存活和繁殖率。

只要满足降低适应性均衡的稳定性条件（10.7），弱群体选择（§4.2）就足以支持对社会有利的规范扩散。在均衡处或近于均衡处，如果 A 是利他的，那么群体中的 $A-$ 类型将和群体中其他成员具有相同的适应性，并且不会遭受群体内的不利选择。但是在利他均衡或近于均衡处，群体中所有成员的适应性将超过那些支持有害规范的群体的成员。因此，这里的演化动态就成了一个均衡选择问题，群体在存活上的差异将有利于利他均衡得到选择。

我们感兴趣的问题是，由纵向、斜向及基于收益的传播所刻画的更新系统是不是本身也可以得到演化，从而使利他均衡的稳定性条件（10.7）得到满足。假如拥有较强斜向传播系统（即 γ 较大）的群体出于某些原因而表现较差，那么在长期的演化动态中（10.7）也许就不再成立。回想一下，我们在第 7 章和第 8 章也提出了类似的问题，在那里我们已表明，文化传播的繁殖均整化和群体内分片化实践有利于遗传传递的利他倾向的演化（第 7 章），同时也表明，群体间敌对性对该过程来说至为关键（第 8 章），我们要问的是，这些有利于利他主义的条件是不是本身也可以得到演化。作为替代，我们在这里将探索种群中三个不同方面的共演化：基因型和表现型的分布，以及个体更新社会习得性状时所依赖过程的演化。第三个方面则是要探究 γ 的动力学，即社会化制度的有效性，还有 η 的动力学，即导致个体从利他者转为自利类型的收益差异效应。正如我们在第 7 到第 9 章所做的，我们还要判断，利他性状在起初稀有的条件下能否在合理的时间段内扩散，以及它能否在一个随机化的环境中得到维护。

这一任务非常复杂，若同时考虑基因选择、习得行为，以及社会学习系统——它既作用于个人又作用于群体——的两个方面，我们就没有办法建立一个具有启发意义的解析模型。因此，像前几章那样，我们构建了基于主体的模型来描述社会，该社会具有以下特征（除非另有说明，否则这些特定的假设并非至关紧要）：该社会包括 1000 个群体，一开始，这些群体都由每代 12 人的有效成员组成

（或者说总计人口为 36），这种规模大约与更新世狩猎 - 采集群体相同。这些群体安排在一个网格空间（这种空间叫作 torus，由 50 × 50 的格点组成，相反方向的两边是同一的[1]）上。每个群体起初都拥有 2% 的 $aAC-$ 类型、1% 的 $aAD-$ 类型、1% 的 $aSC-$ 类型、1% 的 $aSD-$ 类型以及 95% 的 $bSD-$ 类型。表 10.6 总结了该仿真模型的参数选择。我们设定 $s = 0.03$、$f = 0.06$ 以及 $u = 0.01$，并在群体之间保持相同，这些参数代表了个体层面的成本和收益，与群体的社会结构差异没有关系。我们把 s 设为常数，这是因为我们并不关心这样一个明显的事实，即拥有更高 s 的群体将处于劣势。同时，我们把利他行为的利益——相当于 §4.2 中的 β_G ——在所有群体中都固定为 0.05，也就是说，一个全 $A-$ 类型的群体相对于全非利他者的群体拥有 5% 的适应性优势。

与先前相反，斜向传播的程度 γ 显然是一种由社会决定的变量，社会若拥有较高的 γ，则会使 $A-$ 类型的长者拥有更多的社会影响。同样的，基于收益更新的强度在不同群体中也会有所不同，并且会随时间变化。每个群体在一开始都会随机指定一个 γ 和 η 值。社会学习安排的随机变化（"制度变异"）允许 η 和 γ 在它们的值上增加或减去 1% 的比例。每代的迁徙率设定为 25%（在基因模型中非常高，但对文化模型来说较为合理），每代变异率设定为 0.01%。迁徙总是会迁往相邻的群体，并且迁徙的个体会带上他们的表现型性状。和第 7 章一样，我们假设制度并不是免费午餐。在这样的条件下，一个更有效的社会化系统（更大的 γ）将承担一定的代价，使 $A-$ 类型处在更大的适应性劣势之中。举例来说，他们用来传授利他行为的时间，无法同时用来找寻配偶或照顾后代。

我们把每个 $A-$ 类型用于社会化 γ 的成本设定为 $s\gamma$，也就是说，

---

[1] 也就是说，这一网格空间满足周期性边界条件（Periodic Boundary Conditions），最上边的各个格子将与最下边的相应格子相邻，成为邻居，左右两边同理。例如，第 1 行第 4 列的格子（记作［1，4］）将与［1，3］、［1，5］、［2，4］和［50，4］四个邻居相邻。——译者注

设群体的 $\gamma = 0.80$ 意味着对 $A-$ 类型造成 $0.8s$ 的适应性成本。在仿真中我们发现，正如我们所料，s 与长期的 γ 值之间呈反向关系。η，也就是高收益对利他主义向自利退化所造成的激励水平也是由社会决定的。当 η 相当大时，$A-$ 类型的数量将因为人们向自利逃避而减少，但是他们可以花费时间和精力去减少收益的诱惑，例如灌输非物质福利的价值。为了反映这一点，我们给 $A-$ 类型增加了一项 s

182 $(1 - \eta)$ 的成本。于是，设定群体的 $\eta = 0.20$ 就意味着给 $A-$ 类型造成 $0.8s$ 的成本。

在每一代，针对每个群体，我们要对前几节所描述的理论模型进行仿真，并且更新每个群体当中各种类型的频率，更新的依据是 A 表现型的适应性效应以及出现这种表现型的群体所占的比例。接着从每个群体中随机抽出 25% 的个体进行迁徙，迁徙至随机选择的相邻群体，并且带着自己的基因－表现型。群体选择在此模型中将采取两种形式。第一，假如群体规模低于一个最小值（设为初始大小的三分之一或四分之一），它将被拥有最高平均收益的相邻群体的复制品替代。第二，每一代中，群体都会以一个较小的概率跟另一随机选择的群体发生冲突。适应性更高的群体将获胜，失败群体将复制胜者群体的群体特有参数（group-specific parameters）。

表10.6 弱群体选择下强互惠散布仿真的参数

仿真参数	数值
aAC的初始频率	2%
aAD、aSC、aSD的初始频率	1%
bSD的初始频率	95%
利他主义的适应性成本s	0.03
内化提高适应性规范的得益f	0.06
内化在生理学上的适应性成本u	0.01
斜向传播率γ的初始范围	[0，0.9]
模仿率η的初始范围	[0，0.9]
初始群体规模	12
冲突率	10%

仿真参数	数值
γ 的成本	5s
η 的成本	5s
A类型对群体的适应性贡献	0.05
变异率	0.01%
迁徙率	25%
群体数量	1000

注：$[a, b]$ 表示群体参数从 $[a, b]$ 上的均匀分布中抽样产生。s、f、u 以及 A 类型的适应性贡献、迁徙率和变异率在所有群体之间和所有代中都保持相同且不变。

我们在各种不同的代数及各种不同的参数条件下运行了这一模型。该系统总是很快地变得稳定，而且几乎每次运行的最终值都没有什么变化，关于这些参数的特定假设符合我们的直觉预期，而且初始条件总是无关紧要的。在这些参数值下，零利他总是可以成为稳定的演化均衡，但只要在起初拥有 2% 的 A-类型，利他主义总是可以稳定在一个高水平。以上述参数为条件的一次运行实例展示于图 10.1。总是有很强的选择力量有助于提高斜向传播率，除非维持 γ 处于高水平所需的成本实在太高（约 10s）。使 η 变低的选择力量同样相当强大，因此，导致它降低的成本必须足够高，以免 η 在长期中掉落到非常低的水平。

图 10.1 展示了该仿真中内生参数的演化。A-类型的比例在运行结束处大约增长到了 57%。该值在 50% 和 75% 之间变化，这取决于维持高 γ 和低 η 的成本，这一成本由 A-类型独自承担。显然，该模型中这三项参数的每一个都要经受强烈的选择，γ 提升至 0.083，η 掉落至 0.26（γ 在图中已经乘以 10）。

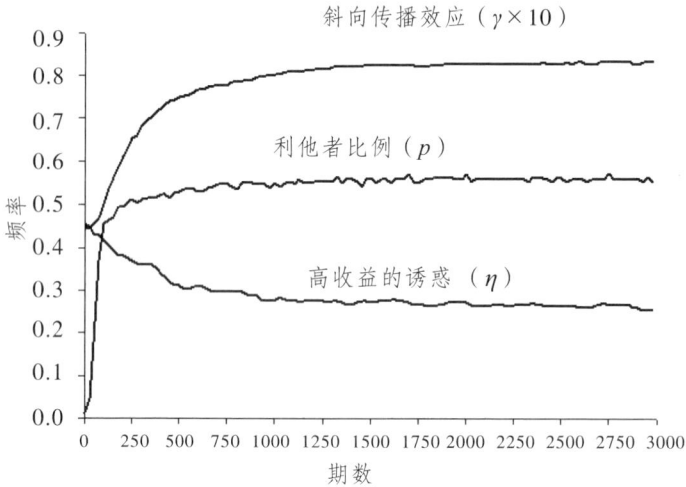

图 10.1 内生参数的演化

注：在此仿真中，利他主义者的稳定状态比例为 $p \approx 0.57$，斜向传播的效应稳定在 $\gamma \approx 0.083$，从类型 A 到类型 N 的转换率为 $\eta \approx 0.26$。

迁徙并没有破坏利他均衡，这是因为多数效应都发生在文化层面上而不是基因层面上，而且迁徙者要对新家园的社会学习环境作出回应。

因此，这一仿真确认了一个宽广的参数范围，只要在这个范围内，社会的文化传播系统本身就可以得到演化，该系统侧重于利他主义在年轻人中的社会化，并且试图最小化物质利益的诱惑。而且，假如该系统果真得到演化，那么这些社会学习安排就可以维护利他主义在种群中的频率。

10.7 可编程的大脑

纵向、斜向和基于收益的更新全都影响了规范的内化。

把一般行为规则看成目标，而不是约束或者达致某个其他目的的工具，这种做法可能出于两个理由而具有成本。首先，在多数社会，成员可利用的时间中有相当大的比例用于向年轻人传授恰当的行为方式，而不是用于为其成员提供营养和其他需求。但是，除了习得一项规范的成本（$u > 0$）之外，还有进一步的成本：规则并不能理想地适用于所有的情境，而规则的内化剥夺了个体在处理这情境时的灵活性，他们原本可以具体问题具体分析。第8章研究过的局域主义偏好激励人们排斥外来者（"不要与别的宗教的人结婚"），这是一般行为规则对个人造成成本的例子之一——之所以有成本，是因为它减小了婚配圈的大小。

那么，人类为什么如此轻易就去内化一般规则呢？假如这种轻易性受制于纯粹的基于收益的选择过程（无论这一过程敏感于适应性还是收益），我们也许期待，它将在出现它的任何种群内遭到淘汰。那么，我们要如何解释一般行为规则的巨大成功？我们所能找到的一个很有说服力的解释（Heiner，1985）是，一般行为规则的内化之所以能够在演化动态中存续，也许是因为内化缓解了个体在每一种情境中计算成本和收益的压力，并减小作出有成本失误的可能性。类似的论证使约翰·斯图尔特·密尔作出了如下评论，"理性生物［海员］带着已经算好的它［航海历］驶向大海；所有理性生物在航海的生命中都带着他们的头脑，这头脑里不仅装满着关于对错的常见问题，也装着关于聪明和愚蠢的很多更艰难问题"（1957［1861］，p. 407）。

我们的模型表明，假如某些规范可以提高其采纳者的个体适应性，那么文化传播和规范的内化能力就可以共生演化。但是，如果事实果真如此，承担社会化和内化成本的演化优势又在哪里？

与别的动物一样，我们的身体也可以产生快乐与痛苦的感觉，以作为体验到事物的回应，而正是如此才导致了我们的行为。这些享乐反应（hedonic responses）构成了行为的直接成因，它们可以表达为我们在第3章所定义的偏好：行为的理由，而不是信念或能力，这些理由可以解释为何个体在一定情境中要作出某些行动。与一些动物的社会学习一样，这些偏好同样受制于自然选择，而基于某些理由，我们可以认为，对多数时间的多数动物来说，偏好所导致的行为接近于这些动物个体有意地最大化其适应性的结果，至少局部来看是如此。

文化传播和内化使得人类成为上述一般命题的例外。文化传播和内化能够影响我们对情境的享乐反应，并且导致我们的行为系统性地远离适应性最大化者的选择。正如本章导论中我们所看到的，文化传播和内化可以成功地促进某些降低适应性的行为，这些行为降低了个体适应性，甚至降低了群体平均适应性。但是，由文化传播的规范的内化可以比自然选择更好地导致提高适应性的行为。之所以是这样，是因为两个理由。

首先，除了某些特殊的环境，个体的适应性最大化并不能保证群体成员平均适应性的最大化。一个与此有关的例子是，在随机混合种群中，利他主义无法通过适应性单调动态（fitness-monotone dynamic）进行演化。其他例子已经在第 7 和第 9 章得到研究。既然如此，群体若能通过内化规范的文化传播来超越个体适应性最大化，就可以比其他群体享有更高的平均适应性。这些群体利益也许足以抵消刚才提到的成本。这就是关键的动力学机制之一，事实上，我们正是用它来解释上述模型中的利他主义涌现以及一般意义上的社会偏好的。

在我们的社会化模型中，斜向传播把一定比例的自涉类型转化成利他者。但是，我们还没有提到一个问题：是什么直接动机促使利他者帮助他人。斜向传播是不是通过教会小孩黄金法则或康德式绝对命令而运作的？或者警告他们上帝在看着他们？

做出好的行为，无疑有各种各样基于认知的理由，但是，做出道德行为和帮助他人的动机经常会屏蔽（short-circuits）反思过程，使得像愤怒、羞耻、得意和内疚这些发自内心的情感更多地影响了行为。对那些与我们一样对路怒症和荣誉杀害感到害怕的读者来说，本能反应正是慷慨、公平和公益行动的直接动机这一说法看上去未免有些令人意外。但这是真的，而且我们认为，可以举出很好的例子表明，社会情感正是由于它们可以促成亲社会行为而得以演化的。

表10.7　符号定义

符号	意义
β	纵向传播的偏差
β_o	基线适应性
η	模仿率
f	C表现型的适应性得益
γ	斜向传播率
γ_i	i 的道德标准强度
λ_i	i 的互惠动机强度
μ_{ij}	j 对 i 的惩罚
v_i	i 的羞耻强度
p	A的比例
π_i	i 的物质收益
s	A表现型的适应性成本
u	a基因的适应性成本
τ_r	繁殖均整化（有效税率）
τ	必要人数水平
ζ	分片率

11 社会情感

这就是人类心理的精髓……人们认为英雄所做之事也是他们自己应当做的。脑袋里的诡辩无法抵制想要相互帮助的感觉，因为这种感觉已经在成千上万年的人类社会生活和前人类社会生活当中得以培育。

彼得·克鲁泡特金《互助论》第VIII章（1989［1903］）

p. 277

我们不要忘记，这些小小的情感主宰着我们的生活，我们在不知不觉中遵从着它们。

文森特·梵高，写给弟弟西奥的信第603封（July 6，1889）

我们心中有着一些理由，而我们的理性却从来不知道它们。

布莱兹·帕斯卡《思想录》第277则（1995［1670］）

社会情感——爱、内疚、羞耻及其他——负责控制我们的文明活动和照顾行为，这些行为丰富了我们的日常生活，我们的生计、工作、购物、在陌生人之中旅行、维护社会秩序，甚至科学研究全都因为这些行为而变得可行且令人愉快。社会规范的遵守不仅仅由认知调控所决定，同时也要受情感所影响（Frank，1987，1988；

Ekman，1992；Damasio，1994；Elster，1998；Boehm，2007）。
Bosman 等（2001）分析了最后通牒博弈中回应者的感受，他们发现，提议者的低提议能够激起回应者愤怒、轻蔑和伤心的情绪，自我报告的情感强度可以预测这些回应者的行为，强烈的情感会导致拒绝低提议。有趣的是，即便在出价和回应者的行动选择之间引入一小时的"头脑冷静"（cooling-off）时间，对回应者来说，无论是报告的情感还是拒绝行为都不会受到影响。回想一下第 3 章的内容，Sanfey 等（2003）发现，在最后通牒博弈中拒绝低提议的人，在大脑中与厌恶和愤怒有关的区域会体验到较高的激活水平。

　　支撑合作的最重要情感是羞耻，当做了某些错事感到不舒服时，就会有这种情感，这不仅是出于自己的规范，也是因为别人的眼睛正在看着自己，而他们的意见对我来说非常重要。羞耻不同于内疚，虽然它们都跟违背规范有关，但是只有在其他人得知这一违背行为并感到不快，而且违背者也知道这一点时，才会造成羞耻而不是内疚。

　　我们认为，羞耻、内疚以及其他社会情感可能会起到跟痛苦一样的功能，它们给人的行动提供对个人有利的指引，并绕开明确的认知优化过程，而这种优化过程正是经济学和决策理论标准行为模型的核心。痛苦正是所谓的六大基本情感之一，其他五个则是快乐、愤怒、恐惧、惊讶和厌恶。羞耻则是所谓的七大社会情感之一，其他六个分别是爱、内疚、尴尬、自豪、羡慕和嫉妒（Plutchik，1980；Ekman，1992）。所有社会都会表现这些基本情感和社会情感，尽管这些表现会因文化条件而有所不同。例如，在所有社会，人们都会对不道德的行为感到愤怒，对奇怪的食物感到厌恶，但是，具体哪些行为是不道德的，哪些食物令人恶心，至少在一定程度上是特定于文化的。

　　Antonio Damasio（1994）把情感称作"躯体标记"，也就是一些身体反应，这些反应"强迫人们把注意力放在行为导致的负面结果，并且发出一种自动警告信号：如果你选择导致这种结果的行动，

187

就要小心前面的危险……这种自动警告信号保护你远离未来损失"
（p. 173）。因此，情感也许与理性一道为决策制定过程作出了贡献，
而不是反抗理性。Damasio 把情感比作生理上的疼痛，接着说道：
"痛苦使我们警醒……它提高了我们注意到疼痛信号并避免疼痛源或
纠正其后果的概率"（p. 264）。

　　为了探索内疚和羞耻在引导社会行为上所扮演的角色，我们将
考虑一个拥有公共品博弈（§3.2）结构的交互过程。在公共品博弈
中，倘若个体能够感受到据为己有的部分"太多"，那么为公共品
账户贡献太少就会唤起羞耻之心。羞耻是社会导致的，在贡献太少
时遭到惩罚就会引起占有太多的感觉。在这种情形中，惩罚对行为
造成的影响并不在于改变个体面对的物质利益，也就是说并不是因
为他认识到假如他继续搭便车，收益就会因未来轮次中预期的惩罚
而降低；而是在于惩罚使得占有过多的个体产生不一样的价值评估，
换句话说，他产生了羞耻感。这就是 Jon Elster（1998）曾经表达的
观点："我们最好把物质上的制裁理解为轻蔑情感的媒介，而轻蔑可
以直接触发羞耻"（p. 67）。因此，自利行动自身所能导致的情感是
内疚而不是羞耻。假如某人贡献较少而没有遭到惩罚，那么他不会
觉得这是可耻的。相比之下，假如某人作出了慷慨的贡献却遭到惩
罚，那么他的情感反应将是对其群体成员的怨恨。这就是公共品博
弈实验中，针对高贡献者的"反社会"惩罚对群体合作水平具有有
害影响的原因之一。

　　我们假设个体最大化一个效用函数，这个函数包含了五个不同
的动机：个体的物质收益；对他人收益的评价，这不仅取决于个人
的非条件利他，也取决于个人的互惠程度；还有内疚和羞耻的感觉，
前者是对自己行动的反应，而后者是对他人行动的反应。为此，我
们将修改并扩展从 Geanakoplos 等（1989）、Levine（1998）、Sethi
和 Somanathan（2001）和 Falk 和 Fischbacher（2006）的研究中得到
的效用函数。

　　惩罚不仅会降低违反规范者的物质收益，还会催动羞耻情感以

修正行为，我们在第 3 章展示了与上述观点相符的实验证据。确实，我们在 §3.4 已经表明，在某些社会中，即使惩罚并没有影响物质收益，很多背叛者对惩罚仍会作出增加对群体贡献的反应，这跟羞耻的反应正好相符，而在其他一些社会中，背叛者的反应是反过来惩罚贡献者，而这与愤怒反应正好相符。因此，作为对制裁的反应，社会情感既能促进合作又能瓦解合作。对制裁的反应通常来说并不是冷冰冰地计算物质成本和利益，而是调动特定于文化的社会情感。在第 9 章我们表明，强互惠者针对背叛者的利他惩罚可以在种群中扩散并支持高水平的合作，但是我们默默地假定被惩罚者将作出亲社会的反应而不是反社会的反应。这里，我们将关注社会情感和惩罚恶人这两者之间的协同作用，它们可以相互加强对方。

我们首先建立模型来描述这样一个过程，在该过程中，像羞耻这样的情感可以对简单公共品博弈中的行为产生影响。接着，我们将证明，只要有了羞耻和内疚再加上内化的伦理规范，高水平的合作即能够在最小程度的有成本惩罚之下得到维护，从而导致人们以很小的成本即可进行互利交互。在 §11.2，我们将回答，像羞耻这样的亲社会情感是如何得以演化的。

11.1 互惠、羞耻与惩罚

我们考虑两个主体，他们进行一个一次性公共品博弈，每个人都有一项规范，规定为公共项目作贡献的适当数额，每个人（a）都要评价自己的物质收益，（b）可能倾向于惩罚贡献不足的对手，（c）假如贡献低于规范，他们会感到内疚；最后，（d）假如他们因贡献少于规范而受到制裁，便会体验到羞耻。这些心理机制集合把握住了一些动机因素，我们认为这些因素可以解释行为实验中的合作。下述二元交互的结果可以一般化为 n– 人交互的情形。本章用到的符号总结于 11.1 中。

接下去，我们用 i 和 j 来代表两个参与人，$j \neq i$。我们假设每个人在一开始都拥有价值 1 单位的个人账户。每个人为公共项目作出 a_i 数额的贡献，$0 \leq a_i \leq 1$，$i = 1$，2 分别代表这两个个体，每个人都从该项目中收获 $\chi\,(a_1 + a_2)$，$1/2 < \chi < 1$。于是，个体在同时合作时（a_i，$a_j = 1$）可以做得最好，但是，不管别人怎么做，每个人都有背叛（a_i，$a_j = 0$）的激励。在没有惩罚的情况下，这个二人公共品博弈便是一个囚徒困境。不过，在合作阶段结束后，还会有一个惩罚阶段，每个人都将得知另一人的贡献，并且可以对另一个体施加 μ 的处罚，实施这一处罚的成本为：

$$c(\mu) = c\,\frac{\mu^2}{2}. \qquad (11.1)$$

之所以选择上式以及接下去的其他函数形式，是出于解释上和数学处理上的方便。

令 μ_{ij} 代表个体 i 对个体 j 的惩罚水平，i 的物质收益因此就成为：

$$\pi_i = 1 - a_i + \chi(a_1 + a_2) - \mu_{ji} - c(\mu_{ij}). \qquad (11.2)$$

在（11.2）中，前两项给出了作出贡献后 i 在私人账户中留下的数额，第三项为 i 从公共项目中获得的奖励，第四项为 j 对 i 施加的惩罚，最后一项则为 i 惩罚 j 的成本。

我们假设，个体的规范就是为公共项目贡献出全部禀赋。这里的结果可以一般化到规范不那么苛刻的情况。假如个体 i 是一个互惠者（也即 $\lambda_i > 0$）而且 j 的贡献少于整个禀赋，那么 i 也许会希望通过降低 j 的收益来惩罚 j。为了表达 i 在 j 贡献不充分时作出惩罚的倾向，我们假设 i 对 j 收益的评价为：

$$\beta_{ij} = \lambda_j(a_j - 1)\,, \qquad (11.3)$$

我们假设 $0 < \lambda_i < 1$，因此除非 j 贡献了整个禀赋，否则 i 就可以从降低 j 的物质收益中获得主观利益，其中降低的收益与 j 的缺少额成比例。参数 λ_i——$0 < \lambda_i < 1$——是 i 的互惠动机。条件 $\lambda_i < 1$ 保证个体 i 对 j 收益的负面评价程度不会超过对他本人收益的正面

评价。于是，当两人等比例地提高其收益时，个体 i 的状况不会变得更差。

i 体验到的羞耻是一种主观成本，其强度正比于受 j 惩罚的强度，同时也正比于自己的贡献低于规范的程度，该成本等于 $v_i(1 - a_i)\mu_{ji}$。因此，惩罚能够引发羞耻，个体不为公共项目作贡献而留给自己的份额越多，或者 v_i 值越大（该值正是个体 i 易于感受羞耻的程度），羞耻就越强烈。最后，i 会因为违背自己的内部道德行为标准而感到内疚。我们把这种感觉记作 $-\gamma_i(1 - a_i)$，当 $\gamma_i > 0$ 时该值为负，除非 i 贡献了整个数额到公共项目。参数 γ_i 正是 i 的内疚易感度。

综上所述，i 的效应函数可以由下式给出：

$$\mu_i = \pi_i + \beta_{ij}(1 - a_j + \chi(a_1 + a_2) - \mu_{ij}) - (\gamma_i + v_i\mu_{ji})(1 - a_i). \quad (11.4)$$

第一项为 i 的物质收益，包括从公共项目中得到的净利，减去 j 的惩罚造成的成本和惩罚 j 所花的成本（见式 11.2）。第二项为（用到了式 11.3）i 对 j 物质收益的评价，而 j 的物质收益来自公共项目的净利减去 i 对 j 的惩罚额。

我们并没有把 j 惩罚 i 所花的成本包含在由 i 考虑的 j 的物质收益中，这是因为，我们难以想象 i 会试图通过诱使 j 承担成本惩罚 i 来降低 j 的收益。第三项为 i 体验到的内疚和惩罚导致的羞耻，当 i 的贡献低于最大化两参与人福利的数额——也就是 1——时，就会体验到这些情感。

在任意的 j 贡献水平下，我们都可以把个体 i 的行为表达为两个目标函数的联合最大化。第一个决定了在给定 j 的贡献时惩罚 j 的数额。为了得到答案，我们需要选择 μ_{ij} 的值，使得惩罚的边际成本（$dc/d\mu_{ij} = c\mu_{ij}$）与惩罚的边际利益，也就是 β_{ij} 相等。在这一惩罚水平下，i 紧接着选择贡献水平，使得贡献的边际利益——也就是降低的惩罚、内疚与羞耻——与贡献的边际成本相等，后者包括放弃的禀赋以及为 j 的物质收益——即使 i 把它评价为负的——所作的贡

190

献。请注意，因为羞耻易感度和惩罚程度在最后一项中要相乘，所以经济学家认为惩罚和羞耻是一对互补品。这意味着，只要提高羞耻易感度，就能提高惩罚在个体效用上的边际效应，因此提升了 i 作贡献时收获的边际利益。类似地，提高惩罚水平也会提高羞耻易感度的加强对行动者效用的边际效应。因此，羞耻可以增强所谓的"惩罚技术"（punishment technology），它的有效性取决于对惩罚对象造成的效用损失和惩罚者承担的惩罚边际成本之间的比率，前者即包括主观成本，也包括式 11.2 中的收益损失；而根据 11.1 式，后者等于 $c\mu_{ij}$。因此，i 对 j 作出惩罚的有效比率为：

$$\frac{1+v_j(1-a_j)}{c(\mu_{ij})}, \tag{11.5}$$

显然，从中我们可以看出，若 j 更易于感到羞耻，对 j 的惩罚就会更加有效。

很显然，由于每个人对他人收益的评价都依赖于他人所选择的行动，他们所采取的行动将是互相决定的。对于 j 的每个行动值，i 都将有一个行动可以最大化式 11.4 所表达的效用。个体 i 的最佳反应函数表示于图 11.1，图中同时呈现了 j 的相应最佳反应函数。它们之间的交点就是相互最佳反应，同时也是纳什均衡。在图 11.1 中我们看到，由于互惠性，最佳反应 a_i 是 a_j 的增函数，而且当羞耻或内疚的易感度或者 j 的互惠程度（v_i、γ_i、λ_j）上升时，a_i 的反应线也跟着上升，这相符我们对此模型的直觉。同时，为了能够支持正的贡献，羞耻易感度必须大于一个最低水平。能够支持正贡献的最低羞耻水平随惩罚成本的增加而增加，随 i 的内疚敏感度 γ_i、j 的互惠水平 λ_j 和公共项目的生产能力 χ 的增加而减小，这进一步确证了我们的直觉。

如果假设两人的羞耻水平同时增加——在图 11.1 中表现为虚线——结果会得到相互最佳反应的一个位移，此时每个人都会贡献更多，而且惩罚水平也因此变得更低。根据这个道理，我们就可以说，由于羞耻加强了惩罚的有效性，它可以节约惩罚成本。如图 11.1 所示，当个人的羞耻易感度增加时，另一人可以从中获益，而如果两人同时增加易感程度，那么两人就会同时受益。因此，如果某个种群能够向其成员灌输羞耻之感，收益就会变高。举例来说，这里的灌输可以采取前一章所研究的群体范围规范内化的种种形式。　191

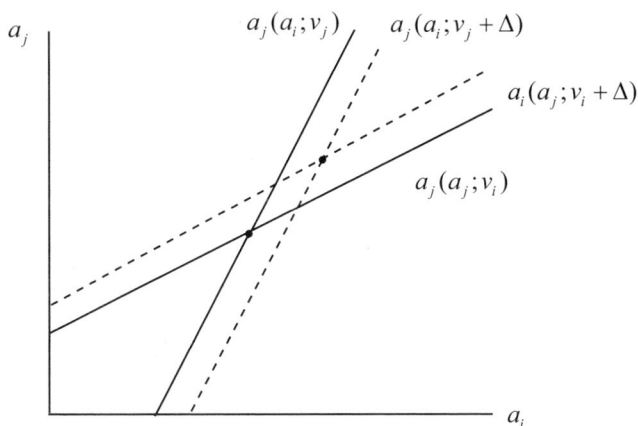

图 11.1　公共项目贡献的相互决定

注：两个函数之所以向上倾斜，是因为个体是互惠者，之所以在易于羞耻程度 v 增加时产生如图所示的位移，是因为这样会加强惩罚的效果。没有理由认为该函数会采取如图所示的线性形式。

11.2　社会情感的演化

人类行为系统地偏离于自利行动者模型，而我们认为有很强的证据表明，这种偏离可以由社会情感得以解释。但是，如果我们能够理解社会情感是如何演化的，那么我们关于人类行为的描述将更加令人信服，无论这种这种演化是文化的、基因的还是两者皆有的。这里存在两个谜题。首先，社会情感通常是利他的，这意味着行动将有利于他人而对自己造成成本，因此在任何高收益性状倾向于增加频率的动态中，社会情感最终都会消失。我们在前四章已解决这一谜题，表明斜向传播的利他性状可以通过群体竞争、繁殖均整化和规范内化而得到演化。

第二个谜题则关系到社会情感本身。社会情感如何得到进化优势，从而绕开基于认知的决策制度能力，并且使人的行为受到与个体情感有关的本能反应所影响？我们在前一章解决了一个类似的问题：规范的内化也许可以节约在每种境况中计算利益和成本的成本，而且能够避免因计算错误而导致的失误成本。我们认为，一个与此类似的论证可以帮助我们解释社会情感为何可以得到演化。

人类往往不太耐心，这是我们跟其他动物共有的特征（Stephens 等，2002）。我们给未来成本和利益打的折扣往往是目光短浅的，也就是说，这一折扣超过了无论是基于适应性的还是基于生命周期福利的加总计算所需要的程度。我们的不耐程度和适应性之间之所以不能相互匹配，部分是因为有耐心行为所能获取的极大收益，这种收益来自于长远的生命历程和长期的技能学习，后者与技能密集型的人类取食生态位有关，这一生态位建立在狩猎和提取食物基础之上。在人类历史早期，未来的重要性非常有限，而且常常与后代的存活紧密相关。作为基于亲缘选择的副产品，由基因传递的帮助亲属的倾向也许会产生有利于耐心的选择。例如，人们可以因此抵制从后代那里偷取食物。但是，即使我们在合作社会背景下的遗传发展能够缓和说谎、作弊、杀人、偷窃以及满足像愤怒、肉欲、贪婪、贪食、懒惰这样的即时身体需求的极端短期利益，我们仍旧具有降低适应性的偏差，使我们偏向于能够产生即时满足而牺牲长期福利的行为。

规范的内化以及这些规范在羞耻和内疚这些社会情感中的表达可以解决这一问题，解决的方法是诱导个体把现时价值联系到当前行为的未来后果上，而不是依赖于远期未来可能收益的一个适当折现。人们可能在今天压制愤怒，这并不是因为这会在下个月造成有害的效果，而是因为人们如果违背了尊重他人和冷静看待分歧的规范，就会立刻感到内疚。人们也可能对别人作出反社会的惩罚，这不是因为这么做可以在未来得到利益，而是因为他们在那一刻感到愤怒。

这些社会情感像疼痛一样起作用吗？复杂生物体有能力学会避免损伤。损伤的测度之一便是疼痛，生物体将试图避免未来出现这种高度厌恶的感觉。但是，一个生物体若拥有完全的信息和无限的信息处理能力，并且它折现未来成本和收益的方式能够最大化其适应性，那么疼痛就没有了用武之地。这样的个体有能力评估自己的任何损伤，它会计算针对这种损伤的最优反应，并且对未来出现的损伤作出最佳的准备。作为一种厌恶刺激，疼痛因此就会扭曲最优行为。假如你在逃离一个危险的捕食者时扭伤了脚踝，你可以通过暂时压制疼痛感而获得更好的生存机会。由于疼痛本身显然具有适应性价值，疼痛的建模将预先假定个体体验疼痛时必然拥有不完全的信息／或只有有限的能力处理信息，并且／或者对未来的利益和成本具有极高的折现率。那么，内疚和羞耻是不是疼痛的社会版本吗？

假如遭受社会贬低具有适应性成本，而且某个行动造成的内疚和羞耻同该适应性成本——这一成本如果没这些情感就不会被主体考虑——密切相关，那么答案就是肯定的。同样的论证不仅适用于适应性成本的情况，也可以适用于任何减少个体复制子数量的效应，这些效应也许是经由文化传播而起作用的。

11.3 "我们生活的伟大主宰"

如同疼痛，羞耻和内疚只需通过一条简单信息即可使我们避免卷入最优化过程，那信息便是：不管你做了什么，请撤回你所做的，如果无法撤回，就不要再一次做这件事。有两种类型的选择优势能够解释羞耻和其他相关社会情感的演化成功。其一，社会情感可以增加那些拥有不完全信息（例如特定的反社会行动有多大危害）、有限或不完美的信息处理能力，以及／或者具有低估未来成本和收益倾向的个体的复制者数量。在不具备社会情感的情况下，这三项条件也许会导致人们对社会谴责回应不够充分。与这些情感有关的本能反应可促成更加充分的回应，避免个体遭到伤害。当然，社会情感之所以可以在警示未来可能发生的负面后果方面扮演角色，正是因为我们预先假定，社会已经组织起来对规范违背者施加成本。因此，社会情感也许是与基于互惠的情感共同演化的，而后者能够激发人们针对反社会行为的惩罚，我们已在前面几章为其建模。

第二个有利于社会情感演化的选择优势则是关于羞耻的。群体成员当中羞耻程度越高，群体成员（均衡处的）的总收益就越高，这一事实意味着羞耻可以通过群体选择的作用而得到演化。如同我们已经看到的，哪里羞耻感较为普遍，哪里反社会行为的惩罚就更加有效，而且很少真正用到。因此，羞耻较为普遍的群体仅花费有限的成本即可维持高水平的合作，而且在面对环境、军事和其他挑战时更加容易存活，进而移民至失败群体留下的空余位置。

结果，群体层面的选择压力将有利于社会化制度和宗教实践，而正是这些制度和实践支持了没有为互利项目作贡献时的羞耻易感性，我们已在前面两节为这种类型的互利项目建立了模型。

在第 8 章中，"道义攻击性"不仅包含在利他惩罚之中，而且激励着针对背叛者的惩罚，它很有可能创造了一种有利于羞耻和其他社会情感涌现的选择生态位，我们也可以采用 Christopher Boehm（2007）的术语，把这些情感称作良知（conscience）：

> 更新世中期至晚期，人类生存方式转向捕猎大型猎物，人类的良知正是在这个时候得以演化。这需要……队群层面的食物合作分享……队群必须在身体上联合起来对付那些大人物（alphas）以保证有效的肉物分配。这为道德的发展奠定了基础，令其发展成新的、更具社会敏感性的个人自我控制，这种自我控制使生活于惩罚性群体（punitive groups）的个体更具适应性。良知因此在生物学水平上得到发展。接着……当群体排

斥和奚落得到演化时，良知使惩罚性制裁变得更加具有道德，更加没有危害，从而改变了社会控制。（Boehm，2007，p. 1）

结合本章和第9章的模型，羞耻的涌现可以降低强互惠者惩罚违背规范者的成本。这是因为，如果没有羞耻，就必须在物理上将其排斥出群体，而当羞耻存在时，流言和嘲笑就已经足够了。惩罚成本得以降低，从事利他惩罚的强互惠者的扩散因而进一步强化了羞耻的优势。

道义攻击性推动了针对背叛者的利他惩罚，这种道义攻击性也许正是与羞耻共同演化而来的，它们可以互相提供有利于对方扩散的条件。如果群体可以开始做到这一点——也许正是非洲寻食者祖先所处的状况——就能够享有超过其他群体的生存优势。

194

表11.1　符号定义

符号	意义
a_i	个体 i 对项目的贡献
β_{ij}	等于 $\lambda_i(a_j-1)$
χ	每个个体从项目中获得 $\chi(a_1+a_2)$
γ_i	个体 i 的内疚系数
i, j	两参与人
λ_i	$\lambda_i(a_j-1)$ 是 i 对 j 贡献的评价
μ_{ij}	i 对 j 的惩罚程度
v_i	个体 i 的羞耻系数
n	群体规模
π_i	i 的物质收益

12 结论：人类合作及其演化

诚然，像蜜蜂、蚂蚁之类的生物总是彼此群处和睦地生活……但是它们只受各自的判断和口味所限；它们也不懂得语言，没法告诉别人怎么做才是它们认为符合公共利益的：因此，也许有人想要知道，为什么人类就不能这样。

托马斯·霍布斯《利维坦》第 8 章（1968［1651］）

无论何种动物，只要赋有显著的社会本能，例如亲子之间的感情，那么一旦其智力发展到了像人类这么完善，或者接近那么完善，就必定获得一种道德观念，或者叫良心。

查尔斯·达尔文《人类的由来》第 IV 章（1998［1873］）

pp. 71–72

大约 55000 年之前，一群狩猎－采集者离开非洲并沿着印度洋海岸向东方移动。他们可能起源于当今地处肯尼亚的东非大裂谷上部。他们也许正是我们在本书开头处所描绘的早期合作性人类的后裔，而在更早的 30000 年之前，这些早期人类生活在远在南方的 Klassies 河口。无论他们是从哪里来的，仅仅 15000 年过后，一些人就最终穿越了数百千米的公海来到澳大利亚。我们不知道他们有没有遇到**弗洛里斯人**（*Homo floresienis*）或者只是绕开了他们，这些弗洛里斯人生活在如今的印度尼西亚地区直到更新世末期。随着他们向北方扩散，他们又遇上了德尼色弗人（Denisova hominins），这些德尼色弗人生活在 50000 年前的亚洲部分地区。出非洲者的另一分支穿过了黎凡特地区并在稍晚的时候占据了欧洲，那里曾是即将消失的尼安德特人的家园。我们没法排除人类多中心起源的可能性，但是，我们现在还是普遍认为，正是这个小型群体的后裔最终遍布了整个世界，并成为所有人类的祖先（Foley，1996；Klein，1999）。

这是人类第二次走出非洲，它的速度和最终的散布都非比寻常。我们难免要思索，到底是什么样的能力使得这些个体成为尼安德特人（他们同样拥有很大的脑容量，佩戴饰物，会制造工具）的致命竞争者并且能够建造远洋航具。我们需要排除一些很有吸引力的说法。例如，人类的食道和呼吸道得到了重新布置，获得了更有效的说话能力，但是这些生理机能上的创新发生在更早的时期。类似的，人脑尺寸的巨大扩展发生在两百万年之前。Richard Klein（2000）认为，是一些"具备选择优势的变异"促进了行为的文化传播，他建议把这些变异当作可能原因之一。

196

> 我们可以论证，这就是人类演化路径上最重要的变异，我们正是由这种变异产生的，人类因此能够从根本上变更行为而不用在解剖学水平上改变任何东西，而且累积和传递这些变更的速度是如此之快，以至于解剖学上的创新难以匹敌。（p. 18）

但是，正如 Klein 本人所指出的，像这样的超级变异，它的唯一证据正好就是它所要解释的那些事实（Klein）。语言能力和社会行为规范的文化传播支撑了人类的合作，无论两者的起源是单一的革命性创新，还是现在很多人所认为（McBrearty 和 Brooks，2000）的长期渐进式变化过程的结果，它们都是人类装备库的必要组成部分，使我们遍布全球成为可能。无论我们怎么解释人类作为一个物种获得的巨大成功，这些能力必定会占有一席之地。

12.1 人类合作的起源

作为群体的一分子，我们独特的生活方式使群体合作为我们带来极高的利益，人类因此而成为了合作的物种。我们在动物之中特立独行，发展了认知、语言和其他能力来形塑我们特有的社会交互，利他合作者因此而扩散。

人类依赖于大型猎物的肉类以及其他高质量的、大尺寸的、收获不定的食物，这意味着我们的生活具有高风险、技术密集和规模报酬递增的特点。我们要用好多年才能习得一些技能，这有利于我们演化出较大的脑容量、耐心以及较长的寿命（Kaplan 等，2000；Kaplan 和 Robson，2003）。人类需要对成功捕猎的回报进行组织和分配，这进一步有利于那些能够发明信息、食物以及其他有价值资源分享机制的群体（Boehm，2000）。此外，人类的后代之所以需要长时间地依赖成人的照顾，部分是因为捕猎与采集的学习曲线非常漫长。这意味着，在抚育子女这件事上超越直系亲属而合作变得十分有利可图。对家庭来说，青少年的依赖关系较长也会使之产生食物的不足，这为非关联个体之间的食物分享和其他形式的社会保险增加了利益（Kaplan 和 Gurven，2005）。我们在第 3 章呈现的实验证据表明，在今日的小尺度社会中，那些依靠大型猎物的社会（如我们在印度尼西亚研究的 Lamalera 捕鲸者），或者其生计需要在获取和分享上进行联合努力的社会，都更容易表现出作为利他合作基础的社会偏好。

在我们的模型和仿真中可以发现，合作的潜在效益和合作行为的盛行之间存在着联系，其理由之一是，与合作有关的效益相对于成本来说越大，基因－文化共演化的过程就更有可能支持拥有大量合作者的种群，无论这种合作是利他的还是互惠的。之所以较高的利益成本之比使合作成为可能的演化结果，是因为，如图 4.6、9.1 和 9.4 所确认的，在我们的模型和仿真中几乎所有合理的演化动态里（收益和行为的随机冲击扮演了重要角色），种群发展并维持合作实践的可能性越高，合作的净效益就越高。

然而，早期人类环境中合作对群体有益的事实无法解释为什么它可以得到演化，对承担合作行为成本的那些个体而言，他们带来的利益往往是由他人享受的。于是，要解释人类合作的本性和范围，就必须考虑人类独特的生活方式以及与其相关的认知能力和较长寿命，但是，即便考虑到了这些因素，也无法作出充分的解释。尽管合作个体积累的利益有时可以抵消其成本，但是，这种情况在人类祖先的很多处境中却不太可能发生，而合作对于这些处境——例如在防卫、捕猎和克服环境危机时——至为关键。在这些处境中，大量个体面对着死亡的危险，人们若只有自涉偏好，那么无论他们认为别人会怎么做，他们都不会合作。结果，为了使合作得到维护，就需要社会偏好去激励至少某些参与其中的个体。

人类具有独特的能力，他们可以建构制度并对习得行为进行文化传播，社会偏好因此而得以扩散。我们的祖先运用他们的能力学习他人并传递信息创造独特的社会环境。制度和文化生态位应运而生，从而降低了利他合作者承受的成本并提升了搭便车者的成本。在这些社会建构的环境当中，有三种极为重要：常常发生致命性群体间竞争的种群群体结构；群体内的均整化实践，例如食物和信息分享；以及能够内化对社会有益偏好的发展制度。

这些文化传播的制度环境创造了一个社会和生物生态位，该生态位有利于作为利他合作基础的社会偏好的演化。当然，我们对这些偏好的初始出现和扩散作出的推断仅仅是推测性的。但是，基下以下两个理由，它们的涌现是高度可能的。其一，只要对基于亲缘的利他和互惠利他稍作行为上的修改，构成强互惠的偏好以及其他一些社会偏好便可出现。在基于亲缘的利他中，对亲属表现出利他的个体只要停止针对群体中非亲属成员的歧视，便可表现出这些偏好。类似地，一个互惠利他者只要抛弃行为必须以未来报答为条件这一附加限制，就可以变成强互惠者。

早期人类极有可能涌现出社会偏好的第二个理由是，在更新世晚期和更早的时期，寻食者队群的数量非常巨大。就算强互惠起初的涌现在人类种群中只占很小的比例，在成千上万代以及大约150000个寻食者队群这样巨大的基数下，也极有可能在某一时刻出现强互惠者或其他利他合作者占优的群体。这些队群能够在与其他队群的竞争之中获到优良的表现。

198　　在预先给定人类生态学、饮食状况和生命历程特征的前提下，我们试图寻求解释，人类是如何发展出这些独特的社会偏好以及支撑这些偏好的合作性社会实践的。当然，这种分析上的假设肯定有历史上的不准确性。人类生活方式的独特性之一在于狩猎和提取食物相对于收集食物的重要性，显然，与其说这种特点产生于合作涌现之前并且是合作涌现的原因，还不如说，它是与合作涌现协同发生的。

尽管我们还没解决这个问题，但我们认为，只要对我们的模型作出适当的修改，就可以阐明人类合作是怎样与我们独特的饮食状况、生命历程和生活方式一起共同演化的。非洲大草原的大型哺乳动物易于受到具有高级认知能力的狩猎者攻击，这个特点使那些发展了一些方法以协调狩猎并分享偶尔获得猎物的群体的成员获得了巨大的优势。与此相应，那些学会如何以这些方式合作的群体就可以从优先捕猎大型猎物，而不是获取小型食物中得到利益，进而为其饮食结构增加猎取食物的分量。Winterhalder 和 Smith（1992）写道：

> 只有通过互惠性的演化和基于交换的食物转移，狩猎者个体才能够从捕猎大型猎物中获得便宜。对一个单独的寻食者来说，大型哺乳动物的有效价值很可能并没有那么大，足够令追逐和捕获动物的成本得到补偿……然而，一旦有效的互惠系统或交换为狩猎者提高了大型食物的有效价值，这种猎物选项也许就更有可能加入到最优饮食当中。（p. 60）

我们认为，人类生活方式的这些显著特点也许正是与我们社会行为的显著特点共同演化的，这些特点当中最引人注目的便是合作。

在我们的解释中，两种受标准生物学模型启发的方法构成了重中之重：多层选择和基因－文化共演化。如果没有这两个过程，利他合作还能够在人类中变得普遍吗？我们认为，从经验角度来看，这是不太可能的。这是因为，基于第 4 章和第 6 章已经给出的理由，无论是单独还是同时起作用，基于亲缘的模型和互惠利他的模型都极其不适于解释人类合作的众多显著特点。

与此对照，用基于基因－文化共演化和多层选择的方法来解释合作行为的涌现和扩散则是极为合理的。首先，前几章介绍的关于我们过去演化历程的模型和仿真提供了有力的证据，表明在人类的演化环境中，种群的群体结构特征产生了基于行为正向选型的选择压力，这种压力对人类演化产生了重大影响。其次，我们已经展示，对规范内化、群体内均整化以及群体间敌对行为（这些行为已经获得大量经验证据）进行的文化传播，已经对社会偏好的演化作出了重要的贡献。最后，行为实验以及其他对人类行为的经验观察所显现的偏好特点都与纯粹利他的观点相一致，这种利他表现出牺牲自己利益以帮助他人的意愿，帮助的对象包括了非家庭成员，而且这种帮助也不是因预期未来得到回报而作出的，正是这种纯粹利他为大部分人类合作现象提供了直接解释。这些伦理的、他涉的、利于群体的社会偏好极有可能正是我们描述的基因－文化共演化和多层选择过程对人类心理所造成的后果。

12.2 合作的未来

有关人类合作起源的决定性证据仍将是难以捉摸的，经验证据仍然太少，所涉及的动力学过程又是如此复杂。这类似于历史解释存在的很多问题，我们能够希望做到的最好事情便是，提供一个与已知事实相符的合理解释。这就是我们试图做到的。

解释人类合作起源的挑战把我们引到了针对移动寻食者队群和其他无国家小尺度社会的社会和环境条件的研究上来，而在解剖学意义上的现代人类所经历的大部分历史时期中，这样的社会极有可能占据了多数。也正是这一任务迫使我们把非合作博弈论（假设不存在强制实行的契约）当成重要的工具。但是正如 Ostrom（1990）、Taylor（1996）和其他作者所指出的，现代的合作形式大多数都是由激励和制裁所支撑的，而这种激励和制裁建立在多边交互和第三方实施的共同作用之上，它们通常由现代民族国家来实现。

所以，较为明智的做法是，不要仅仅依赖于我们关于晚更新世合作起源的思考而为 21 世纪的合作提出过强的结论。有人可能怀疑，在今天的条件下，致命群体冲突能否为利他主义、公民意识或其他偏好提供贡献，而正是这些偏好为全球性的合作奠定了基础，以便解决气候变迁和传染病之类的全球挑战。

但是，社会生活的基本挑战以及我们远古祖先面临的生计问题在许多方面跟我们今日所面临的问题并没有根本的不同。现代国家和全球市场为陌生人之间进行大规模互利合作提供了条件。但是利他合作仍然是经济和社会生活的必然要求。

这是因为，私人契约和政府命令无论单独起作用还是联合起来，都无法为现代社会的治理提供夯实的基础。通常来说，现代经济中的社会交互充其量是准契约的。什么东西需要进行交易的问题，在某些方面能够得到完全且易于实施的契约所控制，但也有一些方面是不能得到这样的控制的。像信用、雇佣、信息这样的物品和服务，其质量难以观察，与它们有关的交易为我们提供了准契约交换的例子。

当契约不存在或者不完全时，亚当·斯密的看不见的手逻辑便不再成立。分散化市场无法实现有效分配。不过，政府也通常不具备必要的信息和动机，因而无法在市场失败或不存在时提供适当的治理。

现在，我们从实验室实验中得知，假如被试处于一种拥有完全契约的市场条件，其表现就更像是亚当·斯密所写《国富论》中的经济人（Homo economicus），而当他们的契约并不完全时，其行为却正好类似于亚当·斯密《道德情操论》中的有德行公民。

> 如果没有信任……就失去了互利合作的机会……社会行为规范，包括伦理和道德准则［可能是］……社会对市场失败的补偿反应。（p. 22）

因此，关心他人福利、关心公平程序的社会偏好对维系社会和提高生活质量来说仍然至关重要。

在如今这个联系日益紧密——这不仅是因为物品的交换，也是因为暴力、信息、病毒和环境排放的交换——的世界，为了确保人类合作（甚至生存），社会偏好的重要性甚至要比小型寻食者群体55000年前出走非洲时更加重要，而正是在那时，他们把我们这一合作性物种散布至世界上最遥远的角落。

附　录

A1　定义利他主义

我们在第 1、2、4 章为利他主义提供了两种定义，其一涉及激励利他行为的偏好（自涉的或他涉的），其二则建立在利他行为对行动者和他人所造成的适应性效应上。

利他主义的标准生物学定义关注的是行动的效果而不是相关的动机。这一定义会考虑到一个由很多群体组成的大型种群：对个体来说，利他基因型导致的行为增加了同群体成员的期望平均适应性，但是，假如个体自身并不携带这种利他基因，他就能拥有更高的适应性。为了清楚地说明这一点，我们跟随 Kerr 等（2004），假设在一个拥有 m 个成员、其中 j 人为利他者的群体中，利他者和非利他者的期望适应性分别为 $w^A(j)$ 和 $w^N(j)$。这样一来，我们的第一个条件，即利他行为提高群体成员期望平均适应性，就变成了：

$$(j+1)w^A(j+1)+(m-(j+1))w^N(j+1) > jw^A(j)+(m-j)w^N(j)$$,
$$\text{（A1）}$$

这要求拥有 $j+1$ 个利他者的群体总适应性超过只有 j 个利他者的群体。第二个条件，即从 A 转换为 N 会降低行动者的适应性，则是：

$$w^A(j+1) < w^N(j) \tag{A2}$$

这表示，在拥有 $j+1$ 个利他者的群体中，利他者的适应性必须小于只有 j 个利他者的群体中非利他者的适应性。这两个条件分别是 Kerr 等（2004）的条件四和条件一，它们合在一起就蕴含其条件二。

该定义有两个吸引人的特点。第一，这是所有可能定义（除了使利他主义在任何情况下都无法演化的定义）中最为苛刻的。如果没有正向选型，在该定义下利他主义就无法得到演化。另外一种定义可见于 Haldane（1932）、Cohen 和 Eshel（1976）、Maynard Smith（1964）以及 Sober 和 Wilson（1998），它把（A2）的条件替换成 A 的适应性低于 N，也就是：

$$w^A(j) < w^N(j) . \qquad\qquad (A3)$$

这个条件就没有那么苛刻了，因为它没有排除 $w^A(j+1) > w^N(j)$ 的情况，这种情况下 N 可以通过转换为 A 而增加适应性。假如利他行为的成本为 c，而其利益 b 要赋予群体中随机选择的成员，且 $b/n > c$，那么这种情况就能够得到满足。此时条件 A3 成立而 A2 不成立：通过从 N 转换到 A，行动者有机会得到利他行为的利益，因而足以弥补行为成本。在这样的情况下，利他主义甚至可以在随机选型条件下得到演化（Matessi 和 Jayakar，1976）。

第二个吸引人的特点是，该定义可以直接与 Price 方程的两项对应（方程 4.3 和 §A10）。回想一下，β_G 代表利他者比例的变化对期望群体平均适应性的影响，而 β_i 为个体类型变化（从 N 变为 A）对个体自身适应性的影响。条件 A1 要求 $\beta_G > 0$，条件 A2 要求 $\beta_i < 0$，因此，它们正好刻画了我们在第 4 章所称的强群体选择问题。

基于偏好的定义则关乎意图（intentions）。在这种定义中，利他偏好是这样一种偏好，它会给有利于他人的行为结果赋予正面价值，并激励行动者在某些时候承担个人成本帮助他人。考虑一个涉及两个人——Alice 和 Bob——的社会情境。在经济学中，有一个标准的但也许过于简单的形式化说明：Alice 的效用如果包含了她的自涉收益和 Bob 福利的一个正加权，那么在这种情境中她就是个利他者。更为充分的形式化将允许 Alice 对 Bob 收益的评价依赖于她对 Bob 个性的理解——友好、利他、国籍、道德，或者 Bob 身上其他影响对 Alice 或他人好意的特征。在这种更加充分的框架里，Alice 对 Bob 收益的评价将以她对 Bob 的认知为条件，这种认知也许会基于 Bob 在过去如何对待她和其他人，但是即使是这种框架也无法捕捉到 Alice 承担成本帮助 Bob 的整个行动范围，这些行动也会涉及完全自涉的动机，例如 Alice 希望把自己塑造成一个慷慨的人（有时叫作"暖流"［warm glow］式利他主义）。

这两种定义，即基于适应性的定义和基于偏好的定义是不一样的，这一事实并不令人惊奇，因为后者是关于行为动机的，而前者是关于行为结果的，而我们知道，非意图的结果在现实当中是非常普遍的。假如 Alice 因考虑到 Bob 收益的正加权而帮助他，这会激励 Bob 帮助 Alice，尽管这一结果并不是 Alice 行善的动机。在这一例子中，根据基于偏好的定义，Alice 和 Bob 可能都是利他的。但是假如我们运用利他主义的适应性定义，用适应性的术语来考察他们的收益，并且 Bob 的行为足以回报了 Alice 为 Bob 提供利益的成本，那么 Alice 的行为在生物学上就是自涉的而不是利他的。然而，为了报答 Alice 的慷慨，Bob 可以成为利他者。

A2 基于主体的模型

基于主体的模型是分析复杂动力系统的工具之一，如果无法做到明确的数理解析或者这么做并没有启发意义，它就可以作为其补充。在基于主体的模型中，行动者是一些个人主体，他们共享着某些特征，但又在一些关键的特征上有所差别，以致影响了他们的相对繁殖成功率、物质收益或其他结果，这会对不同类型个体之间的复制率差异起到作用。这些主体以半自主的方式运作，通过一个结构化交互的网络互相连接。复杂系统之中的个体特征通过一个复制、

变异和有利于相对成功个体的选择过程而演化。这里的动力学是递
归的，也就是说，某一期的变化将成为未来各期变化的基础；同时
也是非线性的，这意味着系统内的力传导（forces propagate）将采
取一个非均质的、时而抑制时而放大的形式，这样一来，通常来说
就无法把系统表达为一系列方程的闭形式解析解。

　　举例来说，个体也许是竞争工作机会的工人，或者寻找好伴侣
的男男女女，或者试图捕捉猎物的捕猎者和避免被捕的猎物。假设
个体和他们所处的环境要经历变异和结构变迁，就会导致这一系统
变得足够复杂而拥有"涌现属性"，而这类属性是无法通过简单加总
个体交互来确定的，而且关于该系统的数学也过于繁杂，以至于无
法通过解析方式得到解决。最后，假设个体的交互历史会影响到他
们的选择，而且个体不断地通过采取表现特别好（以适应性、物质
回报或其他标准）的其他个体的行为而适应其环境，那么基于主体
的模型就是研究这种交互系统动力学的适当工具。

　　基于主体的模型在自然科学和行为科学中都有着广泛的使用，
自从强大的台式计算机出现以来，它的运用获得了极度快速的增长。
这种建模方式（通常称作"仿真"）处在两种标准的科学知识获取方
式之外，这两种方式分别是演绎和归纳。所谓演绎，就是定理的证
明，表明某个数学结论可以从一定的公理集合当中推得（例如从代
数法则中推出毕达哥拉斯定理）。所谓归纳，是指发现大量的证据并
提出结论（例如"所有天鹅者是白色的"）。基于主体的模型既像是
演绎，因为它是从经严格设定的计算机程序出发的；也像是归纳，
因为它把程序的运作看成是一个数据点的集合，我们可以以此为基
础作出一般的归纳。尤其是当一个复杂系统具备涌现属性时，这些
属性可以通过实现一个基于主体的模型而得到确认，因为它们可以
在许多次仿真当中看到并重现。

　　我们运用基于主体的模型来研究假想的结构化种群的动力学，
这类假想的种群以一些我们认为能够代表人类长期演化的方式而演
化。利用这种方法，我们可以生成数以千计的人工历史，这允许我

们探究合作活动的利益和成本、群体冲突的频率、群体社会化实践的结构以及其他因素有所变化时可能带来的影响。

那么，我们该如何判定某个基于主体模型的经验适当性？为了做到这一点，我们有两种不同的方法，针对本书的模型，我们同时运用了它们。首先，我们能够保证，对正在研究的种群来说，模型中的参数选择是经验上合理的。因此，第 7 至第 10 章所报告的仿真中采用的群体规模、群体间迁徙和冲突频率等参数都以可得的经验数据为基础。人们很容易即可检查参数的变化会对仿真的结果造成怎样的影响，这就是我们在很多例子中所做的。以这种敏感度分析为基础，我们将把注意力放在保证关键的参数得到很好的估计上。例如，图 7.6 使我们清楚地看到，群体规模和冲突频率是利他主义演化仿真的关键参数；所以，我们在估计这些参数的时候表现得极为小心（第 6 章）。

204　　其次，我们可以充分地利用这样一个事实，即尽管我们所研究的过程是未知的（正是因此才需要对其进行仿真），仿真还是产生了大量作为副产品的统计数据，而这些数据能够反映我们有所了解的相关种群的一些特征。因此，我们可以提出这样一个问题，即仿真的结果是否与所研究种群的已知事实相符合。当我们对局域性利他的演化进行仿真时（第 8 章），我们问道，仿真模型产生的战争频率和冲突死亡率是否与我们从考古学和民族志数据（见第 6 章）中得到的知识相一致。而在第 10 章我们问道，参与随附性惩罚的种群仿真所生成的群体间遗传方差是否与从狩猎－采集种群的真实遗传学数据中估计而得的相一致。当然，如果仿真模型产生了不合理的统计数据副产品，我们就要诊断问题的根源并重新调整模型。

基于主体的模型之所以重要，是因为很多动态策略设定过于繁杂，从而无法运用标准的数理解析，但是我们不应该认为，基于主体的模型是一种虽然必要，但是退而求其次的做法。为了得到明确的解析解而作出的假设往往是非常不现实的（例如连续时间、无限数量的个体），这种时候，相比于易于处理的解析模型，基于主体的模型就更像是我们试图去建模的事物（Durrett 和 Levin，1994）。尽管如此，基于主体的模型还是需要大量的实验来保证其结果准确地反映了系统的属性。

作为行为科学中运用基于主体模型的先驱，诺贝尔奖获得者 Thomas Schelling（1978）曾对居住隔离现象进行研究。Schelling 并没有用到计算机和演化更新，而是针对社会过程采用了简单的实物模型。在他最为知名的研究当中，他用到了一块国际象棋棋盘，每一个方块代表一个家庭可以居住的地方，便士和五美分币分别代表白人和黑人家庭。一开始，他随机地在棋盘上放置硬币，他假定家庭如果至少有三分之一的邻居为同种类型则保持原位，不然就会移动到满足"三分之一"条件的相邻位置。很明显，每个家庭都可以心甘情愿地生活在自己成为少数的邻居条件下，但是 Schelling 却表明，从长期来看，家庭搬迁会导致一个很高的隔离程度。

在这个例子中，邻居隔离是该系统的涌现属性，因为并没有哪个家庭真的想要这样，而且我们也无法利用一些解析模型从系统的初始条件中逻辑地推导并预言这一结果。我们可以利用 Schelling 的思想来研究居住隔离现象，我们可以改变族群的数量，改变对统一和多样的喜好程度，或者改变邻居形成和种群移动的规则。举例来说，Schelling 预言会出现一种在居住动力学中常见的"引爆"（tipping）现象：如果社区中少数群体的居民比例达到了某个"引爆点"（tipping point），该社区就会多多少少快速地转向这一群体成为多数的状况。

在代表主体互动的**阶段博弈**基础之上，一个演化的基于主体模型会有一个复制阶段，在这一阶段，个体将得到复制，复制数量正比于其在阶段博弈中相对于种群平均的成功程度。作为其结果，旧的个体将消失，而他们的后代继承了他们的行为，或者也有可能存在一些变异。在演化的基于主体模型中，更成功的策略将得到频率的增长，而这一过程又要以失败策略的牺牲为代价。所以，演化的基于主体模型具有达尔文式演化的三个主要特点：复制、变异和基于适应性的选择。

Joshua Epstein 和 Robert Axtell 的《成 长 中 的 人 工 社 会》（*Growing Artificial Societies*，1997）是行为科学中应用演化的基于主体模型的第一代作品之一，该作展示了许许多多通过简单个体行为规则而生成的涌现行为，其中的行为规则内嵌于一种"染色体"（用来表示不同策略行为的计算机基因）之中，它会像 DNA 那样随时间演化。他们研究了由争夺食物的个体组成的种群，为其中的迁徙、环境外部性、冲突甚至疾病传播过程建立了模型。最近，同寄生虫和疾病传播模型一样，关于政治竞争、股票市场动力学和投资策略的基于主体模型成了行为研究的标准组成部分（Gintis 2006，2007a，Miller 和 Page 2007，Epstein 2007，Farmer 和 Foley 2010）。关于这些模型在自然和行为科学各领域中应用的一个有用的概览，可见 Tesfatsion 和 Judd（2006）、Gintis（2006，2007）、Miller 和 Page（2007）、Epstein（2007）和 Farmer 和 Foley（2010）。

图 A1 展示了一个典型的演化的基于主体模型的程序结构。在图中，"博弈参数"表示要仿真的阶段博弈的参数设置，这包括收益、各种事件发生的概率等等。"代数"表示你要进行多少轮的复制。这可以小至 10，大至 10000000。"每代轮次"表示博弈进行速度和复制速度之间的比值。根据大数定律，每代的轮次越多，个体的实际成功程度就越能准确地反映其所代表策略的期望收益。"个体分组"反映了仿真的匹配阶段。博弈的策略反映了种群中进行的社会实践，而不是经典博弈论中深思熟虑的最优化策略。需注意的是，在某些情况下，我们要求在模型的该阶段存在一定的交互结构。例如，遇见"邻居"的频率要高于遇见"陌生人"的频率，或者，采用相同策略的个体相互遇见的频率要高于采用不同策略的个体相互遇见的频率。

"个体复制"这一方格本身就值得用一张图去表示，我们把它展示于图 A2。首先，我们设置各种参数，包括新个体的变异率和旧个体的灭绝率。接着，我们除去适当数量的不成功个体，并制造高成功个体的相应数量的拷贝，除了要进行变异的那部分之外，赋予他们与其复制对象相同的策略。成功既可以通过适应性（活过繁殖年龄的后代）来测度，也可以通过个体行为被他人（通过社会学习的）复制的程度来测度。

206

```
┌─────────────────┐
│   博弈参数       │
│ 个体数量（N）   │
│ 代数（G）       │
│ 轮次 / 代（K）  │
└─────────────────┘
         │
         ▼
┌─────────────────┐
│  产生 N 个个体   │
└─────────────────┘
         │
         ▼
┌─────────────────┐
│  所有个体划分群体 │
└─────────────────┘
         │
         ▼
┌──────────────────┐
│ 每个群体中的个体进行博弈 │
└──────────────────┘
         │
         ▼
┌─────────────────┐
│   更新个体收益    │
└─────────────────┘
         │
         ▼
┌─────────────────┐
│    重复 K 次      │
└─────────────────┘
         │
         ▼
┌──────────────────┐
│ 个体复制（见图 A2） │
└──────────────────┘
         │
         ▼
┌─────────────────┐
│    重复 G 次      │
└─────────────────┘
         │
         ▼
┌─────────┐
│  结束    │
└─────────┘
```

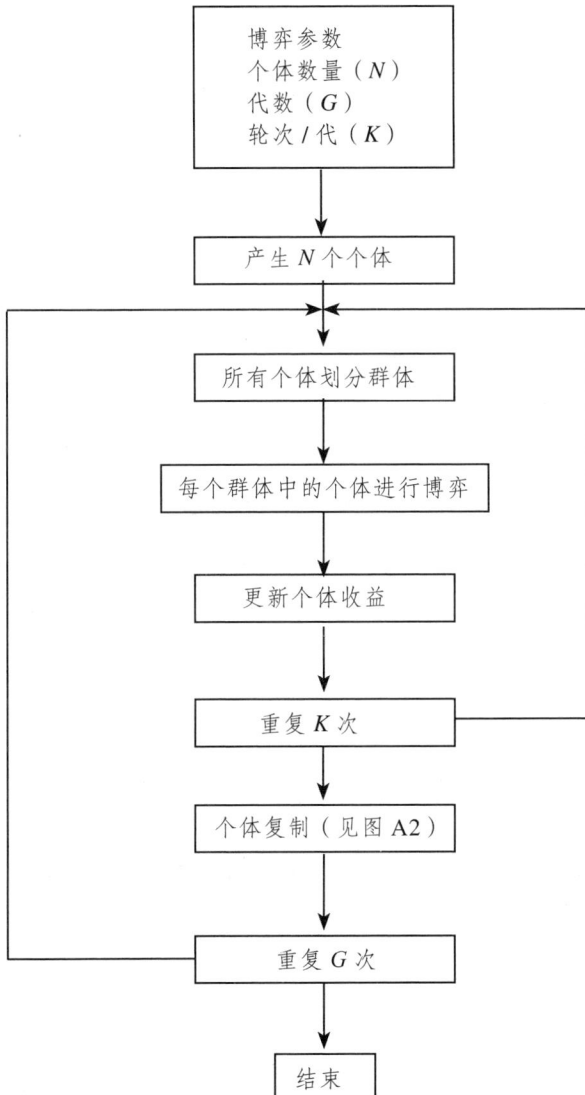

图 A1　演化的基于主体模型的结构

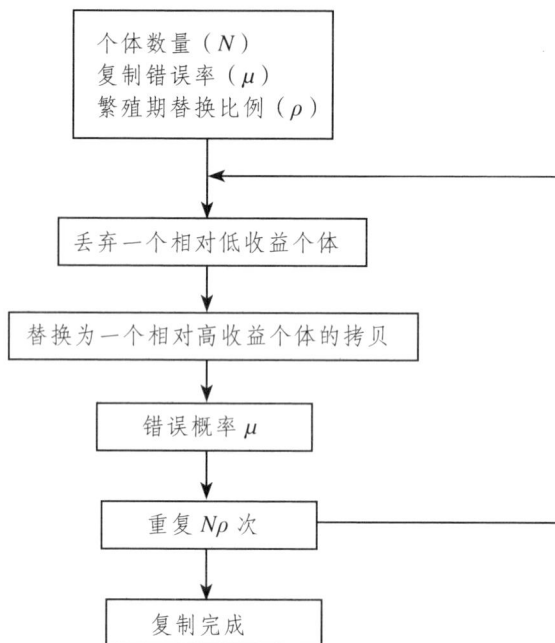

图 A2　复制过程的结构

注：在每个繁殖期，ρN 个个体死去并且被其他主体的拷贝（有可能经过变异）取代。更成功个体拥有更高的概率得到拷贝。

207　A3　博弈论

博弈论是研究策略交互的数学工具之一，在博弈当中，个体的收益既取决于自己的行动，也取决于其他人采取的行动。Gintis（2009b）是本书用到的这类博弈论方法的教科书之一。

假设我们有一个由个体 $i = 1$，…，n 参与的社会交互，每个个体 i 拥有可能行动集合 S_i，并且每个个体都独立于他人选择行动 $s_i \in S_i$。对于由他们的选择所构成每一个行动配置（s_1，…，s_n），每个个体 i 都得到收益 π_i（s_1，…，s_n）。我们把这些行动 s_i 称作**纯策略**（pure strategies），并把这种社会情境称作**策略式博弈**或**标准式博**

弈（a game in strategic or normal form）。这一定义很容易就能扩展到**混合策略**（pure strategies）的情况，参与人在他们的纯策略之上运用概率分布而作出选择。

作为策略式博弈的一个例子，在囚徒困境博弈（§3.1）中，每个参与人 $i = 1$，2 拥有纯策略集合 $S_i = \{H, D\}$，H 代表助人，D 代表背叛，$\pi_1(H, H) = b - c$，$\pi_1(H, D) = -c$，$\pi_1(D, H) = b$，$\pi_1(D, D) = 0$。而参与人 2 的收益为 $\pi_2(H, H) = b - c$，$\pi_2(H, D) = b$，$\pi_2(D, H) = -c$，$\pi_2(D, D) = 0$。

假设参与人选择了策略 $(s_1, \cdots, s_n)$。假如对参与人 i 来说没有任何策略可以为他带来比 $\pi_i(s_1, \cdots, s_n)$ 更高的收益，我们就称 s_i 为其余 $n-1$ 个策略的最佳反应。假如每个参与人的选择都是其他人策略的最佳反应，那么我们就称 $(s_1, \cdots, s_n)$ 为**纳什均衡**。很多情况下，我们并不期待参与人会选择纳什均衡，第 5 章所描述的重复博弈就是这样一个例子，但是就本书所描述的许多博弈而言，我们可以合理地期待个体会参与到纳什均衡之中。

在某些博弈中，包括上面描述的囚徒困境博弈以及把它扩展到 n 个参与人的博弈——公共品博弈（§3.2），参与人可能拥有这样一个策略，不管其他参与人怎么做，这个策略都可以为他带来高于所有其他策略的收益。我们把这种策略称作**占优策略**（dominant）。因为这一策略是其他参与人任何策略格局的最佳反应，所以拥有占优策略的参与人在任何纳什均衡中都会选择这一策略。在一次性的囚徒困境博弈和公共品博弈中，背叛对所有参与人来说都是占优策略。

在很多博弈中，参与人可能不止一次地行动，而且行动可能不是同时进行的。我们把这类博弈叫作扩展式博弈，如图 8.1。在这种情况下，我们可以用一个博弈树来代表博弈，其中的结点将通过分支进行连接。每一个结点都代表博弈当中某个参与人将要行动的某个时间点，每个从结点出发的分支都代表参与人在该结点上能够选择的各种不同的行动。博弈树的结束处是其终结点，终结点处将给出每个参与人的收益。对扩展式博弈的更完整处理可参考 Gintis（2009b）。

208

考虑一下在扩展式博弈的每个结点处所作的选择。假如没有一个参与人可以通过在任意他要进行选择的结点处改变他的选择而有所获益，那么我们就把此时的行动配置称作纳什均衡。

假如我们像前一节那样开始一个博弈 G，并且无限次地重复它，并且在每期结束时都有 $1 - \delta > 0$ 的概率结束这一过程（§4.5），我们就把博弈 G 叫作该重复博弈的**阶段博弈**（stage game）。要计算重复博弈的收益，只需把各阶段的收益加总起来即可。我们应当注意到，收益是有限的，这是因为该过程肯定会在有限期内结束。同时，我们也应该把时间折现因子 δ 考虑在内，正如第 4 章所解释的。

对基于阶段博弈 G 的重复博弈来说，一个最为重要的事实是，在 G 本身不能支持合作的情况下，它却能够支持合作的均衡。例如，我们考虑一下囚徒困境（§3.1）。两参与人同时背叛是该阶段博弈的唯一纳什均衡，他们得到的收益为 0。假如参与人在重复博弈中遵从这样的策略，在该策略中，参与人一直合作，直到有人背叛才停止，并且永远背叛下去，那么我们就把这种策略叫作触发策略（§5.1）。如 §4.2 所分析的，参与人若遵从触发策略，就能得到收益 $(b - c) / (1 - \delta)$。立即背叛可获得 b 的利益，因此，只要 $(b - c) / (1 - \delta) > b$，遵从触发策略就是一个纳什均衡。此不等式可化简为 $\delta b > c$。

我们在本书中用到的演化博弈模型不同于经典博弈论。演化博弈论的关键思想是差异化复制，而不是最佳反应。在演化博弈中，所谓的适应性主体采纳某些行为，有点类似于人们拥有某种口音或者讲某种语言。虽说未雨绸缪的基于收益的计算并非完全不存在（例如，渴望向上层社会移动的人会采用上层阶级的口音），但是有意识的最优化绝不是事情的全部。"为什么你要那样说话？"的答案通常会是"因为我出生在那样说话的人群中"，而不是"因为我考虑过所有的说话方式，而这样说话是能够满足我个人目标的最佳方式"。演化博弈的成功策略是那些能够在下一期制造高于平均的复制者的策略，这既可以是因为这些策略在人们学习新策略时得到青睐，也可以是因为表达这些策略的基因型经自然选择过程而得到扩散。我们通常能够观察到的个体与社会的制度与行为特征是那些得到拷贝和扩散（简而言之即复制 [replicated]）的特征，而与其相竞争的规则、信念和偏好则遭受了灭绝之苦，或者只能复制于边缘生态位之中。本书构建的这些模型可以解释，为什么利他的人类行为（如强互惠）以及支撑它们的制度环境（如繁殖均整化）能够比其他的行为和制度得到更多的复制。

因此，演化博弈模型的主人公并不是个体，而是其行为规则，这类似于在种群遗传模型中，其主人公是行为背后的基因：关键就在于这些行为规则表现如何，而个体——只有他们才能在阶段博弈中配对或者获得更新的机会——的重要性则在于他们影响行为规则的成败。我们在分析上关注的是这些行为规则本身的成败，它们要么扩散开来并在种群中占优，要么扩散失败而只能受限于次要的生态位中或者被淘汰。

最后一项不同是，演化方法明确地把复制的过程模型化（无论是基因传递，还是社会或个体学习造成的行为更新），我们可以由此分析性状分布在种群中的变化动力学。图 8.3 就是这种动力学的例子。反过来说，这将允许我们对一个种群经常能够达到的状态以及达到后就能持续很长时期的状态进行研究。这样，我们就能在如下两类不同状态间作出区分，一方面是"演化无关"的纳什均衡（§5.4），另一方面则是能够轻易达到并长期持续的种群状态，这种状态正像是第 7 章开头介绍的 Talcott Parsons 的演化普遍物（evolutionary universals）。

A4　动力系统

我们将展示两类主要的动力系统，即运用微分方程的连续时间系统和运用马尔可夫链的离散时间系统。本节的材料是 Gintis（2009b）中相应材料的精简版，读者可以从中获得进一步的材料和参考。

为了表述的方便，我们假定连续时间系统是二维的，它由变量 x 和 y 来表征，即笛卡尔平面的横轴与纵轴。图 8.1 和 8.2 所描绘的利他者和局域主义者比例的共同演化就是例子之一。该系统的随时间路径可以表达为一对函数 $x(t)$ 和 $y(t)$。我们假设系统在 x 和 y 方向上的变化率是系统位置的函数并且独立于其他变量，因此可以写道：

$$\frac{dx(t)}{dt} = f(x, y) \qquad\qquad (A4)$$

$$\frac{dy(t)}{dt} = g(x, y). \qquad\qquad (A5)$$

210　　有一个定理保证，在给定的初始时间 $t = t_0$ 下，假如 f 和 g 具有某些能够合理拥有的行为良好的属性，（A4）和（A5）就存在一个唯一解满足 $t = t_0$。这个解就叫作该动力系统的路径。

动力系统的均衡——或者叫临界点、不动点或稳定点——是满足 $f(x^*, y^*) = g(x^*, y^*) = 0$ 的 (x^*, y^*) 值对。请注意，在均衡处，$dx/dt = dy/dt = 0$，因此该动力系统一旦达到 (x^*, y^*) 就将永远地停留在此处。那么在何种条件下一个动力系统会移向均衡呢？

假设从某个点 (x_0, y_0) 出发，该动力系统的路径随着 $t \to \infty$ 而接近 (x^*, y^*)——也即 $\lim_{t \to \infty} x(t) = x^*$ 且 $\lim_{t \to \infty} y(t) = y^*$，那么我们就说 (x_0, y_0) 处在均衡 (x^*, y^*) 的**吸引盆**（basin of attraction）之内。假如均衡的吸引盆是二维的，那么它必定围绕着均衡，此时我们就说该均衡是**局部稳定的**（locally stable），或者简单地说成稳定的。假如均衡不是稳定的，那么它既有可能是**中性稳定的**，也有可能是**不稳定的**。如果一个路径无论从多么接近于（而不是处在）均衡的地方开始，都存在一个正的距离 d，使得该路径最终会离开均衡超过 d 的距离，而且之后与均衡之间的距离永远不会小于 d，那么该均衡就不是稳定的。如果一个路径既不是稳定的也不是不稳定的，我们就称均衡是中性稳定的。在中性稳定均衡的邻域内，路径既不会逃离均衡也不会收敛至均衡。它们只是勾勒出了均衡附近的路径行为。

很少有动力系统能够得到解析解，即使是二维的简单系统也是如此。所以，$x(t)$ 和 $y(t)$ 的路径无法由闭形式来表示。不过，有一些完善的方法可以用来确定何时均衡是稳定的、不稳定的或中性稳定的，只需运用一点代数和微积分即可。

有限马尔可夫链是拥有 n 个可能状态 s_1，$\cdots$，s_n 的动力系统，假如系统在时期 t 处在状态 i，那么它在时期 $t+1$ 处在状态 j 的概率将是 p_{ij}。当然，为了具有意义，我们必须确保对所有的 $i, j = 1, \cdots$，n，都有 $p_{ij} \geq 0$，而且 $\sum_{j=1}^{n} p_{ij} = 1$。对这些概率的统计估计（基于我们模型的数千个实现）是我们计算图 8.3 中向量场的基础，该向量场给出了种群在状态间的移动路径，正是这些状态代表了利他者和局域主义者的各种不同频率。

打个比方，我们考虑有两个罐子，一个装了 10 个红球，另一个装了 10 个白球。每个时期，我们同时从各个罐中选择一个球并把这两个球放到另一个罐中。令 s_i 表示第一个罐中拥有 i 个红球的状态，所以我们将从状态 s_{10} 开始。只要你懂得一点概率论，就很容易写出转移概率，但是我们把这当成练习留给读者。从直觉上讲，很明显的是，在长期运行下，第一个罐将平均拥有 5 个白球，而且这一点跟我们开始时把 10 个白球中的多少个放在该罐中是没有关系的。如果马尔可夫链中每个状态的平均时间比例在长期运行中独立于初始状态，那么我们就称该系统是**各态历经的**（ergodic），并且把所得的长期概率分布称为该马尔可夫链的**稳定分布**（stationary distribution）。因此，罐子问题所代表的马尔可夫链就是一个各态历经的马尔可夫链。图 8.2 给出了局域主义者和利他者的稳定分布，图 4.6 则给出了在不同的群体规模和错误率下，基于主体的合作模型在稳定分布下的净合作平均水平。

如果对于每一对状态，都有正的概率从第一个状态转移至

211

另一个状态并返回，我们就称该马尔可夫链的各状态是**通达的**（communicate）。假设我们用 $p_{ij}^{(k)}$ 表示马尔可夫链经 k 期从状态 i 转移至 j 的概率，那么假如存在某对整数 k 和 m 使得 $p_{ij}^{(k)} > 0$ 且 $p_{ij}^{(m)} > 0$，状态 i 和 j 就是可通达的。令 i 为马尔可夫链的某个状态，并且令 T_i 为使得 $p_{ij}^{(k)} > 0$ 的整数 k 的集合。假如 T_i 中整数的最大公约数大于 1，我们就称状态 i 是**周期的**。例如，我们可以考虑在一个圆圈上等距放置 10 个点的马尔可夫链，我们把这 10 个点标号为 1 到 10，并假设每个状态只能要么顺时针要么逆时针地移动一个位置。于是，由于该系统只能经偶数次转移才能返回到原来的状态，每个状态就拥有周期 2（这意味着状态集合可以分成两个子集，该系统在偶数期处于其中一个子集，在奇数期处于另一子集）。如果马尔可夫链没有周期状态，就说该马尔可夫链是**非周期的**。

利用这些定义，我们即可陈述有限马尔可夫链的最重要属性。假如非周期的有限马尔可夫链中每对状态都可通达，那么这个马尔可夫链就是各态历经的。显然，这可以用到上述的罐子问题中去。

基于主体的模型是有限的马尔可夫链，这是因为，在这种模型中只有有限数量的主体，且每个主体只能拥有有限数量的状态，而如果模型中还有一些参数（例如当前的气），这些参数也是有限的。此外，计算机程序语言在没有溢出的前提下只能支持有限数量的实数，所以即使是假设的"实数"实际上也只是占据了完整部分中的有限范围。在这样的系统中，状态的数量可能无比巨大，但仍然是有限的。另外，尽管计算从一个状态到另一个状态的移动概率可能相当不切实际，但是这些概率本身是完全确定的。为了保证基于主体的模型所代表的马尔可夫链是各态历经的，我们通常允许主体以正概率保留当下的状态，同时也有正概率（尽管很小）变异为另一状态。

由此我们可以断定，在本书用到的所有基于主体模型中，各态历经定理都成立。这意味着，我们的基于主体模型所产生的动力系统的长期行为独立于我们在示例运行中选择的初始参数。当然，各态历经定理并没有告诉我们需要多长时间才能"消除"初始条件的影响，而这一时间的长度也许真的是一个天文数字。因此，我们把系统达到稳定分布的速度有多快看成是一个重要的问题。

一个各态历经的马尔可夫链的稳定分布可能在某种程度上代表了一小族邻近的"长期平均状态"，但是在某些马尔可夫链中这一点是不成立的。例如，考虑一个拥有两个状态 s_1 和 s_2 的马尔可夫链，其中 $p_{11} = 0.99$，$p_{12} = 0.01$，$p_{22} = \varepsilon$，$p_{21} = 1 - \varepsilon$。假如 ε 是一个微小的扰动，那么该马尔可夫链将在大部分时间中处于状态一，但是也会在正数的时间里（平均约 ε 时期）处于状态二。如果马尔可夫链在稳定分布中处于某个状态的时间比例为正数，我们就称该状态是**常返的**（recurrent），所以这个例子中两个状态都是常返的。然而，当它进入状态一时，平均而言，在移向状态二之前，它将在那里停留100 期，而如果是处于状态二，则它很少停留超过一期。如果某个状态在一个微小的扰动 $\varepsilon > 0$ 下，随着 $\varepsilon \to 0$，系统处于该状态的时间比例的下界趋于远离零，那么我们就称该状态是随机稳定的。显然，上个例子中状态一就是随机稳定的。Young（1998）运用有限马尔可夫链研究了契约和其他制度的长期演化。

212

A5　复制子动态

能够运用于演化博弈的一种最为自然的动态就是**复制子动态**，我们将在下文描述它。事实上，可以证明，每个复制子动态下的演化博弈均衡都是其阶段博弈的纳什均衡（Nachbar，1990）。这表明，在不假设参与人具有理性（也就是他们都选择最佳反应）或可协调的前提下，纳什均衡标准仍然是非常有力的。

然而，在很多例子中，阶段博弈的纳什均衡并不是相应演化博弈的稳定均衡。基于这个理由，Maynard Smith 为二人阶段博弈 G 的例子（其中一个单种群的个体与其自身成员进行囚徒困境博弈）发明了一个更强的概念，即**演化稳定均衡**（evolutionarily stable strategy［ESS］）。一个策略若是 ESS，那么如果整个种群都采用了这个策略，就无法被采用其他策略的一小群人侵入。很容易就可以说明，ESS 总是纳什均衡，但是反过来说却不成立。事实上，ESS 总是复制子动态的稳定均衡（例如，见 Gintis，2009b），而对于纳什均衡，一般来说这一点不会成立。

我们在这里推导基于文化（表现型的）性状模仿的演化博弈动态。基因演化的推导也是相仿的，但是推导起来会更简单一些。考虑某个种群的个体，他们参与一个每个参与人拥有 n 个纯策略 s_i（i = 1，…，n）的博弈。为了表述方便，我们假设 $n = 2$，尽管这里的论证完全是一般化的。该博弈将于时期 $t = 1$，2，…重复地进行。令 p^t 表示在时期 t 选择 s_1 的参与人比例，那么 $1 - p$ 就是选择 s_2 的比例。假设 s_i 的收益为 $\pi_i^t = \pi_i(p^t)$。我们对给定的时间 t 进行观察，并假设 $\pi_1^t \leqslant \pi_2^t$（可能需要重新编号）。

假设在每个时间段 dt，每个个体都有 $\alpha dt > 0$ 的概率得知另一个随机选择个体的收益，并且在他觉察到那个人的收益更高时转换成那个人的策略。然而，有关两种策略预期收益差异的信息是不完全的，所以收益的差异越大，个体就越有可能觉察到它并进行转换。具体而言，我们假设采用 s_i 的个体转换成 s_j 的概率 q_{ij}^t 由下式给出：

$$q_{ij}^t = \begin{cases} \beta(\pi_j^t - \pi_i^t) & \text{for } \pi_j^t > \pi_i^t \\ 0 & \text{for } \pi_j^t \leqslant \pi_i^t \end{cases}$$

如果 β 足够小，那么 $q_{ij} \leqslant 1$ 就对所有 i 和 j 都成立。因此，种群在时期 $t + dt$ 采用 s_i 的预期个体比例 Ep^{t+dt} 由下式给出：

$$p^{t+dt} = p^t - \alpha p^t (1-p^t) \beta (\pi_2^t - \pi_1^t) dt .$$

213　我们可以把该式重写为：

$$\frac{p^{t+dt} - p^t}{dt} = \alpha \beta p^t (1-p^t)(\pi_1^t - \pi_2^t)$$

我们取 $t \to 0$ 的极限，并作标准化使 $\alpha\beta = 1$，就能得到复制子方程：

$$\frac{dp}{dt} = p'(1-p')(\pi_1^t - \pi_2^t).\tag{A6}$$

这一方程还有另外一个常见的形式，说明如下。我们定义 $\bar{\pi}^t = p'\pi_1^t + (1-p')\pi_2^t$，也就是整个种群的平均报酬。因此有：

$$\pi_1^t - \bar{\pi}^t = \pi_1^t - \bar{\pi}^t = \pi_1^t - (p'\pi_1^t + (1-p')\pi_2^t) = (1-p')(\pi_1^t - \pi_2^t).$$

接着我们就可以把 A6 重写为：

$$\frac{dp}{dt} = p'(\pi_1^t - \bar{\pi}^t).\tag{A7}$$

　　关于复制子动态，有以下几点值得我们注意。第一，在复制子动态下，当且仅当某个策略的收益高于平均时，该策略的频率才能增加。第二，如果某个策略可以灭绝（$p = 0$ 或 $p = 1$），那么种群中在某个时点上没有出现的策略将永远不会在其后的任何时点出现。因此，复制子动力学忽略了变异和创新。而更一般的系统会在复制子方程中加入新项来代表新复制子的自发涌现。

　　Weibull（1995）、Vega-Redondo（2003）和 Gintis（2009b）是处理演化博弈论的专著作品。Young（1998）、Bowles（2004）以及 McElreath 和 Boyd（2006）运用演化博弈论研究了人类行为与制度的动力学。生物学上的应用可见于 Nowak（2006）。

A6　延续概率和时间折现因子

　　假设在时期 $t = 1$，2，…进行博弈，每一期该博弈都以 δ 的概率继续进行一期，$0 < \delta < 1$。假设参与人在每一期参加的博弈中都得到收益 π，但是有时间折现因子（time discount factor）d（$0 < d < 1$）使得时期 t 的收益 π 在博弈起始时的价值成为 $d^t\pi$。请注意，折现因子 d 跟时间折扣率 r（也被称作时间偏好率）有关，这是因为 $d = 1 / (1 + r)$，或等价地说，$r = (1 - d) / d$。

博弈在第一期开始时的价值 v 满足方程：

$$v = \pi + \delta dv$$

于是，令 $\delta^* = \delta d$，我们有：

$$v = \frac{\pi}{1 - \delta^*}. \qquad\qquad （A8）$$

由于延续概率 δ 和时间折现因子 d 以相乘的方式进入了（A8），我们可以把 δ^* 解释成延续概率和时间折现因子的任意组合。

214 A7 声誉模型的替代品

为了研究 §4.6 的声誉模型对信息需求的敏感程度，假设个体有 q 的概率得知对手的声誉状态，而他没有对手状态信息的概率则为 $1 - q$。我们假设，如果个体遵从合作策略，那么当他处于好声誉状态时，他就一直合作直到他得知新对手处于坏的声誉状态。

利用该模型，并假设执行错误率 $\varepsilon \geqslant 0$，我们发现，为了使间接互惠成为演化稳定策略，信息需求即最小可能的 q 必须满足（Gintis 2004）：

$$q_{\min} > \frac{c}{b}(1 + \varepsilon(1 - \frac{c}{b}))$$

除了在最小的群体中可能得到满足之处，这一需求相当苛刻，而且在大多数现实世界的条件下都不太可能满足。

间接互惠模型能够以显而易见的方式扩展至规模 $n > 2$ 的群体，其中，假如个体在前一期合作，或者他前一期处于一个至少拥有一个坏声誉成员的群体中，而自己处于好声誉状态但选择背叛时，他就是处于好声誉状态的。但是很显然，在大群体的正常条件下，信息需求都会变得过高。

为了解决声誉策略中过高信息需求的问题，Nowak 和 Sigmund（1998b）研究了一个叫作印象计分（image-scoring）的间接互惠策略。Nowak 和 Sigmund 证明，与过去合作的个体合作，而不管合作者对手的声誉如何，这样的策略在背叛者侵入下可以稳定，并且在合作者侵入下弱稳定，只要背叛者已在种群中淘汰（也就是说，如果种群中没有背叛者，合作者和印象计分者拥有相等的收益）。然而，Panchanathan 和 Boyd（2003）表明，只要引入哪怕很小的执行错误率到该模型中，合作就变得不稳定，普遍的背叛成为该系统的唯一稳定均衡。Nowak 和 Sigmund（1998a）运用一个基于主体的模型（§A2）分析了更为复杂的印象计分策略的稳定性，但是Leimar 和 Hammerstein（2001）证明，一个 Nowak 和 Sigmund 没有考虑到的策略，即个体的印象分数与其接受者的印数分数有所关联的策略，可以侵入印象计分策略。印象计分的弱点在于这样一个事实，即在一个印象计分模型中，对一个自涉的个体来说没有激励在决定帮助与否时去关心潜在接受者的状态。

　　然而，比起标准的间接互惠模型，印象计分模型对信息的需求大大减小，所以如果我们研究一下在何种条件下该模型可以成立而声誉模型不能，就会非常有用。Brandt 和 Sigmund（2004）表明，如果在判断某个个体是否背叛时存在感知错误，印象计分的稳健性就可以大大增强。因为在这种环境下，对于谁处于好声誉以及什么时候背叛可以当成落入坏声誉的理由这样的问题，人们很难取得共识。由于印象计分过程没有考虑到受助者的状态，在感知错误频繁时它所制造的错误要少很多。

　　Brandt 和 Sigmund（2005）研究了另外一种情形，在其中，间 215 接互惠博弈中每个参与人 i 都知道另外 q_i 个参与人的状态，而且平均信息水平 $q = \sum q_i/n$ 随着期数的增加而增加。举例来说，当个体帮助某个其他个体时，他可以把这个新对手加入到自己的"朋友圈"中，并且拥有某种方法在未来时期记住关于朋友状态的信息。Brandt 和 Sigmund 证明，在这种条件下，印象计分策略可以抵制背叛者的侵入。

A8 公共信号和私有信号下的囚徒困境博弈

假设 §5.3 中的信号是公共的，延续概率 δ 和失误率 ε 足够使合作在 OBSTD（"一个坏信号触发背叛"）策略下得到支持，且 π_r 是 OBSTD 的期望收益，那么我们必然有：

$$\pi_r = 5 + (1-\varepsilon)^2 \delta \pi r . \qquad (A9)$$

该式的第一项代表第一期相互合作时的收益，第二项则反映了这样一个事实，即两个参与人同时都没有错误地收到背叛信号的概率为 $(1-\varepsilon)^2$，因此博弈进行下一期的概率为 $(1-\varepsilon)^2\delta$。这样，我们在公共信号的情况下就有：

$$\pi_r = \frac{5}{1-\delta(1-\varepsilon)^2} , \qquad (A10)$$

于是，OBSTD 胜过故意背叛（期望收益为 8）的条件就是：

$$\delta \geqslant \frac{3}{8(1-\varepsilon)^2} .$$

假如错误信号是私有的，而参与人仍旧选择 OBSTD，那么（A9）就成了：

$$\pi_r = 5 + (1-\varepsilon)^2 \delta \pi_r - 3\delta\varepsilon(1-\varepsilon) + 8\delta\varepsilon(1-\varepsilon) + \varepsilon^2(0) . \qquad (A11)$$

这里的前两项与前面相同。第三项代表了 Bob 合作而 Alice 收到背叛信号的情况，此时 Bob 在下一期合作而 Alice 背叛，这是因为他并不知道 Alice 收到了背叛信号，于是 Bob 就得到 –3，接下来的时期两人都背叛。第四项则反映了 Alice 合作而 Bob 得到背叛信号的情况，Bob 在下一期背叛而 Alice 合作，此时 Bob 的收益为 8。最后一项之所以为零，是因为在双重失误下，两人的收益都为零。通过一些运算，我们可得到该博弈的期望价值：

$$\pi_r = \frac{5(1+\delta\varepsilon(1-\varepsilon))}{1-\delta(1-\varepsilon)^2},\qquad（A12）$$

这有点接近于（A10）。例如，如果 $\delta = 0.9$，$\varepsilon = 0.05$，则（A12）计算的 π_r 大约比（A10）高出 1.5%。

为了看到在私有信号下与 Bob 的 OBSTD 策略配对时，Alice 的 TBSTD（"两个坏信号触发背叛"）策略比 OBSTD 拥有更高的收益，我们必须考虑该博弈的一些可能状态。令 gg 表示两参与人同时在前一期收到好（合作）信号的状态。在这种情况下，每个参与人合作时获得收益 5。在 gg 状态下参与人都选择合作，因此在下一期仍旧处于状态 gg 的概率为 $(1-\varepsilon)^2$。而 Alice 收到坏（背叛）信号，Bob 收到好信号的概率为 $\varepsilon(1-\varepsilon)$。我们称这种状态为 gb。Bob 收到坏（背叛）信号而 Alice 收到好信号的概率也是 $\varepsilon(1-\varepsilon)$。我们称这种状态为 bg。最后，两人同时收到坏信号的概率为 ε^2。我们称这种状态为 bb。假如我们把博弈起始于状态 s 的预期收益写成 π_s，就得到如下方程：

$$\pi_{gg} = 5 + \delta\left[\left(1-\varepsilon\right)^2 \pi_{gg} + \varepsilon\left(1-\varepsilon\right)\left(\pi_{bg} + \pi_{gb}\right) + \varepsilon^2 \pi_{bb}\right].$$

在状态 gb，Alice 忽略了背叛信号，因此两人都合作，并得到收益 5。接着，两人同时收到好信号的概率为 $(1-\varepsilon)^2$，此时下一个状态成为 gg；Alice 连续地收到第二个背叛信号而 Bob 收到好信号的概率为 $\varepsilon(1-\varepsilon)$，我们把这种状态叫作 gbb；Alice 收到好信号而 Bob 收到坏信号的概率也为 $\varepsilon(1-\varepsilon)$，这时也就是 bg 状态；最后，两人同时收到坏信号的概率为 ε^2，对 Alice 来说这也是连续收到两个坏信号，我们把这种状态叫作 bbb。因此，我们就有方程：

$$\pi_{gb} = 5 + \delta\left[(1-\varepsilon)^2 \pi_{gg} + \varepsilon(1-\varepsilon)(\pi_{gbb} + \pi_{bg}) + \varepsilon^2 \pi_{bbb}\right].$$

同时我们还有：

$$\pi_{bg} = -3(1+\delta)$$
$$\pi_{bb} = -3$$
$$\pi_{gbb} = 5 + 8\delta$$
$$\pi_{bbb} = 0$$

第一个方程基于如下的事实，即 Bob 将无条件地永久合作，而 Alice 忽略了第一个坏信号。除了 Alice 只合作一次，第二个方程与此相同。在第三个方程中，Bob 实际上合作了两次而 Alice 收到了两个背叛信号，所以她在第二轮背叛了合作的 Bob。最后一个方程是显而易见的。

如果我们同时解出这六个方程，我们将会得到原博弈中的 $\pi_r = \pi_{gg}$。π_r 的表达式相当长而且复杂，所以我们不打算在此处展示。拿这一收益与（A12）相比较，我们发现，除非 ε 非常之大，否则 Alice 在面对 OBSTD 时 TBSTD 策略就要好于 OBSTD 策略。

为了找到私有信号下的纳什均衡，我们跟随 Sekiguchi（1997）以及 Bhaskar 和 Obara（2002），假设参与人在第一轮以低于一的概率合作，在接下去的轮次中，他们使用一种触发策略，即在第一次收到背叛信号后永远背叛。为了解释第一期的作用，并评估均衡的效率属性，假设从第二期开始，Bob 和 Alice 进行 §5.1 中描绘的囚徒困境博弈，他们以结束概率 $1-\delta$ 进行重复博弈。现在，假设 Bob 在第一轮以概率 p_o 合作，而 Alice 在第一轮选择合作。于是，如果 Bob 合作，Alice 的博弈期望价值就为 $5 + (1-\varepsilon)\delta\pi_r$，其中 π_r 是假定两个参与人每轮都合作时从第二轮开始的博弈期望价值。第二项表示的是 Alice 没有意外背叛的概率 $(1-\varepsilon)$ 乘上延续概率 δ，再乘以该博弈从第二轮开始的期望价值 π_r。于是 Alice 可以从合作中得到期望收益：

$$\pi_c = 5p_o - 3(1-p_o) + (1-\varepsilon)\delta\pi_r$$

而假如她选择了背叛，她的收益就是：

$$\pi_d = 8p_o$$

为了让 Alice 合作，我们必须使 $\pi_c \geq \pi_d$。假设等式成立，并注意到 π_r 满足 $\pi_r = 5 + (1 - \varepsilon)^2$，我们就可以得到均衡概率 p_o：

$$p_o = \frac{3(1 - \delta(1 - \varepsilon)^2)}{5\delta(1 - \varepsilon)}. \tag{A13}$$

这个 p_o 是一个概率，所以必须处在零和一之间。我们肯定有 $p_o > 0$，而只要 δ 接近于一单位且 $\varepsilon < 0.8$，就有 $p_o < 1$。所以，在这些参数的合理范围内，这个例子就存在私有信号均衡。问题在于，这个均衡的效率极为低下。举例来说，$\delta = 0.90$，$\varepsilon = 0.05$ 时，效率仅为 3%。正如我们已经看到的，作为对比，同样参数下公共信号均衡的效率超过了 50%。

A9　学生与非学生的实验被试

自愿参加实验的学生是否比一般大众更加具有亲社会性？如下的研究认为并非如此。

Bellemare 等（2008）在一个不公平厌恶的研究中写道："仅仅把被试群体扩展为更具代表性的群体［荷兰市民］……所产生的分配具有高得多的不公平厌恶水平。"换句话说，学生的不公平厌恶程度要比研究中的更一般的荷兰人样本低很多。

Carpenter 等（2005）利用一个独裁者博弈说明，米德柏利学院和堪萨斯城社区学院的学生比堪萨斯市仓库的雇员作出了更少的贡献。在最后通牒博弈中，堪萨斯城社区学院的学生比仓库工人贡献更多，而后者的贡献又多于米德柏利学院的学生。工人在独裁者博弈和最后通牒博弈中给出了相同的提议，而学生在独裁者博弈中给出的提议要少得多，这与如下的观点相一致，即最后通牒博弈中工人没有作出策略性提议，而学生却作出了这种提议。

Burks 等（2011）在瑞士和美国利用一个序贯囚徒困境博弈分

别研究了学生样本的被试和职业自行车快递员被试。结果，自行车快递员表现出的行为比学生更加合作。

List（2004）研究了公共品博弈的贡献额，他发现运动卡牌秀中的参加者表现极为接近实验室实验的被试，例如 Andreoni（1988）、Isaac 等（1994）以及 Fehr 和 Gächter（2000a）。在这篇论文中，List 发现，49 岁以上的参加者比大学年龄的学生合作更多，而中年被试的行为与大学年龄的学生接近。同时，List 报告的结果表明，在控制了收入的前提下，年龄更大的佛罗里达居民为大学的资金募捐活动作出了更多的贡献。在电视节目秀 Friend or Foe 进行的大筹码囚徒困境博弈中，年长的参与人比年轻人更容易选择合作。

Carpenter 等（2008）利用一个由被试指定慈善接受者的独裁者博弈进行了研究，他们发现学生的贡献比非学生少 25%。在控制了年龄和其他人口特征的前提下，学生仍然显著地贡献更少，而年长者贡献更多，在控制了学生身份的条件下也是如此（Carpenter，个人交流）。事实上，48% 的非学生被试贡献了整个禀赋，而学生中只有 16% 会这么做。

Cardenas（2005）则利用一个公共池塘资源博弈进行研究，发现哥伦比亚的一个学生样本更加没有合作性，比起哥伦比亚的村民样本，他们从公共池塘中攫取了更多的资源。

Cleave 等（2010）发现，跟实验被试所属人群的其他学生（他们被要求参加一个信任博弈）相比，自愿参加实验的学生尽管同样值得信任，但是表现得更加不信任。

Falk 等（2010）发现，在一个与自己无关的现场捐赠（为一个社会基金作贡献）中，表现出强烈亲社会行为的瑞士学生比起不为社会基金贡献的学生更不可能参加实验。实验者同时发现，学生和一般人群在信任博弈中表现得同样信任，但是学生受托人在投资人给他的资金中返回了更少的比例。

Gächter 和 Herrmann（2011）发现在俄罗斯乡村和城市的实验被试中，非学生在公共品博弈中作出的贡献比学生多 18%；23% 的非学生贡献了整个禀赋，而学生中只有 12% 的人会这么做。

A10　Price 方程

　　假设有 $j = 1, \cdots, m$ 的群体，并且令 q_j 表示种群中群体 j 所占的比例。令 w_j 表示群体 j 的平均适应性，因而 $w = \sum_j q_j w_j$ 为整个种群的平均适应性。我们在此处用到的是适应性，但 Price 方程同时也可应用于任何性状随时间得到差异化复制的系统，我们本可以用更为一般的术语：下一期复制者的数量。群体在一个接一个的时期中以正比于其相对适应性的速率增长，假如 q'_j 是种群中群体 j 在下一期所占的比例，那么就有：

$$q'_j = q_j \frac{w_j}{w}.$$

假设群体 j 某性状拥有 p_j 的频率，那么整个种群中该性状的频率就为 $p = \sum_j q_j p_j$。假设 p'_j 和 p' 分别为下一期该性状在群体 j 中的平均频率和整个种群中的平均频率，那么 $p' = \sum_j q'_j p'_j$, so，因此：

219

$$
\begin{aligned}
p' - p &= \sum q'_j p'_j - \sum q_j p_j \\
&= \sum q_j \frac{w_j}{w}(p_j + \Delta p_j) - \sum q_j p_j \\
&= \sum q_j \left(\frac{w_j}{w} - 1\right) p_j + \sum q_j \frac{w_j}{w}\Delta p_j.
\end{aligned}
$$

我们令 $\Delta p = p' - p$，并将上述表达式乘以 w，就可得到：

$$w\Delta p = \sum q_j(w_j - w)p_j + \sum q_j w_j \Delta p_j. \tag{A14}$$

由于 $\sum q_j \omega_j = w$ 且 $\sum q_j = 1$，我们有：

$$\sum q_j(w_j - w)p = \sum q_j w_j p - wp\sum q_j = qp - qp = 0,$$

我们注意到：

$$\sum q_j(w_j - w)(p_j - p) \equiv \mathrm{cov}\left[w_j, p_j\right]$$

以及：

$$\sum q_j w_j \Delta p_j \equiv \mathrm{E}\left[w_j \Delta p_j\right],$$

于是，我们可把（A14）重写为：

$$w\Delta p = \mathrm{cov}\left[w_j, p_j\right] + \mathrm{E}\left[w_j \Delta p_j\right] \qquad （A15）$$

其中，协方差和期望都是在群体比例 q_j 上进行计算的。我们对（A15）作出如下的解释。如果此式的左边为正，以 p 为测度的性状频率就会增加。由于 $w > 0$，只有当右边为正时这才能成立。假如像 Price 方程的经典应用那样，以 p 为测度的性状是利他的，那么第一项的 $\mathrm{cov}\left[w_j, p_j\right]$ 为正，这是因为在这种性状比例较高的群体中，成员拥有非常高的平均适应性。但是，第二项的 $E\left[w_j \Delta p_j\right]$ 为负，这是因为利他者在他的群体内将处于劣势，所以他们的群体内频率将下降，Δp_j 对所有的 j 都为负。于是，只有当高利他者群体的群体间优势足够大，大到足以克服利他者的群体内劣势时，该性状才能够散布开来。

在第 9 章，我们把上面的方程应用到非惩罚合作者的情形当中，这些非惩罚合作者更可能被看成是群体内的食利者而不是利他者，因为他们在强互惠者针对自私的个体实施惩罚时搭了他们的便车。在这个例子里，项 $\beta_G = \mathrm{cov}\left[w_j, p_j\right]$ 可能是负的，这是因为，拥有高比例合作者的群体可能会受到自私个体的侵入而只有低于平均的适应性，除非合作者的比例很高。而在群体内部，情况则相反。因为合作者在群体内具有优势，所以只要强互惠者数量够多，自私个体够少，项 $\beta_i = \mathrm{E}\left[w_j \Delta p_j\right]$ 就是正的。理由是，他们永远不会遭受惩罚，而且不用承担惩罚他人的成本。结果，他们在群体内拥有优势，群体内频率得到增加。于是，只要高合作者群体的群体间劣势不至于超过合作者的群体内优势，这种食利者性状就能得到散布。当然，如果种群中这种合作者的比例非常高或非常低，就不会得到上述情况。但是图 4.2 对群体内和群体间效应的解释表明，在我们已研究的仿真中，对合作者的食利者性质的阐释是正确的。

在 §4.2 中，我们把 Price 方程应用于社会困境中的利他主义，其中，利他者将 b 的利益提供给群体中的其他成员，并承担 c 的成本。在这个例子中，我们针对群体 j 中的所有 i 把式（4.2）加起来（其中每个 j 拥有 $q_j N$ 个成员，N 为总人口数），再除以 N，得到：

$$q_j w_j = q_j \beta_o + q_j p_j \beta_g + q_j p_j \beta_i . \tag{A16}$$

然后针对所有群体 j 相加该式，并除以 N，得到：

$$w = \beta_o + p\beta_g + p\beta_i . \tag{A17}$$

这使得我们能够将上述 Price 方程中的群体效应（即协方差项）重写成群体间方差乘以预期群体规模对群体内利他者比例的全导数，后者即 $\beta_g + \beta_i$：

$$\begin{aligned}
\mathrm{cov}\left[w_i, p_i\right] &= \sum_j q_i(w_j - w)(p_j - p) \\
&= \sum_j q_j(w_j - w)p_j \\
&= \sum_j q_j(p_j - p)p_j(\beta_i + \beta_g) \\
&= \sum_j q_j(w_j - p)^2(\beta_i + \beta_g) \\
&= \mathrm{var}(p_j)(\beta_i + \beta_g) .
\end{aligned} \tag{A18}$$

第二个等号来源于这样的事实，即根据 w 的定义，$\sum_j q_j(w_j - w)p = 0$。第二个等号可以从（A16）减去（A17）得到。第四个则是算术重排。第五个等式则来源于这样的事实，即 $\sum_j q_j(p_j - p)p = 0$，它来自定义：$\sum_j q_j p_j = p$ 和 $\sum_j q_j = 1$。更一般地，假如 x 和 y 是随机变量，$y = a_o + a_1 x$ 是关于 x 和 y 的回归方程，那么就有 $\mathrm{cov}(x, y) = a_1\mathrm{var}(x)$。为了求出 $\mathrm{E}[w_j \Delta p_j]$，我们注意到：

$$\begin{aligned}
p_j' - p_j &= \sum_i q_j' p_{ji}' - \sum_i q_j p_{ji} = \sum_i q_j \frac{w_{ji}}{w_j}p_{ji} - \sum_i q_j p_{ji} \\
&= \frac{1}{w_j}\sum_i q_j(w_{ji} - w_j)p_{ji} ,
\end{aligned}$$

221 因此：

$$\mathrm{E}\big[w_j\Delta p_j\big]=\sum_i q_j(w_{ji}-w_j)p_{ji}=\beta_j\sum_i q_j(p_{ji}-p_j)p_{ji}$$
$$=\beta_j\,\overline{\mathrm{var}}(p_{ji}).\qquad\qquad（A19）$$

于是，拿 A18 和 A19 替换入 Price 方程，我们得到：

$$w\Delta p=\mathrm{var}(p_j)\beta_G-\beta_i\,\overline{\mathrm{var}}(p_{ij}),\qquad（A20）$$

其中，$\overline{\mathrm{var}}(p_{ij})$ 是正文中定义（式 4.4）的群体内遗传方差。把上式中的 β 替换成图 3.1 定义的利他行为的成本和利益，我们得到：

$$w\Delta p=\mathrm{var}(p_j)(b-c)-c\,\overline{\mathrm{var}}(p_{ij}).\qquad（A21）$$

其中，w 为种群范围的平均复制者数量（我们已将它标准化为一）。

作为 Price 方程的应用案例之一，假设一个种群由两个大型群体组成，他们在某个给定时期规模相同，拥有利他者的比例分别为 $p_1=3/4$ 和 $p_2=1/4$，因此 $p=1/2$（因为群体规模相同，3/4 的 A 在群体一，3/4 的 N 在群体 N，依次类推）。为了找到使 p 稳定的 b 和 c 值，我们需要让两种类型的平均适应性相等。令 w_{ij} 表示类型 i 在群体 j 中的适应性（$i=A$、N、$j=1$、2），w_i 表示类型 i 在整个种群的平均适应性，并且忽略 β_o，我们得到：

$$w_A=p_1w_{A1}+p_2w_{A2}=(1-p_1)w_{N1}+(1-p_2)w_{N2}=w_N，（A22）$$

这就是说，A 和 N 的平均适应性是它们在两个群体中适应性的加权平均，因此 p 稳定的条件就由下式给出：

$$w_A=\frac{3}{4}\left(\frac{3}{4}b-c\right)+\frac{1}{4}\left(\frac{1}{4}b-c\right)$$
$$=\frac{1}{4}\left(\frac{3}{4}b\right)+\frac{3}{4}\left(\frac{1}{4}b\right)=w_N.\qquad（A23）$$

解此方程，我们发现使 $\Delta p=0$ 的 b 和 c 值满足 $c/b=1/4$。这意味着，在两群体 A 和 N 的假定分布下，如果执行利他行为的成本是其利益的四分之一，那么种群中 A 的频率就能稳定。假如我们增加一个附加条件，即令总人口为常数，$w_A = 1 = w_N$，并假设 $\beta_o = 0$，我们就有 $b = 8/3$ 和 $c = 2/3$。

另外一个等价的方法是简单地使用 A21 式。根据 $\overline{var}(p_{ij}) = p_j(1-p_j) = 3/16$（$j = 1$，$2$）和 $var(p_j) = 1/16$，这两个事实，并利用（A21）我们就可得到 4.3 的 Price 方程：

$$w\Delta p = (b-c)/16 - 3c/16$$

只要 $w \neq 0$，$c/b = 1/4$ 就是 $\Delta p = 0$ 的条件，这重现了上面的结果。　222

进一步地，我们利用（4.10）代表的 p 稳定条件以及上面例子中的经验数值，得到：

$$\frac{c}{b} = F_{st} \equiv \frac{var(p_j)}{\overline{var}(p_{ij}) + var(p_j)} = (1/16)/(3/16 + 1/16) = \frac{1}{4}, \quad （A24）$$

这正如我们预期。

于是，对于 $b > 4c$ 的值，利他性状的频率将会增加，在下一期将超过一半的数量。这之所以会发生，是因为更利他群体的规模相对扩大，进而抵消了利他者比例在各个群体中的下降。

对群体有利而对个体具有成本的性状为何会扩散，可以通过种群的群体结构进行解释，这种结构可以说明，利他者往往能够以高于种群平均的频率与其他利他者相互配对，尽管他们是在群体之内随机配对的。因为 A 当中有 p_1 的比例在群体一，在这个群体中他们与 A 配对的可能性就成了 p_1。与此类似，对于群体二中的 A 与 A 配对的概率 p_2，也可以作同样的推理，于是，在作为一个利他者的条件下遇到利他者的概率就成了：

$$P(A|A) = p_1^2 + p_2^2 = 5/8.$$

非利他者则以如下的概率见到利他者：

$$P(A|N) = (1-p_1)p_1 + (1-p_2)p_2 = 3/8.$$

这两个条件概率之间的差距，即 1/4，就是该种群中正向选型程度的测度，而正向选型程度正是利他性状借助群体间分布而预期获得的优势。于是，利用（4.9）和（4.10），我们就有了（A24）的一个等价表述：

$$\frac{c}{b} = P(A \mid A) - P(A \mid N) = \frac{1}{4}. \qquad (A25)$$

A11 弱多层选择

我们假设所有主体都有相同基因，而且只有无性繁殖。同时，我们还假设利他表现型（A）把他们的文化偏好传给后代，非利他者（N）也同样如此。由于这是一个文化模型，适应性的意义便是个体在下一期制造的复制者数量，如果个体保留现状，适应性就为一，如果个体被他人复制，适应性就大于一，而如果个体舍弃了原来的性状，适应性就为零。根据物质收益（我们把它叫作"物质适应性"），N 的适应性现在成为 $m_j^N = bp_j$，其中 p_j 是群体 j 中 A 的比例，而 A 的适应性为 $m_j^A = bp_j - c$。假设 ω_j^A 为 A 的平均适应性，这包括 m_j^A，以及 N 通过社会化和对 A 的模仿而转换为 A 的净概率。同样地，我们假设 w_j^N 为 N 的平均适应性，这包括 m_j^N，以及 A 通过模仿转换为 N 的净概率。令 γ_a 表示每个非利他者从 N 社会化为 A 的概率，γ_n 表示每个利他者根据每个单位的收益差异从 A 通过模仿转换回 N 的概率。A 和 N 之间的收益差异为 $m_j^N - m_j^A = c$，于是我们就有：

$$w_j^A = bp_j + \gamma_a(1 - p_j) - \gamma_n cp_j - c + \beta_o \qquad (A26)$$

$$w_j^N = bp_j - \gamma_a(1 - p_j) + \gamma_n cp_j + \beta_o \qquad (A27)$$

其中的 β_o 为基线适应性。于是，当 $w_j^A = w_j^N$ 时，就得到一个均衡，此时，群体内的利他者均衡比例 P_j^* 就由下式给出：

$$p_j^* = \frac{2\gamma_a - c}{2(\gamma_a + c\gamma_n)}.$$

群体 j 成员的平均物质适应性如下式所示，它仅仅取决于物质收益而不是表现型变化：

$$p_j^* m_j^A + (1 - p_j^*) m_j^N = \frac{(b-c)(2\gamma_a - c)}{2(\gamma_a + c\gamma_n)} + \beta_o \,.$$

因为在均衡处，只要 $\gamma_a > c/2$，它就大于 β_0，所以一个具备有效社会化过程的群体将比没有这一过程的群体享有更高的平均物质适应性。因此，任何偏向更富有群体的群体间动态都会通过群体选择而导致社会化过程的散布。

A12　群体感应下的合作与惩罚

我们探索了合理的参数变动对我们结果造成的影响，可见于 Boyd 等（2010a）的网上补充材料。我们计算了图 9.1 至 9.4 的变体，研究了以下几种情况可能造成的效应：（a）去掉惩罚的规模经济（惩罚只在有阈值非常高时才能在种群中稳定，因而不太可能涌现）；（b）提高惩罚成本（减小了惩罚能够得到演化的参数范围）；（c）更大的失误率（增加了惩罚的频率和成本，阻碍其演化）；（d）变动交互期数（不出所料，更长的交互更容易促进惩罚演化）；以及（e）把群体规模扩大到 72（只有很小的效应）。大体而言，我们可以理解，结果之间的差异来源于第一期诱使非惩罚者合作的成本以及随之而来的长期合作利益之间的权衡取舍。

我们要在这里报告各种不同程度遗传关联度（r）的效应。从图 A3 中可以看出，对于 $r = 0.035$，惩罚只有在低阈值下才能在稀有时扩散，而对于 $r = 0.125$，只要阈值不超过 5，惩罚就能在稀有时扩散。

我们让 §9.2 的基于主体模型接受一系列敏感度测试。我们发现，当合作已经建立时，即使是在非常高的惩罚成本（k）面前，平均卸责率也要低于 25%。不同运行实例的卸责率标准差大约为平均的 20%。而在群体规模和迁徙率变化时，我们也得到了大致相同的画面。我们发现种群的 F_{ST} 正如标准种群遗传学所预言的那样取决

224

于群体规模，而且对迁徙率相当敏感。

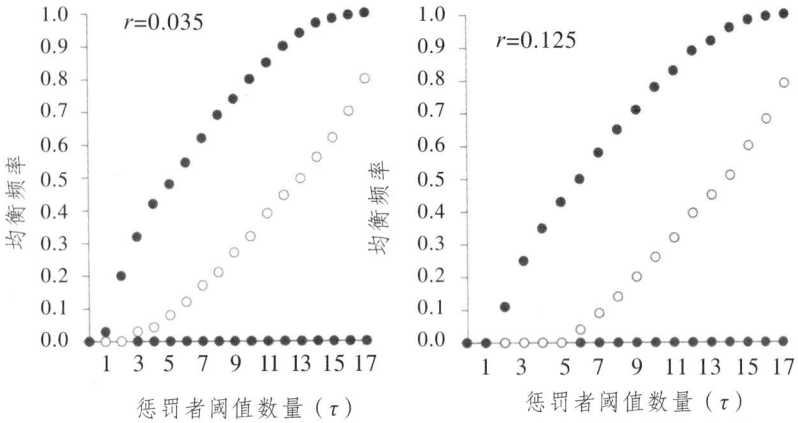

图 A3　随附型惩罚的演化

注：在正文的基线情形中，群体是随机形成的，所以当惩罚者稀有时，他们
在群体中是孤立的，且只有当他们愿意独立行动时才可能引致合作。增加 r
（群体成员的关联度）即可在惩罚者稀有时增加多于一个的惩罚者同处一个
群体的概率。因此，对于较小的 r 值，即使 r 被设定为 0.035，惩罚也可以
在稀有时增加。在每个图中，最上的曲线都是稳定均衡，稍低的曲线表示该
稳定均衡的吸引盆边界。我们展示了 $b = 2c$ 的例子。

参考文献

Akerlof, George A., "Labor Contracts as Partial Gift Exchange," *Quarterly Journal of Economics* 97,4 (1982):543–569.

Alexander, R. D., *Biology and Human Affairs* (Seattle: University of Washington Press, 1979).

— , *The Biology of Moral Systems* (New York: Aldine, 1987).

Anderson, Christopher and Louis Putterman, "Do Non-strategic Sanctions Obey the Law of Demand? The Demand for Punishment in the Voluntary Contribution Mechanism," *Games and Economic Behavior* 54,1 (2006):1–24.

Andreoni, James, "Why Free Ride? Strategies and Learning in Public Good Experiments," *Journal of Public Economics* 37 (1988):291–304.

— , "Impure Altruism and Donations to Public Goods: A Theory of Warm-Glow Giving," *Economic Journal* 100 (1990):464–477.

— , "Warm-Glow versus Cold-Prickle: The Effects of Positive and Negative Framing on Cooperation in Experiments," *Quarterly Journal of Economics* 110,1 (1995):1–21.

— and John H. Miller, "Giving According to GARP: An Experimental Test of the Consistency of Preferences for Altruism," *Econometrica* 70,2 (2002):737–753.

— , Brian Erard, and Jonathan Feinstein, "Tax Compliance," *Journal of Economic Literature* 36,2 (1998):818–860.

Andrushko, V., K. Latham, D. Grady, A. Pastron, and P. Walker, "Bioarchaeological Evidence for Trophy Taking in Pre-historic Central California," *American Journal of Physical Anthropology* 127,375 (2005):375–384.

Aoki, Kenichi, "A Condition for Group Selection to Prevail over Counteracting Individual Selection," *Evolution* 36 (1982):832–842.

Aristotle, *Nichomachean Ethics* (Newburyport, MA: Focus Publishing, 2002[350 BC]).

Arrow, Kenneth J., "Political and Economic Evaluation of Social Effects and Externalities," in M. D. Intriligator (ed.), *Frontiers of Quantitative Economics* (Amsterdam: North Holland, 1971) pp. 3–23.

— and Frank Hahn, *General Competitive Analysis* (San Francisco: Holden-Day, 1971).

— and Gérard Debreu, "Existence of an Equilibrium for a Competitive Economy," *Econometrica* 22,3 (1954):265–290.

Ashraf, Nava, Dean S. Karlan, and Wesley Yin, "Tying Odysseus to the Mast: Evidence from a Commitment Savings Product in the Philippines," *Quarterly Journal of Economics* 121,2 (2006):635–672.

Aumann, Robert J., "Correlated Equilibrium and an Expression of Bayesian Rationality," *Econometrica* 55 (1987):1–18.

— and Adam Brandenburger, "Epistemic Conditions for Nash Equilibrium," *Econometrica* 65,5 (1995):1161–1180.

Axelrod, Robert, *The Evolution of Cooperation* (New York: Basic Books, 1984).

___ and William D. Hamilton, "The Evolution of Cooperation," *Science* 211 (1981):1390–1396.

Axtell, Robert L., Joshua M. Epstein, and H. Peyton Young, "The Emergence of Classes in a Multi-agent Bargaining Model," in Steven Durlauf and H. Peyton Young (eds.), *Social Dynamics* (Cambridge: MIT Press, 2001) pp. 191–211.

Balikci, Asen, *The Netsilik Eskimo* (New York: Natural History Press, 1970).

Barr, Abigail, "Social Dilemmas, Shame Based Sanctions, and Shamelessness: Experimental Results from Rural Zimbabwe," (2001) Working Paper, Oxford University.

Bateson, Melissa, Daniel Nettle, and Gilbert Roberts, "Cues of Being Watched Enhance Cooperation in a Real-World Setting," *Biology Letters* 2 (2006):412–414.

Bellemare, Charles, Sabine Kröger, and Arthur van Soest, "Measuring Inequity Aversion in a Heterogeneous Population Using Experimental Decisions and Subjective Probabilities," *Econometrica* 76,4 (2008):815–839.

Benedict, Ruth, *Patterns of Culture* (Boston: Houghton Mifflin, 1934).

Bentham, Jeremy, *Introduction to the Principles of Morals and Legislation* (New York: Nabu Press, 2010[1789]).

Benz, Matthias and Stephan Meier, "Do People Behave in Experiments as in the Field? Evidence from Donations," *Experimental Economics* 11 (2008):268–281.

Berg, Joyce, John Dickhaut, and Kevin McCabe, "Trust, Reciprocity, and Social History," *Games and Economic Behavior* 10 (1995):122–142.

Bergstrom, Carl T. and Michael Lachmann, "Alarm Calls as Costly Signals of Antipredator Vigilance: The Watchful Babbler Game," *Animal Behaviour* 61 (2001):535–543.

Bergstrom, Ted, "Economics in a Family Way," *Journal of Economic Literature* 34 (1996):1903–1934.

Bernasconi, Giorgina and Joan E. Strassmann, "Cooperation among Unrelated Individuals: The Ant Foundress Case," *Trends in Ecology and Evolution* 14,12 (1999):477–482.

Bernhard, Helen, Ernst Fehr, and Urs Fischbacher, "Group Affiliation and Altrusitic Norm Enforcement," *Nature* 442 (2006):912–915.

Berscheid, E. and E. Walster, *Interpersonal Attraction* (Reading, MA: Addison, 1969).

Bewley, Truman F., *Why Wages Don't Fall during a Recession* (Cambridge: Cambridge University Press, 2000).

Bhaskar, V. and Ichiro Obara, "Belief-Based Equilibria: The Repeated Prisoner's Dilemma with Private Monitoring," *Journal of Economic Theory* 102 (2002):40–69.

___ , George J. Mailath, and Stephen Morris, "Purification in the Infinitely Repeated Prisoner's Dilemma," *Review of Economic Dynamics* 11,3 (2004):515–528.

Bill, J. H., "Notes on Arrow Wounds," *American Journal of Medical Science* 88 (1862):365–387.

Binford, Lewis, *Constructing Frames of Reference: An Analytical Method for Archaeological Theory Using Hunter-Gatherer and Environmental Data Sets* (Berkeley: University of California Press, 2001).

Bingham, Paul M., "Human Uniqueness: A General Theory," *Quarterly Review of Biology* 74,2 (1999):133–169.

Binmore, Kenneth G., *Natural Justice* (Oxford: Oxford University Press, 2005).

___ and Avner Shaked, "Experimental Economics: Where Next?" *Journal of Economic Behavior and Organization* 73 (2010):87–100.

Birdsell, J. B., "Some Population Problems Involving Pleistocene Man," *Cold Spring Harbor Symposium on Quantitative Biology* 22 (1957):47–69.

Blau, Peter, *Exchange and Power in Social Life* (New York: John Wiley, 1964).

Blinder, Alan S. and Don H. Choi, "A Shred of Evidence on Theories of Wage Stickiness," *Quarterly Journal of Economics* 105,4 (2000):1003–1015.

Bochet, Olivier, Talbot Page, and Louis Putterman, "Communication and Punishment in Voluntary Contribution Experiments," *Journal of Economic Behavior and Organization* 60,1 (2006):11–26.

Bocquet-Appel, Jean-Pierre, Pierre-Yvre Demars, Lorette Noiret, and Dmitry Dobrowsky, "Estimates of Upper Palaeolithic Meta-population Size in Europe from Archaeological Data," *Journal of Archaeological Science* 32 (2005):1656–1668.

Boehm, Christopher, "The Evolutionary Development of Morality as an Effect of Dominance Behavior and Conflict Interference," *Journal of Social and Biological Structures* 5 (1982):413–421.

——, "Egalitarian Behavior and Reverse Dominance Hierarchy," *Current Anthropology* 34,3 (1993):227–254.

——, "Impact of the Human Egalitarian Syndrome on Darwinian Selection," *American Naturalist* 150 (Supplement) (1997):S100–S121.

——, "The Natural Selection of Altruistic Traits," *Human Nature* 10,3 (1999):205–252.

——, *Hierarchy in the Forest: The Evolution of Egalitarian Behavior* (Cambridge, MA: Harvard University Press, 2000).

——, "Conscience Origins, Sanctioning Selection, and the Evolution of Altruism in Homo Sapiens," (2007) Department of Anthropology, University of Southern California.

——, *Moral Origins: Social Selection and the Evolution of Virtue, Altruism, and Shame* (New York: Basic Books, 2011).

Boesch, Christophe, "Cooperative Hunting in Wild Chimpanzees," *Animal Behavior* 48 (1984):653–667.

Bohnet, I., F. Greig, Benedikt Herrmann, and Richard Zeckhauser, "Betrayal Aversion," *American Economic Review* 98 (2008): 294–310.

Bollig, M., *Risk Management in a Hazardous Environment* (New York: Springer, 2006).

Bolton, Gary E. and Rami Zwick, "Anonymity versus Punishment in Ultimatum Games," *Games and Economic Behavior* 10 (1995):95–121.

Bonner, John Tyler, *The Evolution of Culture in Animals* (Princeton: Princeton University Press, 1984).

Boone, James L., "The Evolution of Magnanimity: When Is It Better to Give than to Receive?" *Human Nature* 9 (1998):1–21.

Boorman, Scott A. and Paul Levitt, "Group Selection on the Boundary of a Stable Population," *Theoretical Population Biology* 4 (1973):85–128.

Bosman, Ronald, Joep Sonnemans, and Marcel Zeelenberg, "Emotions, Rejections, and Cooling Off in the Ultimatum Game," (2001) Working Paper, University of Amsterdam.

Bouckaert, J. and G. Dhaene, "Inter-Ethnic Trust and Reciprocity: Results of an Experiment with Small Business Entrepreneurs," *European Journal of Political Economy* 20,4 (2004):869–886.

Bowles, Samuel, "Economic Institutions as Ecological Niches," *Behavior and Brain Sciences* 23,1 (2000):148–149.

——, *Microeconomics: Behavior, Institutions, and Evolution* (Princeton: Princeton University Press, 2004).

——, "Group Competition, Reproductive Leveling, and the Evolution of Human Altruism," *Science* 314 (2006):1569–1572.

— , "Genetic Differentiation among Hunter Gatherer Groups," (2007) Santa Fe Institute.

— , "Did Warfare among Ancestral Hunter-Gatherer Groups Affect the Evolution of Human Social Behaviors," *Science* 324 (2009a):1293–1298.

— , "Did Warfare among Ancestral Hunter-Gatherer Groups Affect the Evolution of Human Social Behaviors," *Science* 324 (2009b). Supporting Online Material.

— and Dorrit Posel, "Genetic Relatedness Predicts South African Migrant Workers' Remittances to Their Families," *Nature* 434,17 (2005):380–383.

— and Herbert Gintis, "State and Class in European Feudalism," in Charles Bright and Susan Harding (eds.), *Statemaking and Social Movements: Essays in History and Theory* (Ann Arbor: University of Michigan Press, 1984).

— and — , "The Origins of Human Cooperation," in Peter Hammerstein (ed.), *Genetic and Cultural Origins of Cooperation* (Cambridge, MA: MIT Press, 2004).

— and Peter Hammerstein, "Does Market Theory Apply to Biology?" in Peter Hammerstein (ed.), *Genetic and Cultural Evolution of Cooperation* (Cambridge, MA: MIT Press, 2003) pp. 153–165.

— , Jung-kyoo Choi, and Astrid Hopfensitz, "The Co-evolution of Individual Behaviors and Social Institutions," *Journal of Theoretical Biology* 223 (2003):135–147.

Boyd, Robert and Peter J. Richerson, *Culture and the Evolutionary Process* (Chicago: University of Chicago Press, 1985).

— and — , "The Evolution of Reciprocity in Sizable Groups," *Journal of Theoretical Biology* 132 (1988):337–356.

— and — , "Group Selection among Alternative Evolutionarily Stable Strategies," *Journal of Theoretical Biology* 145 (1990):331–342.

— and — , "Punishment Allows the Evolution of Cooperation (or Anything Else) in Sizeable Groups," *Ethology and Sociobiology* 113 (1992):171–195.

— and — , "The Pleistocene and the Origins of Human Culture: Built for Speed," *Perspectives in Ethology* 13 (2000):1–45.

— and Sarah Mathew, "A Narrow Road to Cooperation," *Science* 316 (2007):1858–1859.

— , Herbert Gintis, and Samuel Bowles, "Coordinated Punishment of Defectors Sustains Cooperation and Can Proliferate When Rare," *Science* 328 (2010a):617–620.

— , — , and — , "Supporting Online Material," (2010b) Submitted to Science.

— , — , — , and Peter J. Richerson, "Evolution of Altruistic Punishment," *Proceedings of the National Academy of Sciences* 100,6 (2003):3531–3535.

Brandt, Hannelore and Karl Sigmund, "The Logic of Reprobation: Assessment and Action Rules for Indirect Reciprocation," *Journal of Theoretical Biology* 231 (2004):475–486.

— and — , "Indirect Reciprocity, Image Scoring, and Moral Hazard," *Proceedings of the National Academy of Sciences* 102,7 (2005):2666–2670.

Brennan, Geoffrey and Philip Pettit, *The Economy of Esteem: An Essay on Civil and Political Society* (New York: Oxford University Press, 2004).

Brewer, Marilyn B. and Roderick M. Kramer, "Choice Behavior in Social Dilemmas: Effects of Social Identity, Group Size, and Decision Framing," *Journal of Personality and Social Psychology* 50,543 (1986):543–549.

Bronfenbrenner, Urie, *Children of the Dream* (London: Paladin, 1969).

Brown, Donald E., *Human Universals* (New York: McGraw-Hill, 1991).

Bugos, P. E., "An Evolutionary Ecological Analysis of the Social Organization of the Ayoreo of the Northern Gran Chaco," (1985) Ph.D Dissertation in Anthropology, Northwestern University.

Burch, Ernest S., *Alliance and Conflict: The World System of the Unupiaq Eskimos* (Lincoln: University of Nebraska Press, 2005).

Burks, Stephen V., Jeffrey P. Carpenter, and Eric Verhoogen, "Playing Both Roles in the Trust Game," *Journal of Economic Behavior and Organization* 51 (2003):195–216.

— , — , and Lorenz Götte, "Performance Pay and Worker Cooperation: Evidence from an Arti-factual Field Experiment," *Journal of Economic Behavior and Organization* 70,3 (2011):459–469.

Burnham, Terence and Brian Hare, "Engineering Human Cooperation: Does Involuntary Neural Activation Increase Public Goods Contributions?" *Human Nature* 18 (2007):88–108.

Calvin, William H., "A Stone's Throw and Its Launch Window: Timing Precision and Its Impli-cations for Language and Hominid Brains," *Journal of Theoretical Biology* 104 (1983):121–135.

Camerer, Colin, *Behavioral Game Theory: Experiments in Strategic Interaction* (Princeton: Princeton University Press, 2003).

— and Richard H. Thaler, "Ultimatums, Dictators, and Manners," *Journal of Economic Per-spectives* 9,2 (1995):209–219.

— , George Loewenstein, and Drazen Prelec, "Neuroeconomics: How Neuroscience Can In-form Economics," *Journal of Economic Literature* 43 (2005):9–64.

Cameron, Lisa A., "Raising the Stakes in the Ultimatum Game: Experimental Evidence from Indonesia," *Economic Inquiry* 37,1 (1999):47–59.

Campbell, C., "Images of War: A Problem in San Rock Art Research," *World Archaeology* 18,2 (1986):255–268.

Caporael, Linnda, Robyn M. Dawes, John M. Orbell, and J. C. van de Kragt, "Selfishness Ex-amined: Cooperation in the Absence of Egoistic Incentives," *Behavioral and Brain Science* 12,4 (1989):683–738.

Cardenas, Juan Camilo, "Groups, Commons and Regulation: Experiments with Villagers and Students in Columbia," in Bina Agarwal and Alessandro Vercelli (eds.), *Psychology, Ratio-nality, and Economic Behavior: Challenging Standard Assumptions* (New York: Palgrave MacMillan in Association with International Economics Association, 2005).

Carpenter, Jeffrey P. and Erika Seki, "Do Social Preferences Increase Productivity? Field Exper-imental Evidence from Fishermen in Toyama Bay," *Economic Inquiry* (in press).

— , Cristina Connolly, and Caitlin Myers, "Altruistic Behavior in a Representative Dictator Experiment," *Experimental Economics* 11,3 (2008):282–298.

— , Stephen V. Burks, and Eric Verhoogen, "Comparing Student Workers: The Effects of Social Framing on Behavior in Distribution Games," *Research in Experimental Economics* 1 (2005):261–290.

Case, Anne, I-Fen Lin, and Sarah McLanahan, "How Hungry Is the Selfish Gene?" *Economic Journal* 110 (2000):781–804.

Cavalli-Sforza, Luigi Luca and Marcus W. Feldman, "Cultural versus Biological Inheritance: Phenotype Transmission from Parents to Children," *American Journal of Human Genetics* 25 (1973a):618–637.

— and — , "Models for Cultural Inheritance: Within Group Variation," *Theoretical Population Biology* 42,4 (1973b):42–55.

— and — , *Cultural Transmission and Evolution* (Princeton: Princeton University Press, 1981).

— and — , "Theory and Observation in Cultural Transmission," *Science* 218 (1982):19–27.

— , Paolo Menozzi, and Alberto Piazza, *The History and Geography of Human Genes* (Prince-ton: Princeton University Press, 1994).

Chamla, M.-C., "Les Hommes Epipaleolitiques de Columnata: Etude Anthropologique," *Memoires du Centre de Recherches Anthropologiques, Prehistoriques, et Ethnographiques* 15,1 (1970):1–117.

Choi, Jung-kyoo and Samuel Bowles, "The Coevolution of Parochial Altruism and War," *Science* 318,26 (2007):636–640.

Cinyabuguma, Matthias, Talbot Page, and Louis Putterman, "Can Second-Order Punishment Deter Perverse Punishment?" *Experimental Economics* 9 (2006):265–279.

Clark, Kenneth and Martin Sefton, "The Sequential Prisoner's Dilemma: Evidence on Reciprocation," *Economic Journal* 111,468 (2001):51–68.

Cleave, Blair, Nikos S. Nikiforakis, and Robert Slonim, "Is There Selection Bias in Laboratory Experiments?" (2010) University of Melbourne Department of Economics Working Paper No. 1106.

Clements, Kevin C. and David W. Stephens, "Testing Models of Non-kin Cooperation: Mutualism and the Prisoner's Dilemma," *Animal Behaviour* 50 (1995):527–535.

Clutton-Brock, T. H., "Breeding Together: Kin Selection and Mutualism in Cooperative Vertebrates," *Science* 296 (2002):69–72.

___ , "Cooperation between Non-kin in Animal Societies," *Nature* 462 (2009):51–57.

___ , D. Gaynor, G. M. McIlrath, A. D. C. Maccoll, R. Kansky, P. Chadwick, M. Manser, J. D. Skinner, and P. N. M Brotherton., "Predation, Group Size, and Mortality in a Cooperative Mongoose, *Suricata suricatta*," *Journal of Animal Ecology* 68 (1999):672–683.

Cohen, Dan and Ilan Eshel, "On the Founder Effect and the Evolution of Altruistic Traits," *Theoretical Population Biology* 10 (1976):276–302.

Cohen, J. M., "Sources of Peer Group Homogeneity," *Sociology of Education* 15,4 (1977):227–241.

Confucius, *The Analects* (New York: Random House, 1938). Arthur Waley (Tr.).

Connor, Richard C., "The Benefits of Mutualism: a Conceptual Framework," *Biological Reviews* 70 (1995):427–457.

___ , "Cooperation beyond the Diad: On Simple Models and a Complex Society," *Philosophical Transactions of the Royal Society of London B* 365 (2010):2687–2697.

Cookson, R., "Framing Effects in Public Goods Experiments," *Experimental Economics* 3 (2000):55–79.

Cooley, Charles Horton, *Human Nature and the Social Order* (New York: Charles Scribner's Sons, 1902).

Cooper, Russell, Douglas V. DeJong, Robert Forsythe, and Thomas W. Ross, "Cooperation without Reputation: Experimental Evidence from Prisoner's Dilemma Games," *Games and Economic Behavior* 12 (1996):187–218.

Cosmides, Leda and John Tooby, "Cognitive Adaptations for Social Exchange," in Jerome H. Barkow, Leda Cosmides, and John Tooby (eds.), *The Adapted Mind: Evolutionary Psychology and the Generation of Culture* (New York: Oxford University Press, 1992) pp. 163–228.

Crow, James F. and Motoo Kimura, *An Introduction to Population Genetic Theory* (New York: Harper & Row, 1970).

Cybulski, Jerome, "Culture Change, Demographic History and Health and Disease on the Northwest Coast," in Clark Spencer Larsen and George Milner (eds.), *In the Wake of Contact: Biological Responses to Conquest* (New York: Wiley-Liss, 1994) pp. 75–85.

Daly, Martin and Margo Wilson, *Homicide* (New York: Aldine de Gruyter, 1988).

Damasio, Antonio R., *Descartes' Error: Emotion, Reason, and the Human Brain* (New York: Avon Books, 1994).

Danilenko, V. N., "Voloshskiy Epipaleoliticheskiy Mogil'nik (Epipalaeolothic Burial Ground at Volos'ke)," *Sovietskaya Etnografia* 3,54 (1955):54–61.

Darlington, P. J., "Group Selection, Altruism, Reinforcement and Throwing in Human Evolution," *Proceedings of the National Academy of Sciences* 72 (1975):3748–3752.

Darwin, Charles, *The Origin of Species by Means of Natural Selection, 6th Edition* (London: John Murray, 1872).

— , *The Descent of Man* (Amherst: Prometheus Books, 1998[1873]).

Dawes, Robyn M., "Social Dilemmas," *Annual Review of Psychology* 31 (1980):169–193.

Dawkins, Richard, *The Selfish Gene* (Oxford: Oxford University Press, 1976).

— , *The Extended Phenotype: The Gene as the Unit of Selection* (Oxford: Freeman, 1982).

— , *The God Delusion* (Boston and New York: Houghton Mifflin, 2006).

De Dreu, Carsten K. W., Lindred L. Greer, Gerben A. Van Kleef, Shaul Shalvi, and Michel J. J. Handgraaf, "Oxytocin Promotes Human Ethnocentrism," *PNAS* 108,4 (2011):1262–1266.

— , — , Michel J. J. Handgraaf, Shaul Shalvi, Gerben A. Van Kleef, and Jatthijs Baas, "The Neuropeptide Oxytocin Regulates Parochial Altruism in Intergroup Conflict among Humans," *Science* 328 (2010):1408–1411.

de Quervain, Dominique J.-F., Urs Fischbacher, Valerie Treyer, Melanie Schellhammer, Ulrich Schnyder, Alfred Buck, and Ernst Fehr, "The Neural Basis of Altruistic Punishment," *Science* 305 (2004):1254–1258.

de Tocqueville, Alexis, *Democracy in America*, Volume II (New York: Vintage, 1958).

de Waal, Frans, *Good Natured: The Origins of Right and Wrong in Humans and Other Animals* (Cambridge, MA: Harvard University Press, 1997).

— , "Payment for Labour in Monkeys," *Nature* 404 (2000):563.

— and Jason Davis, "Capuchin Cognitive Ecology: Cooperation Based on Projected Returns," *Neuropsychologia* 41 (2003):221–228.

Debreu, Gérard, *Theory of Value* (New York: John Wiley & Sons, 1959).

Diggle, S. P., Andy Gardner, Stuart A. West, and A. Griffin, "Evolutionary Theory of Bacterial Quorum Sensing: When Is a Signal Not a Signal?" *Philosophical Transactions of the Royal Society of London B* 362 (2007):1241–1249.

Dreber, Anna, David G. Rand, Drew Fudenberg, and Martin A. Nowak, "Winners Don't Punish," *Nature* 452 (2008):348–351.

Dugatkin, Lee Alan, *Cooperation among Animals* (New York: Oxford University Press, 1997).

— , *The Altruism Equation* (Princeton: Princeton University Press, 2006).

— and Mike Mesterton-Gibbons, "Cooperation among Unrelated Individuals: Reciprocal Altruism, Byproduct Mutualism, and Group Selection in Fishes," *Biosystems* 37 (1996):19–30.

Dunbar, Robin M., "Coevolution of Neocortical Size, Group Size and Language in Humans," *Behavioral and Brain Sciences* 16,4 (1993):681–735.

Durham, William H., *Coevolution: Genes, Culture, and Human Diversity* (Stanford: Stanford University Press, 1991).

Durkheim, Emile, *The Division of Labor in Society* (New York: The Free Press, 1933[1902]).

— , *Suicide, a Study in Sociology* (New York: Free Press, 1951[1897]).

Durrett, Richard and Simon A. Levin, "The Importance of Being Discrete (and Spatial)," *Theoretical Population Biology* 46 (1994):363–394.

Edda, "Havamal," in D. E. Martin Clarke (ed.), *The Havamal, with Selections from other Poems in the Edda, Illustrating the Wisdom of the North in Heathen Times* (Cambridge: Cambridge University Press, 1923).

Edgerton, Robert B., *Sick Societies: Challenging the Myth of Primitive Harmony* (New York: Free Press, 1992).

Edgeworth, Francis Ysidro, *Mathematical Psychics: An Essay on the Application of Mathematics to the Moral Sciences* (London: Kegan Paul, 1881).

Efferson, Charles, Helen Bernhard, Urs Fischbacher, and Ernst Fehr, "Ultimate Origins of Human Prosocial Behaviour: An Empirical Test," *Nature* (2011).

Eibl-Eibesfeldt, I., "Warfare, Man's Indoctrinability and Group Selection," *Journal of Comparative Ethnology* 60,3 (1982):177–198.

Ekman, Paul, "An Argument for Basic Emotions," *Cognition and Emotion* 6 (1992):169–200.

Elster, Jon, "Emotions and Economic Theory," *Journal of Economic Perspectives* 36 (1998):47–74.

Ely, Jeffrey C. and Juuso Välimäki, "A Robust Folk Theorem for the Prisoner's Dilemma," *Journal of Economic Theory* 102 (2002):84–105.

Ember, Carol and Melvin Ember, "Resource Unpredictability, Mistrust, and War," *Journal of Conflict Resolution* 32,2 (1992):242–262.

Endicott, Kirk, "Property, Power and Conflict among the Batek of Malaysia," in T. Ingold, D. Riches, and James Woodburn (eds.), *Hunters and Gatherers* (New York: St. Martin's Press, 1988) pp. 110–127.

Engel, J. H., "A Verification of Lanchester's Law," *Operations Research* 2 (1954):163–171.

Engelmann, Dirk and Urs Fischbacher, "Indirect Reciprocity and Strategic Reputation Building in an Experimental Helping Game," *Games and Economic Behavior* 67 (2009):399–407.

Epstein, Joshua, *Generative Social Science: Studies in Agent-Based Computational Modeling* (Princeton: Princeton University Press, 2007).

— and Robert Axtell, *Growing Artificial Societies: Social Science from the Bottom Up* (Cambridge, MA: MIT Press, 1997).

Ertan, Arhan, Talbot Page, and Louis Putterman, "Who to Punish? Individual Decisions and Majority Rule in the Solution of Free Rider Problems," *European Economic Review* 3 (2009):495–511.

Eshel, Ilan and Luigi Luca Cavalli-Sforza, "Assortment of Encounters and Evolution of Cooperativeness," *Proceedings of the National Academy of Sciences* 79 (1982):1331–1335.

— and Marcus W. Feldman, "Initial Increase of New Mutants and Some Continuity Properties of ESS in Two Locus Systems," *American Naturalist* 124 (1984):631–640.

— , — , and Aviv Bergman, "Long-Term Evolution, Short-Term Evolution, and Population Genetic Theory," *Journal of Theoretical Biology* 191 (1998):391–396.

Falk, Armin and James J. Heckman, "Lab Experiments Are a Major Source of Knowledge in the Social Sciences," *Science* 326 (2009):535–538.

— and Urs Fischbacher, "A Theory of Reciprocity," *Games and Economic Behavior* 54,2 (2006):293–315.

— , Ernst Fehr, and Urs Fischbacher, "Driving Forces behind Informal Sanctions," *Econometrica* 73,6 (2005):2017–2030.

— , Stephan Meier, and Christian Zehnder, "Did We Overestimate the Role of Social Preferences? The Case of Self-Selected Student Samples," (2010) Department of Economics, University of Bonn.

Farmer, Doyne and Duncan Foley, "The Economy Needs Agent-Based Modelling," *Nature* 460,7256 (2010):685–686.

Fehr, Ernst and Andreas Leibbrandt, "Cooperativeness and Impatience in the Tragedy of the Commons," (2010) University of Zurich.

—— and E. Tougareva, "Do Competitive Markets with High Stakes Remove Reciprocal Fairness? Experimental Evidence from Russia," (1995) Working Paper, Institute for Empirical Economic Research, University of Zurich.

—— and John A. List, "The Hidden Costs and Returns of Incentives: Trust and Trustworthiness among CEOs," *Journal of the European Economics Association* 2,5 (2004):743–771.

—— and Lorenz Goette, "Do Workers Work More If Wages Are High? Evidence from a Randomized Field Experiment," *American Economic Review* 97,1 (2007):298–317.

—— and Simon Gächter, "Cooperation and Punishment," *American Economic Review* 90,4 (2000a):980–994.

—— and —— , "Fairness and Retaliation: The Economics of Reciprocity," *Journal of Economic Perspectives* 14,3 (2000b):159–181.

—— and —— , "Altruistic Punishment in Humans," *Nature* 415 (2002):137–140.

—— and Urs Fischbacher, "Why Social Preferences Matter: The Impact of Nonselfish Motives on Competition, Cooperation, and Incentives," *Economic Journal* 112 (2002):C1–C33.

—— and —— , "Third Party Punishment and Social Norms," *Evolution & Human Behavior* 25 (2004):63–87.

—— , Georg Kirchsteiger, and Arno Riedl, "Does Fairness Prevent Market Clearing?" *Quarterly Journal of Economics* 108,2 (1993):437–459.

—— , Lorenz Goette, and Christian Zehnder, "A Behavioral Account of the Labor Market: The Role of Fairness Concerns," *Annual Review of Economics* 1 (2009):355–384.

—— , Simon Gächter, and Georg Kirchsteiger, "Reciprocity as a Contract Enforcement Device: Experimental Evidence," *Econometrica* 65,4 (1997):833–860.

—— , Urs Fischbacher, and Simon Gächter, "Strong Reciprocity, Human Cooperation and the Enforcement of Social Norms," *Human Nature* 13,1 (2002):1–25.

Feldman, Marcus W., Richard C. Lewontin, and Mary-Claire King, "A Genetic Melting Pot," *Nature* 424 (2003):374.

Ferguson, Brian, "Violence and War in Prehistory," in Debra L. Martin and David W. Frayer (eds.), *Troubled Times: Violence and Warfare in the Past* (Amsterdam: Gordon and Breach, 1997) pp. 321–354.

Fershtman, Chaim, Uri Gneezy, and Frank Verboven, "Discrimination and Nepotism: The Efficiency of the Anonymity Rule," (2002(Eitan Berglas School of Economics, Tel Aviv University.

Field, Alexander J., *Altruistically Inclined? The Behavioral Sciences, Evolutionary Theory, and the Origins of Reciprocity* (Ann Arbor: University of Michigan Press, 2004).

Fifer, F. C., "The Adoption of Bipedalism by the Hominids: A New Hypothesis," *Human Evolution* 2 (1987):135–47.

Fischbacher, Urs and Simon Gächter, "Social Preferences, Beliefs, and the Dynamics of Free-Riding in Public Good Experiments," *American Economic Review* 100 (2010):541–556.

—— , Ernst Fehr, and Michael Kosfeld, "Neuroeconomic Foundations of Trust and Social Preferences: Initial Evidence," *American Economic Review* 95,2 (2005):346–351.

Fix, Alan, *Migration and Colonization in Human Microevolution* (Cambridge: Cambridge University Press, 1999).

Fletcher, Jeffrey A. and Martin Zwick, "Unifying the Theories of Inclusive Fitness and Reciprocal Altruism," *American Naturalist* 168,2 (2006):252–262.

Foley, Robert A., "An Evolutionary and Chronological Framework for Human Social Behavior," *Proceedings of the British Academy* 88 (1996):95–117.

Fong, Christina M., "Social Preferences, Self-Interest, and the Demand for Redistribution," *Journal of Public Economics* 82,2 (2001):225–246.

——, Samuel Bowles, and Herbert Gintis, "Reciprocity and the Welfare State," in Herbert Gintis, Samuel Bowles, Robert Boyd, and Ernst Fehr (eds.), *Moral Sentiments and Material Interests: On the Foundations of Cooperation in Economic Life* (Cambridge, MA: MIT Press, 2005).

Forsythe, Robert, Joel Horowitz, N. E. Savin, and Martin Sefton, "Replicability, Fairness and Pay in Experiments with Simple Bargaining Games," *Games and Economic Behavior* 6,3 (1994):347–369.

Frank, Steven A., "Mutual Policing and Repression of Competition in the Evolution of Cooperative Groups," *Nature* 377 (1995):520–522.

——, "The Price Equation, Fisher's Fundamental Theorem, Kin Selection, and Causal Analysis," *Evolution* 51,6 (1997):1712–1729.

——, *Foundations of Social Evolution* (Princeton: Princeton University Press, 1998).

Friedman, James W., "A Non-cooperative Equilibrium for Supergames," *Review of Economic Studies* 38,113 (1971):1–12.

Fudenberg, Drew and David K. Levine, *The Theory of Learning in Games* (Cambridge, MA: MIT Press, 1997).

—— and Eric Maskin, "The Folk Theorem in Repeated Games with Discounting or with Incomplete Information," *Econometrica* 54,3 (1986):533–554.

—— and Parag A. Pathak, "Unobserved Punishment Supports Cooperation," *Journal of Public Economics* 94,1–2 (2009):78–86.

——, David K. Levine, and Eric Maskin, "The Folk Theorem with Imperfect Public Information," *Econometrica* 62 (1994):997–1039.

Gächter, Simon and Armin Falk, "Reputation and Reciprocity: Consequences for the Labour Relation," *Scandinavian Journal of Economics* 104,1 (2002):1–26.

—— and Benedikt Herrmann, "The Limits of Self-Governance when Cooperators get Punished: Experimental Evidence from Urban and Rural Russia," *European Economic Review* (2011).

—— and Ernst Fehr, "Collective Action as a Social Exchange," *Journal of Economic Behavior and Organization* 39,4 (1999):341–369.

——, Elke Renner, and Martin Sefton, "The Long-run Benefits of Punishment," *Science* 322 (2008):1510.

——, Esther Kessler, and Manfred Königstein, "Do Incentives Destroy Voluntary Cooperation?" (2011. University of Nottingham.

Gadagkar, Raghavendra, "On Testing the Role of Genetic Asymmetries Created by Haplodiploidy in the Evolution of Eusociality in the Hymenoptera," *Journal of Genetics* 70,1 (1991):1–31.

Gajdusek, D. C., "Factors Governing the Genetics of Primative Human Populations," *Cold Spring Harbor Symposium on Quantitative Biology* 29 (1964):121–135.

Gat, Azar, *War in Human Civilization* (Oxford: Oxford University Press, 2006).

Geanakoplos, John, David Pearce, and Ennio Stacchetti, "Psychological Games and Sequential Rationality," *Games and Economic Behavior* 1 (1989):60–79.

Gerloff, Ulrike, Bianka Hartung, Barbara Fruth, Gottfried Hohmann, and Diethard Tautz, "Intracommunity Relationships, Dispersal Pattern, and Paternity Success in a Wild Living Community of Bonobos (Pan paniscus) Determined from DNA Analysis of Faecal Samples," *Proceedings of the Royal Society of London B* 266 (1999):1189–1195.

Gilens, Martin, *Why Americans Hate Welfare* (Chicago: University of Chicago Press, 1999).

Gintis, Herbert, "Welfare Economics and Individual Development: A Reply to Talcott Parsons," *Quarterly Journal of Economics* 89,2 (1975):291–302.

—— , "The Nature of the Labor Exchange and the Theory of Capitalist Production," *Review of Radical Political Economics* 8,2 (1976):36–54.

—— , "Strong Reciprocity and Human Sociality," *Journal of Theoretical Biology* 206 (2000):169–179.

—— , "The Hitchhiker's Guide to Altruism: Genes, Culture, and the Internalization of Norms," *Journal of Theoretical Biology* 220,4 (2003a):407–418.

—— , "Solving the Puzzle of Human Prosociality," *Rationality and Society* 15,2 (2003b):155–187.

—— , "Modeling Cooperation among Self-Interested Agents: A Critique," *Journal of Socio-Economics* 33,6 (2004):697–717.

—— , "The Emergence of a Price System from Decentralized Bilateral Exchange," *Contributions to Theoretical Economics* 6,1,13 (2006). Available at www.bepress.com/bejte/contributions/vol6/iss1/art13.

—— , "The Dynamics of General Equilibrium," *Economic Journal* 117 (2007):1289–1309.

—— , *The Bounds of Reason: Game Theory and the Unification of the Behavioral Sciences* (Princeton: Princeton University Press, 2009a).

—— , *Game Theory Evolving* Second Edition (Princeton: Princeton University Press, 2009b).

—— , Eric Alden Smith, and Samuel Bowles, "Costly Signaling and Cooperation," *Journal of Theoretical Biology* 213 (2001):103–119.

Glaeser, Edward L., David Laibson, Jose A. Scheinkman, and Christine L. Soutter, "Measuring Trust," *Quarterly Journal of Economics* 65 (2000):622–846.

Gneezy, Ayelet and Daniel M. T. Fessler, "War Increases Cooperation-Promoting Punishments and Rewards," (2011. Rady School of Management, UC San Diego.

Goodall, Jane, "Tool-using and Aimed Throwing in a Community of Free-Living Chimpanzees," *Nature* 201 (1964):1264–1266.

Gould, Stephen Jay, *The Structure of Evolutionary Theory* (Cambridge, Massachusetts: The Belknap Press of Harvard University Press, 2002).

Grafen, Alan, "Natural Selection, Kin Selection, and Group Selection," in John R. Krebs and Nicholas B. Davies (eds.), *Behavioural Ecology: An Evolutionary Approach* (Sunderland, MA: Sinauer, 1984).

—— , "Modeling in Behavioral Ecology," in John R. Krebs and Nicholas B. Davies (eds.), *Behavioral Ecology: An Evolutionary Approach* (Oxford: Blackwell Scientific Publications, 1991) pp. 5–31.

—— , "An Inclusive Fitness Analysis of Altruism on a Cyclical Network," *Journal of Evolutionary Biology* 20 (2007):2278–2283.

Greif, Avner, "Institutions and Impersonal Exchange: From Communal to Individual Responsibility," *Journal of Institutional and Theoretical Economics* 158,1 (2002):168–204.

Guemple, Lee, "Teaching Social Relations to Inuit Children," in *Hunters and Gatherers 2: Property, Power and Ideology* (Oxford: Berg Publishers Limited, 1988) pp. 131–149.

Gurven, Michael and Hillard Kaplan, "Longevity among Hunter Gatherers: A Cross-Cultural Examination," *Population and Development Review* 33,2 (2007):321–365.

—— , Kim Hill, and Hillard Kaplan, "From Forest to Reservation: Transitions in Food Sharing among the Ache of Paraguay," *Journal of Anthropological Research* 58 (2002):93–120.

—— , —— , —— , Ana Magdalena Hurtado, and R. Lyles, "Food Transfers among Hiwi Foragers of Venezuela," *Human Ecology* 28 (2000a):171–218.

—, Wesley Allen-Arave, Kim Hill, and Ana Magdalena Hurtado, "'It's a Wonderful Life': Signaling Generosity among the Ache of Paraguay," *Evolution and Human Behavior* 21 (2000b):263–282.

Güth, Werner, R. Schmittberger, and B. Schwarze, "An Experimental Analysis of Ultimatum Bargaining," *Journal of Economic Behavior and Organization* 3 (1982):367–388.

Guzman, R. A., Carlos Rodriguez Sickert, and Robert Rowthorn, "When in Rome Do as the Romans Do: The Coevolution of Altruistic Punishment, Conformist Learning, and Cooperation," *Evolution and Human Behavior* 28 (2007):112–117.

Habyarimana, J., M. Humphreys, D. Posner, and J. Weinstein, *Coethnicity: Diversity and the Dilemmas of Collective Action* (New York: Russell Sage, 2009).

Hagoromo Society, *Born to Die: The Cherry Blossom Squadrons* (Los Angeles: Ohara, 1973).

Haldane, J. B. S., *The Causes of Evolution* (London: Longmans, Green & Co., 1932).

—, "Population Genetics," *New Biology* 18 (1955):34–51.

Haley, Kevin J. and Daniel M. T. Fessler, "Nobody's Watching? Subtle Cues Affect Generosity in an Anonymous Economic Game," *Evolution & Human Behavior* 26 (2005):245–256.

Hamilton, William D., "The Genetical Evolution of Social Behavior, I & II," *Journal of Theoretical Biology* 7 (1964):1–16,17–52.

—, "Innate Social Aptitudes of Man: An Approach from Evolutionary Genetics," in Robin Fox (ed.), *Biosocial Anthropology* (New York: John Wiley & Sons, 1975) pp. 115–132.

—, *Narrow Roads of Gene Land* (Oxford: Oxford University Press, 1998).

Hammerstein, Peter, "Darwinian Adaptation, Population Genetics and the Streetcar Theory of Evolution," *Journal of Mathematical Biology* 34 (1996):511–532.

—, "Why Is Reciprocity So Rare in Social Animals?" in Peter Hammerstein (ed.), *Genetic and Cultural Evolution of Cooperation* (Cambridge, MA: MIT Press, 2003) pp. 83–93.

Hammond, R. and Robert Axelrod, "Evolution of Contingent Altruism When Cooperation is Expensive," *Theoretical Population Biology* 69 (2006):333–338.

Hansen, Daniel G., "Individual Responses to a Group Incentive," *Industrial and Labor Relations Review* 51,1 (1997):37–49.

Hardin, Garrett, "The Tragedy of the Commons," *Science* 162 (1968):1243–1248.

Harpending, Henry and Alan R. Rogers, "On Wright's Mechanism for Intergroup Selection," *Journal of Theoretical Biology* 127 (1987):51–61.

Harpending, Henry C. and T. Jenkins, "!Kung Population Structure," in James F. Crow and C. Denniston (eds.), *Genetic Distance* (New York: Plenum, 1974).

Harsanyi, John C., "Games with Randomly Disturbed Payoffs: A New Rationale for Mixed-Strategy Equilibrium Points," *International Journal of Game Theory* 2 (1973):1–23.

Hassan, Fekri A., "Determination of the Size, Density, and Growth Rate of Hunting-Gathering Populations," in Steven Polgar (ed.), *Population, Ecology, and Social Evolution* (The Hague: Mouton, 1973) pp. 27–52.

—, "The Growth and Regulation of Human Population in Prehistoric Times," in Mark Nathan Cohen, Roy S. Malpass, and Harold G. Klein (eds.), *Biosocial Mechanisms of Population Regulation* (New Haven: Yale University Press, 1980).

Hauert, Christoph, Arne Traulsen, Hannelore Brandt, and Martin A. Nowak, "Via Freedom to Coercion: The Emergence of Costly Punishment," *Science* 316 (2007):1905–1907.

Hawkes, Kristin, J. F. O'Connell, and N. G. Blurton Jones, "Hadza Meat Sharing," *Evolution and Human Behavior* 22 (2001):113–142.

Hayashi, N., Elinor Ostrom, James M. Walker, and Toshio Yamagishi, "Reciprocity, Trust, and the Sense of Control: A Cross-Societal Study," *Rationality and Society* 11 (1999):27–46.

Hayek, F. A., *The Fatal Conceit* (Chicago: University of Chicago Press, 1988).

Headland, T. N., "Population Decline in a Philippine Negrito Hunter-Gatherer Society," *American Journal of Human Biology* 1 (1989):59–72.

Hechter, Michael and Satoshi Kanazawa, "Sociological Rational Choice," *Annual Review of Sociology* 23 (1997):199–214.

Heiner, Ronald A., "The Origin of Predictable Behavior: Further Modeling and Applications," *American Economic Review* 75,2 (1985):391–396.

Henn, Brenna, Christopher Gignoux, Matthew Jobin, et al., "Hunter Gatherer Genomic Diversity Suggests a Southern African Origin for Modern Humans," *Proceedings of the National Academy of Sciences* in press (2011).

Henrich, Joseph, "Does Culture Matter in Economic Behavior? Ultimatum Game Bargaining among the Machiguenga of the Peruvian Amazon," *American Economic Review* 90,4 (2000).

— and Richard McElreath, "The Evolution of Cultural Evolution," *Evolutionary Anthropology* 12,3 (2003):123–135.

—, Jean Ensminger, Richard McElreath, and Abigail Barr et al., "Markets, Religion, Community Size, and the Evolution of Fairness and Punishment," *Science* 327 (2010):1480–1484.

—, Robert Boyd, Samuel Bowles, Colin Camerer, Ernst Fehr, and Herbert Gintis, *Foundations of Human Sociality: Economic Experiments and Ethnographic Evidence from Fifteen Small-Scale Societies* (Oxford: Oxford University Press, 2004).

Herrmann, Benedikt, Christian Thöni, and Simon Gächter, "Anti-Social Punishment across Societies," *Science* 319 (2008):1362–1367.

Hewlett, Barry S. and Luigi Luca Cavalli-Sforza, "Cultural transmission among Aka Pygmies," *American Anthropologist* 88,4 (1986):922–934.

Hiatt, L. R., *Kinship and Conflict: A Study of an Aboriginal Community in Northern Arnhem Land* (Canberra: Australian National University, 1965).

Hill, Kim, Ana Magdalena Hurtado, and Robert S. Walker, "High Adult Mortality among Hiwi Hunter-Gatherers: Implications for Human Evolution," *Journal of Human Evolution* 52,443 (2007):443–454.

— and — , *Aché Life History: The Ecology and Demography of a Foraging People* (New York: Aldine de Gruyter, 1996).

—, Robert S. Walker, Miran Bozicevic, James Eder, T. N. Headland, Barry S. Hewlett, Ana Magdalena Hurtado, Frank W. Marlowe, Polly Wiessner, and Brian Wood, "Unique Human Social Structure Indicated by Coresidence Patterns in Hunter-Gatherer Societies," (2010. Arizona State University.

Hobbes, Thomas, *Leviathan* (New York: Penguin, 1968[1651]). Edited by C. B. MacPherson.

Hobsbawm, Eric, "Mass-Producing Traditions: Europe, 1870-1914," in Eric Hobsbawm and Terence Ranger (eds.), *The Invention of Tradition* (Cambridge: Cambridge University Press, 1983) pp. 263–307.

Hoffman, Elizabeth, Kevin McCabe, and Vernon L. Smith, "On Expectations and the Monetary Stakes in Ultimatum Games," *International Journal of Game Theory* 7 (1994a):289–302.

— , — , K. Shachat, and Vernon L. Smith, "Preference, Property Rights and Anonymity in Bargaining Games," *Games and Economic Behavior* 7 (1994b):346–380.

Homans, George, *Social Behavior: Its Elementary Forms* (New York: Harcourt Brace, 1961).

Howell, D., *The Demography of the Dobe !Kung*, 2nd Edition (Hawthorne: Aldine de Gruyter, 2000).

Hrdy, Sarah Blaffer, *Mother Nature: Maternal Instincts and How They Shape the Human Species* (New York: Ballantine, 2000).

—, *Mothers and Others: The Evolutionary Origins of Mutual Understanding* (New York: Belknap, 2009).

Hume, David, *Treatise on Human Nature* (Aalen Darmstadt: Scientia Verlag, 1964[1739]). Philosophical Works.

Huxley, Julian S., "Evolution, Cultural and Biological," *Yearbook of Anthropology* (1955):2–25.

Huxley, Thomas, "The Struggle for Existence: A Programme," *Nineteenth Century* 23 (1888):163–165.

Hwang, Sung-Ha, "Large Groups May Alleviate Collective Action Problems," (2009. University of Massachusetts.

Ihara, Y. and Marcus W. Feldman, "Cultural Niche Construction and the Evolution of Small Family Size," *Theoretical Population Biology* 65,1 (2004):105–111.

Ingrao, Bruna and Giorgio Israel, *The Invisible Hand: Economic Equilibrium in the History of Science* (Cambridge, MA: MIT Press, 1990).

Isaac, B., "Throwing and Human Evolution," *African Archaeological Review* 5 (1987):3–17.

Isaac, R. Mark, James M. Walker, and Arlington W. Williams, "Group Size and Voluntary Provision of Public Goods: Experimental Evidence Utilizing Large Groups," *Journal of Public Economics* 54 (1994):1–36.

Jablonka, Eva and Marion J. Lamb, *Epigenetic Inheritance and Evolution: The Lamarckian Case* (Oxford: Oxford University Press, 1995).

James, William, "Great Men, Great Thoughts, and the Environment," *Atlantic Monthly* 46 (1880):441–459.

Johansson, S. Ryan and S. R. Horowitz, "Estimating Mortality in Skeletal Populations: Influence of the Growth Rate on the Interpretation of Levels and Trends during the Transition to Agriculture," *American Journal of Physical Anthropology* 71 (1986):233–250.

Johnsen, S. J., W. Dansgaard, and J. W. C. White, "The Origin of Arctic Precipitation under Present and Glacial Conditions," *Tellus* B41 (1992):452–468.

Jurmain, Robert, "Paleo-Epidemiological Patterns of Trauma in a Prehistoric Population from Central California," *American Journal of Physical Anthropology* 115,13 (2001):113–23.

Kaczynski, Theodore, "Excerpts from Unabomber's Journal," *New York Times* www.nytimes.com/1998/04/29/us/excerpts-from-unabomber-s-journal.html (1998).

Kahneman, Daniel, Jack L. Knetsch, and Richard H. Thaler, "Fairness as a Constraint on Profit Seeking: Entitlements in the Market," *American Economic Review* 76,4 (1986):728–741.

Kandel, Denise, "Homophily, Selection and Socialization in Adolescent Friendships," *American Journal of Sociology* 84,2 (1978):427–436.

Kaplan, Hillard and Arthur Robson, "The Evolution of Human Longevity and Intelligence in Hunter-Gatherer Economies," *American Economic Review* 93 (2003):150–169.

— and Kim Hill, "Food Sharing among Ache Foragers: Tests of Explanatory Hypotheses," *Current Anthropology* 26,2 (1985):223–246.

— and Michael Gurven, "The Natural History of Human Food Sharing and Cooperation: A Review and a New Multi-Individual Approach to the Negotiation of Norms," in Herbert Gintis, Samuel Bowles, Robert Boyd, and Ernst Fehr (eds.), *The Moral Sentiments: Origins, Evidence, and Policy* (Cambridge, MA: MIT Press, 2005) pp. 75–114.

—, Jane Lancaster, J. A. Block, and S. E. Johnson, "Fertility and Fitness among Albuquerque Men: A Competitive Labor Market Theory," in Robin M. Dunbar (ed.), *Human Reproductive Decisions* (New York: St. Martins Press, 1995).

—, Kim Hill, Jane Lancaster, and Ana Magdalena Hurtado, "A Theory of Human Life History Evolution: Diet, Intelligence, and Longevity," *Evolutionary Anthropology* 9 (2000):156–185.

Long, Jeffrey, Peter Smouse, and J. J. Wood, "The Allelic Correlation Structure of the Gainj-and Kalam-Speaking People II. The Genetic Distance between Population Subdivisions," *Genetics* 117 (1987):273–283.

Lorenz, Konrad, *On Aggression* (New York: Harcourt, Brace and World, 1963).

Lourandos, Harry, *Continent of Hunter-Gatherers* (Cambridge: Cambridge University Press, 1997).

Lumsden, C. J. and Edward O. Wilson, *Genes, Mind, and Culture: The Coevolutionary Process* (Cambridge, MA: Harvard University Press, 1981).

MacDonald, Douglas and Barry S. Hewlett, "Reproductive Interests and Forager Mobility," *Current Anthropology* 40,4 (1999):501–514.

Mahdi, Niloufer Qasim, "Pukhtunwali: Ostracism and Honor among the Pathan Hill Tribes," *Ethology and Sociobiology* 7 (1986):295–304.

Mailath, George J. and Stephen Morris, "Coordination Failure in Repeated Games with Almost-Public Monitoring," *Theoretical Economics* 1 (2006):311–340.

Mann, Michael, Raymond Bradley, and Malcolm Hughes, "Global-Scale Temperature Patterns and Climate Forcing over the Past Six Centuries," *Nature* 391 (1998):779–787.

Manson, Joseph H. and Richard W. Wrangham, "Intergroup Aggression in Chimpanzees," *Current Anthropology* 32,4 (1991):369–390.

Marlowe, Frank W., "Hunter-Gatherers and Human Evolution," *Evolutionary Anthropology* 14 (2005):54–67.

Martrat, Belen, Joan Grimalt, Constancia Lopez-Martinez, Isabel Cacho, Francisco Sierro, Jose Abel Flores, Rainer Zahn, Miguel Canals, Jason H. Curtis, and David Hodell, "Abrupt Temperature Changes in the Western Mediterranean over the Past 250,000 Years," *Science* 306 (2004):1762–1765.

Masclet, David, Charles Noussair, Steven Tucker, and Marie-Claire Villeval, "Monetary and Nonmonetary Punishment in the Voluntary Contributions Mechanism," *American Economic Review* 93,1 (2003):366–380.

Matessi, C. and Samuel Karlin, "On the Evolution of Altruism by Kin Selection," *PNAS* 81 (1984):1754–1758.

— and Suresh Jayakar, "Conditions for the Evolution of Altruistic Traits," *Theoretical Population Biology* 9 (1976):360–387.

Maynard Smith, John, "Group Selection and Kin Selection," *Nature* 201 (1964):1145–1147.

— , "Sexual Selection and the Handicap Principle," *Journal of Theoretical Biology* 57 (1976):239–242.

— and Eörs Szathmáry, *The Major Transitions in Evolution* (Oxford: Oxford University Press, 1997).

McBrearty, Sally and Alison Brooks, "The Revolution that Wasn't: a New Interpretation of the Origin of Modern Human Behavior," *Journal of Human Evolution* 39 (2000):453–563.

McCabe, Kevin, Vernon L. Smith, and M. LePore, "Intentionality Detection and Mindreading: Why Does Game Form Matter?" *Proceedings of the National Academy of Sciences* 97 (2000):4404–4409.

McElreath, Richard and Robert Boyd, *Mathematical Models of Social Evolution: Guide for the Perplexed* (Chicago: University of Chicago Press, 2006).

— , — , and Peter J. Richerson, "Shared Norms and the Evolution of Ethnic Markers," *Current Anthropology* 44,1 (2003):122–129.

McGhee, Robert, "Contact between Native North Americans and the Medieval Norse: A Review of the Evidence," *American Antiquity* 49,4 (1984):4–26.

McManus, Jerry, Delia Oppo, and James Cullen, "A 0.5 Million-Year Record of Millennial-Scale Climate Variabilty in the North Atlantic," *Science* 283 (1999):971–975.

McPherson, M., L. Smith-Lovin, and J. Cook, "Birds of a Feather: Homophily in Social Networks," *Annual Review of Sociology* 27 (2001):415–444.

Mead, George Herbert, *Mind, Self, and Society* (Chicago: University of Chicago Press, 1967[1934]).

Meier, Stephan and Charles Sprenger, "Stability of Time Preferences," (2010. IZA Discussion Paper 4756.

Melbye, Jerry and Scott Fairgrieve, "A Massacre and Possible Cannibalism in the Canadian Arctic: New Evidence from the Saunaktuc Site (NgTn-1)," *Arctic Anthropology* 31,2 (1994):55–77.

Mencken, H. L., *A Mencken Chrestomathy* (New York: Alfred A. Knopf, 1949).

Milinski, Manfred, "Byproduct Mutualism, Tit-for-Tat Reciprocity and Cooperative Predator Inspection," *Animal Behavior* 51 (1996):458–461.

Mill, John Stuart, "Utilitarianism," in A. I. Melden (ed.), *Ethical Theories 2nd Edition* (Upper Saddle River, NJ: Prentice Hall, 1957[1861]).

Miller, John H. and Scott E. Page, *Complex Adaptive Systems: An Introduction to Computational Models of Social Life* (Princeton: Princeton University Press, 2007).

Miller, Melissa B. and Bonnie L. Bassler, "Quorum Sensing in Bacteria," *Annual Review of Microbiology* 55 (2001):165–199.

Milner, George, "Nineteenth-Century Arrow Wounds and Perceptions of Prehistoric Warfare," *American Antiquity* 70 (2005):144–156.

Milo, R., "Evidence for Hominid Predatation at Klasies River Mouth, South Africa and Its Implications for the Behaviour of Modern Humans," *Journal of Archaeological Science* 25 (1998):99–133.

Mitani, John C., "Reciprocal Exchange in Chimpanzees and Other Primates," in P. K. Kappeler and Carel P. van Schaik (eds.), *Cooperation in Primates and Humans* (Berlin: Springer, 2006) pp. 107–119.

—— , David P. Watts, and S. Amsler, "Lethal Intergroup Aggression Leads to Territorial Expansion in Wild Chimpanzees," *Current Biology* 20,12 (2010):R507–R508.

Moore, Jr., Barrington, *Injustice: The Social Bases of Obedience and Revolt* (White Plains: M. E. Sharpe, 1978).

Moratto, M., *California Archaeology* (Orlando: Academic Press, 1984).

Moreno Gamez, Stefany, Jon Wilkins, and Samuel Bowles, "Cosmopolitan Ancestors: Simulations Calibrated with Genetic and Ethnographic Data Show that Prehistoric Populations were not Small and Isolated," (2011. Santa Fe Institute.

Morgan, J., *The Life and Adventures of William Buckley: Thirty-two Years a Wanderer amongst the Aborigines* (Canberra: Australia National University Press, 1979[1852]).

Morris, M. W., W. M. Sim, and V. Girotto, "Distinguishing Sources of Cooperation in the One-round Prisoner's Dilemma: Evidence for Cooperative Decisions Based on the Illusion of Control," *Journal of Experimental Social Psychology* 34 (1998):464–512.

Mulvaney, D. J., "The Chain of Connection: The Material Evidence," in N. Peterson (ed.), *Tribes and Boundaries in Australia* (Canberra: Australian Institute of Aboriginal Studies, 1976) pp. 72–94.

Nachbar, John H., "Evolutionary' Selection Dynamics in Games: Convergence and Limit Properties," *International Journal of Game Theory* 19 (1990):59–89.

Nash, John F., "Equilibrium Points in *n*-Person Games," *Proceedings of the National Academy of Sciences* 36 (1950):48–49.

Nee, Sean, "Does Hamilton's Rule Describe the Evolution of Reciprocal Altruism?" *Journal of Theoretical Biology* 141 (1989):81–91.

Netting, Robert, *Balancing on an Alp: Ecological Change and Continuity in a Swiss Mountain Community* (Cambridge: Cambridge University Press, 1989).

Nettle, Daniel and Robin M. Dunbar, "Social Markers and the Evolution of Reciprocal Exchange," *Current Anthropology* 38 (1997): 93–99.

Newell, R. R., T. S. Constandse-Westerman, and C. Meikeljohn, "The Skeletal Remains of Mesolithic Man in Western Europe: An Evaluative Catalogue," *Journal of Human Evolution* 8,29 (1979):29–154.

Nikiforakis, Nikos S., "Punishment and Counter-punishment in Public Goods Games: Can We Still Govern Ourselves?" *Journal of Public Economics* 92,1–2 (2008):91–112.

Nisbett, Richard E. and Dov Cohen, *Culture of Honor: The Psychology of Violence in the South* (Boulder, CO: Westview Press, 1996).

Nishida, T., M. Hiraiwa-Hasegawa, T. Hasegawa, and Y. Takahata, "Group Extinction and Female Transfer in Wild Chimpanzees of the Mahale National Park, Tanzania," *Z. Tierpsychol.* 67 (1985):284–301.

Noe, Ronald, "A Veto Game Played by Baboons: A Challenge to the Use of the Prisoner's Dilemma as a Paradigm for Reciprocity and Cooperation," *Animal Behavior* 39 (1990):78–90.

— and A. A. Sluijter, "Which Adult Male Savanna Baboons Form Coalitions?" *International Journal of Primatology* 16 (1995):77–105.

North Greenland Ice Core Project Members, "High-resolution Record of Northern Hemisphere Climate Extending into the Last Interglacial Period," *Nature* 431 (2004):147–151.

Nowak, Martin A., *Evolutionary Dynamics: Exploring the Equations of Life* (Cambridge, MA: Belknap Press, 2006).

— and Karl Sigmund, "A Strategy of Win-Stay Lose-Shift that Outperforms Tit-for-Tat in the Prisoner's Dilemma Game," *Nature* 364 (1993):56–58.

— and — , "The Dynamics of Indirect Reciprocity," *Journal of Theoretical Biology* 194,4 (1998a):561–574.

— and — , "Evolution of Indirect Reciprocity by Image Scoring," *Nature* 393 (1998b):573–577.

Oberholzer-Gee, Felix, Joel Waldfolgel, and Matthew W. White, "Friend or Foe? Cooperation and Learning in High-Stakes Games," *Review of Economics and Statistics* 92,1 (2010):179–187.

Obot, I., "Value Systems in Cross Cultural Contact: The Effect of Perceived Similarity and Stability on Social Evaluation," *International Journal of Intercultural Relations* 12 (1988):363–379.

Odling-Smee, F. John, Kevin N. Laland, and Marcus W. Feldman, *Niche Construction: The Neglected Process in Evolution* (Princeton: Princeton University Press, 2003).

Ohtsuki, Hisashi, Christoph Hauert, Erez Lieberman, and Martin A. Nowak, "A Simple Rule for the Evolution of Cooperation on Graphs and Social Networks," *Nature* 441 (2006):502–505.

Olson, Mancur, *The Logic of Collective Action: Public Goods and the Theory of Groups* (Cambridge: Harvard University Press, 1965).

Oosterbeek, Hessel, Randolph Sloop, and Gus van de Kuilen, "Cultural Differences in Ultimatum Game Experiments: Evidence from a Meta-analysis," *Experimental Economics* 7 (2004):171–188.

Orbell, John M., Robyn M. Dawes, and J. C. van de Kragt, "Organizing Groups for Collective Action," *American Political Science Review* 80 (1986):1171–1185.

Ostrom, Elinor, *Governing the Commons: The Evolution of Institutions for Collective Action* (Cambridge: Cambridge University Press, 1990).

——, James M. Walker, and Roy Gardner, "Covenants with and without a Sword: Self-Governance Is Possible," *American Political Science Review* 86,2 (1992):404–417.

Page, Talbot, Louis Putterman, and Bulent Unel, "Voluntary Association in Public Goods Experiments: Reciprocity, Mimicry, and Efficiency," *Economic Journal* 115 (2005):1032–1053.

Panchanathan, Karthik and Robert Boyd, "A Tale of Two Defectors: The Importance of Standing for Evolution of Indirect Reciprocity," *Journal of Theoretical Biology* 224 (2003):115–126.

—— and ——, "Indirect Reciprocity Can Stabilize Cooperation without the Second-Order Free Rider Problem," *Nature* 432 (2004):499–502.

Pandit, Sagar and Carel P. van Schaik, "A Model for Leveling Coalitions among Primate Males: toward a Theory of Egalitarianism," *Behavioral Ecology and Sociobiology* 55 (2003):161–168.

Parsons, Talcott, "Evolutionary Universals in Society," *American Sociological Review* 29,3 (1964):339–357.

—— and Edward Shils, *Toward a General Theory of Action* (Cambridge, MA: Harvard University Press, 1951).

Pascal, Blaise, *Pensées* (New York: Penguin, 1995).

Pearson, Karl, "Socialism and Natural Selection," *Fortnightly Review* 56 (1894).

Phelps, Elizabeth, Kevin J. O'Connor, William A. Cunningham, E. Sumie Funayama, Christopher Gatenby, John C. Gore, and Mahzarin R. Banaji, "Performance on Indirect Measures of Race Evaluation Predicts Amygdala Activity," *Journal of Cognitive Neuroscience* 12 (2000):1–10.

Piccione, Michele, "The Repeated Prisoner's Dilemma with Imperfect Private Monitoring," *Journal of Economic Theory* 102 (2002):70–83.

Pilling, A., "Predation and Warfare: Discussion," in Richard Borshay Lee and Irwin DeVore (eds.), *Man, the Hunter* (Chicago: Aldine, 1968) pp. 157–158.

Platteau, Jean-Philippe and Erika Seki, "Community Arrangements to Overcome Market Failure: Pooling Groups in Japanese Fisheries," in Masahiko Aoki and Yujiro Hayami (eds.), *Communities and Markets in Economic Development* (Oxford: Oxford University Press, 2001) pp. 344–402.

Plooij, F. X., "Tool-using during Chimpanzees' Bushpig Hunt," *Carnivore* 1 (1978):103–106.

Plutchik, R., *Emotion: A Psychoevolutionary Synthesis* (New York: Harper & Row, 1980).

Popper, Karl, *Objective Knowledge: An Evolutionary Approach* (Oxford: Clarendon Press, 1979).

Price, Douglas T., "Affluent Foragers of Mesolithic Southern Scandinavia," in Douglas T. Price and James A. Brown (eds.), *Prehistoric Hunter-Gatherers: The Emergence of Cultural Complexity* (Orlando: Academic Press, 1985) pp. 341–363.

Price, G. R., "Extension of Covariance Selection Mathematics," *Annals of Human Genetics* 35 (1972):485–490.

Queller, David C., "Kinship, Reciprocity and Synergism in the Evolution of Social Behaviour," *Nature* 318 (1985):366–367.

——, "A General Model for Kin Selection," *Evolution* 42,2 (1992):376–380.

Ray, V. F., *Primitive Pragmatists: The Modoc Indians of Northern California* (Seattle: University of Washington Press, 1963).

Rege, Mari and Kjetil Telle, "The Impact of Social Approval and Framing on Cooperation in Public Goods Situations," *Journal of Public Economics* 88 (2004):1625–1644.

Richerson, Peter J. and Robert Boyd, "The Evolution of Ultrasociality," in I. Eibl-Eibesfeldt and F. K. Salter (eds.), *Indoctrinability, Ideology and Warfare* (New York: Berghahn Books, 1998) pp. 71–96.

— and — , *Not by Genes Alone* (Chicago: University of Chicago Press, 2004).

Ridley, Mark and Alan Grafen, "Are Green Beard Genes Outlaws?" *Animal Behaviour* 29,3 (1981):954–955.

Ridley, Matt, *The Origins of Virtue: Human Instincts and the Evolution of Cooperation* (New York: Penguin, 1998).

Rilling, James K., Alan G. Sanfey, Jessica A. Aronson, Leigh E. Nystrom, and Jonathan D. Cohen, "Opposing Bold Responses to Reciprocated and Unreciprocated Altruism in Putative Reward Pathways," *Neuroreport* 15,16 (2004):2539–2543.

Roberts, D. F., "The Demography of Tristan da Cunha," *Population Studies* 25,3 (1971):465–479.

Rogers, Alan R., "Group Selection by Selective Emigration: The Effects of Migration and Kin Structure," *American Naturalist* 135,3 (1990):398–413.

— and L. B. Jorde, "The Effect of Non-random Migration on Genetic Differences between Populations," *Annals of Human Genetics* 51 (1987):169–176.

Ross, Lee and Richard E. Nisbett, *The Person and the Situation: Perspectives of Social Psychology* (New York: McGraw-Hill, 1991).

Roth, Alvin E., Vesna Prasnikar, Masahiro Okuno-Fujiwara, and Shmuel Zamir, "Bargaining and Market Behavior in Jerusalem, Ljubljana, Pittsburgh, and Tokyo: An Experimental Study," *American Economic Review* 81,5 (1991):1068–1095.

Roughgarden, Joan, *The Genial Gene: Deconstructing Darwinian Selfishness* (Berkeley: University of California Press, 2009).

Rousset, François, "Inbreeding and Relatedness Coefficients: What do they Measure?" *Heredity* 88 (2002):371–380.

— , *Genetic Structure and Selection in Subdivided Populations* (Princeton: Princeton University Press, 2004).

Rowthorn, Robert, "The Evolution of Altruism between Siblings: Hamilton's Rule Revisited," *Journal of Theoretical Biology* 241,4 (2006):774–790.

Russell, A. F. and J. Wright, "Avian Mobbing: Byproduct Mutualism not Reciprocal Altruism," *Trends in Ecololy and Evolution* 24 (2008):3–5.

Rustagi, Devesh, Stefanie Engel, and Michael Kosfeld, "Conditional Cooperation and Costly Monitoring Explain Success in Forest Commons Management," *Science* 330 (2010):961–965.

Sääksvuir, Lauri, M. Tapio, and Mikael Puurtinen, "Costly Punishment Prevails in Intergroup Conflict," *Proceedings of the Royal Society B* in press (2011).

Sally, David, "Conversation and Cooperation in Social Dilemmas," *Rationality and Society* 7,1 (1995):58–92.

Samuelson, Larry and Jianbo Zhang, "Evolutionary Stability in Asymmetric Games," *Journal of Economic Theory* 57,2 (1992):363–391.

Sanfey, Alan G., James K. Rilling, Jessica A. Aronson, Leigh E. Nystrom, and Jonathan D. Cohen, "The Neural Basis of Economic Decision-Making in the Ultimatum Game," *Science* 300 (2003):1755–1758.

Sato, Kaori, "Distribution and the Cost of Maintaining Common Property Resources," *Journal of Experimental Social Psychology* 23 (1987):19–31.

Savage, Leonard J., *The Foundations of Statistics* (New York: John Wiley & Sons, 1954).

Schapera, I., *The Khoisan Peoples of South Africa* (London: Routledge and Kegan Paul, 1930).

Schelling, Thomas C., *Micromotives and Macrobehavior* (New York: W. W. Norton & Co, 1978).

Schneider, Frédéric and Ernst Fehr, "Eyes Are Watching but Nobody Cares: The Irrelevance of Eye Cues for Strong Reciprocity," *Proceedings of the Royal Society of London B* 277 (2010):1315–1323.

Sekiguchi, Tadashi, "Efficiency in Repeated Prisoner's Dilemma with Private Monitoring," *Journal of Economic Theory* 76 (1997):345–361.

Sereno, Paul, Elena Garcea, Helene Jousse, Christopher Stojanowski, and Jean-Francois Saliege, "Lakeside Cemeteries in the Sahara: 5000 Years of Holocene Population and Environmental Change," *PLoS ONE* 3,1 (2008):1–22.

Sethi, Rajiv and E. Somanathan, "Preference Evolution and Reciprocity," *Journal of Economic Theory* 97 (2001): 273–297.

Sharma, G. R., "Mesolithic Lake Culture in the Ganga Valley," *Proceedings of the Prehistoric Society* 39,129 (1973):129–146.

Shubik, Martin, *Strategy and Market Structure: Competition, Oligopoly, and the Theory of Games* (New York: Wiley, 1959).

Sigg, Hans and Jost Falett, "Experiments on Respect of Possession and Property in Hamadryas Baboons (*Papio hamadryas*)," *Animal Behaviour* 33 (1985):978–984.

Sigmund, Karl, *The Calculus of Selfishness* (Princeton: Princeton University Press, 2010).

Silk, Joan B., "Practicing Hamilton's Rule: Kin Selection in Primate Groups," in P. K. Kappeler and Carel P. van Schaik (eds.), *Cooperation in Primates and Humans* (Berlin: Springer, 2006) pp. 25–46.

Simon, Herbert, "A Mechanism for Social Selection and Successful Altruism," *Science* 250 (1990):1665–1668.

Singer, R. and J. J. Wymer, *The Middle Stone Age at Klasies River Mouth in South Africa* (Chicago: University of Chicago Press, 1982).

Singer, Tania, "The Neuroeconomics of Mind Reading and Empathy," *American Economic Review* (2005):340–345.

Slonim, Robert and Alvin E. Roth, "Learning in High Stakes Ultimatum Games: An Experiment in the Slovak Republic," *Econometrica* 66,3 (1998):569–596.

Smith, Adam, *The Wealth of Nations* (New York: Modern Library, 1937[1776]).

— , *The Theory of Moral Sentiments* (New York: Prometheus, 2000[1759]).

Smith, Eric Alden and Rebecca L. Bliege Bird, "Turtle Hunting and Tombstone Opening: Public Generosity as Costly Signaling," *Evolution and Human Behavior* 21,4 (2000):245–261.

— , — , and Douglas W. Bird, "Risk and Reciprocity in Meriam Food-Sharing," *Evolution and Human Behavior* 23 (2002):297–321.

Smouse, Peter, Virginia Vitzthum, and James Neel, "The Impact of Random and Lineal Fission on the Genetic Divergence of Small Human Groups: A Case Study among the Yanomama," *Genetics* 98 (1981):179–197.

Sober, Elliot and David Sloan Wilson, "Reintroducing Group Selection to the Human Behavioral Sciences," *Behavior and Brain Sciences* 17 (1994): 585–654.

— and — , *Unto Others: The Evolution and Psychology of Unselfish Behavior* (Cambridge, MA: Harvard University Press, 1998).

Soltis, Joseph, Robert Boyd, and Peter J. Richerson, "Can Group-functional Behaviors Evolve by Cultural Group Selection: An Empirical Test," *Current Anthropology* 36,3 (1995):473–483.

Sosis, Richard, "Costly Signaling and Torch Fishing on Ifaluk Atoll," *Evolution and Human Behavior* 21,4 (2000):223–244.

Spence, A. Michael, "Job Market Signaling," *Quarterly Journal of Economics* 90 (1973):225–243.

Stephens, W., C. M. McLinn, and J. R. Stevens, "Discounting and Reciprocity in an Iterated Prisoner's Dilemma," *Science* 298 (2002):2216–2218.

Stern, Jessica, *Terror in the Name of God* (New York: Harper Collins, 2003).

Stiglitz, Joseph, "The Causes and Consequences of the Dependence of Quality on Price," *Journal of Economic Literature* 25 (1987):1–48.

Straub, Paul G. and J. Keith Murnighan, "An Experimental Investigation of Ultimatum Game: Common Knowledge, Fairness, Expectations, and Lowest Acceptable Offers," *Journal of Economic Behavior and Organization* 27 (1995):345–364.

Sugden, Robert, *The Economics of Rights, Co-operation and Welfare* (Oxford: Basil Blackwell, 1986).

Sutter, Mathias and Martin G. Kocher, "Trust and Trustworthiness across Different Age Groups," *Games and Economic Behavior* 59 (2007):364–382.

t. s. eliot , "Tradition and Individual Talent," in *The Sacred Wood: Essays on Poetry and Criticism* (London: Methuen & Co., 1920).

Tacon, P. and C. Chippendale, "Australia's Ancient Warriors: Changing Depictions of Fighting in the Rock Art of Arnhem Land, N.T.," *Cambridge Archaeological Journal* 4 (1994):211–248.

Tajfel, Henri, M. Billig, R. P. Bundy, and Claude Flament, "Social Categorization and Intergroup Behavior," *European Journal of Social Psychology* 1 (1971):149–177.

Taylor, Michael, *Anarchy and Cooperation* (London: John Wiley & Sons, 1976).

—— , "Good Government: On Hierarchy, Social Capital, and the Limitations of Rational Choice Theory," *Journal of Political Philosophy* 4,1 (1996):1–28.

Taylor, Peter, "Altruism in Viscous Populations: An Inclusive Fitness Model," *Evolutionary Ecology* 6 (1992):352–356.

—— and Leo Jonker, "Evolutionarily Stable Strategies and Game Dynamics," *Mathematical Biosciences* 40 (1978):145–156.

Telegin, D., "Vaslivs'kiy Tretiy Nekropol v Nadporojji (The Third Vasilivs'kiy Necropolis in Nadporozhie)," *Arkheologiya* 13 (1961):3–19.

Tenny, J. M., "Trauma among Early Californians," *Human Evolution* 5,4 (1990):397–401.

Tesfatsion, Leigh and Kenneth L. Judd, *Handbook of Computational Economics II: Agent-Based Computational Economics* (Amsterdam: Elsevier/North-Holland, 2006).

Thibaut, J. and H. Kelly, *The Social Psychology of Groups* (New York: Wiley, 1959).

Tilly, Charles, *The Formation of National States in Western Europe* (Princeton: Princeton University Press, 1975).

—— , "Charivaris, Repertoires and Urban Politics," in John M. Merriman (ed.), *French Cities in the Nineteenth Century* (New York: Holmes and Meier, 1981) pp. 73–91.

Tirole, Jean, *The Theory of Industrial Organization* (Cambridge: MIT Press, 1988).

Trivers, Robert L., "The Evolution of Reciprocal Altruism," *Quarterly Review of Biology* 46 (1971):35–57.

—— , "Reciprocal Altruism: 30 Years Later," in P. K. Kappeler and Carel P. van Schaik (eds.), *Cooperation in Primates and Humans: Mechanisms and Evolution* (Berlin: Springer, 2007) pp. 67–85.

Ule, Aljaz, Arthur Schram, Arno Riedl, and Timothy N. Cason, "Indirect Punishment and Generosity toward Strangers," *Science* 326 (2009):1701–1704.

Uyenoyama, Marcy and Marcus W. Feldman, "Theories of Kin and Group Selection: A Population Genetics Approach," *Theoretical Population Biology* 17 (1980):380–414.

Vanderschraaf, Peter, *Learning and Coordination: Inductive Deliberation, Equilibrium, and Conventions* (London: Routledge, 2001).

Veblen, Thorstein, *The Theory of the Leisure Class* (New York: Macmillan, 1899).

Vega-Redondo, Fernando, *Economics and the Theory of Games* (Cambridge: Cambridge University Press, 2003).

Verdu, Paul, Frederic Austerlitz, Arnaud Estoup, Renaud Vitalis, Myriam Georges, Sylvain Thery, Alain Froment, Sylvie Le Bomin, Antoine Gessain, Jean-Marie Hombert, Lolke Van der Veen, Luis Quintana-Murci, Serge Bahuchet, and Evelyne Heyer, "Origins and Genetic Diversity of Pygmy Hunter-Gatherers from Western Central Africa," *Current Biology* 19 (2009):1–7.

Vigilant, Linda, Michael Hofreiter, Heike Siedel, and Christophe Boesch, "Paternity and Relatedness in Wild Chimpanzee Communities," *Proceedings of the National Academy of Sciences* 98,23 (2001):12890–12895.

Voors, Maarten, Eleonora Nillesen, Philip Verwimp, Erwin Bulte, Robert Lensink, and Daan van Soest, "Does Conflict Affect Preferences? Results from Field Experiments in Burundi," *American Economic Review* in press (2011).

Walsh, Simon J., R. John Mitchell, Natalie Watson, and John S. Buckleton, "A Comprehensive Analysis of Microsatellite Diversity in Aboriginal Australians," *Journal of Human Genetics* 52 (2007):712–728.

Warner, W. L., "Murngin Warfare," *Oceania* 1,457 (1931):457–492.

Watabe, M., S. Terai, N. Hayashi, and Toshio Yamagishi, "Cooperation in the One-Shot Prisoner's Dilemma based on Expectations of Reciprocity," *Japanese Journal of Experimental Social Psychology* 36 (1996):183–196.

Weibull, Jörgen W., *Evolutionary Game Theory* (Cambridge, MA: MIT Press, 1995).

Wendorf, F., "Site 117: A Nubian Final Paleolithic Graveyard Near Jebel Sahaba, Sudan," in F. Wendorf (ed.), *The Prehistory of Nubia* (Dallas: Methodist University Press, 1968) pp. 954–998.

Whiting, Beatrice B. and John W. M. Whiting, *Children of Six Cultures: A Psycho-Cultural Analysis* (Cambridge, MA: Harvard University Press, 1975).

Whitlock, M. C., B. H. Davis, and S. Yeaman, "The Costs and Benefits of Resource Sharing: Reciprocity Requires Resource Heterogeneity," *Journal of Evolutionary Biology* 20 (2007):1772–1782.

Wiessner, Polly, "Hunting, Healing and Hxaro Exchange: A Long Term Perspective on !Kung (Hu/'hoansi) Large-Game Hunting," *Evolution and Human Behavior* 23 (2002):407–436.

—— , "Norm Enforcement among the Ju/'hoansi Bushmen: A Case of Strong Reciprocity?" *Human Nature* 16,2 (2005):115–145.

Williams, G. C., *Adaptation and Natural Selection: A Critique of Some Current Evolutionary Thought* (Princeton: Princeton University Press, 1966).

Wilson, David Sloan, "Structured Demes and the Evolution of Group-Advantageous Traits," *American Naturalist* 111 (1977):157–185.

—— and Lee Alan Dugatkin, "Group Selection and Assortative Interactions," *American Naturalist* 149,2 (1997):336–351.

___ , G. B. Pollock, and Lee Alan Dugatkin, "Can Altruism Evolve in Purely Viscous Populations?" *Evolutionary Ecology* 6 (1992):331–341.

Wilson, Edward O., *The Insect Societies* (Cambridge, MA: Harvard University Press, 1971).

___ , *Sociobiology: The New Synthesis* (Cambridge, MA: Harvard University Press, 1975).

Wilson, Margo, Marc Hauser, and Richard W. Wrangham, "Does Participation in Intergroup Conflict Depend on Numerical Assessment, Range Location, or Rank for Wild Chimpanzees?" *Animal Behavior* 61 (2001):1203–1216.

Winterhalder, Bruce and Eric Alden Smith, *Evolutionary Ecology and Human Behavior* (New York: Aldine de Gruyter, 1992).

Wood, Elisabeth Jean, *Insurgent Collective Action and Civil War in El Salvador* (Cambridge,: Cambridge University Press, 2003).

Woodburn, James, "Egalitarian Societies," *Man* 17,3 (1982):431–451.

Wright, Robert, *The Moral Animal* (New York: Vintage, 1995).

Wright, Sewall, "Coefficients of Inbreeding and Relationship," *American Naturalist* 56 (1922):330–338.

___ , "Evolution in Populations in Approximate Equilibrium," *Journal of Genetics* 30 (1935):257–266.

___ , "Discussion on Population Genetics and Radiation," *J. Cell. Comp. Physiol.* 235:(Suppl.1) (1950):187–210.

Wrong, Dennis H., "The Oversocialized Conception of Man in Modern Sociology," *American Sociological Review* 26 (1961):183–193.

Yamagishi, Toshio, "The Provision of a Sanctioning System as a Public Good," *Journal of Personality and Social Psychology* 51 (1986):110–116.

___ , "The Provision of a Sanctioning System in the United States and Japan," *Social Psychology Quarterly* 51,3 (1988a):265–271.

___ , "Seriousness of Social Dilemmas and the Provision of a Sanctioning System," *Social Psychology Quarterly* 51,1 (1988b):32–42.

___ , "Group Size and the Provision of a Sanctioning System in a Social Dilemma," in W. B. G. Liebrand, David M. Messick, and H. A. M. Wilke (eds.), *Social Dilemmas: Theoretical Issues and Research Findings* (Oxford: Pergamon Press, 1992) pp. 267–287.

___ , N. Jin, and Toko Kiyonari, "Bounded Generalized Reciprocity: In-Group Boasting and In-Group Favoritism," *Advances in Group Processes* 16 (1999):161–197.

___ , Shigeru Terai, Toko Kiyonari, Nobuhiro Mifune, and Satoshi Kanazawa, "The Social Exchange Heuristic: Managing Errors in Social Exchange," *Rationality and Society* 19,3 (2007):259–291.

Young, H. Peyton, "Conventions," *Journal of Economic Perspectives* 10 (1995):105–122.

___ , *Individual Strategy and Social Structure: An Evolutionary Theory of Institutions* (Princeton: Princeton University Press, 1998).

___ , *Strategic Learning and its Limits* (Oxford: Oxford University Press, 2006).

Zahavi, Amotz, "Mate Selection—A Selection for Handicap," *Journal of Theoretical Biology* 53 (1975):205–214.

Zei, G. and Luigi Luca Cavalli-Sforza, "Education and Birth Control," *Genus* 33 (1977):15–42.

主题索引

（条目后的数字为原书页码，即本书边码）

作者索引

（条目后的数字为原书页码，即本书边码）

图书在版编目（CIP）数据

合作的物种：人类的互惠性及其演化 ／（美）鲍尔斯，（美）金迪斯著；张弘译. —杭州：浙江大学出版社，2015.7

（跨学科社会科学译丛）

书名原文：A Cooperative Species: Human Reciprocity and Its Evolution

ISBN 978-7-308-14545-9

I.①合… Ⅱ.①鲍… ②金… ③张… Ⅲ.①社会人类学 Ⅳ.①C912.4

中国版本图书馆CIP数据核字（2015）第063990号

合作的物种：人类的互惠性及其演化

[美] 塞缪尔·鲍尔斯 赫伯特·金迪斯 著 张弘 译

责任编辑	叶　敏	
文字编辑	宋先圆	
装帧设计	罗　洪	
出版发行	浙江大学出版社	
	（杭州天目山路148号　邮政编码310007）	
	（网址：http://www.zjupress.com）	
制　作	北京大观世纪文化传媒有限公司	
印　刷	北京中科印刷有限公司	
开　本	635mm×965mm　1/16	
印　张	23	
字　数	299千	
版印次	2015年7月第1版　2019年5月第3次印刷	
书　号	ISBN 978-7-308-14545-9	
定　价	62.00元	